재무회계
원가회계
부가가치세신고
원천징수

최신판! 한 권으로 끝내는

전산회계운용사
2급필기 통합본

과정평가형 국가기술자격
교육·훈련과정 편성기준 적용

정 호 주 저

파스칼미디어
www.pascal21.co.kr

【 저자 소개 】

정호주 　– 단국대학교 경영대학원 회계학과 4학기 수료
　　　　– 성결대학교 주최 전국정보과학경시대회(전산회계부문) 출제위원 역임
　　　　– 대한상공회의소 하계직무연수 초빙강사 역임
　　　　– 2015 개정 교육과정 인정교과서 회계원리, 회계정보처리시스템 공저
　　　　– 전산회계운용사 대비 수험서 다수 출간

한권으로 끝내는
전산회계운용사 2급필기 통합본

- **발행일** 2021년 1월 20일 3판 1쇄 발행
- **지은이** 정호주
- **펴낸이** 고봉식
- **펴낸곳** 파스칼미디어
- **등록번호** 제301-2012-102호
- **홈페이지** www.pascal21.co.kr
- **편집·디자인** 전정희
- **주소** 서울특별시 중구 마른내로4길 28
- **전화** 02-2266-0613
- **팩스** 02-332-8598
- **ISBN** 979-11-6103-069-2
- **내용문의** 010-3820-4237

"God bless you"

2급 필기 통합본 을 내면서 ......

과정평가형 국가기술자격 종목에 전산회계운용사 2급이 선정되어 본 서는 한국산업인력공단에서 발표한 교육·훈련과정 편성기준에 따라 재무회계와 원가회계 및 세무회계(부가가치세 신고, 소득세 원천징수)를 한 권에 수록한지 올해로 제3판을 출간하게 되었다. 교육훈련기관의 여러 교수님 및 선생님들께 깊은 감사를 드린다.

이번 제3판에서는 재무회계에 이자부어음과 광물자원(탐사평가자산)에 대하여 개념을 추가하였으며 유형자산의 취득 시 회계처리와 투자부동산의 평가, 유가증권 분류, 현금흐름표 등에 보충적 내용을 추가하였다. 또한 2020년 12월에 개정된 유형자산 기준서가 2022년부터 적용되므로 본문에 보충적으로 수록하였다. 또한 부가가치세 신고 및 소득세 원천징수는 2020년 12월 개정 세법과 개정 시행령을 반영하였다. 또한 각 과목의 기본개념을 이해하는데 있어 혼동하기 쉬운 내용이나 꼭 암기해야 할 내용을 중간마다 또는 본문의 마지막 부분에 재무회계편과 원가회계편은 '회계충전소'로, 부가가치세 신고 및 소득세 원천징수편은 '세무충전소'로 정리하였으며, 각 과목의 마무리 부분에 객관식 문제를 수록하였다.

저게 저절로 붉어질 리는 없다.
저 안에 태풍 몇 개
저 안에 천둥 몇 개
저 안에 벼락 몇 개
저게 저 혼자서 둥글어질 리는 없다.
저 안에 무서리 내리는 몇 밤
저 안에 땡볕 두어 달
저 안에 초승달 몇 날

- 장석주 시인의 〈대추 한 알〉 -

대추를 볼 때 단맛이 나는 맛있는 것만 보지 말고 그 안을 보면, 그 안의 고뇌와 외로움... 빨간 맛있는 대추가 나오기까지 얼마나 많은 고뇌와 어려움이 있었는지, 그 과정을 볼 수 있어야 한다. 사물의 껍데기만이 아닌 속을 보는 통찰력을 키워나가야 한다.

본 서는 회계전문가가 되기를 원하는 독자들을 위해 회계와 세무지식을 쌓기 위한 기본지침서가 되어, 과정평가형 국가기술자격 전산회계운용사 2급의 내부평가 및 외부평가 시험에 완벽한 대비가 될 수 있도록 오직 독자 여러분의 합격의 영광을 위해 열정을 다하였다.

끝으로 본 서를 통하여 독자 여러분이 과정평가형 국가기술자격 전산회계운용사 2급 자격시험에 대한 자신감을 갖게 되기를 바라며, 앞으로도 언제나 항상 새롭고 알찬 내용, 정성을 다하는 마음으로 독자 여러분과 함께 나아갈 것을 약속드린다.

2021년 1월
양화진 언덕에서 한강을 바라보며
저자 정호주 씀

C·O·N·T·E·N·T·S ...... 차례

Chapter I 재무회계

Chapter II 원가회계

Chapter Ⅲ 부가가치세 신고

Chapter Ⅳ 원천징수

회계 정보는 사회적으로 약속된 소통 방법이다.

◆◆◆◆◆

얼마 전 인기 TV프로그램 [짝]에 출연한 28세의 여자 5호가 화제를 불러 일으킨 적이 있다. 지각을 했으면서 기사 딸린 고급 승용차를 타고 온 그녀가 "해운회사 회장의 외동딸입니다. 앞으로 아버지의 뒤를 이어 회사를 맡고 싶습니다"라고 소개하자 남성 출연자들의 태도가 바뀌었다. 그녀의 지각을 비난하던 남자들은 어느새 "웃는 모습이 너무 예쁘다. 바라는 것 없이 그냥 잘해주고 싶다"며 칭찬을 늘어놨다. 또 여자 5호의 눈에 들기 위해 애정촌을 열심히 청소하기도 했다. 방송을 본 네티즌들은 "사람이 어쩜 저렇게 갑자기 바뀌나", "역시 돈이라면", "솔직히 여자의 배경을 보면 나라도 그럴 거다"라며 뜨거운 반응을 보였다.

- 출처 : SBS 홈페이지 -

필자가 이 게시판에 댓글을 단다면 이렇게 올릴 것 같다. '혹시 그 해운회사의 재무제표를 보셨나요? 자산이 500억 원인데, 부채가 1,000억 원이면 어쩌지요?' 물론 그 회사의 재무제표가 엉망이라는 뜻은 아니다. 하지만 배우자든, 회사든, 눈에 보이는 것이 좋다고 해서 확인도 안 하고 덥석 붙들었다가는 큰 코 다칠 수 있다.

회계가 자본 자원의 효율적 배분에 기여한다고는 하지만, 막상 회계 정보를 접해도 이 회사와 정말 거래를 해도 될 지, 투자를 해도 되는지, 내가 입사를 해도 될 지 의문이 들 때가 많다. '지금 잘 나가는 회사는 ○○회사입니다. 왜냐하면 올해 순이익을 100억 원이나 달성했거든요.'라고 회계 용어를 써서 이야기해도 그렇다. 왜냐하면 한 가지 단순한 회계 정보만 가지고 재무상태나 경영성과를 판단할 수 없고, 그 정보가 진실된 정보인지도 모르는 일이기 때문이다.
그래서 회계가 진정으로 가치를 지니기 위해서는 정보 제공자가 사회적 약속에 맞는 회계 정보를 제공하고, 정보이용자 또한 기본적인 회계 상식을 가지고 있어야 하는 것이다.

출처 : 〈지금 당장 회계 공부 시작하라〉
- 강대준, 신홍철 저 (한빛비즈) -

Chapter 01 재무회계

① 회계의 기본 개념

01. 회계의 기초

1 회계(accounting)의 기본 개념

(1) 회계의 정의 : 회계는 기업의 모든 정보 이용자가 기업 실체와 관련하여 합리적인 판단이나 의사 결정을 할 수 있도록 기업의 재무상태와 재무성과에 관한 유용한 정보(useful information)를 식별하고 측정하여, 전달하는 과정으로 구성된 정보시스템이다.

(2) 회계의 목적

① 회계 정보 이용자의 합리적인 의사 결정에 유용한 정보를 제공하여야 한다.

② 기업의 미래 현금 창출 능력에 대한 정보를 제공하여야 한다.

③ 기업의 재무상태와 재무성과, 현금흐름 및 자본의 변동에 관한 정보를 제공하여야 한다.

④ 그 밖에 회계는 경영자에게 미래 기업의 효율적인 경영 방침을 수립하는데 정보를 제공하기도 하고, 정부기관에는 세금을 부과하기 위한 과세표준을 수립하는데 유용한 정보를 제공하는 목적이 있다.

> **Tip**
>
> ① **식별**...분별하여 알아보는 것으로서 인식이라고 하는데, 회계의 기록 대상으로 경제적 활동을 기록하는 시점을 결정하는 것을 말한다.
>
> ② **측정**...식별되고 인식된 경제적 사건에 대해서 화폐금액으로 표시하는 것을 말한다. 즉 장부에 기록할 금액을 결정하는 것을 말한다.
>
> ③ **전달**...유용한 정보를 기업의 이해관계자에게 제공하는 것을 말한다.

(3) 회계 정보 이용자 : 기업의 다양한 회계 정보 이용자에는 투자자(주주), 채권자, 경영자, 정부기관, 종업원 및 일반대중 등이 있으며, 이들은 기업과 재무적으로 이해 관계에 있으므로 기업으로부터 얻으려고 하는 회계 정보는 정보 이용자마다 서로 다르다. 회계 정보 이용자는 내부 정보 이용자(경영자, 종업원)와 외부 정보 이용자(투자자, 채권자 등)로 나눌 수 있다.

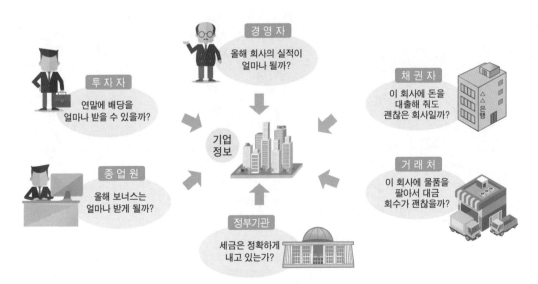

② 회계 정보 이용자의 이용 목적에 따른 회계의 분류

회계 정보 이용자는 기업 내부에서 의사 결정을 하는 경영자 등과 같은 내부 정보 이용자와 투자자, 채권자 등과 같이 기업 외부에서 의사 결정을 하는 외부 정보 이용자로 구분된다. 회계는 이러한 회계 정보 이용자들의 이용 목적에 따라 재무회계와 관리회계 및 세무회계로 분류한다.

(1) 재무회계(financial accounting) : 기업의 외부 정보 이용자인 투자자나 채권자 등에게 경제적 의사 결정에 유용한 정보를 제공하는 것을 목적으로 하는 회계이다.

(2) 관리회계(managerial accounting) : 기업의 내부 정보 이용자인 경영진에게 관리적 의사 결정에 유용한 정보를 제공할 것을 목적으로 하는 회계이다.

(3) 세무회계(tax accounting) : 기업의 외부 정보 이용자인 세무관서에 일정 기간 기업의 과세소득을 기준으로 납부할 세금을 산출하는데 필요한 정보를 제공하는 것을 목적으로 하는 회계이다.

【 회계의 분류 】

구 분	재무회계	관리회계	세무회계
목 적	외부 보고 목적	내부 보고 목적	세무 보고 목적
정보이용자	투자자 등 외부정보이용자	경영자 등 내부정보이용자	과세관청
보고형태	일반 목적의 재무제표	특수 목적의 재무보고서	세무조정계산서
보고기준	회계원칙을 따라야 한다.	일반적인 기준이 없다.	법인세법 등 세법규정
성격 및 시간적 관점	객관성이 강조되며, 과거지향적이다.	주관적이더라도 미래지향적인 적합한 자료가 강조된다.	객관성이 강조되며, 과거지향적이다.

③ 회계의 역할

회계는 기업의 모든 정보 이용자들이 합리적인 의사 결정을 할 수 있도록 유용한 회계 정보를 제공해 주는 역할을 수행하는데 회계의 역할을 구체적으로 살펴보면 경제적 자원의 효율적 배분과 수탁 책임에 관한 보고 및 그 밖의 사회적 통제의 합리화 등이 있다.

(1) 경제적 자원의 효율적 배분

투자자나 채권자들은 기업에 자본을 공급하는 주체들이다. 자본시장(capital markets)에서 자본수요자인 기업과 자본공급자인 투자자와 채권자가 만나서 자본의 공급이 이루어진다. 개개의 투자자·채권자의 입장에서 보면 그러한 자본공급은 투자 수익(이익배당, 이자수익 등)을 얻기 위한 행위이다. 그런데 자본 시장의 투자자·채권자들이 보유하고 있는 경제적 자원으로 기업의 재화나 용역의 생산에 투입하는 데는 그 자본 총액이 한정되어 있다. 따라서 투자자나 채권자들은 효율적인 투자를 위해 수익성이 높은 우량기업(efficient firms)과 수익성이 낮은 비우량기업(inefficient firms)을 구별할 수 있어야 하는데 이 경우 기업이 정기적으로 공시하는 재무 보고서를 통하여 얻어지는 다양한 회계 정보들을 분석하여 기업별 투자 규모를 결정하고 그에 따라 사회의 한정된 자원이 배분된다. 그러므로 회계는 기업의 수익성을 평가하는 데 유용한 정보를 제공함으로써 한정된 경제적 자원(economic resources)이 효율적으로 배분되는데 기여한다.

(2) 수탁 책임에 관한 보고

주식회사의 경우 소유자는 주주이지만 실제 경영은 전문경영진이 하는 경우가 많다. 이런 상황에서 전문경영진은 회사에 투자된 자산을 기업의 이해관계자(투자자 · 채권자 등)들을 대신하여 기업을 경영하고 그 성과를 보고하는 책임을 수탁 책임(stewardship)이라고 한다. 또한 수탁 책임 실행의 결과를 회계적으로 처리하여 보고해야 할 책임을 회계 책임(accountability)이라고 한다. 따라서 수탁 책임이 있으면 반드시 회계 책임이 있어야 하며, 회계는 수탁 책임의 이행정도를 평가하는데 유용한 정보를 제공하는 역할을 수행하게 된다. 회계는 책임을 부여받은 자가 적절히 책임을 이행하였는지, 그리고 계약 당사자가 계약을 이행하였는지를 평가할 수 있는 회계 정보를 제공함으로써 기업을 둘러 싼 이해 관계의 대립을 조정해 주는 역할을 수행한다.

(3) 그 밖의 사회적 통제의 합리화

회계 정보는 그 밖에 세무당국의 과세 결정을 위하거나, 노사간의 임금 협약 및 국가 정책 수립 등에 많이 활용되고 있다. 기업이 부담 할 세금과 노사간의 임금 협약 시 가장 기본이 되는 자료는 기업의 재무상태나 재무성과를 나타내는 회계 정보가 될 것이며, 기업이 부담해야 할 세금이나 공공요금의 책정 등 기업과 관련된 국가 정책이 합리적으로 이루어지기 위해서는 기업의 회계 정보를 이용하지 않을 수 없는 것이다.

④ 부기(book-keeping)와 회계(accounting)의 차이점

(1) 부기(book-keeping)의 뜻

부기란 '장부에 기입한다'를 줄인 말로서 기업이 소유하는 재산 및 자본의 증감 변화를 일정한 원리원칙에 따라 장부에 기록 · 계산 · 정리하여 그 원인과 결과를 명백히 밝히는 것을 말한다.

(2) 부기와 회계의 차이점

부기는 기업의 경영 활동으로 발생하는 경제적 사건을 단순히 기록 · 계산 · 정리하는 과정을 중요시하는 반면에, 회계는 부기의 기술적인 측면을 바탕으로 산출된 회계 정보를 기업의 이해관계자들에게 유용한 경제적 정보를 식별 · 측정 · 전달하는 과정이라고 정의된다. 즉, 부기란 회계 정보를 산출하는 기법으로서 회계의 일부분에 속한다.

【 부기와 회계의 비교 】

구 분	부 기	회 계
개 념	기업 실체의 거래나 사건을 기록 · 계산 · 정리 · 해석하는 행위	정보이용자가 합리적인 의사 결정을 할 수 있도록 경제적 정보를 식별, 측정하여 전달하는 과정
정보범위	화폐적 정보, 과거의 정보	과거의 정보, 화폐적 정보, 비화폐적 정보 및 미래에 관한 정보
중 요 성	회계 정보의 공급 측면이 중요	회계 정보의 수요 측면이 중요

02. 재무상태와 경영성과의 이해

1 재무상태표 (statement of financial position)

재무상태표란 일정 시점의 재무상태를 나타내는 재무제표로써 기업이 소유하고 있는 경제적 자원인 자산과 그 경제적 자원에 대한 의무인 부채 및 소유주 지분인 자본에 관한 정보를 제공한다.

(1) 자산 계정

자산이란 기업이 보유하고 있는 현금, 상품, 건물 등의 재화와 매출채권, 단기대여금 등과 같은 채권을 말하는데 이를 더욱 명확하게 정의하면 "과거사건의 결과로 기업이 통제하는 현재의 경제적자원이다. 이 때의 경제적자원은 경제적효익을 창출할 잠재력을 지닌 권리(현금을 수취할 권리 또는 재화나 용역을 제공받을 권리 등)이다." 한국채택국제회계기준에서는 원칙적으로 유동자산과 비유동자산으로 구분하여 표시하도록 규정하고 있다.

(2) 부채 계정

부채란 기업이 미래에 일정한 금액을 갚아야 할 채무를 말하는데 이를 더욱 명확하게 정의하면 "과거사건의 결과로 기업이 경제적자원을 이전해야 하는 현재의무(현금을 지급할 의무, 재화를 인도하거나 용역을 제공할 의무 등)이다." 한국채택국제회계기준에서는 원칙적으로 유동부채와 비유동부채로 구분하여 표시하도록 규정하고 있다.

(3) 자본 계정 ...... 자본이란 기업의 자산에서 모든 부채를 차감한 후의 잔여 지분을 말한다.

(4) 자산·부채의 인식과 제거

① **인식** : 인식은 자산, 부채, 자본, 수익 또는 비용과 같은 재무제표 요소 중 하나의 정의를 충족하는 항목을 재무상태표나 재무성과표(포괄손익계산서)에 포함하기 위하여 포착하는 과정이다. 인식은 그러한 재무제표 중 하나에 어떤 항목(단독으로 또는 다른 항목과 통합하여)을 명칭과 화폐금액으로 나타내고, 그 항목을 해당 재무제표의 하나 이상의 합계에 포함시키는 것과 관련된다. 자산, 부채 또는 자본이 재무상태표에 인식되는 금액을 '장부금액'이라고 한다.

② **제거** : 제거는 기업의 재무상태표에서 인식된 자산이나 부채의 전부 또는 일부를 삭제하는 것이다. 제거는 일반적으로 해당 항목이 더 이상 자산 또는 부채의 정의를 충족하지 못할 때 발생한다.

ㄱ 자산은 일반적으로 기업이 인식한 자산의 전부 또는 일부에 대한 통제를 상실하였을 때 제거한다.

ㄴ 부채는 일반적으로 기업이 인식한 부채의 전부 또는 일부에 대한 현재의무를 더 이상 부담하지 않을 때 제거한다.

(5) 자산·부채의 측정

재무제표에 인식된 요소들은 화폐단위로 수량화되어 있다. 이를 위해 측정기준을 선택해야 한다. 측정기준은 측정 대상 항목에 대해 식별된 속성(예 역사적원가, 공정가치 또는 이행가치)이다. 자산이나 부채에 측정기준을 적용하면 해당 자산이나 부채, 관련 수익과 비용의 측정치가 산출된다. 그러한 측정기준은 역사적원가와 현행가치로 구분된다.

① 역사적원가(historical cost)

자산을 취득하거나 창출할 때의 역사적 원가는 자산의 취득 또는 창출에 발생한 원가의 가치로서, 자산을 취득 또는 창출하기 위하여 지급한 대가와 거래원가를 포함하여, 취득원가(acquisition cost)라고도 한다. 역사적 원가 측정기준을 금융자산과 금융부채에 적용하는 한가지 방법은 상각후원가(최초 인식 시점에 결정된 이자율로 할인한 미래현금흐름 추정치를 반영)로 측정하는 것이다. 부채가 발생하거나 인수할 때의 역사적 원가는 발생시키거나 인수하면서 수취한 대가에서 거래원가를 차감한 가치이다. 역사적 원가로 자산을 측정할 경우에는 측정이 용이하고 객관적이며 검증가능성이 크다는 장점이 있으나, 취득 이후에 발생하는 자산가치의 변화를 전혀 고려하지 않기 때문에 자산의 공정가치를 반영하지 못하며, 현재의 수익에 과거의 원가가 대응되므로 현실적인 수익·비용의 대응이 되지 않아 당기순손익은 정확한 성과를 나타내지 못하는 단점이 있다.

② 현행가치(current value)

현행가치는 측정일의 조건을 반영하기 위해 갱신된 정보를 사용하여 자산, 부채 및 관련 수익 및 비용에 대한 화폐적 정보를 제공하는 것으로 식별한다. 이러한 갱신에 따라 자산과 부채의 현행가치는 이전 측정일 이후의 변동, 즉 현행가치에 반영되는 현금흐름과 그 밖의 요소의 추정치의 변동을 반영한다. 역사적 원가와는 달리, 자산이나 부채의 현행가치는 자산이나 부채를 발생시킨 거래나 그 밖의 사건의 가격으로부터 부분적으로라도 도출되지 않는다. 현행가치의 측정기준은 ㉠ 공정가치, ㉡ 사용가치(자산의 경우), 이행가치(부채의 경우)와 ㉢ 현행원가가 포함된다.

㉠ 공정가치(fair value) : 공정가치는 측정일에 시장참여자 사이의 정상거래에서 자산을 매도할 때 받거나 부채를 이전할 때 지급하게 될 가격이다. 공정가치는 기업이 접근할 수 있는 시장의 참여자 관점을 반영한다. 시장참여자가 경제적으로 최선의 행동을 한다면 자산이나 부채의 가격을 결정할 때 사용할 가정과 동일한 가정을 사용하여 그 자산이나 부채를 측정한다. 일부의 경우, 공정가치는 활성시장에서 관측되는 가격으로 직접 결정될 수 있다. 다른 경우에는 현금흐름기준 측정기법 등을 사용하여 간접적으로 결정된다.

㉡ 사용가치(value in use)와 이행가치(settlement value) : 사용가치는 기업이 자산의 사용과 궁극적인 처분으로 얻을 것으로 기대하는 현금흐름 또는 그 밖의 경제적효익의 현재가치이다. 이행가치는 기업이 부채를 이행할 때 이전해야 하는 현금이나 그 밖의 경제적자원의 현재가치이다.

㉢ 현행원가(current cost) : 자산의 현행원가는 측정일 현재 동등한 자산의 원가로서 측정일에 지급할 대가와 그 날에 발생할 거래원가를 포함한다. 부채의 현행원가는 측정일 현재 동등한 부채에 대해 수취할 수 있는 대가에서 그 날에 발생할 거래원가를 차감한다. 현행원가는 역사적 원가와 마찬가지로 유입가치이다. 이는 기업이 자산을 취득하거나 부채를 발생시킬 시장에서의 가격을 반영한다. 이런 이유로, 현행원가는 유출가치인 공정가치, 사용가치 또는 이행가치와 다르다. 그러나 현행원가는 역사적 원가와 달리 측정일의 조건을 반영한다.

② 포괄손익계산서 (statement of comprehensive income, I/S)

포괄손익계산서란 일정 기간 동안 기업 실체의 재무성과에 대한 정보를 제공하는 재무제표이다.

(1) 수익과 비용 및 차익과 차손

구성요소	내 용
수 익	자산의 증가 또는 부채의 감소로서 자본의 증가를 가져오며, 자본청구권 보유자의 출자와 관련된 것을 제외한다.
차 익	기업의 정상 영업 활동 이외의 활동(비유동자산의 처분)에서 발생한 것
비 용	자산의 감소 또는 부채의 증가로서 자본의 감소를 가져오며, 자본청구권 보유자에 대한 분배와 관련된 것을 제외한다.
차 손	기업의 정상 영업 활동 이외의 활동(화재나 홍수와 같은 자연재해 또는 비유동자산의 처분)에서 발생한 것

(2) 이익의 측정 방법

이익(당기순이익 또는 포괄이익)을 측정하는 방법에는 자본 유지 접근법과 거래 접근법 두 가지가 있는데, 오늘날 회계에서는 거래 접근법에 의하여 이익을 측정한다.

① 자본 유지 접근법 (capital maintenance approach)

자본 유지 접근법은 기초와 기말의 자본(순자산)을 비교하여 기말 자본이 기초 자본보다 많으면 순이익이 발생하고, 적으면 순손실이 발생한 것으로 보는 방법으로 재산법 또는 순자산 접근법, 경제적 접근법, 가치평가법이라고도 한다.

> (기말 자본 − 기초 자본) − 기중 자본 거래 = 당기순이익
> 기초 자본 + 기중 자본 거래 + 당기 순이익 = 기말 자본

자본 유지 접근법은 기업의 경영 활동을 위하여 투하된 자본의 흐름(flow)을 파악할 수 있다는 장점이 있는 반면에, 순자산의 증감 원인인 수익과 비용의 원천 및 내용을 상세하게 파악할 수 없기 때문에 기업의 구체적인 영업 활동에 관한 정보를 제공하지 못하는 단점이 있다.

② 거래 접근법 (transaction approach)

거래 접근법은 기업의 일정 기간 동안 영업 활동의 결과로 획득한 수익총액과 그 수익을 획득하는 과정에서 소비된 비용 총액을 대응시켜서 순이익을 측정하는 방법으로 손익법이라고도 한다.

> 수익 총액 − 비용 총액 = 당기 순이익

거래 접근법은 일정 기간 동안 발생한 손익거래라는 객관적인 사실에 근거를 가지는 방법으로 당기순이익의 구체적인 내용 파악이 가능하고, 수익 비용에 관한 상세한 정보를 제공한다는 장점이 있는 반면에, 발생한 손익거래의 수익과 비용에 대한 인식시기 등의 문제로 주관적 판단이 개입할 여지가 있어 이익조작의 원인을 제공할 수 있다는 단점이 있다.

③ 현금주의와 발생주의

기업의 영업 활동을 통하여 수익과 비용은 계속적으로 발생한다. 따라서 일정 기간 동안의 재무 성과를 파악하기 위해서는 발생한 수익과 비용을 특정 기간의 손익 계산에 속하는 금액이 얼마인 지를 결정해야 하는데, 이를 결정하기 위한 기준으로 현금주의와 발생주의가 있다.

(1) 현금주의(cash basis)

현금주의란 현금의 수입이 있는 시점에 그 받은 금액을 수익으로 인식하고, 비용은 현금의 지출이 있는 시점에 인식하는 방법을 말한다. 따라서 현금주의에 의하여 수익과 비용을 인식하 게 되면 획득한 수익과 그 수익을 창출하기 위해 발생한 비용이 적절히 대응되지 않아 정확한 손익 계산이 이루어지지 않으므로 오늘날 회계에서는 원칙적으로 인정하지 않는다.

(2) 발생주의(accrual basis)

발생주의란 수익과 비용의 인식을 현금의 수취나 지급 시점에 하는 것이 아니라, 거래가 발 생한 기간에 인식하는 방법을 말한다. 따라서 발생주의는 현금의 수입과 지출이 없어도 기업의 손익에 영향을 미치는 거래가 발생한 때에 수익과 비용을 기록하는 것으로 현행 회계 제도에 서는 발생주의를 인정하고 있다. 이에 따라 대부분의 기업은 현금의 수입과 지출과는 관련없이 수익은 실현되었을 때 인식하고 비용은 관련된 수익이 인식되었을 때 인식한다.

(3) 현금주의와 발생주의에서의 수익과 비용

외 상 매 출 금			
기 초 잔 액	1,000	현 금 회 수 액	49,000
외 상 매 출 액	50,000	기 말 잔 액	2,000

① 현금주의에 의한 매출수익은 ₩49,000
② 발생주의에 의한 매출수익은 ₩50,000

보 험 료			
당기현금지급액	30,000	기말선급보험료	5,000
		당 기 보 험 료	25,000

① 현금주의에 의한 보험료는 ₩30,000
② 발생주의에 의한 보험료는 ₩25,000

03. 재무보고를 위한 개념 체계

① 개념 체계의 목적과 위상

이 개념 체계는 외부 이용자를 위한 재무제표의 작성과 표시에 있어 기초가 되는 개념을 정립한다. 이 개념 체계는 회계기준이 아니다. 따라서 이 개념체계의 어떠한 내용도 회계기준이나 회계기준의 요구사항에 우선하지 아니한다. 개념 체계의 목적은 다음과 같다.

(1) 한국회계기준위원회가 일관된 개념에 기반하여 한국채택국제회계기준을 제·개정하는 데 도움을 준다.

(2) 특정 거래나 다른 사건에 적용할 회계기준이 없거나 회계기준에서 회계정책 선택이 허용되는 경우에 재무제표 작성자가 일관된 회계정책을 개발하는 데 도움을 준다.

(3) 모든 이해관계자가 회계기준을 이해하고 해석하는 데 도움을 준다.

② 일반목적 재무보고의 목적과 유용성 및 한계

(1) 일반목적 재무보고의 목적

일반목적 재무보고의 목적은 현재 및 잠재적 투자자, 대여자와 그 밖의 채권자가 기업에 자원을 제공하는 것과 관련된 의사결정을 할 때 유용한 보고기업의 재무정보를 제공하는 것이다.

(2) 일반목적 재무보고의 유용성

현재 및 잠재적 투자자, 대여자 및 기타 채권자는 일반목적 재무보고서가 대상으로 하는 주요 이용자이고, 그들이 필요로 하는 재무 정보의 많은 부분을 일반목적 재무보고서가 제공하고 있다.

(3) 일반목적 재무보고의 한계

일반목적 재무보고서는 현재 및 잠재적 투자자, 대여자와 그 밖의 채권자가 필요로 하는 모든 정보를 제공하지는 않으며 제공할 수도 없다. 그 이용자들은, 예를 들어, 일반 경제적 상황 및 기대, 정치적 사건과 정치 풍토, 산업 및 기업 전망과 같은 다른 원천에서 입수한 관련 정보를 고려할 필요가 있다.

일반목적 재무보고서는 보고기업의 가치를 보여주기 위해 고안된 것이 아니다. 그러나 그것은 현재 및 잠재적 투자자, 대여자와 그 밖의 채권자가 보고기업의 가치를 추정하는 데 도움이 되는 정보를 제공한다. 보고기업의 경영진도 해당 기업에 대한 재무정보에 관심이 있다. 그러나 경영진이 필요로 하는 재무정보는 내부에서 구할 수 있기 때문에 일반목적 재무보고서에 의존할 필요가 없다. 그 밖의 규제기관, 투자자, 대여자와 일반대중은 일반목적 재무보고서가 유용하다고 여길 수 있다. 그렇더라도 일반목적 재무보고서는 이러한 그 밖의 집단을 주요 대상으로 한 것이 아니다.

③ 재무 정보(financial information)의 질적 특성(qualitative characteristics)

재무 정보의 질적 특성이란 일반목적 재무보고를 통해 제공되는 정보가 그 목적을 달성하기 위해 갖추어야 할 주요 속성을 말한다. 따라서 질적 특성은 현재 및 잠재적 투자자·대여자 및 기타 채권자가 재무보고서에 포함된 정보에 근거하여 보고 기업에 대한 의사 결정을 할 때 정보의 유용성을 판단하는 기준이 된다.

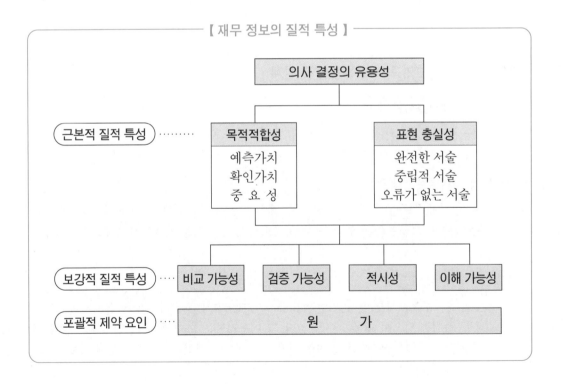

【 재무 정보의 질적 특성 】

▶ 재무 정보가 유용하기 위해서는 목적 적합해야 하고 나타내고자 하는 바를 충실하게 표현해야 한다. 재무 정보가 비교 가능하고, 검증 가능하며, 적시성 있고, 이해 가능한 경우 그 재무 정보의 유용성은 보강된다. 개념 체계는 재무 정보의 질적 특성을 근본적 질적 특성과 보강적 질적 특성으로 구분한다.

구 분	구 성 요 소
근본적 질적 특성	목적적합성, 표현충실성(또는 충실한 표현)
보강적 질적 특성	비교 가능성, 검증 가능성, 적시성, 이해 가능성

(1) 근본적 질적 특성(fundamental qualitative characteristics)

목적적합성과 표현충실성은 재무 정보의 근본적 질적 특성이다.

(가) 목적적합성(relevance)

목적적합한 재무정보는 이용자들의 의사결정에 차이가 나도록 할 수 있다. 정보는 일부 이용자들이 이를 이용하지 않기로 선택하거나 다른 원천을 통하여 이미 이를 알고 있다고 할지라도 의사결정에 차이가 나도록 할 수 있다. 재무 정보가 목적적합성을 가지려면 예측가치와 확인가치를 가지고 있어야 하며 중요성이 고려되어야 한다.

① 예측가치(predictive value)와 확인가치(confirmatory value)

예측가치란 정보 이용자가 미래 결과를 예측하기 위해 사용하는 절차와 투입요소로 사용될 수 있는 재무 정보의 가치를 말한다. 확인가치란 정보 이용자가 과거의 평가를 확인하거나 변경하는데 사용될 수 있는 재무 정보의 가치를 말하며 피드백가치라고도 한다.

재무 정보의 예측가치와 확인가치는 상호 연관되어 있으며 예측가치를 갖는 정보는 확인가치도 갖는 경우가 많다. 여기서 유의할 점은 재무 정보가 예측가치를 갖기 위해서 그 자체가 예측치 또는 예상치일 필요가 없다는 것이다.

예를 들어 특정 기업이 반기 재무제표에 의해 공시되는 반기 이익은 연간 이익을 예측하는데 정보를 제공하므로 예측가치를 갖는다. 그런데 이러한 반기 이익은 투자자가 재무제표가 발표되기 전에 당해 회계 연도의 이익을 예측한 경우 이러한 예측이 타당한 것인지를 확인하거나 수정해 준다는 점에서 확인가치를 갖게 되는 것이다.

② 중요성(materiality)

특정 보고기업에 대한 재무정보를 제공하는 일반목적 재무보고서에 정보를 누락하거나 잘못기재하거나 불분명하게 하여, 이를 기초로 내리는 주요 이용자들의 의사결정에 영향을 줄 것으로 합리적으로 예상할 수 있다면 그 정보는 중요한 것이다. 즉, 중요성은 개별 기업 재무보고서 관점에서 해당 정보와 관련된 항목의 성격이나 규모 또는 이 둘 모두에 근거하여 해당 기업에 특유한 측면의 목적적합성을 의미한다. 따라서 회계기준위원회는 중요성에 대한 획일적인 계량 임계치(경계값)를 정하거나 특정한 상황에서 무엇이 중요한 것인지를 미리 결정할 수 없다.

구 분		내 용
목적적합성	예측가치	미래 예측을 위한 정보로서의 가치
	확인가치	과거 의사 결정의 확인과 수정을 위한 정보로서의 가치
	중요성	의사 결정에 영향을 미칠 수 있는 정보로서의 가치

(나) 표현 충실성(representational faithfulness)

재무보고서는 경제적 현상을 글과 숫자로 나타내는 것이다. 재무정보가 유용하기 위해서는 목적적합한 현상을 표현하는 것뿐만 아니라 나타내고자 하는 현상의 실질을 충실하게 표현해야 한다. 많은 경우, 경제적 현상의 실질과 그 법적 형식은 같다. 만약 같지 않다면, 법적 형식에 따른 정보만 제공해서는 경제적 현상을 충실하게 표현할 수 없을 것이다. 완벽한 표현충실성을 위해서는 서술에 세 가지의 특성이 있어야 할 것이다. 서술은 완전하고, 중립적이며, 오류가 없어야 할 것이다. 물론 완벽은 이루기 매우 어렵다. 회계기준위원회의 목적은 가능한 한 이러한 특성을 극대화하는 것이다.

① 완전한 서술(complete depiction)

완전한 서술은 필요한 기술과 설명을 포함하여 이용자가 서술되는 현상을 이해하는 데 필요한 모든 정보를 포함하는 것이다. 예를 들어, 자산 집합에 대한 완전한 서술은 적어도 집합 내 자산의 특성에 대한 기술과 집합 내 모든 자산의 수량적 서술, 그러한 수량적 서술이 표현하고 있는 기술 내용(예 역사적원가 또는 공정가치)을 포함한다. 일부 항목의 경우 완전한 서술은 항목의 질과 성격, 그 항목의 질과 성격에 영향을 줄 수 있는 요인과 상황, 그리고 수량적 서술을 결정하는 데 사용된 절차에 대한 유의적인 사실에 대한 설명을 수반할 수도 있다.

② 중립적 서술(neutral depiction)

중립적 서술은 재무정보의 선택이나 표시에 편의가 없는 것이다. 중립적 서술은, 이용자들이 재무정보를 유리하게 또는 불리하게 받아들일 가능성을 높이기 위해 편파적이 되거나, 편중되거나, 강조되거나, 경시되거나 그 밖의 방식으로 조작되지 않는다. 중립적 정보는 목적이 없거나 행동에 대한 영향력이 없는 정보를 의미하지 않는다. 오히려 목적적합한 재무정보는 정의상 이용자들의 의사결정에 차이가 나도록 할 수 있는 정보이다.

③ 오류가 없는 서술(depiction free from error)

오류가 없다는 것은 현상의 기술에 오류나 누락이 없고, 보고 정보를 생산하는 데 사용되는 절차의 선택과 적용 시 절차 상 오류가 없음을 의미한다. 이 맥락에서 오류가 없다는 것은 모든 면에서 완벽하게 정확하다는 것을 의미하지는 않는다. 예를 들어, 관측가능하지 않은 가격이나 가치의 추정치는 정확한지 또는 부정확한지 결정할 수 없다. 그러나 추정치로서 금액을 명확하고 정확하게 기술하고, 추정 절차의 성격과 한계를 설명하며, 그 추정치를 도출하기 위한 적절한 절차를 선택하고 적용하는 데 오류가 없다면 그 추정치의 표현은 충실하다고 할 수 있다.

회계 충전소 ... 2019. 12. 4. 개정공표, 신설

1. 신중성의 원칙 : 중립성은 신중을 기함으로써 뒷받침된다. 신중성은 불확실한 상황에서 판단할 때 주의를 기울이는 것이다. 신중을 기한다는 것은 자산과 수익이 과대평가(overstated)되지 않고 부채와 비용이 과소평가(understated)되지 않는 것을 의미한다. 마찬가지로, 신중을 기한다는 것은 자산이나 수익의 과소평가나 부채나 비용의 과대평가를 허용하지 않는다. 그러한 그릇된 평가(misstatements)는 미래 기간의 수익이나 비용의 과대평가나 과소평가로 이어질 수 있다.

2. 근본적 질적특성의 충족 절차
① 보고기업의 재무정보 이용자들에게 유용할 수 있는 정보의 대상이 되는 경제적 현상을 식별한다.
② 그 현상에 대한 가장 목적적합한 정보의 유형을 식별한다.
③ 그 정보가 이용가능한지, 그리고 경제적 현상을 충실하게 표현할 수 있는지 결정한다.

구　　분		내　　　용
표현 충실성	완전한 서술	정보 이용자가 의사 결정에 필요한 모든 정보의 제공
	중립적 서술	정보의 선택이나 표시에 편의가 없는 재무 정보의 제공
	오류가 없는 서술	경제적 현상의 서술이나 절차 상에 오류나 누락이 없는 정보 제공

(2) 보강적 질적 특성(enhancing qualitative characteristics)

비교 가능성, 검증 가능성, 적시성 및 이해 가능성은 목적적합하고 충실하게 표현된 정보의 유용성을 보강시키는 질적 특성이다. 보강적 질적 특성은 만일 어떤 두 가지 방법이 경제적 현상을 동일하게 목적적합하고 충실하게 표현하는 것이라면 이 두 가지 방법 가운데 어느 방법을 그 현상의 서술에 사용해야 할지를 결정하는 데에도 도움을 줄 수 있다.

(가) 비교 가능성(comparability)

비교 가능성이란 정보 이용자가 제공되는 정보 항목 간의 유사점과 차이점을 식별하고 이해할 수 있게 하는 질적 특성을 말한다. 정보 이용자의 의사 결정은, 예를 들어, 투자자산을 매도할지 또는 보유할지, 어느 보고기업에 투자할지를 선택하는 것과 같이 여러 대안들 중에서 선택을 하는 것이다. 따라서 보고 기업에 대한 정보는 다른 기업에 대한 유사한 정보와 비교할 수 있고, 해당 기업에 대한 다른 기간이나 다른 일자의 유사한 정보와 비교할 수 있다면 더욱 유용하다. 다른 질적 특성과 달리 비교가능성은 단 하나의 항목에 관련된 것이 아니므로, 비교하려면 최소한 두 항목 이상이 필요하다.

(나) 검증 가능성(verifiability)

검증 가능성은 정보가 나타내고자 하는 경제적 현상을 충실히 표현하는지를 이용자들이 확인하는 데 도움을 준다. 검증 가능성은 합리적인 판단력이 있고 독립적인 서로 다른 관찰자가 어떤 서술이 표현 충실성에 있어, 비록 반드시 완전히 의견이 일치하지는 않더라도, 합의에 이를 수 있다는 것을 의미한다. 검증은 직접 또는 간접으로 이루어질 수 있다. 직접 검증, 예를 들어, 현금을 세는 것과 같이 직접적인 관찰을 통하여 금액이나 그 밖의 표현을 검증하는 것을 의미한다. 간접 검증은 모형, 공식 또는 그 밖의 기법에의 투입요소를 확인하고 같은 방법을 사용하여 그 결과를 재계산하는 것을 의미한다. 예를 들어, 투입요소(수량과 원가)를 확인하고 같은 원가 흐름 가정을 사용(**예** 선입선출법 사용)하여 기말 재고자산을 재계산하여 재고자산의 장부금액을 검증하는 것이다.

(다) 적시성(timeliness)

적시성은 의사 결정에 영향을 미칠 수 있도록 의사 결정자가 정보를 제때에 이용 가능하게 하는 것을 의미한다. 일반적으로 정보는 오래될수록 유용성이 낮아진다. 그러나 일부 정보는 보고 기간 말 후에도 오랫동안 적시성이 있을 수 있다. 예를 들어, 일부 정보 이용자는 과거 정보를 이용하여 추세를 식별하고 평가할 필요가 있을 수 있기 때문이다.

(라) 이해 가능성(understandability)

이해 가능성이란 정보 이용자가 쉽게 이해될 수 있도록 정보를 제공하여야 하는 것을 말한다. 이해 가능성을 높이려면 제공하는 정보를 명확하고 간결하게 분류하고, 특정지어 표시하면 된다. 어떤 경제적 현상은 본질적으로 복잡하여 이용자가 이해할 수 있도록 표시하기가 쉽지않은 것이 있다. 그렇다고 정보가 복잡하다는 이유만으로 재무보고서에서 제외하면 해당 보고서는 불완전하고 이용자들로 하여금 잘못된 판단을 할 수 있게 하는 것이다.

【 보강적 질적 특성 】

구 분	내 용
비교 가능성	기업 간 비교 가능성과 기간 간 비교 가능성이 있는 정보의 제공
검증 가능성	나타난 경제적 현상에 대해 정보 이용자가 검증 가능할 수 있는 정보의 제공
적시성	의사 결정에 영향을 미칠 수 있도록 적시성 있는 정보의 제공
이해 가능성	정보 이용자가 쉽게 이해할 수 있는 정보의 제공

(3) 유용한 재무보고에 대한 제약

원가(cost)는 재무보고로 제공될 수 있는 정보에 대한 포괄적 제약 요인이다. 재무 정보의 원가란 정보 제공자가 재무 정보의 수집, 처리, 검증 및 전파에 대부분의 노력을 투입하면서 발생하는 원가를 말한다. 한편 정보 이용자도 필요한 정보가 제공되지 않으면 그 정보를 다른 곳에서 얻거나 그것을 추정하기 위해 추가적으로 원가가 발생하는 것이다. 이와 같이 재무정보의 보고에는 원가가 소요되는데 특정 정보로 기대되는 효익이 그 정보를 얻기 위해 소요되는 원가보다 커야 한다는 것이다.

(4) 질적 특성 간의 상충 관계

재무 정보의 질적 특성은 다음과 같이 서로 상충될 수 있다.

(가) 유형자산이나 시장성 없는 유가증권을 역사적원가로 평가하면 자산가액 측정치의 검증 가능성은 높으나 자산의 실제 가치를 나타내지 못하여 표현 충실성과 목적적합성이 저하될 수 있다.(표현 충실성과 목적적합성을 가지려면 유형자산을 공정가치로 평가해야 한다.)

(나) 재무 정보를 적시에 제공하기 위해 거래나 사건의 모든 내용이 확정되기 전에 보고하는 경우, 표현 충실성과 목적적합성 및 적시성은 제고되나 검증 가능성은 저하될 수 있다.

(다) 기업의 재무상태에 중대한 영향을 미칠 것으로 예상되는 진행 중인 손해 배상 소송에 대한 정보는 표현 충실성이며 목적적합성 있는 정보일 수 있지만, 소송 결과를 확실히 예측할 수 없는 상황에서 손해배상 청구액을 재무제표에 인식하는 것은 검증 가능성을 저해할 수 있다.

④ 재무보고의 기본 가정

기본 가정(basic assumption)은 회계 공준, 환경적 가정, 기본 전제라고도 하는데 이는 기업 실체를 둘러싼 환경으로부터 도출해 낸 회계 이론 전개의 기초가 되는 사실들을 말하는 것으로 개념체계에서는 계속기업을 유일한 기본 가정으로 규정하고 있다.

▶ 계속기업(going concern)

(1) 계속기업이란 기업이 예상가능한 기간 동안 영업을 계속할 것이며, 그 경영 활동을 청산하거나 중요하게 축소할 의도나 필요성을 갖고 있지 않다는 것을 의미한다. 따라서 재무제표는 일반적으로 계속기업이라는 가정하에서 작성하게 된다. 만약, 기업이 그 경영 활동을 청산하거나 중요하게 축소할 의도나 필요성이 있다면 재무제표는 계속기업을 가정한 기준과는 다른 기준을 적용하여 작성하는 것이 타당할 수 있으며 이때 적용한 기준은 별도로 공시하여야 한다.

(2) 발생주의 회계의 주요 회계원칙들은 계속기업의 가정에 근거하고 있다. 예를 들어 유형자산에 대하여 감가상각을 하는 것은 기업이 최소한 유형자산의 내용연수 이상 존속한다는 가정에 근거하고 있으며, 유형자산의 취득원가는 미래에 창출될 수익에 대응하기 위하여 비용의 인식을 이연시켜 놓은 것이라고 할 수 있다. 따라서 계속기업을 가정하지 않는다면 취득원가의 원칙이나 수익·비용 대응의 원칙 등과 같은 주요 회계원칙이 근거를 잃게 되는 것이다.

(3) 또한 계속기업의 가정은 기업의 자산을 취득원가(역사적원가라고도 함)로 평가하는데 있어 근거를 제공한다. 즉, 기업은 청산을 전제로 하여 기업이 보유하고 있는 자산을 청산가치로 평가하지 않고, 기업이 계속된다는 전제하에 객관적이고 검증 가능한 역사적원가로 평가하는 것이다. 만약, 기업이 곧 청산할 것이라면 역사적 원가에 의한 정보는 아무런 유용성이 없기 때문에 기업이 보유하고 있는 자산은 역사적원가보다는 청산가치로 평가되는 것이 타당할 것이다.

회계 충전소

▶ 계속기업의 기본가정과의 관련 개념
  1. 자산 가치를 역사적원가로 평가
  2. 원가의 배분(감가상각 등)
  3. 유동성 배열에 따른 재무보고서 작성
  4. 발생주의
  5. 수익·비용 대응의 개념
  6. 개발비의 무형자산으로 인식가능
  7. 기업 특유의 가치(사용가치)를 측정요소로 사용 가능

04. 회계 관련 규정

회계 관련 규정이란 기업 내부의 회계 처리와 관련한 기준을 정하고 기업 경영에 대한 원활한 업무 처리를 수행하기 위해 필요한 거래 정보나 제반 사항을 명시하는 것을 말하는 것으로 기업의 경영 활동으로 발생하는 경제적 사건에 대한 회계 처리를 하는 데 있어 사전에 계산 착오나 판단 오류를 발견하여 원만한 업무 수행을 통해 회계 업무의 실수를 예방하고 회계 업무에 대한 신뢰도를 높이기 위한 규정이다.

회계 관련 규정은 기업 내부에서 특별히 정하는 것을 제외하고는 모든 회계 처리를 다음에 열거하는 원칙과 회계 기준에 따라 처리한다.

① 일반적으로 인정된 회계 원칙

(1) 회계 원칙의 필요성

① 재무제표는 재무보고의 핵심적인 보고 형태이며, 기업의 회계 정보를 기업 외부 이해 관계자들에게 전달하는 주요수단이다. 그런데, 재무회계에는 경영진 및 회계담당자에 의한 주관적인 판단과 예측 및 가정(**예** 대손액의 추정) 등이 있을 수 있으므로 이러한 자의적인 판단으로 재무제표를 작성하게 되면 추정의 오류 등으로 인하여 재무제표에 대한 신뢰성이 떨어지게 되는 것이다.

② 그러므로, 재무제표의 신뢰성을 확보하고 회계 정보에 대한 이해 가능성과 비교 가능성을 증진시키기 위해서 재무제표를 작성하고 이해하는데 있어 만족할 만한 기준이 되는 일정한 원칙이 필요한데, 이를 '일반적으로 인정된 회계 원칙'이라고 한다.

(2) 일반적으로 인정된 회계 원칙의 의의

일반적으로 인정된 회계 원칙(GAAP. generally accepted accounting principles)이란 기업 실체에 영향을 미치는 특정 거래나 사건을 측정하고, 이를 재무제표에 보고하는 방법을 말하는 것으로, 이는 미국을 중심으로 회계 처리 및 보고에 있어 과거부터 오랜기간 적용되어 온 회계 관습과 절차 등이 회계 정보 제공자나 이용자들에 의하여 실질적이고 권위있는 지지를 받는 회계 원칙이란 의미이다.

▶ **회계 원칙은 다음과 같은 특성을 갖고 있다.**

① 회계 원칙은 기업의 회계 실무를 이끌어가는 지도 원리이다.(규범성)
② 회계 원칙은 보편 타당성과 이해 조정적 성격을 가지고 있다.(타협의 산물)
③ 회계 원칙은 사회·경제적 환경이 변화하면 그에 따라서 변화한다.(가변성)

② 재무제표의 작성과 표시의 일반 사항

(1) 공정한 표시와 한국채택국제회계기준의 준수 : 재무제표는 기업의 재무상태·재무성과 및 현금흐름을 공정하게 표시해야 한다. 공정한 표시를 위해서는 개념 체계에서 정한 자산·부채·수익 및 비용에 대한 정의와 인식요건에 따라 거래, 그 밖의 사건과 상황의 효과를 충실하게 표현해야 한다. 한국채택국제회계기준에 따라 작성된 재무제표는 공정하게 표시된 재무제표로 본다.

(2) 계속기업 : 경영진이 재무제표를 작성할 때 계속기업으로서의 존속가능성을 평가해야 한다. 경영진이 기업을 청산하거나 경영 활동을 중단할 의도를 가지고 있지 않거나, 청산 또는 경영 활동의 중단 외에 다른 현실적 대안이 없는 경우가 아니면 계속기업을 전제로 재무제표를 작성한다.

(3) 발생기준 회계 : 기업은 현금흐름 정보를 제외하고는 발생기준 회계를 사용하여 재무제표를 작성한다.(예를 들면 회계 기간 말의 손익의 이연과 예상에 대한 정리 분개)

(4) 중요성과 통합 표시 : 유사한 항목은 중요성 분류에 따라 재무제표에 구분하여 표시한다. 상이한 성격이나 기능을 가진 항목은 구분하여 표시한다. 다만 중요하지 않은 항목은 성격이나 기능이 유사한 항목과 통합하여 표시할 수 있다.

(5) 상 계 : 한국채택국제회계기준에서 요구하거나 허용하지 않는 한 자산과 부채, 그리고 수익과 비용은 상계하지 아니한다. 상계표시는 재무제표 이용자의 능력을 저해한다. 단, 매출채권에 대한 대손충당금과 같은 평가충당금을 차감하여 관련자산을 순액으로 측정하는 것은 상계표시에 해당하지 아니한다. 또한 동일거래에서 발생하는 수익과 관련 비용의 상계표시가 거래의 실질을 반영한다면 그러한 거래의 결과는 상계하여 표시한다. 예를들면 투자자산 및 영업용자산을 포함한 비유동자산의 처분손익은 처분대금에서 그 자산의 장부금액과 관련 처분비용을 차감하여 표시한다.

(6) 보고 빈도 : 전체 재무제표(비교 정보를 포함)는 적어도 1년마다 작성한다. 보고 기간 종료일을 변경하여 재무제표의 회계 기간이 1년을 초과하거나 미달하는 경우 재무제표 해당기간 뿐만 아니라, 회계 기간이 1년을 초과하거나, 미달하게 된 이유와 재무제표에 표시된 금액이 완전하게 비교가능하지는 않다는 사실을 추가로 공시한다.

(7) 비교 정보 : 한국채택국제회계기준이 허용하거나 달리 요구하는 경우를 제외하고는 당기 재무제표에 보고되는 모든 금액에 대해 전기 비교정보를 공시한다. 당기 재무제표를 이해하는데 목적적합하다면 서술형 정보의 경우에도 비교정보를 포함한다.

(8) 표시의 계속성 : 재무제표항목의 표시와 분류는 사업 내용의 유의적인 변화나 재무제표를 검토한 결과 다른 표시나 분류 방법이 더 적절한 것이 명백한 경우와 한국채택국제회계기준에서 표시 방법의 변경을 요구하는 경우를 제외하고는 매기 동일하여야 한다.

③ 기타의 원칙

(1) 역사적원가의 원칙(historical cost principle)

역사적원가란 기업이 자산을 취득할 때 지급한 현금및현금성 자산을 말하는 것으로 취득원가라고도 한다. 일반적으로 취득원가는 해당 자산의 교환 시점에서 자산의 공정 가치를 가장 잘 나타내기 때문에 확정적이고 검증 가능한 것이다.

따라서, 재무상태표에 자산을 역사적원가(취득원가)로 기록하게 되면 회계 정보가 객관적이고 검증 가능성이 높아져 신뢰성을 갖게 된다는 장점이 있다.

(2) 수익·비용 대응의 원칙(matching principle)

일정 회계 기간 동안 인식된 수익과 그 수익을 창출하기 위하여 발생한 비용을 관련 수익이 보고되는 기간에 인식한다는 원칙이다. **예** 매출액과 매출원가의 대응

(3) 완전 공시의 원칙(full disclosure principle)

완전 공시의 원칙이란 정보 이용자들의 합리적인 판단이나 의사 결정에 상당한 영향을 미칠 수 있는 중요한 경제적 정보는 모두 공시해야 한다는 원칙이다.

공시를 하는 방법에는 재무제표에 표시된 사항을 주석을 통하여 보다 상세한 설명을 한다든지 또는 부속명세서나 기타 보조정보(사업보고서 등)로 제시하는 방법이 있다.

▶ 재무상태표의 일부 항목만을 표시하여 주석, 부속명세서를 간단히 설명하면 다음과 같다.

재 무 상 태 표

20×1년 12월 31일

(주)서울   단위 : 원

자 산		부 채	
재고자산(주석1)	1,200,000	손해배상부채(주석2)	250,000
		자 본	
		이 익 잉 여 금	60,000
자 산 총 계	×××	부채·자본 총계	×××

■ 재무상태표 주석(별지)

(1) 상품의 단위원가 결정 방법은 가중평균법(이동평균법)을 적용하고 있음.

(2) 당사는 (주)종로와의 상표권 침해로 인한 소송에서 패소할 가능성이 확실하며, 그 손해 배상액은 ₩250,000일 것으로 예상함.

부 속 명 세 서

1. 재고자산명세서

품 명	규 격	금 액	비 고
가전제품	세 탁 기	500,000	
	냉 장 고	700,000	
합 계		1,200,000	

05. 회계의 순환 과정

1 일반 회계의 회계 순환 과정

　재무회계에서 회계 순환 과정(accounting cycle)이란 기업에서 발생한 경제적 사건인 회계상의 거래를 식별·측정하여 장부에 기록·계산·정리하는 회계 처리 과정을 거쳐 재무제표의 형태로 만들어서 정보 이용자에게 유용한 회계 정보를 제공하는 일련의 과정을 말한다. 회계 순환 과정은 다음과 같이 표시할 수 있고 회계 정보 처리 시스템상의 작업이 되기 전에는 수작업으로 해 왔다.

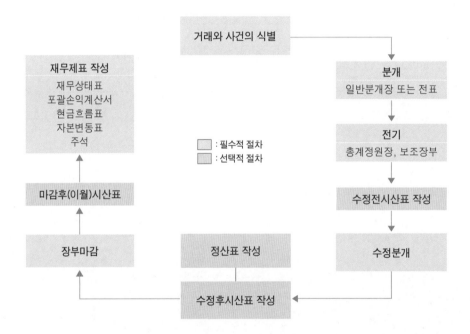

2 회계 정보 처리 시스템의 회계 순환 과정

　회계 정보 처리 시스템에서는 거래에 대한 분개 내용을 회계 프로그램에 입력하면 총계정원장에의 전기와 보조장부 작성이 자동으로 이루어지고 수정 전 시산표가 자동으로 작성되며, 결산 수정 분개 내용을 입력하면 장부 마감 및 재무제표의 작성이 자동적으로 처리된다. 따라서 회계 정보 처리 시스템에서는 기중 거래에 대한 분개와 결산 수정 분개 내용의 입력이 중요하며, 회계 담당자는 회계 프로그램의 실행 원리를 이해하고 숙련된 능력을 갖추는 것이 필요하다.

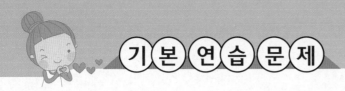

01 다음 보기에서 아래 설명에 해당하는 회계정보이용자의 기호를 (   ) 안에 써 넣으시오.

> **보기**
> a. 정부와 유관기관   b. 투자자   c. 종업원   d. 대여자
> e. 경영자   f. 고객   g. 소비자   h. 거래채권자
> i. 일반대중   j. 금융감독원과 증권거래소

(1) 특정 주식에 신규 투자 여부 및 기존 투자액의 증감에 대한 정보 ·······················(   )

(2) 특정 기업과 거래 관계를 유지하므로 그 기업의 존속가능성에 대한 정보 ············(   )

(3) 올바른 기업 경영 수행을 위한 재무상태와 수익성 예측을 위한 정보 ·····················(   )

(4) 신규 자금 대여 및 각 회사의 상환 능력에 관한 정보 ·······································(   )

(5) 공공 복리 증진을 위해 특정 기업의 통제와 조세정책의 결정을 위한 정보 ············(   )

(6) 자기들이 공헌한 회사에 계속 종사여부에 대한 의사 결정 정보························(   )

(7) 매입채무 및 기타 미지급금의 지급 능력을 평가할 수 있는 정보 ·····················(   )

(8) 기업이 지역경제에 미치는 영향 및 최근 성장추세 등에 관한 정보 ·····················(   )

02 다음 (   ) 안에 알맞은 용어를 써 넣으시오.

(1) 기업의 내부 정보 이용자인 경영자에게 경영 방침 수립에 필요한 회계 정보 제공을 위한 회계를 (   )라 하고, 기업의 외부 정보 이용자들이 필요로 하는 일반 목적의 재무제표 작성을 주요목적으로 하는 회계를 (   )라 하며, 세무관서에 기업이 납부할 세금을 산출하는데 필요한 정보를 제공하는 회계를 (   )라 한다.

(2) 회계의 역할에는 희소한 경제적 자원의 효율적 (   )과 (   )책임에 관한 보고 및 그 밖의 사회적 통제의 합리화 등이 있다.

(3) 기업이 자산을 취득한 시점에서 지급한 현금 또는 현금성자산이나 그 밖의 대가의 공정가치를 의미하며 취득원가라고도 하는 것을 (   )라고 한다.

(4) 재무상태표는 순손익을 (   )으로 산출하고, 포괄손익계산서는 순손익을 거래 접근법으로 산출한다.

03 다음은 일반적으로 인정된 회계 원칙(GAAP)의 특성이다. (   )안에 알맞은 용어를 써 넣으시오.

(1) 회계 원칙은 기업의 회계 실무를 이끌어가는 (   )이다.

(2) 회계 원칙은 보편 타당성과 (   )적 성격을 가지고 있다.

(3) 회계 원칙은 사회, 경제적 환경이 변화하면 그에 따라서 (   )한다.

04 다음은 재무회계와 관리회계의 차이점을 나타낸 비교표이다. (   )안에 알맞은 말을 써 넣으시오. 단, 세무회계는 생략한다.

구 분	재 무 회 계	관 리 회 계
목적	(①)보고 목적	(②)보고 목적
정보 이용자	투자자 등 외부 정보 이용자	경영진 등 내부 정보 이용자
보고 형태	(③)목적의 재무제표	(④)목적의 재무보고서
보고서 종류	재무상태표, 포괄손익계산서 등	마케팅보고서, 원가명세서 등
보고서 작성 시기	주기적으로 보고	필요에 따라 수시 보고
보고 기준	회계 원칙을 따라야 한다.	일반적인 기준이 없다.
성격 및 시간적 관점	객관성이 강조되며, (⑤)이다.	주관적이더라도 (⑥)인 적합한 자료가 강조된다.

05 다음 설명을 읽고, 옳은 것은 ○표, 틀린 것은 ×표를 (   )안에 표기하시오.

(1) 인식이란 자산, 부채와 같은 재무제표 요소 중 하나의 정의를 충족하는 항목을 재무상태표나 재무성과표에 포함하기 위하여 포착하는 과정을 말한다. ···( )

(2) 우리나라에서는 회계 기간을 1년을 기준으로 하며, 모든 기업이 1월 1일부터 12월 31일까지를 회계 기간으로 정하고 있다. ···( )

(3) 회계의 역할은 경제적 자원의 효율적 배분 및 수탁 책임에 관한 보고와 그 밖의 사회적 통제의 합리화에 공헌한다. ··( )

(4) 투자자 등 외부 정보 이용자들에게 유용한 회계 정보를 제공하기 위한 것을 관리회계라 하고, 경영자 등 내부 정보 이용자들에게 유용한 회계 정보를 제공하기 위한 것을 재무회계라 한다. ···( )

(5) 재무회계에서 '제거'란 기업의 재무상태표에서 인식된 자산이나 부채의 전부 또는 일부를 삭제하는 것으로, 일반적으로 해당 항목이 더 이상 자산 또는 부채의 정의를 충족하지 못할 때 발생한다. ……………………………………………………………………………… (   )

(6) 부기는 회계의 여러가지 기능 중에서 기술적인 측면 즉, 단순한 부분인 거래의 기록을 의미한다. ……………………………………………………………………………………… (   )

(7) 복식 부기의 특성으로 재무상의 자료를 일정한 원리·원칙에 의하여 이중적으로 기록·계산하여 자기 검증 기능이 있지만 주로 가계·소비경제에 적용된다. ……………… (   )

(8) 기업의 경영자가 기업의 외부 이해관계자들에게 회계 정보를 제공하는 주된 수단은 재무제표이다. ……………………………………………………………………………………… (   )

(9) 회계 처리의 결과물인 재무보고서(재무제표)상의 모든 항목(재산 및 자본)의 측정 단위는 화폐액이다. ……………………………………………………………………………………… (   )

(10) 재무회계에서 측정이란 거래를 화폐액으로 환산하는 과정을 말한다. …………… (   )

(11) 타인의 자산을 관리하도록 책임을 부여받은 자가 자산의 관리에 대해 부여받은 책임을 회계 책임이라고 한다. ……………………………………………………………………………… (   )

(12) 경영자가 기업의 경제적 활동을 측정하고 재무제표를 작성할 때 반드시 준수해야 할 규범은 회계기준이다. …………………………………………………………………………… (   )

06 다음은 재무보고를 위한 개념 체계에 대한 설명이다. 옳은 것은 ○표, 틀린 것은 ×표를 하시오.

(1) 재무보고를 위한 개념 체계는 전반적인 회계환경의 변화나 기업실무의 변화에 따라 그 내용을 개정할 수 있다. (   )

(2) 재무보고를 위한 개념 체계와 특정 회계기준이 상충되는 경우에는 개념 체계가 그 회계기준보다 우선 적용한다. (   )

(3) 재무보고를 위한 개념체계는 한국회계기준위원회가 일관된 개념에 기반하여 한국채택국제회계기준을 제·개정하는 데 도움을 준다. (   )

(4) 재무보고를 위한 개념 체계가 재무제표의 주된 대상으로 가정하고 있는 이용자는 경영진이다. (   )

07 다음 (   ) 안에 알맞은 용어를 써 넣으시오.

(1) 재무 정보의 (   )이란 회계 정보 이용자의 의사 결정에 유용한 정보를 제공하기 위하여 재무 정보가 갖추어야 할 주요 속성을 말한다.

(2) 재무 정보가 목적적합성을 가지려면 예측가치와 (   )를 가지고 있어야 하며, 중요성이 고려되어야 한다.

(3) 재무 정보가 표현 충실성을 하기 위하여는 완전한 서술과 (   ) 및 오류가 없는 서술이 있어야 한다.

(4) 재무 정보의 유용성을 증대시키는 가장 기본이 되는 회계 정보의 질적특성은 목적적합성과 (   )이다.

(5) 재무보고의 유일한 기본가정은 (   )을 들 수 있다.

(6) 재무상태표에 표시하는 모든 자산은 취득원가에 의하여 기록하여야 한다는 것이 (   )의 원칙이다.

(7) 재무 정보의 보강적 질적특성에는 비교 가능성, 검증 가능성, (   ) 및 이해 가능성이 있다.

(8) (   )는 재무보고로 제공될 수 있는 정보에 대한 포괄적 제약 요인이다.

(9) 기업의 자산을 취득원가로 기록하는데 있어 타당성을 제공하는 재무보고의 기본가정은 (   )이다.

(10) 정보가 누락되거나 잘못 기재된 경우 특정 보고 기업의 재무 정보에 근거한 정보이용자의 의사 결정에 영향을 줄 수 있다면 그 정보는 (   )한 것이다.

(11) 재무제표의 작성과 표시에 대한 책임은 (   )와 회계담당 임원(회계담당 임원이 없는 경우에는 회계 업무를 집행하는 직원)에게 있다.

(12) 한국채택국제회계기준(K-IFRS)에서 정하는 경우를 제외하고는 재무제표 항목의 표시와 분류는 매기 (   )하여야 한다.

(13) 기업이 그 경영 활동을 청산하거나 중요하게 축소할 의도나 필요성을 갖고 있지 않다면 재무제표의 작성은 (   )을 전제로 하여야 한다.

08 다음 설명을 읽고, 옳은 것은 ○표, 틀린 것은 ×표를 (　　)안에 표기하시오.

(1) 재무정보의 표현 충실성에는 과거의 의사 결정을 확인 또는 수정하도록 해 줌으로써 유사한 미래에 대한 의사 결정에 도움을 주는 속성이 포함된다. ……………………… (　　　)

(2) 재무제표의 정보가 일부 정보이용자에게는 너무 복잡하고 어려워서 이해하기가 힘든 정보는 제외하여도 된다. ……………………………………………………… (　　　)

(3) 역사적원가는 검증 가능성은 제고되지만 목적적합성은 저하되는 반면에 현행원가는 목적적합성은 제고되나 검증 가능성은 저하되는 상충 관계가 발생한다. ………… (　　　)

(4) 중간재무보고는 보강적 질적 특성인 적시성이 제고되나, 근본적 질적특성인 표현 충실성이 저하되는 상충 관계가 발생한다. ……………………………………… (　　　)

(5) 결산 재무제표에 나타난 당기순이익 정보는 분기 · 반기재무제표에 근거하여 투자자가 가지고 있던 기업가치에 대한 전망이나, 기대를 확인 · 강화시켜 준다는 측면에서 예측 가치를 지닌다. ……………………………………………………… (　　　)

(6) 거래의 인식에서부터 출발하여 분개, 전기, 결산 등의 과정을 통해 재무제표가 작성되는 과정을 회계 순환 과정이라고 한다. ………………………………… (　　　)

(7) 신중성이란 불확실한 상황에서 판단할 때 주의를 기울이는 것으로 신중을 기한다는 것은 자산과 수익은 과대평가하지 않고, 부채와 비용은 과소평가하는 것을 허용하는 것을 의미한다. ……………………………………………………… (　　　)

② 자산에 관한 회계 처리

01. 현금및현금성자산

① 현금및현금성자산 계정 (cash and cash equivalents account)

> **현금 및 현금성자산** ── 보유 현금
> ── 은행예금 중 요구불예금 (당좌예금·보통예금 등)
> ── 현금성자산

(1) 보유 현금

{ 통화 : 지폐, 주화
통화대용증권 : 타인발행수표, 자기앞수표, 가계수표, 송금수표, 여행자수표, 송금환, 우편환증서, 일람출급어음, 공·사채만기이자표, 배당금지급통지표, 정부보조금 송금통지서, 만기도래어음 등

(2) 은행예금 중 요구불예금

당좌예금, 보통예금 등과 같이 만기가 정해져 있지 않고, 수시로 입·출금이 자유로운 예금을 말한다.

(3) 현금성자산 (cash equivalents)

(가) 현금성자산의 충족 요건
① 유동성이 매우 높은 단기투자자산으로서
② 확정된 금액의 현금으로 전환이 용이하고
③ 가치 변동의 위험이 경미한 자산

(나) 현금성자산의 예
① 취득당시의 만기가 3개월 이내에 도래하는 채권(공·사채, 저축성예금)
② 취득당시의 상환일까지 기간이 3개월 이내인 상환우선주
③ 취득당시의 환매조건이 3개월 이내의 환매채
④ 초단기 수익증권 : 투자신탁의 계약기간이 3개월 이하인 펀드 등

> **회계 충전소**
>
> ▶ 현금성자산에 속하는 단기투자자산은 취득 당시를 기준으로 만기일이 3개월 이내인 단기금융상품을 말하며, 보고기간 종료일(결산일)을 기준으로 보고 기간 후부터 만기가 3개월 이내인 단기금융상품이 아니다. 즉, 현금성자산의 인식기준은 취득 당시이다.

---

② 당좌차월 (bank overdraft)

당좌수표 발행 금액 중 당좌예금 잔액을 초과한 금액을 당좌차월(부채)이라 하며, 회계 처리 방법으로는 1계정제와 2계정제가 있다.

(1) 2계정제 처리 방법 ~ 당좌예금과 당좌차월을 분리하는 방법

① 외상매입금 ₩1,500을 수표를 발행하여 지급하면(당좌예금잔액 ₩1,000)

(차) 외 상 매 입 금	1,500	(대) 당 좌 예 금 당좌차월(단기차입금)	1,000 500

② 외상매출금 ₩2,300을 현금 회수하여 곧 당좌예입하면

(차) 당좌차월(단기차입금) 당 좌 예 금	500 1,800	(대) 외 상 매 출 금	2,300

(2) 1계정제 처리 방법 ~ 혼합 계정 처리법

① 현금 ₩1,000을 당좌예입하면

(차) 당 좌	1,000	(대) 현 금	1,000

② 외상매입금 ₩1,500을 수표를 발행하여 지급하면

(차) 외 상 매 입 금	1,500	(대) 당 좌	1,500

③ 외상매출금 ₩2,300을 현금 회수하여 곧 당좌예입하면

(차) 당 좌	2,300	(대) 외 상 매 출 금	2,300

③ 선일자 수표

선일자 수표란 장차 당좌예금 할 것을 예상하여 당좌수표의 발행 일자란에 미래의 날짜로 기록하여 발행하는 것으로 이것은 수표를 어음처럼 사용하기 위한 것이다.

(1) 상품을 매입하고 30일 후 지급의 선수표를 발행하면

(차) 매 입	×××	(대) 지 급 어 음	×××

(2) 상품을 매출하고, 50일 후의 선수표를 받으면

(차) 받 을 어 음	×××	(대) 매 출	×××

④ 수표의 부도

상품매출대금 등으로 받은 타인발행의 수표가 부도되었을 때는 부도수표 계정으로 처리한다.

(1) 소유하고 있던 타인발행수표가 부도되면

(차) 부 도 수 표	×××	(대) 현　　　금	×××

(2) 당좌예입하였던 수표가 부도되면

(차) 부 도 수 표	×××	(대) 당 좌 예 금	×××

(3) 부도수표 대금이 회수불능되면

(차) 대 손 상 각 비	×××	(대) 부 도 수 표	×××

> **회계 충전소**
> ▶ 부도수표 계정의 재무상태표 표시는 매출채권 또는 장기매출채권 계정에 포함한다.

⑤ 은행계정조정표(bank reconciliation statement)

당좌예금의 잔액은 회사측의 장부기록과 은행측의 기록이 일치하여야 하는데, 시간적 차이로 인하여 어느 한쪽에 통지의 미달 또는 오류가 발생함으로써 일치하지 않는 경우에 그 원인을 찾아 당좌예금의 잔액을 일치시키는 표를 말한다.

【 불일치 원인 】

(1) 회사측이 발행한 수표를 수표 소지인의 미청구로 은행측이 차감하지 않은 경우
(2) 회사 장부에는 입금되었으나, 은행에서 기입하지 않은 경우
(3) 은행에서는 차감되었으나, 회사에서 기입하지 않은 경우
(4) 은행에서는 입금되었으나, 회사에서 기입하지 않은 경우
(5) 기타 은행이나 회사측의 장부 기입상의 오류

> **회계 충전소**
> ▶ 은행계정조정표는 몇가지 작성 방법이 있으나 회사측과 은행측의 두 잔액을 조정하여 일치시키는 방법이 많이 사용되고 있다.

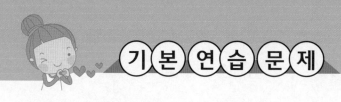

01 다음 거래를 분개하시오.(당좌차월은 2계정제로 처리한다.)

(1) (주)서울에 상품 ₩1,000,000을 매출하고, 대금은 다음과 같이 받고, 잔액은 외상으로 하다.

　　① (주)서울발행수표　₩200,000　　② 당점발행수표　₩300,000
　　③ 일람출급어음　　　150,000　　④ 배당금지급통지표　100,000

(2) 여유자금으로 (주)대한상사 발행의 사채(만기 60일 후) 액면 ₩5,000,000을 매입하고, 대금은 수표를 발행하여 지급하다.

(3) 충남상사에서 상품 ₩1,000,000을 매입하고, 대금은 수표를 발행하여 지급하다. 단, 당좌예금 잔액은 ₩700,000이고, 당좌차월한도액은 ₩2,000,000이다.

(4) 인천상사에 상품 ₩800,000을 매출하고, 대금은 동점발행수표로 받아 즉시 당좌예입하다. 단, 당좌차월 잔액 ₩520,000이 있음.

(5) 거래은행에 2개월 만기의 정기예금을 가입하고 현금 ₩2,000,000을 예입하다.

(6) (주)한국에 상품 ₩300,000을 매출하고, 대금은 50일 후 선일자수표로 받다.

(7) (주)하늘로부터 상품 ₩200,000을 매입하고, 대금은 30일 후 선수표를 발행하여 지급하다.

(8) 영업용 차량 ₩800,000을 취득하고, 대금은 40일 후 선수표를 발행하여 지급하다.

No.	차 변 과 목	금　액	대 변 과 목	금　액
(1)				
(2)				
(3)				
(4)				
(5)				
(6)				
(7)				
(8)				

02 다음 거래를 분개하시오.

(1) 거래처 설악상사에서 상품 매출 대금으로 받아두었던 수표 ₩300,000이 지급기일이 되어 지급 은행에 제시한 바 부도되다.

(2) 위의 부도수표 ₩300,000이 회수 가망이 없어 대손 처리하다. 단, 대손충당금 잔액 없음.

(3) 거래처 부산상사에서 받아 당좌예입하였던 수표 ₩500,000이 부도되어 당점 당좌예금계좌에서 차감하였다는 통지를 은행으로부터 받다.

No.	차 변 과 목	금 액	대 변 과 목	금 액
(1)				
(2)				
(3)				

03 20×1년 8월 31일 서울상사의 당좌예금 잔액은 ₩283,300인데, 은행잔액증명서의 잔액은 ₩395,400이었다. 은행계정조정표를 작성하고, 필요한 정정 분개를 하시오.

【 불일치 원인 】

(1) 이미 발행한 수표로서 은행측에서 미지급분 (수표 소지인의 미제시) 매입처 종로상사에 인도 ₩40,000, 매입처 부산상사에 인도 ₩34,000이 있었다.

(2) 서울상사가 예입한 ₩30,000이 은행 직원의 실수로 다른 회사계좌로 입금된 사실이 밝혀지다.

(3) 인천상사로부터 외상매출금 ₩70,000이 당좌입금이 있었으나, 당점에 통지가 미달되었다.

(4) 당좌차월에 대한 이자 ₩1,900이 차감되었으나 당점에 통지미달되었다.

은 행 계 정 조 정 표 20×1.8.31

은행잔액증명서 잔액	₩ 395,400	회사당좌예금계정 잔액	₩ 283,300
(1) 차감 : 발행수표 미지급분		(3) 가산 : 외상매출금 입금	
매입처 : 종로상사( )		통지 미달 ( )	
부산상사( ) ( )		(4) 차감 : 당좌차월이자 미통지 ( )	
(2) 가산 : 예입금액 오류액 ( )			
조 정 후 잔 액 ( )		조 정 후 잔 액 ( )	

【 정정분개 】

No.	차 변 과 목	금 액	대 변 과 목	금 액
(3)				
(4)				

02. 단기금융상품

1️⃣ 단기금융상품 계정(Short-term financial Instruments account)

단기금융상품	▶ 은행예금 중 저축성예금(정기예금, 정기적금 등)
	▶ 사용이 제한되어 있는 예금(당좌개설보증금 등)
	▶ 기타 정형화된 금융상품(양도성예금증서 등)

2️⃣ 단기금융상품의 종류

(1) **정기예금, 정기적금** ~ 보고 기간 종료일로 부터 만기가 1년 이내에 도래하는 것

① 현금으로 1년 만기의 정기예금을 하면

(차) 정 기 예 금	1,000	(대) 현 금	1,000

② 만기일에 원금과 이자를 찾아 당좌예금하면

(차) 당 좌 예 금	1,200	(대) 정 기 예 금	1,000
		이 자 수 익	200

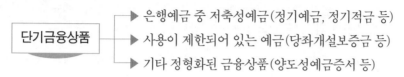

1. 단기금융상품에 관한 거래 중 만기가 보고 기간 종료일을 기준으로 1년 이내 도래하는 예금에 관한 거래를 분개할 때는 정기예금 계정과 정기적금 계정을 개별적으로 사용하고, 종합자산관리계좌 등과 같은 기타정형화 된 금융상품의 거래를 분개할 때는 통괄 계정인 단기금융상품 계정을 사용한다.
2. 금융감독원에서 2017년 11월 16일 발표한 '표준 계정과목 체계'는 재무상태표상에 단기금융상품 계정으로 표시하고 있다.
3. 만기가 보고 기간 종료일을 기준으로 1년 이상 장기적인 금융상품은 '장기금융상품' 계정으로 처리한다.
4. 단기금융상품 중 취득 또는 예입 시 만기가 3개월 이내 도래하는 것은 '현금성자산' 계정으로 처리한다.

(2) **사용이 제한되어 있는 예금** ~ 은행에서 사업자금을 대출 받을 때 대출 기간 동안 예·적 금으로 예치하도록 하는 양건예금과 예금을 담보로 대출을 받을 때의 담보로 제공된 예금 및 당좌거래의 계약 체결 시 예치한 당좌개설보증금 등은 그 대출금을 상환하거나 당좌계 약을 해지할 때 까지는 예금의 인출이 제한된다. 이러한 예금 중 만기일이 보고 기간 종료 일을 기준으로 1년 이내의 것은 단기금융상품에 속하고, 1년 이상의 것은 장기금융상품에 속한다. 단, 회계정보처리시스템 과목 (더존 sPLUS 프로그램) 에서는 당좌개설보증금의 예치 시 특정현금과예금(코드 : 177) 계정 차변에 입력해야 한다.

(3) 기타 정형화된 금융 상품

① **양도성예금증서(CD)** : 시중 은행에서 발행 판매하는 단기간의 정기예금 증서로서 할인식 선이 자 증서와 액면식 후이자 증서가 있으며 금융실명제 이전에는 무기명으로 거래가 가능했기 때 문에 비자금을 만들거나 탈세, 상속, 뇌물 제공의 수단으로 뉴스에 단골 메뉴로 등장하곤 했었 다. 요즘은 증서의 분실과 위조 방지를 위해 통장 발행도 하고 있다.

② **종합자산관리계좌(CMA)** : 종합금융사 또는 증권사에 예금하는 것으로 고객의 예탁금으로 유동 성 금융상품에 투자하여 발생한 수익을 고객에게 돌려주는 금융상품이다.

③ **MMF**(money maket fund) : MMF는 별다른 명칭이 없으며, 증권사 또는 시중은행은 고객의 예탁금으로 채권 또는 유동성 단기예금에 투자하고 발생한 수익을 고객에게 돌려주는 금융상 품이다.

④ **환매채(RP)** : 증권회사 또는 은행에서 취급하는 것으로 일정기간 후에 다시 일정한 이자를 가산 한 가격으로 매수할 것을 조건으로 하여 고객에게 채권을 판매하는 형태의 금융상품이다.

⑤ **발행어음** : 종합금융사가 자체자금을 조달하기 위하여 고객을 수취인으로 하고 종금사가 지급 인으로 하여 발행교부되는 약속어음 형태의 금융상품이다.

⑥ **기업어음(CP)** : 기업어음은 신용등급이 높은 우량기업들이 자금조달을 위하여 발행하는 융통 어음인데, 이를 종합금융사가 매입하여 다시 고객들에게 판매하는 금융상품으로 구매하는 측 에서는 할인식 선이자 형태로 매입한다.

⑦ **표지어음** : 종합금융사 또는 은행에서 취급하는 것으로 기업이 발행한 어음이나, 외상채권, 무 역어음 등을 할인매입하여, 매입한 어음의 액면 및 기간 범위내에서 분할통합하여 발행하는 어 음으로서 자체발행어음의 일종이다.

⑧ **금전신탁** : 은행이나 투자신탁사가 고객으로부터 금전을 신탁재산으로 예탁받아 이를 대출이 나 증권 등에 활용하여 일정기간 후에 원금과 수익을 고객에게 돌려주는 금융상품이다.

⑨ **MMT**(money market trust) : MMT는 위탁자가 지정한 자산에 투자해 자금을 운용하는 단기 특정금전신탁상품으로 MMF의 단점을 보완하여 출시되어 수익률이 높고 일반 예금 과 같이 입출금이 자유롭고 당일 환매가능 등 기존 MMF의 특성을 그대로 따른 금융상품 이다.

⑩ **MMDA**(money market deposit account) : 은행에서 일반적으로 MMDA통장이라고 부르 는 이 상품의 정식 명칭은 '시장 금리부 수시 입출금식 예금'이다. 현재 우리나라의 시중 은행이나 농협, 수협이 취급하는 저축성예금을 의미한다. 입출금이 자유롭고 각종 이체와 결제도 할 수 있다.

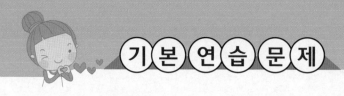

01 단기금융상품 계정은 다음과 같이 분류한다.

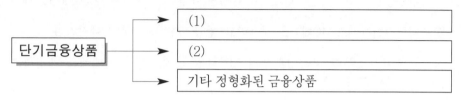

단기금융상품	→	(1)
	→	(2)
	→	기타 정형화된 금융상품

02 아래 물음에 해당하는 기호를 보기에서 골라 (　　)안에 표기하시오.

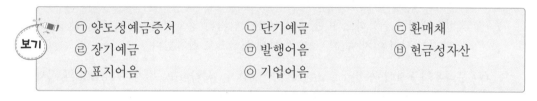

보기	㉠ 양도성예금증서	㉡ 단기예금	㉢ 환매채
	㉣ 장기예금	㉤ 발행어음	㉥ 현금성자산
	㉦ 표지어음	㉧ 기업어음	

(1) 증권회사 또는 시중은행에서 취급하는 것으로 일정 기간 후에 다시 일정한 이자를 가산한 가격으로 매수할 것을 조건으로 하여 고객에게 채권을 판매하는 금융상품으로 RP라고도 한다. (　　)

(2) 보고 기간 종료일로 부터 만기가 1년 이내의 금융상품 (　　)

(3) 우량 기업들이 발행하는 융통어음을 종합금융사가 할인매입하여 다시 고객에게 판매하는 금융상품 (　　)

(4) 보고 기간 종료일로 부터 만기가 1년 이상되는 장기적인 금융상품 (　　)

(5) 시중 은행에서 발행하여 판매하는 무기명 할인식 선이자 형태의 양도가 자유로운 증서로서 CD라고도 한다. (　　)

(6) 만기가 60일 후인 산업금융채권을 매입한 경우 (　　)

(7) 기업이 발행한 어음이나, 외상 채권, 무역어음 등을 할인 매입하여 매입한 어음의 액면 및 기간 범위내에서 분할 통합하여 발행하는 어음 (　　)

(8) 종합금융사가 자체 자금을 조달하기 위하여 고객을 수취인으로 하고, 종금사가 지급인으로 하여 발행 교부되는 약속어음 (　　)

03 다음 거래를 분개하시오.

(1) 우리투자증권에 종합자산관리계좌(CMA)를 개설하고 현금 ₩2,000,000을 예탁하다.

(2) 굿모닝증권회사에 MMF계좌를 개설하고, 현금 ₩4,000,000을 예탁하다.

(3) 삼성증권회사로부터 취득일로부터 50일 후 환매조건인 환매채를 매입하고, 현금 ₩ 3,000,000을 예탁하다.

(4) KEB하나은행에서 180일 만기의 양도성예금증서(CD) 액면 ₩10,000,000을 매입하고, 할인식 선이자 ₩200,000을 차감한 잔액을 수표를 발행하여 지급하다.

(5) 위의 양도성예금증서(CD)를 30일 소유한 후 대우증권회사에 양도하고, 할인료 ₩ 100,000을 차감한 실수금은 현금으로 받다.

(6) 국민은행에서 취득하고 보관 중인 180일 만기의 양도성예금증서(CD) 액면 ₩8,000,000 이 만기가 되어 이자 ₩300,000과 함께 현금으로 상환받다.

(7) 우리투자증권에 개설한 CMA ₩2,000,000을 해약하고, 이자 ₩80,000과 함께 인출하여 거래 은행에 1년 만기의 정기예금으로 가입하다.

(8) 동양종합금융사의 발행어음(180일 만기) 액면 ₩3,000,000을 취득하고, 현금으로 지급하다.

(9) 시티은행에 1년 만기의 적립식 금전신탁을 가입하고, 제1회 불입금 ₩500,000을 현금으로 예입하다.

No.	차 변 과 목	금 액	대 변 과 목	금 액
(1)				
(2)				
(3)				
(4)				
(5)				
(6)				
(7)				
(8)				
(9)				

03. 채권·채무

1 미결산 계정 (suspense account)

어떤 거래가 발생하였으나, 그 결과가 아직 확정되지 않은 경우에 일시적으로 처리하는 가계정으로, 후일 그 결과가 확정되면 확정된 계정과목과 금액으로 즉시 대체하고, 소멸된다.

(1) 수금 사원이 외상매출금을 회수하여 행방 불명되면

(차) 미 결 산	50,000	(대) 외 상 매 출 금	50,000

(2) 단기대여금의 회수를 위하여 소송을 제기하면

(차) 미 결 산	315,000	(대)	단 기 대 여 금	300,000
			현금(소송비용)	15,000

(3) 화재가 발생하여 보험금을 청구하면

(차)	건물감가상각누계액	50,000	(대)	건 물	800,000
	자 산 손 상 차 손	950,000		매 입	200,000

(4) 보상액의 확정 통지를 받으면

(차) 미 수 금	980,000	(대) 보 험 금 수 익	980,000

회계 충전소

1. 위 (3)번과 (4)번의 회계처리는 한국채택국제회계기준(K-IFRS)에서 손상차손(손상, 소실, 포기된 유형자산)과 보험금수익을 별개의 사건으로 보아 총액으로 표시한다.
2. 자산손상차손은 기타비용에 속하고, 보험금수익은 기타수익에 속한다.
3. 위 (1)번의 경우 재무제표에는 '임직원 불법행위 미수금', (2)번은 소송 중인 사건으로 승소할 것이 확실한 경우는 '손해배상채권' 등 채권발생 사유를 잘 나타낼 수 있는 적절한 계정과목으로 표시하고 회수가능성을 주석공시해야 한다.

---

2 상품권선수금 계정 (coupon for goods account)

백화점 등에서 고객으로 부터 현금을 받고, 그 금액에 상당하는 상품을 인도한다는 약속으로 발행하는 증서를 상품권이라 하며, 상품권을 발행할 때 처리하는 부채 계정이다.

(1) 상품권을 액면금액으로 판매하는 경우

① 상품권 판매 시

(차) 현　　　　금	100,000	(대) 상 품 권 선 수 금	100,000

② 상품 매출 시

(차) 상 품 권 선 수 금	100,000	(대) 매　　　　출	100,000

(2) 상품권을 할인 판매하는 경우

① 상품권 판매 시

(차)	현　　　　금	95,000	(대) 상 품 권 선 수 금	100,000
	상 품 권 할 인 액	5,000		

② 상품 매출 시

(차)	상 품 권 선 수 금	100,000	(대)	매　　　　출	100,000
	매　　　　출	5,000		상 품 권 할 인 액	5,000

회 계　충전소

1. 상품권 할인액 계정은 상품과의 교환 시기에 따라 회계처리 및 재무제표 표시가 다르다.
   ① 상품 교환 이전 : 재무상태표상 ~ 상품권선수금 계정에서 차감 표시한다.
   ② 상품 교환 시에는 매출에누리 성격으로 보아 매출 계정 차변에 대체한다.(또는 3분법 이상의 분할처리를 하는 경우에는 매출에누리 계정 차변에 대체할 수 있다.)
2. 상품권의 유효 기간이 경과하고 상법상 소멸시효가 완성된 경우에는 소멸시효가 완성된 시점에서 상품권의 미회수 잔액을 전부 기타수익으로 처리한다.

---

③ 대손에 관한 회계 처리

(1) 대손의 예상과 대손충당금의 설정

　　매출채권이 거래처의 파산 등의 사유로 회수불가능하게 되는 경우를 대손 또는 금융자산의 손상이라고 하고 회계처리 방법에는 직접상각법(발생손실법)과 충당금설정법(기대손실법)이 있는데, 한국채택국제회계기준(K-IFRS)에서는 충당금설정법(기대손실모형)을 적용한다.

(2) 직접상각법(direct write-off method)

　　직접상각법은 매 회계 기간 말에 대손(손상) 발생에 대한 객관적인 증거가 있을 때 이를 대손상각비 또는 손상차손이라 하고 매출채권에서 직접 차감하는 방법을 말한다.

▶ 20×1년 12월 31일 기말 결산 시 외상매출금에 대한 대손(손상) 발생에 대한 검토를 한 결과 ₩30,000이 대손되는 것이 확실한 경우

(차) 대 손 상 각 비 (금융자산손상차손)	30,000	(대) 외 상 매 출 금	30,000

(3) 충당금설정법(allowance method)

충당금설정법은 대손충당금 계정을 사용하여 대손(손상)발생금액을 매출채권에서 차감하는 방법을 말한다. 기말 결산 시 대손충당금을 설정하는 일반적인 방법은 매출채권잔액비율법이 있으나 편법으로 연령분석법이 있다.

① 매출채권잔액비율법(percentage of receivables method)

당기에 발생한 매출채권 중 기말 결산 시 현재 회수되지 않고 남아 있는 매출채권잔액에 일정비율(대손추정율)을 대손가능금액으로 추정하는 방법이다. 예를 들어 기말 결산 시 매출채권잔액 ₩5,000,000에 대하여 1%의 대손을 추정하는 경우의 회계처리는 아래와 같다.

㉠ 대손충당금 잔액이 없는 경우

(차) 대 손 상 각 비	50,000	(대) 대 손 충 당 금	50,000

㉡ 대손충당금 잔액 ₩20,000이 있는 경우

(차) 대 손 상 각 비	30,000	(대) 대 손 충 당 금	30,000

㉢ 대손충당금 잔액 ₩50,000이 있는 경우

분 개 없 음	

㉣ 대손충당금 잔액 ₩58,000이 있는 경우

(차) 대 손 충 당 금	8,000	(대) 대손충당금환입	8,000

② 연령분석법(aging method)

매출채권이 발생된 후 오랜 기간 동안 회수 되지 않은 채권에 대하여는 높은 대손추정률을 적용하고 최근에 발생한 채권에 대하여는 상대적으로 낮은 대손추정율을 적용하는 방법으로 채권의 발생시점부터 경과된 일수에 따라서 대손가능비율을 달리 적용하는 방법이다.

예를 들어 (주)서울의 매출채권 경과 기간에 대한 대손추정비율은 아래와 같고 (주)서울의 결산시 현재 매출채권잔액은 경과 기간이 30일 이내인 것이 ₩2,000,000이고, 경과 기간이 90일 이내인 것이 ₩3,000,000이 있으며, 결산 전 대손충당금 계정잔액이 ₩50,000이 있는 경우 결산 시 대손충당금 설정 분개는?

매출채권의 경과 기간	평균 미회수율
경과 기간이 30일 이내인 매출채권	1%
경과 기간이 31~60일 이내인 매출채권	2%
경과 기간이 61~90일 이내인 매출채권	3%
경과 기간이 91~120일 이내인 매출채권	5%

【 해설 】

매출채권의 경과 기간	매출채권의 잔액	대손추정률	대손추정액
경과 기간이 30일 이내	₩ 2,000,000	1%	₩ 20,000
경과 기간이 90일 이내	₩ 3,000,000	3%	₩ 90,000
합 계	₩ 5,000,000		₩ 110,000

따라서, 대손추정액 ₩110,000과 결산 전 대손충당금 계정잔액 ₩50,000을 비교하여 차액을 분개한다.

(차) 대 손 상 각 비 60,000	(대) 대 손 충 당 금 60,000

회계 충전소

1. 대손충당금 : 매출채권에 대한 차감적 평가 계정
2. 대손충당금환입 : 판매비와관리비 부(−)의 항목
3. 매출채권의 대손상각비 : 판매비와관리비
4. 기타채권(단기대여금, 미수금 등)의 대손상각비 : 기타비용

(4) 대손 발생 시 회계 처리

거 래 : 외상매출금 ₩35,000이 회수불능되다

① 대손충당금 잔액이 없음

(차) 대 손 상 각 비 35,000	(대) 외 상 매 출 금 35,000

② 대손충당금 잔액 ₩20,000

(차)	대 손 충 당 금	20,000	(대)	외 상 매 출 금	35,000
	대 손 상 각 비	15,000			

③ 대손충당금 잔액 ₩50,000

(차)	대 손 충 당 금	35,000	(대)	외 상 매 출 금	35,000

(5) 대손 처리하였던 채권의 회수

① 전기에 대손 처리하였던 채권을 회수하면

(차)	현 금	×××	(대)	대 손 충 당 금	×××

② 당기에 대손 처리하였던 채권을 회수하면

(차)	현 금	×××	(대)	대손충당금(대손상각비)	×××

회 계 충전소

▶ 대손충당금 계정은 매출채권 계정에 대한 차감적 평가 계정으로서 한국채택국제회계기준(K-IFRS)에서는 매출채권에서 직접 차감하여 매출채권을 순액으로 표시하고, 대손충당금은 주석(별지)으로 기재하도록 하였다. 그 이유는 대손충당금을 종전처럼 각각의 채권(매출채권, 단기대여금, 미수금 등)마다 차감형식으로 표시하면 재무상태표가 지나치게 복잡해지기 때문이다. 단, 실기시험에서는 차감형식으로 출제되고 있다.

재무상태표

자 산	금	액
매 출 채 권	70,000	
대 손 충 당 금	2,000	68,000

재무상태표

자 산	금	액
매 출 채 권		68,000

④ 장기대여금과 장기차입금

(1) 장기대여금 계정

① 차용 증서를 받고, 현금을 장기대여한 경우

(차)	장 기 대 여 금	5,000	(대)	현 금	5,000

② 장기대여금과 이자를 현금으로 회수한 경우

| (차) 현　　　　금 | 5,100 | (대) 장 기 대 여 금 | 5,000 |
| | | 이 자 수 익 | 100 |

(2) 장기차입금 계정

① 차용증서를 발행하고, 현금을 장기차입한 경우

| (차) 현　　　　금 | 6,000 | (대) 장 기 차 입 금 | 6,000 |

② 장기차입금과 이자를 현금으로 상환(지급)한 경우

| (차) 장 기 차 입 금 | 6,000 | (대) 현　　　　금 | 6,200 |
| 이 자 비 용 | 200 | | |

⑤ 장기성채무의 유동성 대체

　장기성채무는 차입하는 날부터 상환일 까지의 기간이 1년 이상이다. 그러나, 장기성 채무 중 보고 기간 후로부터 1년 이내에 만기가 도래하는 경우는 유동부채로 대체하여야 한다.

▶ 장기차입금이 보고 기간 후로부터 1년 이내 만기가 도래하는 경우

| (차) 장 기 차 입 금 | ××× | (대) 유동성장기부채 | ××× |

⑥ 신용카드(credit card)에 의한 상품 매매

　신용카드란 은행이나 백화점 등에서 발급하는 식별카드로, 물품이나 서비스를 구입할 경우 발행회사가 교부한 카드를 제시하고 서명을 하면 현금의 지출없이 구매가 가능하며, 또한 은행 카드는 현금자동지급기 등에서의 현금인출과 계좌이체가 가능한 카드로서 다음과 같이 회계 처리한다.

(1) 상품을 매출하고, 대금을 신용카드로 결제받은 경우

| (차) 외 상 매 출 금 | 10,000 | (대) 매　　　　출 | 10,000 |

(2) 신용카드대금이 회수되어 보통예금에 입금되면

| (차) 보 통 예 금 | 9,800 | (대) 외 상 매 출 금 | 10,000 |
| 매출채권처분손실 | 200 | | |

(3) 상품을 매입하고, 대금을 신용카드로 결제하면

(차) 매 입	10,000	(대) 외상매입금	10,000

(4) 신용카드 대금을 현금으로 지급하면

(차) 외상매입금	10,000	(대) 현 금	10,000

회 계 충전소

1. 상품 매매 등의 일반적 상거래에서 발생한 카드채권·채무는 실질우선의 원칙에 의하여 판매자는 매출채권으로 처리하고, 구매자는 매입채무로 계상한다.
2. 상품이 아닌 비품 등을 구입 시 신용카드로 결제하면 미지급금 계정으로 처리한다.

---

7 체크카드(check card)와 직불카드(debit card)에 의한 상품 매매

체크카드란 은행에서 발급하는 것으로 물품구입이 가능하고, 현금자동지급기에서 현금 인출, 계좌이체 등이 가능한 카드로 물품 대금을 결제하면 고객계좌에서 자동인출되어 거래 승인이 나는 즉시 가맹점 계좌로 자동 입금되는 기능을 가진 카드이다. 직불카드도 물품 대금 결제 시 카드 소유자 계좌에서 바로 인출되어 판매자의 계좌로 입금이 되는 카드이다.

(1) 상품을 매출하고, 대금을 체크카드(또는 직불카드)로 결제받은 경우

(차) 보 통 예 금	4,800	(대) 매 출	5,000
매출채권처분손실	200		

(2) 상품을 매입하고, 대금을 체크카드(또는 직불카드)로 결제하면

(차) 매 입	5,000	(대) 보 통 예 금	5,000

01 다음 거래를 분개하시오.

(1) 화재로 인하여 건물(취득원가 ₩3,000,000, 동 감가상각누계액 ₩1,200,000)과 상품(당기매입분) ₩300,000이 소실되어 보험회사에 보험금의 지급을 청구하다.

(2) 보험회사로 부터 위의 보험금 청구액 중 ₩2,000,000을 지급한다는 통지가 오다.

(3) 신세계백화점은 갑상품에 대한 상품권 20매 @₩20,000에 판매하고 대금은 현금으로 받다.

(4) 갑상품 ₩400,000을 매출하고, 위의 상품권 전부를 회수하다.

(5) 영동백화점은 상품권 액면 ₩100,000권 20매를 10% 할인 발행하고, 대금은 현금으로 받다.

(6) 상품 ₩2,000,000을 매출하고, 위의 상품권을 받다.

No.	차 변 과 목	금 액	대 변 과 목	금 액
(1)				
(2)				
(3)				
(4)				
(5)				
(6)				

02 다음 거래를 분개하시오.

(1) 수금 사원 갑이 거래처로 부터 외상매출금 ₩420,000을 회수하여 행방 불명이 되었으므로 재정 보증인에게 변상을 요구하다.

(2) 소백상사에 대여한 ₩300,000이 상환 기일이 되어 지급을 청구하였으나, 지급 거절을 당하여 법원에 소송을 제기하다. 그리고, 소송 비용 ₩15,000은 현금으로 지급하다.

(3) 위의 재판 결과 승소하여 원금 및 소송비용 ₩315,000과 법정이자 ₩10,000을 수표로 받다.

(4) 영업용 건물 ₩20,000,000(감가상각누계액 ₩8,000,000)이 소실되어 보험회사에 보험금을 청구하였는바, 금일 보험금이 ₩10,000,000으로 지급 결정되었다는 통지를 받다.

No.	차 변 과 목	금 액	대 변 과 목	금 액
(1)				
(2)				
(3)				
(4)				

03 다음 거래를 분개하시오.

(1) 기말 결산 시 매출채권 잔액 ₩5,000,000에 대하여 2%의 대손충당금을 설정하다. 단, 대손충당금 잔액이 없다.

(2) 기말 결산 시 매출채권 잔액 ₩5,000,000에 대하여 2%의 대손충당금을 설정하다. 단, 대손충당금 잔액이 ₩80,000이 있다.

(3) 기말 결산 시 매출채권 잔액 ₩5,000,000에 대하여 2%의 대손충당금을 설정하다. 단, 대손충당금 잔액이 ₩100,000이 있다.

(4) 기말 결산 시 매출채권 잔액 ₩5,000,000에 대하여 2%의 대손충당금을 설정하다. 단, 대손충당금 잔액이 ₩130,000이 있다.

No.	차 변 과 목	금 액	대 변 과 목	금 액
(1)				
(2)				
(3)				
(4)				

(5) (주)한국의 매출채권 경과 기간에 대한 대손추정비율은 아래와 같고 (주)한국의 결산 시 현재 매출채권 잔액은 경과 기간이 30일 이내인 것이 ₩1,000,000이고 경과 기간이 60일 이내인 것이 ₩2,000,000이 있으며, 경과 기간이 120일 이내인 것이 ₩500,000이 있으며, 결산 전 대손충당금 잔액이 ₩40,000이 있다.

매출채권의 경과 기간	평균 미회수율
경과 기간이 30일 이내인 매출채권	1%
경과 기간이 31~60일 이내인 매출채권	2%
경과 기간이 61~90일 이내인 매출채권	3%
경과 기간이 91~120일 이내인 매출채권	4%

No.	차 변 과 목	금 액	대 변 과 목	금 액
(5)				

04 다음 거래를 분개하시오.

(1) 전기에 대손처리한 경기상사의 외상매출금 ₩50,000을 현금으로 회수하다. 단, 전기에 대손처리 시 대손충당금 잔액은 ₩30,000이었다.

(2) 당기 이전에 대손처리한 당진상사의 외상매출금 ₩100,000을 현금으로 회수하다. 단, 대손처리 시 대손충당금 잔액은 없었다.

(3) 당기에 대손처리한 마포상사의 외상매출금 ₩80,000을 현금으로 회수하다. 단, 대손처리 시 대손충당금 잔액은 ₩50,000이었다.

(4) 매출처 제주상사가 파산하여 외상매출금 ₩300,000이 회수불능이 되어 상품 ₩120,000 (매출가액)을 회수하고, 잔액은 대손처리하다. 단, 대손충당금 잔액 ₩150,000이 설정되어 있다.

No.	차 변 과 목	금 액	대 변 과 목	금 액
(1)				
(2)				
(3)				
(4)				

05 다음 거래를 분개하시오.

(1) (주)한국에 상품 ₩500,000을 매출하고, 대금은 신용카드로 결제받다.

(2) 위의 신용카드 대금이 3%의 카드수수료를 차감하고, 당점의 보통예금계좌에 입금된 것을 확인하다.

(3) (주)남강으로부터 상품 ₩80,000을 매입하고, 대금은 신용카드로 결제하다.

(4) 영업용 비품 ₩100,000을 구입하고, 대금은 신용카드로 결제하다.

(5) 사무용 소모품 ₩60,000을 구입하고, 대금은 거래 은행에서 발급 받은 저축예금 체크카드로 결제하였다. 단, 소모품은 비용처리한다.

(6) 당사의 경리부 직원의 야근 식대 ₩80,000을 법인직불카드로 결제하다.(결제 계좌는 보통예금이다.)

No.	차 변 과 목	금 액	대 변 과 목	금 액
(1)				
(2)				
(3)				
(4)				
(5)				
(6)				

06 다음 거래를 분개하시오.

(1) (주)강원에 현금 ₩2,000,000을 장기대여하다.(상환 기간 2년)

(2) 위의 (주)강원에 대여한 ₩2,000,000이 만기가 되어 이자 ₩50,000과 함께 현금으로 받다.

(3) 거래은행에서 현금 ₩800,000을 대출받다. 단, 상환 기간은 3년후이다.

(4) 위의 장기차입금이 만기가 되어 이자 ₩20,000과 함께 수표를 발행하여 지급하다.

(5) 앞서 2년 전에 장기 차입한 ₩1,000,000 중 ₩300,000의 상환 시기가 회계 기간 말 현재 1년 이내에 도래하므로 유동부채로 재분류하다.

No.	차 변 과 목	금 액	대 변 과 목	금 액
(1)				
(2)				
(3)				
(4)				
(5)				

04. 어음과 매출채권의 담보 및 양도

① 어음의 배서(endorsement)

어음 소지인은 어음의 만기일 이전에 어음 뒷면에 있는 배서란에 기명날인하여 타인에게 양도할 수 있는데, 이것을 어음의 배서라 한다.

(1) 어음의 추심 위임 배서

추심 위임 배서란 소유하고 있는 어음의 만기일에 거래 은행에 의뢰하여 어음대금을 회수하기 위하여 일시 보관시키는 것을 말한다.

① 추심 의뢰하고, 추심료를 지급하면

(차) 수 수 료 비 용 ×××	(대) 현　　　　금 ×××

② 추심 완료 통지가 온 경우

(차) 당 좌 예 금 ×××	(대) 받 을 어 음 ×××

(2) 대금 결제를 위한 배서양도

상품의 매입 대금이나 외상매입금을 지급하기 위하여 소유 어음을 타인에게 배서 양도하는 것을 말한다.

① 상품을 매입하고 소유 어음을 배서양도하면

(차) 매　　　입 1,000	(대) 받 을 어 음 1,000

② 어음 만기일에 무사히 결제된 경우 - 분개 없음

(3) 어음의 할인을 위한 배서양도

자금을 융통할 목적으로 소유하고 있는 어음을 만기일 이전에 거래 은행에 배서양도하고 어음 할인일로 부터 만기일까지의 이자(할인료)를 차감한 실수금을 융통할 수 있는데, 이것을 어음의 할인이라 하며 매각거래와 차입거래로 나누어 처리한다.

$$할 인 료 = 어음의 만기가치 \times 연이율 \times \frac{할인일수}{365}\left(\frac{할인월수}{12}\right)$$

① 매각거래로 분류되는 경우

　㉠ 거래 은행에 어음을 할인하면

(차)	당 좌 예 금	285,000	(대)	받 을 어 음	300,000
	매출채권처분손실	15,000			

　㉡ 만기일에 무사히 결제 되었다는 통지가 오면 – 분개 없음

② 차입거래로 분류되는 경우

　㉠ 거래 은행에 어음을 할인하면

(차)	당 좌 예 금	285,000	(대)	단 기 차 입 금	300,000
	이 자 비 용	15,000			

　㉡ 만기일에 무사히 결제 되었다는 통지가 오면

(차)	단 기 차 입 금	300,000	(대)	받 을 어 음	300,000

회계 충전소

1. 매출채권처분손실은 기타비용이고, 이자비용은 금융원가에 속한다.
2. 할인료는 어음의 만기가치를 기준으로 산정한다. 무이자부어음은 액면금액이 만기가치이며, 이자부어음은 액면금액에 만기까지의 표시이자를 가산한 금액을 어음의 만기가치로 한다.
3. 무이자부어음을 할인하면 할인료와 매출채권처분손실이 동일하지만 이자부어음을 할인하면 할인료와 매출채권처분손실이 다르다.

---

② **어음의 부도**(dishonored)

　어음의 소지인이 어음 만기일에 어음 금액의 지급을 청구하였으나 지급이 거절된 경우를 어음의 부도라 하며, 이를 부도어음 계정으로 처리한다. 부도어음이 발생하면 어음금액에 지급 거절증서 작성 비용을 합계하여 부도어음 계정으로 처리한다.

(1) 소유하고 있는 어음이 부도난 경우

(차)	부 도 어 음	5,200	(대)	받 을 어 음	5,000
				현금(청구비용)	200

(2) 부도 어음 대금을 현금으로 회수하면

(차)	현 금	5,300	(대)	부 도 어 음	5,200
				이 자 수 익	100

(3) 할인한 어음이 부도난 경우

① 매각 거래인 경우

(차)	부 도 어 음	×××	(대)	당 좌 예 금	×××

② 차입 거래인 경우

(차)	단 기 차 입 금	×××	(대)	받 을 어 음	×××
	부 도 어 음	×××		당 좌 예 금	×××

회계 충전소

▶ 어음이 부도나면 부도어음 계정으로 개별처리를 하더라도 재무상태표에는 매출채권(또는 장기매출채권)에 포함하여야 한다.

---

③ 어음의 개서 (renewal)

어음의 지급인이 어음의 만기일에 지급할 자금이 없는 경우 어음 소지인과 협의하여 지급 기일을 연기하고, 새로운 어음을 발행하여 구어음과 교환하는 것을 어음의 개서라 한다.

(1) 받을어음의 개서 시 (수취인)

(차)	받 을 어 음(신)	×××	(대)	받 을 어 음(구)	×××
	현 금	×××		이 자 수 익	×××

(2) 지급어음의 개서 시 (지급인)

(차)	지 급 어 음(구)	×××	(대)	지 급 어 음(신)	×××
	이 자 비 용	×××		현 금	×××

④ 매출채권을 이용한 자금 조달 방법

매출채권 중 특히 외상매출금은 정해진 회수 기일이 되면 현금을 회수하고 장부상에서 제거된다. 그러나 기업이 자금이 부족한 경우에는 매출채권의 만기 이전에 해당 매출채권을 이용하여 운영자금을 조달할 수 있는데 그 방법에는 매출채권의 담보 차입과 매출채권의 양도가 있다.

(1) 매출채권의 담보 차입

매출채권(외상매출금)의 담보 차입이란 건물이나 토지 등의 부동산을 담보로 제공하는 대신 매출채권을 담보로 제공하고 제3자인 금융기관으로부터 운영자금을 조달하는 형태를 말하는 것으로 현재 우리나라에서는 매출채권의 담보력을 인정하지 않기 때문에 많이 발생하지 않는다.

(2) 매출채권의 양도

기업이 자금융통을 위하여 외상매출금을 제3자인 금융기관에게 양도하는 것을 팩토링(factoring)이라 하고, 매각거래와 차입거래로 회계 처리한다.

(가) 매각거래로 분류하는 경우(상환 청구 조건이 없는 경우)

① 외상매출금을 양도하면

(차)	현　　　　　금	9,800	(대) 외 상 매 출 금	10,000
	매출채권처분손실	200		

② 양도한 외상매출금이 전액 회수되었다는 통보가 오면 – 분개없음

(나) 차입거래로 분류하는 경우(상환 청구 조건이 있는 경우)

① 외상매출금을 양도하면

(차)	현　　　　　금	9,800	(대) 단 기 차 입 금	10,000
	이 자 비 용	200		

② 양도한 외상매출금이 전액 회수되었다는 통보가 오면

(차) 단 기 차 입 금	10,000	(대) 외 상 매 출 금	10,000

회계 충전소

▶ 외상매출금의 양도 시 매출 환입, 에누리 등에 대비하여 일정 금액을 유보하는 경우에는 팩토링 미수금 계정 차변에 기록하였다가 양도한 외상매출금이 완전 회수가 되면 대변에 소멸시킨다.

01 다음 거래를 분개하시오.

(1) 속초상사으로 부터 받은 약속어음 ₩300,000(타지 지급어음)을 거래 은행에 추심 위임하기 위하여 배서 양도하고, 추심수수료 ₩2,000을 현금으로 지급하다.

(2) 위의 어음이 무사히 추심되어 당좌예금에 입금되었다는 통지를 은행으로 부터 받다.

(3) 인천상사에 상품 ₩500,000을 매출하고, 대금 중 ₩300,000은 당점이 발행한 약속어음으로 받고, 잔액은 동점 발행의 약속어음으로 받다.

(4) 제주상사에서 상품 ₩800,000을 매입하고, 대금 중 ₩500,000은 당점 발행의 약속어음으로 지급하고, 잔액은 매출처 서귀포상사 앞 환어음을 발행하여 인수를 얻어 지급하다.

No.	차 변 과 목	금 액	대 변 과 목	금 액
(1)				
(2)				
(3)				
(4)				

02 다음 거래를 분개하시오.

(1) 제주상사로 부터 상품 ₩500,000을 매입하고, 대금은 명동상사에서 받아 소지하고 있던 약속어음을 배서양도하다.

(2) 제주상사로 부터 위의 약속어음이 만기일에 무사히 지급되었음을 통지받다.

(3) 강릉상사로 부터 받아 소유하고 있던 무이자부 약속어음 ₩2,190,000을 거래 은행에서 할인받고, 할인료 ₩42,000(할인율 연10%, 할인 일수 70일)을 차감한 실수금은 당좌예입하다. 단, 할인어음은 매각거래이다.

(4) 거래 은행으로 부터 위의 약속어음이 결제되었다는 통지를 받다.

(5) 20×1년 4월 1일 서울상사는 상품 ₩200,000을 경기상사에 매출하고 대금은 만기 3개월의 이자부약속어음(액면 표시이자율 연 6%)으로 수령하다.

(6) 20×1년 6월 1일 서울상사는 상기 이자부약속어음을 거래은행에서 연 12% 이자율로 할인하고 할인액을 차감한 실수금은 당좌예입하다. 단, 어음의 할인은 매각거래이다.

No.	차 변 과 목	금 액	대 변 과 목	금 액
(1)				
(2)				
(3)				
(4)				
(5)				
(6)				

【 (5), (6)번 해설 】 4월 1일 이자부약속어음을 수령 시 어음의 액면금액은 ₩200,000으로 표시되므로 어음 수령 시에는 이자수익 계정을 설정할 수 없다. 따라서 어음을 도중에 할인하지 않고 만기 시에 어음금액을 회수한다면 (차) 현금 203,000 (대) 받을어음 200,000, 이자수익 3,000으로 분개를 하며, 만기 이전 6월 1일 어음 할인 시에는 보유한 기간 2개월 만큼만 이자수익으로 표시하고, 계산된 할인료 중 할인기간 만큼의 1개월 이자 ₩1,000이 할인료에서 차감되어 표시되는 것이다.

03 다음 거래를 분개하시오.

(1) 서울상사에서 상품대금으로 받은 약속어음 ₩800,000이 만기가 되어 발행인에게 지급제시를 하였으나 부도되어 서울상사에 상환을 청구하다. 또한 지급 거절 증서의 작성비용 및 기타제비용 ₩20,000은 현금으로 지급하다.

(2) 위의 어음금액 및 제비용 ₩820,000과 만기일 이후의 법정이자 ₩5,000을 동점발행의 수표로 받다.

(3) 거래처의 파산으로 위 (1)의 부도어음 금액이 회수불능으로 대손 처리하다.

(4) 앞서 경기상사에 배서양도한 약속어음 ₩500,000이 부도되어 상환 청구를 받다. 이에 따라 어음금액 ₩500,000과 제비용 ₩20,000을 수표를 발행하여 지급하고, 즉시 발행처인 상공상사에 상환을 청구하다.

(5) 앞서 거래 은행에서 할인한 수원상사 발행의 약속어음 ₩2,000,000이 부도되어 거래 은행으로 부터 상환 청구를 받고, 이에 따라 어음 금액 ₩2,000,000, 제비용 ₩15,000, 만기일 이후의 법정이자 ₩5,000을 당점 당좌예금에서 지급하고, 즉시 수원상사에 상환을 청구하다. 단, 할인어음은 매각거래로 분류하였다.

No.	차 변 과 목	금 액	대 변 과 목	금 액
(1)				
(2)				
(3)				
(4)				
(5)				

04 다음 거래를 분개하시오.

(1) 소유하고 있는 광주상사의 약속어음 ₩500,000을 동 상점의 지급연기 요청을 받아 이를 승낙하고, 새로운 어음으로 개서하여 받다. 그리고 이자 ₩15,000을 현금으로 받다.

(2) 소유하고 있는 전주상사 발행의 약속어음 ₩300,000이 금일 만기가 되었으나 동 상점의 연기 요청이 있어 이를 승낙하고, 이자 ₩10,000을 가산한 새로운 어음으로 개서하여 받다.

(3) 부산상사에 상품 대금으로 발행한 약속어음 ₩800,000이 오늘 만기일이 되었으나, 당점의 자금 사정으로 1개월 연기 요청을 하여 승낙받고, 이자 ₩16,000을 가산한 새로운 어음으로 개서하여 주다.

No.	차 변 과 목	금 액	대 변 과 목	금 액
(1)				
(2)				
(3)				

05 다음 거래를 분개하시오.

(1) (주)서울은 금융회사와 팩토링계약을 맺고 ₩500,000의 외상매출금을 양도하였다. 그리고 외상매출금의 2%를 금융비용으로 매출환입 등에 대비하여 외상매출금의 10%를 유보하기로 하고 나머지 금액은 현금으로 받다. 단, 매출채권의 양도는 상환청구가 불가능한 실질적 양도이다.

(2) 위의 거래를 차입거래로 분류하는 경우의 분개를 하시오.

No.	차 변 과 목	금 액	대 변 과 목	금 액
(1)				
(2)				

05. 금융자산

① 금융자산(financial assets)의 의의

금융자산이란 보유하고 있는 현금과 미래에 현금을 수취하거나 형성시킬 수 있는 계약상의 권리라고 할 수 있다. 한국채택국제회계기준(K-IFRS)에서는 금융자산은 아래의 자산을 말한다. 금융자산 중 현금및현금성자산과 단기금융상품에 대하여는 앞에서 다루었으므로 여기서는 다른 기업의 지분상품, 즉 유가증권에 대한 회계 처리를 학습하기로 한다.

(1) 현금및현금성자산
(2) 다른 기업의 지분상품(유가증권)
(3) 거래 상대방에게서 현금 등 금융자산을 수취할 계약상의 권리(수취채권 등)

> **회계 충전소**
>
> 1. 본 영역에서 다루는 금융상품은 시중 금융기관이 취급하는 금융상품이 아니다. 한국채택국제회계기준(제1032호)에서는 금융상품(financial instruments)을 "거래 당사자 일방에게 금융자산을 발생시키고 동시에 다른 거래 상대방에게 금융부채나 지분상품을 발생시키는 모든 계약"이라고 광범위하게 정의하고 있다.
> 2. 여기서 계약(contracts)의 의미는 금융업의 발전으로 새로운 금융 기법들이 생겨나고, IT기술의 발전으로 인터넷 Bank(카카오Bank) 등 금융 혁명 시대가 도래하면서 전통적인 주식, 채권과 같은 유가증권 위주의 개념으로는 한계가 있어 이를 '계약'이라는 관점에서 접근하게 된 것이다. 계약을 구체적으로 표현하면, 금융자산(지분상품 포함), 금융부채를 발생시키는 모든 계약을 말한다.

② 금융자산의 분류

종전의 금융자산은 보유 목적과 보유 능력에 따라 결정되었으나, 한국채택국제회계기준 제1019호 '금융상품' 개정 기준서에는 금융자산을 계약상 현금흐름과 사업모형에 따라 아래와 같이 3가지 범주로 분류한다.

구분	사업모형	분류
1	단기간 내 순수 매도만을 목적	당기손익-공정가치측정금융자산
2	계약상현금흐름의 수취와 매도의 동시 목적	기타포괄손익-공정가치측정금융자산
3	계약상현금흐름의 수취(이자획득만) 목적	상각후원가측정금융자산

> **회계 충전소**
>
> 1. 계약상 현금흐름의 구분은 원금과 이자만으로 구성하는 채무상품 및 대여금과 그렇지 않은 지분상품으로 분류한다.
> 2. 사업모형은 현금흐름을 창출하기 위해 금융자산을 관리하는 방식이다. 사업모형의 구분은 계약상 현금흐름을 수취하는 형태와 계약상 현금흐름의 수취와 매도를 목적으로 하는 형태 및 순수 매도 목적 등 3가지로 분류한다.
> 3. 비금융자산과 비금융부채
>   ① 실물자산(재고자산, 유형자산)과 무형자산(특허권 등)은 금융자산이 아니다.
>   ② 재화나 용역을 수취할 자산(선급금, 선급비용)은 금융자산이 아니다. 마찬가지로 선수금과 선수수익은 재화나 용역을 인도할 것이므로 금융부채가 아니다.

③ 당기손익-공정가치측정금융자산(financial assets fair value profit loss, FVPL금융자산)

당기손익－공정가치측정금융자산이란 단기간에 순수 매도할 목적으로만 취득하는 지분상품과 채무상품을 말한다.

(1) 주식·사채·공채증서 등을 구입한 경우(매입수수료 별도 비용처리)

(차)	당기손익-공정가치측정금융자산	5,000	(대)	현 금		5,200
	수 수 료 비 용	200				

(2) 처분 시 (취득원가 < 처분금액)

(차)	현 금	5,800	(대)	당기손익-공정가치측정금융자산	5,000
				당기손익-공정가치측정금융자산처분이익	800

(3) 처분 시 (취득원가 > 처분금액)

(차)	현 금	4,700	(대)	당기손익-공정가치측정금융자산	5,000
	당기손익-공정가치측정금융자산처분손실	300			

회계 충전소

1. **증권** ... 재산상의 권리·의무에 관한 사항을 기재한 증서
   ① 지분상품 : 회사 순자산에 대한 소유지분을 나타내는 유가증권(보통주, 우선주 등)
   ② 채무상품 : 발행자에게 금전을 청구할 수 있는 권리를 표시한 유가증권(국채·공채·사채 등)
2. 한국채택국제회계기준(K-IFRS)에서는 당기손익－공정가치측정금융자산을 최초로 매입할 때는 공정가치로 측정해야 하므로 취득과 관련된 수수료 등은 당기의 비용으로 처리해야 한다. 단, 당기손익－공정가치측정금융자산 이외의 기타포괄손익－공정가치측정금융자산, 상각후원가측정금융자산의 취득제비용은 원가에 포함한다.
3. 한국채택국제회계기준(K-IFRS)에서는 당기손익－공정가치측정금융자산 처분 시의 수수료 및 증권거래세 등은 처분대가에서 직접차감하여 처분손익에 반영한다.
4. 당기손익－공정가치측정금융자산 취득 시 수수료 비용은 영업외비용으로 분류한다. 그 이유는 처분 시 수수료가 처분 대가에서 차감되어 처분손익(영업외손익)에 반영되므로 매입 시 부대 비용도 영업외비용으로 처리해야 적절한 수익·비용의 대응이 되기 때문이다. 단, 기업의 영업 관리 활동에서 발생하는 법률 자문 수수료, 어음 추심 수수료 등은 판매비와관리비로 분류해야 한다.
5. 취득 시 만기가 3개월 이내에 도래하는 국채·공채, 사채 등은 '현금성자산'으로 처리한다.

④ 끝수이자(경과이자, 단수이자, 우수리이자)

국채·공채·사채를 발행일 이후 기간 도중에 취득하는 경우 기일 경과분(발행일로부터 매매 당일까지의 기간 경과분)에 해당하는 이자를 지급하게 되는데, 이때의 이자를 끝수이자라 하며, 유가증권의 매매금액과는 별도로 미수이자 계정으로 처리한다.

$$\text{끝수이자} = \text{액면 금액} \times \text{연이율} \times \frac{\text{경과 일수}}{365}$$

(1) 당기손익-공정가치측정금융자산을 매입하고 끝수이자를 지급하면

(차)	당기손익-공정가치측정금융자산	3,000	(대)	현 금		3,050
	미 수 이 자	50				

(2) 당기손익-공정가치측정금융자산을 처분하고 끝수이자를 받으면(취득원가＜처분금액)

(차)	현 금	4,080	(대)	당기손익-공정가치측정금융자산	3,000
				당기손익-공정가치측정금융자산처분이익	1,000
				미 수 이 자	50
				이 자 수 익	30

5 당기손익-공정가치측정금융자산에 대한 수익 계정

(1) 소유 공·사채 등에 대한 이자를 받으면

(차)	현 금	×××	(대)	이 자 수 익	×××

(2) 소유 주식에 대한 현금 배당을 받으면

(차)	현 금	×××	(대)	배 당 금 수 익	×××

> **회계 충전소**
>
> ▶ 배당금 수령 시 주식 배당 금액은 자산의 증가와 수익의 발생으로 분개하지 않고, 단지 보유 주식수만 증가시켜 취득단가를 하향 조정한다. 그러므로, 보유 주식에 대한 수익은 취득단가가 낮아진 만큼 주식의 처분 시 인식하게 될 것이다.

6 당기손익-공정가치측정금융자산의 평가

(1) 결산 시 공정가치(시가)가 취득원가보다 하락되면

(차)	당기손익-공정가치측정금융자산평가손실	×××	(대)	당기손익-공정가치측정금융자산	×××

(2) 결산 시 공정가치(시가)가 취득원가보다 상승되면

(차)	당기손익-공정가치측정금융자산	×××	(대)	당기손익-공정가치측정금융자산평가이익	×××

7 상각후원가측정금융자산(financial assets amortized costs, AC금융자산)

상각후원가측정금융자산은 만기가 고정되어 있고 상환 금액이 확정되었거나 결정가능한 금융자산으로서 계약상 현금흐름의 수취(이자 획득)를 목적으로만 취득하는 채무증권만 해당하며, 지분증권(주식)은 제외한다.

▶ 상각후원가측정금융자산은 결산 시 공정가치로 평가하지 않으며, 유효이자율법을 이용하여 상각후원가로 평가한다.

(1) 이자 획득을 목적으로만 공·사채를 매입한 경우

(차) 상각후원가측정금융자산	10,000	(대) 현　　　금	10,000

(2) 이자를 현금으로 받으면

(차) 현　　　금	200	(대) 이　자　수　익	200

(3) 만기에 현금으로 상환된 경우

(차) 현　　　금	10,000	(대) 상각후원가측정금융자산	10,000

8 기타포괄손익-공정가치측정금융자산(financial assets fair value other comprehensive income, FVOCI금융자산)

기타포괄손익-공정가치측정금융자산은 순수매도가능항목으로 지정한 금융자산인 당기손익-공정가치측정금융자산 및 상각후원가측정금융자산, 대여금 및 수취채권으로 분류되지 않는 금융자산으로 계약상 현금흐름의 수취(이자 및 배당금 수령) 목적과 매도의 동시 목적으로 취득한 지분상품(주식)이나 채무상품(공·사채)이 이에 해당한다.

(1) 장기 투자 목적으로 공·사채 등을 매입하면

(차) 기타포괄손익-공정가치측정금융자산	5,000	(대) 현　　　금	5,000

(2) 기타포괄손익-공정가치측정금융자산의 제거(처분)

① 처분 시(취득원가 < 처분금액)

(차) 현　　　금	6,000	(대) 기타포괄손익-공정가치측정금융자산	5,000
		기타포괄손익-공정가치측정금융자산처분이익	1,000

② 처분 시(취득원가 > 처분금액)

(차) 현　　　금	4,800	(대) 기타포괄손익-공정가치측정금융자산	5,000
기타포괄손익-공정가치측정금융자산처분손실	200		

(3) 기타포괄손익-공정가치측정금융자산의 평가

기타포괄손익-공정가치측정금융자산의 평가는 결산 시 공정가치(fair value)로 평가한다. 결산 시 공정가치 평가로 발생하는 기타포괄손익-공정가치측정금융자산평가손익은 미실현 보유 손익으로써 결산 재무상태표상에 기타자본구성요소(기타포괄손익누계액)로 표시하여 차기로 이월시키고, 해당 금융자산을 처분한 경우 다음과 같이 회계 처리한다.

① 보유 금융자산이 채무상품(공·사채 등)인 경우 : 재순환(recycling)이 허용되어 매각처분 시 평가손익누계액을 제거하면서 처분손익에 반영한다.(개정 전의 회계 처리와 동일)

② 보유 금융자산이 지분상품(주식)인 경우 : 매각처분 시 공정가치로 재측정하여 공정가치 변동분을 기타포괄손익으로 처리하므로 당기손익에 반영이 되지 않는다. 즉 재순환(recycling)이 금지되어 처분손익은 없다.

㉠ 공정가치(시가)가 취득원가보다 하락하면

(차) 기타포괄손익-공정가치측정금융자산평가손실 ×××	(대) 기타포괄손익-공정가치측정금융자산 ×××

㉡ 공정가치(시가)가 취득원가보다 상승하면

(차) 기타포괄손익-공정가치측정금융자산 ×××	(대) 기타포괄손익-공정가치측정금융자산평가이익 ×××

회계 충전소

1. 금융상품에 관한 기준서가 개정 전에는 보유 목적에 따라 단기매매목적과 장기보유목적으로 구분하여 단기매매금융자산과 매도가능금융자산 등으로 분류하였지만, 개정 기준서에서는 기본적으로 지분상품인 주식은 최초 인식 시점에 당기손익-공정가치측정금융자산으로 선택하여 공정가치로 측정하고 공정가치 변동 분을 당기손익으로 인식할 것을 규정하고 있다. 단, 최초 인식 시점에 기타포괄손익-공정가치측정금융자산으로 선택한 경우에 한해서만 공정가치 변동액을 기타포괄손익누계액으로 인식할 수 있도록 허용하고 있으며, 단기매매목적 이외의 지분 상품 중 기타포괄손익-공정가치측정금융자산으로 분류하여 선택한 경우, 선택 이후에는 어떠한 경우라도 취소(변경)할 수 없다. 채무상품의 경우에는 개정 전의 회계 처리와 큰 변동이 없다.

2. 개정 전의 매도가능금융자산에 대한 공정가치 변동분은 기타포괄손익누계액으로 처리해 두었다가 해당 금융자산이 처분 시에는 실현된 것으로 보고 기타포괄손익누계액을 처분손익에 반영을 했었다. 그러나 제1109호 '금융상품' 기준서의 개정 취지는 지분상품(주식)의 경우 당기손익-공정가치측정금융자산으로 인식하는 것을 원칙으로 하되, 최초 인식 시점에서 기타포괄손익-공정가치측정금융자산으로 선택했다면 어떠한 경우에도 당기손익에 영향을 주지 않겠다는 것이다.

3. 따라서 기타포괄손익-공정가치측정금융자산 중 지분상품(주식)은 매각처분 시에 공정가치로 재측정한다. 즉 처분 시의 처분금액은 그 시점의 공정가치이므로 공정가치 변동 분(평가손익)을 기타포괄손익으로 인식하고, 금융자산은 장부에서 제거하되, 누적된 평가손익은 재순환을 금지하여 그대로 두기도 하고 또는 이익잉여금으로 직접 대체할 수 있도록 하여 당기 처분손익에 영향을 주지 못하도록 규정한 것이다.(그 이유는 개정 전처럼 지분상품의 재순환을 허용하여 당기손익으로 인식하게 되면 평가이익이 인식된 금융자산만 처분하여 처분이익을 인식함으로써 당기손익을 인위적으로 조작하는 문제가 발생할 수 있기 때문이다.)

4. 기타포괄손익-공정가치측정금융자산의 제거(처분) 시 발생하는 수수료 등의 직접 관련 비용은 다음과 같이 회계 처리한다.(근거 : K-IFRS 제1109호 '금융상품' 기준서 문단 B5.2.2)

   (1) 채무상품(공·사채 등)인 경우 : 보유 자산(당기손익-공정가치측정금융자산, 유형자산 등)의 제거(처분) 시와 동일하게 처분손익에 가감한다.

   (2) 지분상품(주식)인 경우 : 처분시점에 공정가치 변동분을 기타포괄손익으로 처리하므로 처분손익이 발생하지 않으며, 그렇다고 처분 시 수수료 등을 평가손익에 가감할 수도 없다. 따라서 당기손실인 기타포괄손익-공정가치측정금융자산처분손실로 처리한다.

9 관계기업투자(investments in associates)

앞에서 살펴 본 금융자산의 경우는 기업이 여유 자금으로 다른 기업의 지분(주식) 등을 취득함으로써 배당수익을 얻거나 재매각하여 시세차익을 얻기 위해서이다. 그러나 기업이 특정한 목적을 가지고 취득한 지분(주식)이 일정 수준 이상일 경우에는 피투자회사의 재무 정책과 영업 정책에 관한 의사 결정에 참여할 수 있는 능력, 즉 '중대한 영향력'을 갖게 된다. 이처럼 중대한 영향력을 행사할 수 있게 된 피투자회사를 관계기업이라고 하고, 투자회사가 피투자회사의 의결권 있는 주식을 20%이상(50% 미만) 보유하고 있는 경우를 말한다. 관계기업투자는 관계기업이 되는 시점부터 지분법을 적용하여 회계처리한다.

(1) 다른 기업에 중대한 영향력을 행사하기 위해 주식을 매입하면

(차) 관 계 기 업 투 자	1,000	(대) 현 금	1,000

(2) 관계기업투자의 처분

① 처분 시(취득원가 < 처분금액)

(차) 현 금	1,200	(대)	관 계 기 업 투 자	1,000
			관계기업투자처분이익	200

② 처분 시(취득원가 > 처분금액)

(차)	현 금	900	(대) 관 계 기 업 투 자	1,000
	관계기업투자처분손실	100		

회 계 충전소

1. 투자회사가 피투자회사의 의결권 있는 주식을 50% 이상 보유하는 경우에는 피투자회사의 재무 정책과 영업 정책을 결정할 수 있는 능력을 갖게 되는데 이를 '지배력'이라고 한다. 이 경우 투자회사를 지배기업이라고 하고, 피투자회사는 종속기업이라고 하며 경제적 실질을 반영하기 위하여 결산보고서는 반드시 연결재무제표를 작성하게 된다. 여기서 지배력은 중대한 영향력보다 더욱 강한 개념이다. 이때 취득하게 되는 주식은 '종속기업투자' 계정으로 처리한다.

2. 지분법(equity method)이란 관계기업투자를 최초로 취득할 때는 원가로 인식하고, 취득시점 이후에 발생한 피투자회사의 순자산 변동액(당기순이익) 중 투자자의 지분만큼 해당 관계기업투자에 가감하여 보고하는 회계처리방법이다.

3. 지분법손익은 당기의 기타손익으로 처리하고, 지분법 적용 시 피투자기업으로부터 받은 배당금은 관계기업투자의 장부금액을 감소시킨다.

01 다음 연속된 거래를 분개하시오.

(1) 단기시세차익을 목적으로 상장기업인 (주)서울상사 발행 주식 50,000주(액면 @₩100)를 1주당 ₩190에 매입하고, 대금은 매입수수료 ₩200,000과 함께 수표를 발행하여 지급하다.

(2) 위의 주식 25,000주를 1주당 ₩210에 처분하고, 처분수수료 ₩35,000을 차감한 실수금은 수표로 받다.

(3) 기말 결산 시 위의 잔여주식 25,000주를 공정가치(시가) @₩186으로 평가하다.

No.	차 변 과 목	금 액	대 변 과 목	금 액
(1)				
(2)				
(3)				

02 다음 거래를 분개하시오.

(1) 단기시세차익을 목적으로 (주)한국 발행 사채 액면 ₩2,000,000(액면 @₩10,000)을 @₩9,600으로 매입하고, 대금은 끝수이자 ₩30,000과 함께 수표를 발행하여 지급하다.

(2) 단기매매차익을 목적으로 소유하고 있는 설악상사 발행 사채액면 ₩5,000,000(액면 @₩10,000, 장부금액 @₩9,500)을 @₩9,800에 매각처분하고, 끝수이자 ₩40,000과 함께 현금으로 받다. 단, 매입 시 끝수이자 ₩25,000을 지급하였다.

(3) 소유 주식에 대하여 배당금 ₩500,000을 현금으로 받다.

(4) 소유하고 있는 사채에 대한 이자 ₩300,000을 수표로 받다.

No.	차 변 과 목	금 액	대 변 과 목	금 액
(1)				
(2)				
(3)				
(4)				

03 다음의 유가증권에 관한 거래를 사업모형에 따라 (A) 당기손익-공정가치측정금융자산과 (B) 기타포괄손익-공정가치측정금융자산으로 분류하는 경우로 각각 분개하시오.

(1) 상장기업인 (주)명륜 발행주식 1,000주(1주 액면 ₩5,000)를 ₩@6,000에 취득하고, 대금은 매입수수료 ₩100,000과 함께 수표를 발행하여 지급하다.

(2) 기말 결산 시 위의 주식을 평가한 결과 보고 기간 종료일 현재 공정가치가 1주당 ₩6,500으로 계상되어 평가하였다.

(A) 당기손익-공정가치측정금융자산으로 분류하는 경우

No.	차 변 과 목	금 액	대 변 과 목	금 액
(1)				
(2)				

(B) 기타포괄손익-공정가치측정금융자산으로 분류하는 경우

No.	차 변 과 목	금 액	대 변 과 목	금 액
(1)				
(2)				

04 다음 연속 거래를 분개하시오.

(1) 20×1. 5. 12 : 한국상사(주)는 장기 투자를 위해 (주)서울상사 발행 주식 100주(1주 액면 ₩5,000)를 @₩8,000에 매입하고, 대금은 수표를 발행하여 지급하다. 단, 한국상사(주)는 당해 주식의 공정가치 변동을 기타포괄손익으로 인식하기로 선택하였다.

(2) 20×1. 12. 31 : 결산 시 보유 중인 (주)서울상사 발행 주식을 1주당 공정가치 ₩7,500으로 평가하다.

(3) 20×2. 12. 31 : 결산 시 보유 중인 (주)서울상사 발행 주식을 1주당 공정가치 ₩9,000으로 평가하다.

(4) 20×3. 3. 15 : 보유 중인 (주)서울상사 발행 주식 전부를 1주당 ₩9,300에 매각처분하고, 대금은 현금으로 받다. 단, 평가손익 누적액을 미처분이익잉여금으로 대체한다.

No.	차 변 과 목	금 액	대 변 과 목	금 액
(1)				
(2)				
(3)				
(4)				

다음 연속 거래를 분개하시오.

(1) 20×1. 10. 12 : 광화문상사(주)는 장기 투자를 위해 (주)경기상사 발행 사채 액면 ₩500,000(만기 3년)을 액면금액으로 매입하고 대금은 수표를 발행하여 지급하다. 단, 당해 사채는 계약상 현금흐름의 수취와 매도의 동시 목적으로 매입한 것이다.

(2) 20×1. 12. 31 : 결산 시 (주)경기상사 발행 사채를 공정가치 ₩580,000으로 평가하다.

(3) 20×2. 4. 14 : 보유 중인 (주)경기상사 발행 사채 전부를 ₩600,000에 제거(처분)하고 대금은 현금으로 받다.

No.	차 변 과 목	금 액	대 변 과 목	금 액
(1)				
(2)				
(3)				

06 다음 거래를 분개하시오. (1)~(3)은 연속거래이다.

(1) (주)한국은 (주)강원 발행 사채 액면 ₩3,000,000(이자율 12%, 5년 만기)을 액면금액으로 매입하고, 대금은 수표를 발행하여 지급하다. 동 사채는 이자 획득을 목적으로만 취득한 것이다.

(2) (주)강원으로부터 보유 사채에 대한 이자 1년분 ₩360,000을 현금으로 받다.

(3) (주)한국은 보유하고 있는 (주)강원 발행의 사채가 만기가 되어 전액 액면금액으로 현금 상환을 받았다.

(4) (주)서울은 피투자회사인 (주)경기의 총주식 1,000주의 30%인 300주를 1주당 ₩2,500에 취득하고, 대금은 현금으로 지급하다.

No.	차 변 과 목	금 액	대 변 과 목	금 액
(1)				
(2)				
(3)				
(4)				

06. 재고자산

1 재고자산의 개념과 종류

재고자산이란 일반적으로 기업의 정상적인 영업 활동 과정에서 판매를 목적으로 보유하거나 (상품, 제품) 생산 중에 있는 자산(재공품) 또는 판매할 제품을 생산하는데 사용될 자산(원재료, 저장품)을 말한다.

종 류	내 용
상 품	판매를 목적으로 매입한 상품을 말하며, 부동산매매업에 있어서 판매를 목적으로 소유하는 토지, 건물은 이를 상품에 포함한다.
제 품	판매를 목적으로 기업 내부에서 제조한 생산품
반 제 품	자가 제조한 중간 제품과 부분품
재 공 품	제품 제조를 위하여 제조 과정에 있는 것
원 재 료	제품 제조를 위하여 매입한 재료
저 장 품	소모품, 소모공구기구 및 수선용부분품, 기타 저장품

회 계 충전소

1. 재고자산의 매입과 제조에 상당한 기간이 소요되고, 그 필요한 자금을 외부로부터 특정 차입하여 조달하는 경우에 발생하는 이자비용(차입원가)은 기간비용으로 처리하지 않고, 재고자산의 취득원가에 포함한다. 단, 그 차입금을 은행에 일시적으로 예입한 경우에 발생한 이자수익은 취득원가에 계상되는 이자비용(차입원가)에서 차감한다.
2. 저장품 중 1년 이상 보유할 품목은 비유동자산(유형자산)으로 분류하여야 한다.

2 상품의 매입과 매출에 따른 운임

상품의 매입과 매출 시 매입자와 매출자간에 어느 쪽이 운임을 부담할 것인가에 따라 다음과 같이 결정된다.

(1) 선적지 인도 가격 조건(F.O.B. shipping) : 상품의 선적 시점에서 소유권이 매입자에게 이전되기 때문에 매입자가 운임을 부담하는 조건으로 그 운임은 매입원가에 포함한다. 따라서 선적지 인도 가격 조건은 매출자에게는 유리하고, 매입자에게는 불리한 조건이다.

(2) 도착지 인도 가격 조건(F.O.B. destination) : 상품이 계약상의 도착 목적지에 도달했을 때 소유권이 매입자에게 이전되기 때문에 선적부터 도착까지는 모든 위험을 매출자가 부담하므로 이 경우 매출자가 운임을 부담하는 조건이다. 따라서 그 운임은 운반비 계정으로 처리한다. 그러므로 도착지 인도 가격 조건은 매출자에게는 불리하고, 매입자에게는 유리한 조건이다.

③ 매입할인과 매출할인

(1) 매입할인

　외상매입금을 지급 약정일 이전에 지급하는 경우, 일정액의 할인받은 금액을 매입할인이라 하며, 당기매입액에서 직접 차감한다.

▶ **외상매입금을 지급 약정일 이전에 지급한 경우**

(차) 외 상 매 입 금	300,000	(대) 현　　　금	295,000
		매　　　입	5,000

(2) 매출할인

　외상매출금을 회수 약정일 이전에 회수하는 경우, 일정액을 할인하여 주는 금액을 매출할인 이라 하며, 당기 매출액에서 직접 차감한다.

▶ **외상매출금을 회수 약정일 이전에 회수한 경우**

(차) 현　　　금	295,000	(대) 외 상 매 출 금	300,000
매　　　출	5,000		

④ 재고자산의 감모손실과 평가손실

(1) 재고자산감모손실

　재고자산감모손실이란 상품을 보관하는 과정에서 파손, 도난, 분실, 증발 등으로 인하여 기말 상품의 장부 재고 수량보다 실제 재고 수량이 적은 경우에 발생하는 손실을 말한다. 감모손실 중 원가성이 있는 정상적인 발생액은 매출원가에 산입하고, 원가성이 없는 비정상적인 발생액은 영업외비용으로 처리한다.

▶ **감모손실의 발생 시**

(차) 매　　입(정상)	××××	(대) 이 월 상 품	××××
재고자산감모손실(비정상)	××××		

(2) 재고자산평가손실

　재고자산평가손실이란 재고 자산을 기말 결산 시 저가법으로 평가하는 경우 취득원가보다 순실현가능가치가 높으면 취득원가로 측정하지만 순실현가능가치가 취득원가보다 낮은 경우에 발생한 손실을 말한다. 평가손실은 매출원가에 산입하고 재고자산평가충당금 계정 대변에 기입하여 재고자산에서 차감하는 형식으로 표시한다.

① 평가손실의 계상 시

(차)	재고자산평가손실 (또는 매입)	×××	(대)	재고자산평가충당금	×××

② 평가손실의 회복 시(최초 장부금액을 초과하지 못함)

(차)	재고자산평가충당금	×××	(대)	재고자산평가충당금환입 (또는 매입)	×××

회계 충전소

1. 저가법이란 재고자산을 기말 결산 시 취득원가와 순 실현가능가치를 비교하여 낮은 금액으로 측정하는 방법을 말한다.
2. 한국채택국제회계기준(K-IFRS)에서는 재고자산의 저가법 평가에 있어 종목별기준을 적용하는 것을 원칙으로 하고 있다.
3. 재고자산평가충당금은 상품 계정에 대한 차감적 평가 계정이다.
4. 한국채택국제회계기준(K-IFRS)에서는 재고자산의 평가시 순실현가능가치를 적용한다. 단, 원재료의 경우 현행대체원가(동등한 자산을 현재 시점에서 취득할 경우의 대가로 지불하는 금액)로 평가해야 하는데 이 경우의 현행대체원가는 순실현가능가치에 대한 최선의 이용가능한 측정치가 될 수 있다.

5 재고자산의 수량 결정 방법

(1) 계속기록법(perpetual inventory method)

① 계속기록법이란 재고자산의 종류별로 상품의 매입과 매출이 발생할 때마다 수량을 상품재고장에 계속적으로 기록하는 방법으로 장부상 남아있는 재고수량을 기말재고수량으로 결정하는 방법이다. 이를 산식으로 나타내면 다음과 같다.

기초재고수량 + 당기매입수량 − 당기매출수량 = 기말재고수량

② 계속기록법은 상품을 매입할 때 차변에 '상품' 계정으로 기록하고 매출할 때는 대변에 '매출' 계정으로 기록하여 동시에 매출상품의 원가를 상품 계정에서 제거한다. 따라서 결산 시 상품 관련 계정의 결산 정리 분개를 하지 않는다.

구 분	회 계 처 리			
매 입 시	상 품	×××	현 금	×××
매 출 시	현 금	×××	매 출	×××
	매 출 원 가	×××	상 품	×××
결 산 시	결산정리분개 없음			

③ 계속기록법에 의할 경우 기초재고수량과 당기매입수량, 당기매출수량을 모두 기입하기 때문에 언제든지 기간 중에 장부상의 재고수량을 파악할 수 있는 장점이 있는 반면에, 재고자산의 기록 유지비용이 많이 발생하는 단점이 있다. 그러나 계속기록법은 재고자산의 내부 관리 목적에 부합하는 방법이다.

(2) 실지재고조사법(periodic inventory method)

① 실지재고조사법이란 상품재고장에는 상품의 기초수량과 매입수량만 기록하고 매출수량은 기록하지 않았다가 기말 결산 시점에 실지 재고조사를 통하여 재고수량을 파악하는 방법으로 이를 산식으로 나타내면 다음과 같다.

기초재고수량 + 당기매입수량 − 기말실지재고수량 = 당기매출수량

② 실지재고조사법은 상품의 매입 시 차변에 '매입' 계정으로 기록하고, 상품의 매출 시에는 매출원가는 기록을 하지 않았다가 기말 결산 시 실지재고조사를 통하여 파악된 기말재고수량을 정리 분개를 하여 상품의 매출원가를 산출한다.

구 분	회 계 처 리			
매 입 시	매 입	×××	현 금	×××
매 출 시	현 금	×××	매 출	×××
결 산 시	매 출 원 가 ××× 매 출 원 가 ××× 기 말 재 고 ×××		기 초 재 고 ××× 당 기 매 입 ××× 매 출 원 가 ×××	

(3) 혼합법 : 계속기록법과 실제재고조사법을 혼합하여 사용하면 장부상의 기말재고수량과 창고 속의 실제재고수량이 모두 파악되므로 보관 중에 발생한 재고감모수량을 쉽게 파악할 수 있다.

6 재고자산의 단위 원가 결정 방법

(1) 실물 흐름에 따른 단가 결정 방법

▶ **개별법**(specific identification method) : 개별 상품 각각에 대하여 가격표(또는 바코드)를 붙여 개별 상품별로 매입가격을 알 수 있도록 함으로써 판매된 상품과 재고상품을 구별하여 매출원가와 기말재고상품으로 구분하는 방법이다. 개별법은 원가흐름과 실제물량흐름이 일치하므로 이론상 가장 합리적인 방법이다.(수익과 비용이 정확히 대응) 하지만, 재고자산의 종류와 수량이 많고, 거래가 빈번한 경우에는 실무에서 사용하기가 불편하다. 한국채택국제회계기준(K-IFRS)에서 개별법은 통상적으로 상호 교환될 수 없는 재고자산 항목의 원가와 특정 프로젝트별로 생산되고 분리되는 재화 또는 용역의 원가에 적용한다고 규정하고 있다.(예 거래처로부터 특정 제품을 주문받아 생산하는 경우, 제품별로 원가를 식별)

(2) 가정된 원가흐름에 따른 단가 결정 방법

① **선입선출법**(first in first out method : FIFO) : 먼저 매입한 상품을 먼저 매출하는 방법으로 가장 최근의 시가로 기말재고자산이 표시된다.

② **후입선출법**(last in first out method : LIFO) : 나중에 매입한 상품을 먼저 매출하는 방법으로 가장 최근의 시가로 매출원가가 표시된다. 단, 한국채택국제회계기준(K-IFRS)에서는 후입선출법을 허용하지 않는다.

③ **가중평균법**(average cost method) : 가중평균법은 기초재고자산과 보고기간 중에 매입된 재고자산의 원가를 가중평균하여 재고항목의 단위원가를 결정하는 방법이다. 이 경우 평균은 기업의 상황에 따라 주기적으로 계산하거나(총평균법) 매입할 때마다 계산할 수 있다.(이동평균법)

  ㉠ **이동평균법**(moving average method : MAM) : 단가가 다른 상품을 매입할 때마다 평균단가를 구하여 그것을 매출하는 상품에 적용한다.

  ㉡ **총평균법**(total average method : TAM) : 일정 기간의 순매입액을 순매입수량으로 나누어 총평균단가를 산출하여 매출단가로 적용하는 방법이다.

⑦ 재고자산의 추정 방법

(1) 매출총이익률법(gross profit method) : 과거의 평균 매출총이익률을 이용하여 추정매출원가를 산출하고, 판매가능상품에서 매출원가를 차감하는 방법이다.

① 추정매출원가 : 매출액 × (1-매출총이익률)
② 기말재고자산 : 판매가능상품 - 추정매출원가

(2) 소매재고법(retail inventory method) : 매출가격환원법이라고도 하며, 소매가(판매가)로 파악된 기말재고자산에 원가율을 곱하는 방법이다.(백화점)

① 매가에 의한 기말재고액 : (매가)판매가능상품 - 매출액

② 원가율 = $\dfrac{(원가)기초재고액 + (원가)당기매입액}{(매가)기초재고액 + (매가)당기매입액}$

⑧ 재고자산의 단가 결정의 효과

재고자산 단가 결정 방법을 보기를 통하여 각각 비교하여 보기로 한다.

보기					
1월 1일	전기이월	500개	@₩60	₩30,000
3월 4일	매 출	300개	@₩80	₩24,000
5월 2일	매 입	300개	@₩70	₩21,000
9월 5일	매 출	400개	@₩80	₩32,000

【 해설 】

선 입 선 출 법		후 입 선 출 법	
매출액	56,000	매출액	56,000
매출원가	44,000	매출원가	45,000
기초재고액　30,000		기초재고액　30,000	
당기매입액　21,000		당기매입액　21,000	
기말재고액　(7,000)		기말재고액　(6,000)	
당기순이익	12,000	당기순이익	11,000
가중평균법(이동평균법)		가중평균법(총평균법)	
매출액	56,000	매출액	56,000
매출원가	44,400	매출원가	44,625
기초재고액　30,000		기초재고액　30,000	
당기매입액　21,000		당기매입액　21,000	
기말재고액　(6,600)		기말재고액　(6,375)	
당기순이익	11,600	당기순이익	11,375

(1) 물가가 상승하는 가정하에 각 방법의 기말상품재고액과 당기순이익의 크기는 정비례하는 것을 확인하였다.

> 선입선출법 > 가중평균법(이동평균법) > 가중평균법(총평균법) > 후입선출법

(2) 매출원가의 크기는 기말재고액과는 정반대이다.

> 선입선출법 < 가중평균법(이동평균법) < 가중평균법(총평균법) < 후입선출법

⑨ 재고자산의 기록 오류의 효과

회계 기간 말 현재 기말 재고자산의 금액은 당기 매출원가의 결정에 영향을 주므로 당기순이익에 영향을 초래한다.

(1) 기말 재고자산이 과대계상된 경우

> 기말 재고자산의 과대계상 ➡ 매출원가 과소계상 ➡ 당기순이익의 과대계상

(2) 기말 재고자산이 과소계상된 경우

> 기말 재고자산의 과소계상 ➡ 매출원가 과대계상 ➡ 당기순이익의 과소계상

01 다음 자료에 의하여 아래 계정에 기입하고, 필요한 분개도 하시오. 단, 상품 매출 손익의 계산은 총액법에 의한다.

【 기말상품재고액 】

(1) 장부 재고 수량 600개, 1개당 원가 ₩500

(2) 실제 재고 수량 560개, 1개당 순실현 가능가치 ₩400

(3) 감모수량 중 10개는 원가성이 있다.

이 월 상 품

전 기 이 월 150,000

매 입

외상매입금 800,000

매 출

외상매출금 1,200,000

재고자산평가충당금

재 고 자 산 감 모 손 실

손 익

No.	차 변 과 목	금 액	대 변 과 목	금 액
(1)				
(2)				
(3)				
(4)				
(5)				
(6)				
(7)				

02 다음 상품에 관한 자료에 의하여 각 방법에 의한 빈란에 알맞은 금액을 써 넣으시오.

1월 1일	전기이월	400개	@₩2,300	₩ 920,000
3월 5일	매 입	200개	@₩2,600	₩ 520,000
5월 8일	매 출	500개	@₩3,000	₩1,500,000
8월 2일	매 입	200개	@₩2,800	₩ 560,000
9월 4일	매 출	200개	@₩3,000	₩ 600,000

구 분	기말재고액	매 출 액	매출원가	매출총이익
선 입 선 출 법	₩	₩ 2,100,000	₩	₩
후 입 선 출 법		2,100,000		
가중평균법(이동평균법)		2,100,000		
가중평균법(총 평 균 법)		2,100,000		

03 (주)서울의 재고자산에 관한 자료이다. 아래 물음에 답하시오.

당 기 매 출 액	₩ 1,200,000	당 기 매 입 액	₩ 700,000
기초상품재고액	300,000	매출총이익률	30%

(1) 매출총이익률법을 이용한 기말상품재고액은 얼마인가?

(2) (주)서울이 불의의 화재로 인하여 재고자산이 보관된 창고가 소실된 경우 화재로 피해를 면한 재고자산의 가치가 ₩90,000으로 평가되었다면 화재손실로 인한 자산의 손상차손은 얼마인가?

04 소매재고법을 사용하고 있는 (주)파스칼백화점의 8월중 재고자산에 관한 자료이다.

	원 가	매 가
기초상품재고	₩ 250,000	₩ 500,000
당 기 매 입 액	1,500,000	2,000,000

▶ 당기매출액이 ₩1,900,000이라고 할 때 원가에 의한 기말상품재고액과 매출원가는 얼마인가?

05 다음 거래를 분개하시오.

(1) 대전상사의 외상매출금 ₩500,000이 약정 기일 전에 회수하게 되어 2%의 할인을 해 주고, 잔액은 동점 발행 수표로 받다.

(2) 매출처 부산상사의 외상매출금을 약정 기일전에 회수하게 되어 2%의 할인을 해 주고, ₩980,000을 현금으로 받다.

(3) 설악상사에 대한 외상매입금 ₩800,000(신용조건 2/10, n/30)을 9일 만에 지급하게 되어 2%의 할인을 받고, 수표를 발행하여 지급하다.

(4) 일주일 전, 소백상사에 2개월 후 대금 지급의 조건으로 갑상품 100개 @₩5,000 ₩500,000을 외상으로 매입하였는 바, 품질 불량으로 20개를 반품시키고, 동시에 나머지 대금을 전액 현금으로 조기 지급하게 되어 2%의 할인을 받았다.

(5) 매출처 서울상사에 대한 일정 기간 매출액이 ₩1,100,000으로 예상 매출액 ₩1,000,000을 초과하였으므로 ₩20,000을 장려금으로 외상매출금에서 차감하기로 하다.

(6) 제주상사에서 선적지 인도조건으로 상품 ₩420,000을 매입하고, 운임 ₩10,000과 함께 현금으로 지급하다.

(7) 목포상사에 도착지 인도조건으로 상품 ₩350,000을 외상 매출하고, 운임 ₩8,000을 현금으로 지급하다.

No.	차 변 과 목	금 액	대 변 과 목	금 액
(1)				
(2)				
(3)				
(4)				
(5)				
(6)				
(7)				

07. 재고자산의 소유권 결정(특수매매)

1 미착상품(goods transit)

먼 지역의 거래처에서 상품을 매입하거나, 운송 도중에 있는 상품을 매입한 경우에는 매입처로부터 화물대표증권(화물상환증, 선하증권)을 받는데, 이것을 소유하고 있는 상품과 구별하기 위하여 미착상품 계정 차변에 기입하고, 상품의 도착 시 매입 계정에 대체한다.

(1) 화물대표증권을 받은 경우

(차) 미 착 상 품	1,000	(대) 외 상 매 입 금	1,000

(2) 상품이 도착한 경우

(차) 매 입	1,000	(대) 미 착 상 품	1,000

(3) 상품이 도착하기 전에 화물대표증권을 매출한 경우

① 순액주의(분기법)

(차) 외 상 매 출 금	1,200	(대)	미 착 상 품	1,000
			미착상품매출이익	200

② 총액주의(총기법)

(차)	외 상 매 출 금	1,200	(대)	미 착 상 품 매 출	1,200
	매입(미착상품매출원가)	1,000		미 착 상 품	1,000

(4) 미착상품의 소유권 결정

미착상품은 운송 중에 있는 매입상품으로서 기말재고자산에 포함하느냐의 결정은 매입계약조건에 따라 다르다.

① 선적지 인도조건인 경우

상품이 선적된 후에 발생하는 모든 보험료, 운반비 등을 매입자가 부담하는 조건이므로 상품을 선적하는 시점에 상품의 소유권이 매출자로부터 매입자에게 이전되는 것이다. 이 경우 미착상품은 매입자의 기말재고자산에 포함시킨다.

② 도착지 인도조건인 경우

상품이 도착지에 도달할 때까지는 상품에 대한 모든 보험료, 운반비와 위험을 매출자가 부담하는 조건이므로 상품이 도착 목적지에 도달했을 때 상품의 소유권이 매출자로부터 매입자에게 이전되는 것이다. 이 경우 미착상품은 매출자의 기말 재고 자산에 포함시킨다.

2 위탁판매 (consignment sales)

자기 상품을 타지역의 상인에게 일정한 수수료를 지급하는 조건으로 판매를 위탁하는 것을 위탁 판매라 하며, 이때 발송하는 상품은 매입원가에 제비용을 합계한 금액으로 적송품 계정 차변에 기입하고, 판매 위탁품을 수탁자가 판매한 경우에 매출로 처리한다.

(1) 위탁상품을 적송한 경우

(차) 적 송 품	1,050	(대)	매 입	1,000
			현 금(적송비용)	50

(2) 매출계산서가 도착한 경우

① 총액주의(총기법)

(차)	판 매 수 수 료	100	(대)	적 송 품 매 출	1,300
	적송품외상매출금	1,200		적 송 품	1,050
	매입(미착상품매출원가)	1,050			

② 순액주의(분기법)

(차) 적송품외상매출금	1,200	(대)	적 송 품	1,050
			적송품매출이익	150

(3) 수익의 인식시기 및 소유권 결정

위탁판매는 수탁자가 제3자에게 재화(위탁품)를 판매한 시점에 매출수익을 인식한다. 따라서 위탁 판매가 성립되기까지의 적송품은 위탁자의 기말재고자산에 포함시킨다.

③ 수탁판매 (consignment inwards)

다른 지역의 상인으로부터 상품의 판매를 위탁받아 일정한 수수료를 받는 조건으로 상품을 대신 판매해 주는 것을 수탁판매라 하며, 수탁자는 수탁상품의 인수, 보관 및 판매시까지 발생하는 위탁자와의 채권·채무를 수탁판매 계정을 설정하여 처리한다.

(1) 수탁판매품이 도착하여 인수비용을 지급하면

| (차) 수 탁 판 매 | 100 | (대) 현　　　금 | 100 |

▶ 수탁 판매품이 도착하면 수탁품은 분개하지 않고, 인수비용 지급액만 분개한다.

(2) 수탁품을 판매하면

| (차) 현　　　금 | 800 | (대) 수 탁 판 매 | 800 |

(3) 매출계산서를 송부하면

| (차) 수 탁 판 매 | 50 | (대) | 보 관 료(등) | 20 |
| | | | 수 수 료 수 익 | 30 |

(4) 실수금을 송금하면

| (차) 수 탁 판 매 | 650 | (대) 현　　　금 | 650 |

④ 위탁매입

다른 지역의 상인에게 상품의 매입을 위탁하고, 일정한 수수료를 지급하는 것을 위탁매입이라 하며, 이는 일반적인 상품의 매입주문과 동일한 회계처리를 한다.

(1) 매입을 위탁하고, 착수금을 현금으로 지급하면

| (차) 선 급 금 | 100 | (대) 현　　　금 | 100 |

(2) 매입 위탁한 상품이 도착하면

| (차) 매　　　입 | 530 | (대) | 선 급 금 | 100 |
| | | | 외 상 매 입 금 | 430 |

⑤ **수탁매입** (indent)

다른 지역의 상인으로 부터 상품의 매입을 위탁받아, 일정한 수수료를 받는 조건으로 상품을 대신 매입해 주는 것을 수탁매입이라 하며, 수탁자는 수탁매입 상품의 매입대금, 매입제비용 등의 위탁자와의 채권·채무를 수탁매입 계정을 설정하여 처리한다.

(1) 착수금(계약금)을 현금으로 받으면

(차) 현 금	100	(대) 수 탁 매 입	100

(2) 수탁매입상품을 외상매입하면

(차) 수 탁 매 입	500	(대) 외 상 매 입 금	500

(3) 매입계산서 송부 후 대신지급금을 청구하면

(차) 수 탁 매 입	30	(대)	제 비 용	10
			수 수 료 수 익	20

(4) 대신지급금을 현금으로 받으면

(차) 현 금	430	(대) 수 탁 매 입	430

⑥ **시용판매** (sales on approval)

새로 개발한 상품 등을 고객에게 주문을 받지 않은 상태에서 발송하여 고객으로 하여금 발송상품을 시험적으로 사용하게 한 뒤 고객이 매입하겠다는 의사를 통보해 오면 매출이 성립되는 것을 시용판매라 하고 그 발송 상품을 시송품이라 한다.

(1) 시용판매 조건으로 상품을 발송하면 ··· 대조 계정 사용 (비망 기록)

(차) 시 송 품	1,000	(대) 시 용 가 매 출	1,000

(2) 고객으로부터 전액 매입하겠다는 통보가 오면

(차)	시 용 가 매 출	1,000	(대)	시 송 품	1,000
	외 상 매 출 금	1,000		시 용 매 출	1,000

(3) 수익의 인식시기 및 소유권 결정

시용판매는 매입자가 매입의사를 표시한 시점에 매출수익을 인식한다. 따라서 시송품은 매입의사통보가 오기전까지는 판매자의 기말재고자산에 포함시킨다.

7 **할부판매**(instalment sales)

상품의 판매대금을 여러 차례로 분할하여 받는 조건으로 판매하는 것을 말하며, 할부판매는 할부매매계약과 동시에 상품을 인도하고, 할부대금은 장기간에 걸쳐 회수하는 것이 특징이다.

(1) 단기 할부판매의 기장

상품을 외상으로 매출한 경우와 같은 방법으로 처리한다.

① 할부매출하면

(차) (할부)외상매출금 ×××	(대) (할부) 매 출 ×××

② 제1회 할부금을 현금으로 회수하면

(차) 현 금 ×××	(대) (할부)외상매출금 ×××

(2) 장기할부판매의 기장

장기할부판매 가격은 현금 판매가격에 할부 기간에 상당하는 이자액을 가산한 가격이므로 판매가액 중 현금판매가액은 할부매출 계정으로하여 수익으로 인식하고, 이자 상당액은 현금가치할인차금 계정으로 구분하고, 할부금을 회수할 때마다 현금가치할인차금 계정은 이자수익 계정으로 처리한다.

(3) 수익의 인식시기 및 소유권 결정

할부판매에 대한 매출수익은 상품이나 제품을 인도한 시점, 즉 판매시점에서 인식한다. 따라서 상품이 인도되는 시점에서 판매자의 재고자산에서 제외된다.

01 다음 거래를 분개하시오.

(1) 제주상사로부터 상품 ₩500,000을 외상으로 매입하고 선하증권을 교부받다.

(2) 위의 상품이 도착되어 선하증권과 상환으로 상품을 인수하다. 그리고 인수운임 ₩3,000 은 현금으로 지급하다.

(3) 서울상사에서 운송 중에 있는 갑상품의 화물상환증을 ₩800,000에 외상으로 매입하다.

(4) 서울상사에서 매입한 화물상환증을 상품이 도착하기 전에 강릉상사에 ₩950,000에 매 출하고 대금은 약속어음으로 받다.(총액주의)

No.	차 변 과 목	금 액	대 변 과 목	금 액
(1)				
(2)				
(3)				
(4)				

02 다음 위탁 판매에 관한 거래를 분개하시오. 단, 적송품 매출은 총액 주의에 의한다.

(1) 서울상사는 대전상사에 갑상품 1,000개 @₩500, ₩500,000을 판매 위탁을 위하여 적송 하고, 운임, 포장비 등 적송제비용 ₩20,000을 현금으로 지급하다.

(2) 위의 위탁상품에 대하여 다음과 같은 매출계산서와 함께 실수금을 송금 수표로 받다.

매 출 계 산 서

매 출 액 :	갑상품 1,000개	@₩ 7,000	₩ 700,000
제 비 용 :	인 수 운 임	₩ 15,000	
	잡 비	10,000	
	수 수 료	35,000	60,000
차 감 실 수 금 :			₩ 640,000

No.	차 변 과 목	금 액	대 변 과 목	금 액
(1)				
(2)				

03 다음 연속된 거래를 분개하시오.

(1) 서울상사로부터 갑상품 1,000개 @₩500, ₩500,000의 판매위탁을 받고 상품을 인수하다. 그리고, 인수제비용 ₩15,000을 현금으로 지급하다.

(2) 수탁품 전부를 유성상사에 ₩700,000에 외상매출하다.

(3) 다음과 같은 매출계산서를 작성하여 서울상사에 송부하다. 단, 제비용 중 잡비는 지출 시 이미 잡비 계정 차변에 회계처리하였다.

```
                    매 출 계 산 서

매  출  액 : 갑상품 1,000개   @₩  7,000      ₩  700,000
제  비  용 : 인 수 운 임    ₩ 15,000
            잡        비       10,000
            수    수    료      35,000          60,000
차 감 실 수 금 :                            ₩  640,000
```

(4) 위의 실수금을 위탁자인 서울상사에 수표를 발행하여 송금하다.

No.	차 변 과 목	금 액	대 변 과 목	금 액
(1)				
(2)				
(3)				
(4)				

다음 위탁매입과 수탁매입에 관한 연속된 거래를 분개하시오.

(1) 서울상사는 제주상사에 갑상품 1,000개 @₩1,000의 매입을 위탁하고, 착수금 ₩200,000을 수표를 발행하여 송금하다.

(2) 제주상사는 서울상사로 부터 갑상품 1,000개의 매입을 위탁받고, 착수금으로 송금수표 ₩200,000을 받다.

(3) 제주상사는 수탁상품 1,000개를 ₩1,000,000에 매입하고, 대금은 외상으로 하다.

(4) 제주상사는 위의 수탁상품을 서울상사에 발송하고, 발송운임 ₩20,000을 현금으로 지급하다.

(5) 제주상사는 위의 수탁 상품에 대한 매입계산서를 작성하여 서울상사에 송부하고, 대신지급금을 청구하다. 단, 보관료와 잡비는 각 계정 차변에 회계처리되었다.

매 입 계 산 서			
매 입 대 금 갑상품 1,000개	@₩ 1,000	₩ 1,000,000	
제 비 용 : 발 송 운 임	₩ 20,000		
보 관 료	15,000		
잡 비	15,000		
수 수 료(3%)	30,000	80,000	
합 계		1,080,000	
착 수 금		200,000	
대 신 지 급 금		880,000	

(6) 서울상사는 위의 매입계산서와 상품이 도착하여 인수하고, 인수운임 ₩15,000은 현금으로 지급하다.

(7) 서울상사는 대신 지급금 ₩880,000을 수표를 발행하여 제주상사에 송금하다.

(8) 제주상사는 대신 지급금 ₩880,000을 서울상사으로 부터 수표로 송금받다.

위 탁 자 (서 울 상 사)				
No.	차 변 과 목	금 액	대 변 과 목	금 액
(1)				
(6)				
(7)				

No.	차 변 과 목	금 액	대 변 과 목	금 액
	수 탁 자 (제 주 상 사)			
(2)				
(3)				
(4)				
(5)				
(8)				

05 다음 시용판매에 관한 연속된 거래를 분개하시오.

(1) 전주상사는 갑상품 ₩330,000(원가 ₩250,000)을 시용판매 조건으로 발송하다.

(2) 전주상사로부터 위의 상품을 전부 매입하겠다는 통보를 받다.

No.	차 변 과 목	금 액	대 변 과 목	금 액
(1)				
(2)				

06 다음 할부판매에 대한 거래를 인도기준법으로 분개하시오.

(1) 경북상사는 원가 ₩300,000, 현금판매가격 ₩420,000, 할부판매가격 ₩500,000의 상품을 6개월 할부판매하다.

(2) 제 1회 할부금 ₩50,000을 현금으로 받다.

(3) 할부금 제 6회 입금 후 결산일을 맞이하다.

No.	차 변 과 목	금 액	대 변 과 목	금 액
(1)				
(2)				
(3)				

08. 유형자산

1 유형자산(property plant and equipment)의 개념과 인식

유형자산은 재화의 생산이나 용역의 제공 또는 관리 활동에 사용할 목적으로 보유하는 물리적 형태가 있는 자산으로 한 회계 기간을 초과하여 사용할 것이 예상되는 토지, 건물, 기계장치 등을 말하며, 유형자산으로 인식되기 위해서는 자산으로부터 발생하는 미래 경제적 효익이 기업에 유입될 가능성이 높고, 자산의 원가를 신뢰성있게 측정할 수 있어야 한다.

2 유형자산의 취득원가의 구성

(1) 구입가격(취득관련 세금을 가산하고 매입할인과 리베이트 등을 차감한 금액)

(2) 경영진이 의도하는 방식으로 유형자산을 사용할 수 있도록 준비하는데 직접 관련된 원가

　① 유형자산의 매입 또는 건설과 직접적으로 관련되어 발생한 종업원급여
　② 설치장소 준비원가　　③ 최초의 운송 및 취급관련 원가
　④ 설치원가 및 조립원가
　⑤ 유형자산이 정상적으로 작동되는지 여부를 시험하는 과정에서 발생하는 원가[단, 시험 과정에서 생산된 시제품의 순매각금액(매각금액에서 매각부대원가를 차감한 금액)은 당해 원가에서 차감] 단, 2020. 12. 22. 개정 기준서에서는 생산된 시제품의 순매각금액을 당해 원가에서 차감하는 것을 금지하고, 재화를 판매하여 얻은 매각금액과 관련원가는 각각 당기손익으로 인식한다.【2022. 1. 1. 시행】
　⑥ 전문가에게 지급하는 수수료

(3) 유형자산을 해체, 제거하거나 부지를 복구하는데 소요될 것으로 최초에 추정되는 원가

회계 충전소

1. 다음의 지출은 유형자산의 원가에 포함하지 않고 발생 즉시 비용으로 처리한다.
　① 새로운 시설을 개설하는 데 소요되는 원가(다른 활동의 원가)
　② 새로운 상품과 서비스를 소개하는 데 소요되는 원가(광고 및 판촉활동과 관련된 원가)
　③ 새로운 지역에서 또는 새로운 고객층을 대상으로 영업을 하는 데 소요되는 원가(직원 교육훈련비)
　④ 관리 및 기타 일반간접원가
2. 유형자산이 경영진이 의도하는 방식으로 가동될 수 있는 장소와 상태에 이른 후에는 원가를 더 이상 인식하지 않는다. 따라서 유형자산을 사용하거나 이전하는 과정에서 발생하는 원가는 당해 유형자산의 장부금액에 포함하지 아니한다.
　① 유형자산이 경영진이 의도하는 방식으로 가동될 수 있으나 아직 실제로 사용되지 않고 있는 경우 또는 가동수준이 완전조업도 수준에 미치지 못하는 경우에 발생하는 원가(사용가능일 이후 발생원가)
　② 유형자산과 관련된 산출물에 대한 수요가 형성되는 과정에서 발생하는 가동손실과 같은 초기 가동손실
　③ 기업의 영업 전부 또는 일부를 재배치하거나 재편성하는 과정에서 발생하는 원가

> **회계 충전소**
>
> 1. **소유권 이전비용** : 등기 및 명의이전비용, 취득세와 등록세, 중개수수료, 개발부담금(토지의 형질변경이나 용도변경을 통해 발생하는 개발이익 중 일정한 비율을 징수하는 부담금 형태의 공과금) 등은 취득원가에 가산한다.
> 2. 토지와 건물을 같이 취득 시 구 건물의 철거 비용은 취득원가에 가산한다. 단, 철거 시 골조물의 판매금액은 철거비에서 차감한다. 단, 기존에 사용하던 건물을 철거하는 경우 그 건물의 장부금액은 처분(제거)손실로 계상하고 철거비용은 당기의 기타비용으로 처리한다.
> 3. 유형자산의 취득과 관련하여 지역개발공채 등을 불가피하게 매입하는 경우에는 매입한 공채의 액면금액과 현재가치와의 차액은 유형자산의 취득원가에 가산한다. 단, 매입한 공채 등을 현재가치로 처분하지 않고 소유하기로 한 경우에는 유가증권 취득 시 사업모형에 따른 별도의 금융자산으로 처리한다.
> 4. 유형자산의 취득과 건설에 상당한 기간이 소요되고, 그 필요한 자금을 외부로부터 특정 차입하여 조달하는 경우에 발생하는 이자비용은 기간비용으로 처리하지 않고, 유형자산의 취득원가에 포함한다.(차입원가의 자본화) 단, 그 차입금을 은행에 일시적으로 예입한 경우에 발생한 이자수익은 취득원가에 계상되는 이자비용(차입원가)에서 차감한다.
> 5. 토지를 취득한 후에 이루어지는 진입도로개설, 다리설치, 조경공사, 하수종말처리장 설치 등으로 인한 추가지출액은 내용연수가 영구적이거나 유지·보수 책임이 없으면(지방자치단체 책임) 토지 원가에 가산하고, 내용연수가 한정(반영구적)되어 있거나 보수·유지 책임이 회사에 있으면 구축물로 계상한 후 감가상각을 해야 한다.

③ 유형자산의 취득과 처분

(1) 유형자산의 취득 시

(차) 건　　　물 (등)	5,000	(대) 현　　　금	5,000

(2) 유형자산의 처분 시(취득원가 〈 처분금액)

(차) 현　　　금	6,000	(대)	건　　　물 (등)	5,000
			유형자산처분이익	1,000

(3) 유형자산의 처분 시(취득원가 〉 처분금액)

(차)	현　　　금	4,800	(대) 건　　　물 (등)	5,000
	유형자산처분손실	200		

▶ 처분 시 수수료는 처분대가에서 차감하므로 처분손익에 반영된다.

④ 건설중인자산 (construction in progress)

　건물을 신축하는 경우, 건물이 완성되어 인수할 때까지 지급하는 공사 대금의 전부를 건설중인자산 계정으로 처리했다가 건물이 완성되면 건물 계정에 대체한다. 또한 건물 등을 취득하기 위하여 지급된 계약금은 선급금 계정이 아닌 건설중인자산 계정으로 처리한다.

(1) 공사 착수금 또는 중도금을 현금으로 지급하면

(차) 건 설 중 인 자 산	×××	(대) 현　　　금	×××

(2) 건물이 완성되면

(차) 건　　　물	×××	(대) 건 설 중 인 자 산	×××

⑤ 유형자산의 취득 후 지출(후속원가)

(1) 자본적지출 : 유형자산의 가치증대, 내용연수의 연장·용도변경·증축·개량 등에 지출된 것으로 유형자산의 원가에 가산한다.

(2) 수익적지출 : 유형자산의 원상회복·능률유지를 위한 지출로서 당기의 비용(수선비 계정)으로 처리한다.

① 자본적지출

(차) 건 물(등) ×××	(대) 현 금 ×××

② 수익적지출

(차) 수 선 비 ×××	(대) 현 금 ×××

(3) 지출의 판단 오류

① 자본적지출을 수익적지출로 잘못 처리한 경우 – 자산 과소계상, 이익 과소계상
② 수익적지출을 자본적지출로 잘못 처리한 경우 – 자산 과대계상, 이익 과대계상

⑥ 유형자산의 감가상각(depreciation)

(1) 감가상각의 계산 방법 : 정액법, 체감잔액법, 생산량비례법 등이 있다.

(가) 정액법 : 직선법이라고도 하며, 매기마다 균등 상각액을 계산하는 방법.
정액법 대상 자산(건축물)의 잔존가치는 영(₩0)으로 한다.

$$감 가 상 각 비 = \frac{취득원가 - 잔존가치}{내 용 연 수}$$

(나) 체감 잔액법(가속 상각법)

① **정률법** : 매기 상각액이 점차로 감소되는 방법. 정률법 적용자산의 잔존가치는 취득원가의 5%로 하여 정률을 계산하며, 최종상각연도에 가서 5%의 잔존가치는 최종 연도의 상각비에 합산한다.

$$감가상각비 = (취득원가 - 감가상각누계액) \text{ 미상각잔액} \times 정률$$

$$정 \quad 률 = 1 - \sqrt[n]{\frac{잔존가치}{취득원가}} \quad (n = 내용연수)$$

② **연수 합계법** : 정률법과 마찬가지로 초기에 많은 금액을 상각하는 방법으로서 잔여 내용연수를 연수합계(**예** 내용연수 5년이면 1+2+3+4+5=15)로 나누어 계산된 상각율을 감가상각대상금액(취득원가−잔존가치)에 곱해 주는 방법이다.

$$감가상각비 = (취득원가 - 잔존가치) \times \frac{해당내용연수}{내용연수합계}$$

③ **이중 체감법** : 이중 체감법은 정액법의 배법이라고도 하며, 감가상각 방법이 정률법과 동일하고 단지 상각률을 간편하게 정액법에 의한 상각률의 두 배로 적용하여 감가상 각비를 계산하는 방법으로 다음과 같이 계산한다.

$$감가상각비 = 미상각잔액 \times 상각률$$
$$상각률 = (\frac{1}{내용연수}) \times 2$$

(다) 생산량 비례법 : 광산업이나 산림업에서 일정 기간 동안의 채굴량, 채벌량 등에 비례하여 상각액을 계산하는 방법이다.

$$감가상각비 = (취득원가 - 잔존가치) \times \frac{실제생산량}{예정총생산량}$$

회계 충전소

▶ 한국채택국제회계기준(K-IFRS)에서의 유형자산의 감가상각 방법에는 정액법, 체감잔액법(정률법, 연수합계법), 생산량 비례법을 제시하고 있다. 기업은 해당 유형자산의 경제적 효익이 소멸되는 형태를 반영한 합리적인 방법으로 결정하여야 하며, 유형자산의 감가상각 방법은 적어도 매 회계연도말에 재검토하여 자산에 내재된 미래 경제적 효익이 예상되는 소비형태를 적절히 반영하고 있는지 확인해야 한다.

---

(2) 감가상각의 기장 방법 : 직접법, 간접법이 있다.

(가) 직접법 : 당기의 상각액을 해당 자산 계정의 대변에 기입하여 차감시키는 방법

(나) 간접법 : 당기의 상각액을 해당 자산가액에서 직접 차감하지 않고, 해당 자산에 대한 평가 계정인 감가상각누계액 계정을 설정하여 처리하는 방법

7 유형자산의 유형별 취득원가의 측정

(1) 현금 할인 조건의 취득 : 유형자산을 현금 할인 조건으로 취득하였을 때 한국채택국제회계기준(K-IFRS)제1016호에서는 매입할인이 있는 경우에는 이를 취득가액에서 차감하여 취득원가를 산정하도록 요구하고 있다.

(2) 이연 지급 계약에 의한 취득 : 유형자산을 장기 후불 조건으로 구입하거나, 대금 지급 기간이 일반적인 신용 기간보다 긴 경우의 취득원가는 취득시점의 현금가격 상당액으로 기록하고, 현금가격 상당액과 실제 총지급액과의 차액은 해당 채무의 만기에 걸쳐 이자비용으로 인식한다.

(3) 일괄 구입에 의한 취득 : 자산을 일괄 구입하여 개별자산의 취득원가를 알 수 없을 때에는 일괄 구입가격을 개별자산의 상대적 공정가치에 비례하여 배분한다.

(4) **현물출자, 증여, 무상에 의한 취득** : 현물출자, 증여, 기타 무상으로 취득한 자산은 공정가치를 취득원가로 한다.

(5) **교환에 의한 취득** : 기업이 현재 보유하고 있는 유형자산과 동종 또는 이종의 유형자산을 교환하여 취득하는 경우가 있다. 한국채택국제회계기준(K-IFRS)제1016호에서는 다음과 같이 취득원가를 결정하도록 하고 있다.

No.	구 분	취득원가 측정기준	처분손익의 인식
①	상업적 실질이 있는 경우	제공한 자산의 공정가치	처분손익을 인식함
		(예외) ① 취득한 자산의 공정가치가 더 명백한 경우 : 취득한 자산의 공정가치 ② 교환대상 자산의 공정가치를 신뢰성있게 측정할 수 없는 경우 : 제공한 자산의 장부금액	
②	상업적 실질이 없는 경우	제공한 자산의 장부금액	처분손익을 인식하지 않음

▶ 현금이 수반되는 교환의 경우에는 취득원가 측정기준에 현금 추가지급액은 가산하고, 현금 수령액은 차감한다.

 충전소

1. 상업적 실질(commercial substance)이 있다는 것은 구매자와 판매자 간에 정상적인 거래가 존재한다는 것을 의미하는 것이다.(영업의 목적으로 교환을 하려는 충분한 이유가 있는 것)
2. 상업적 실질이 있는 교환거래는 기능이나 성질이 서로 다른 자산의 교환이고, 경제적 실질에 변화가 있으므로 자산의 교환을 구자산의 처분으로 보고 처분손익을 인식한다.
3. 상업적 실질이 없는 교환거래는 동일한 기능이나 성질을 갖는 자산의 교환이므로 구자산의 사용가치가 완료되었다고 보는 것이 아니라 계속 진행 중인 것으로 본다. 따라서 상업적 실질이 없는 교환은 사실상으로 보면 교환이지만 경제적 실질에 변화가 없으므로 회계상으로는 교환으로 보지않기 때문에 교환으로 취득한 자산의 취득원가는 공정가치로 인식할 필요가 없고 처분손익도 인식할 수가 없다.

8 유형자산의 손상 차손

기업이 보유하고 있는 유형자산의 시장가치가 급격히 하락하거나 진부화되어 유형자산의 미래 경제적 효익(미래에 현금의 유입을 증가시키는 능력)이 현재 보유하고 있는 유형자산의 장부금액에 미달하는 징후가 있을 때에는 해당 유형자산에 대하여 손상검사(impairment test)를 실시하여 유형자산의 회수가능액(순공정가치와 사용가치 중 큰 금액으로 결정 함)을 측정하고 해당 자산의 회수가능액이 장부금액에 미달하는 경우 회수가능액을 유형자산의 장부금액으로 계상함과 동시에 그 차액은 자산으로 계상할 수 없으므로 손상차손으로 하여 당기의 손실로 처리하여야 한다.

(1) **기계장치의 장부금액 ₩10,000,000 > 회수가능액 ₩6,000,000**

(차) 유형자산손상차손	4,000,000	(대) 기계장치손상차손누계액	4,000,000

(2) **차기 이후에 회복된 경우**

(차) 기계장치손상차손누계액	4,000,000	(대) 손상차손누계액환입	4,000,000

1. 순공정가치 : 유형자산의 처분가액(공정가치)에서 처분비용을 차감한 금액
2. 사용가치 : 유형자산을 사용함으로써 기대되는 미래현금흐름의 현재가치
3. 유형자산손상차손 계정은 기타비용으로 처리한다.
4. 손상차손누계액 계정은 유형자산의 차감적 평가 계정이다.
5. 차기이후에 손상차손을 인식한 자산이 회복된 경우에는 손상차손을 인식하기 전의 장부금액을 한도로 하여 손상차손누계액을 환입시킨다.[기타수익]

⑨ 원가모형과 재평가모형

한국채택국제회계기준(K-IFRS)에서는 유형자산을 최초 취득시점에서는 취득원가로 자산을 측정해야 하지만 취득시점 이후에는 원가모형과 재평가모형을 선택할 수 있도록 하였다.

(1) 원가모형(cost model) : 원가모형은 전통적 회계처리 방법으로 유형자산을 최초로 인식할 때 취득원가를 기초로 감가상각비와 손상차손을 인식하여 유형자산의 장부금액으로 하고 그 이후 자산의 공정가치가 변동해도 이를 장부에 반영하지 않는 방법이다. 원가모형은 객관적인 취득원가를 사용한다는 장점이 있는 반면에 유형자산의 실제가치를 반영하지 못한다는 한계가 있다.

(2) 재평가모형(revaluation model) : 최초로 인식할 때 취득원가로 측정된 유형자산을 그 이후 공정가치가 변동하면 유형자산을 현재의 공정가치로 재평가하고 재평가된 금액을 장부금액으로 하는 방법이다. 원가모형이 객관성 또는 신뢰성을 중요시하는 반면, 재평가모형은 자산을 공정가치로 표시하여 정보이용자에게 유용한 정보를 제공하는 것을 목적으로 하고 있다.

① 토지 장부금액 ₩2,000,000을 공정가치 ₩3,000,000으로 재평가한 경우

(차) 토 지	1,000,000	(대) 재 평 가 잉 여 금	1,000,000

② 토지 장부금액 ₩2,000,000을 공정가치 ₩1,500,000으로 재평가한 경우

(차) 재 평 가 손 실	500,000	(대) 토 지	500,000

1. 재평가잉여금은 기타포괄손익누계액으로 재무상태표에 기타자본구성요소로 표시한다. 단, 재평가모형을 적용한 유형자산을 제거할 때 자본에 계상된 재평가잉여금은 이익잉여금으로 대체할 수 있다.
2. 재평가손실은 당기의 기타비용으로 인식한다.

기 본 연 습 문 제

01 다음 거래에 대한 알맞은 용어를 보기에서 골라 (   )안에 기호를 표기하시오.

보기
a. 평가계정   b. 구축물   c. 건설중인자산
d. 건 물   e. 수선비   f. 세금과공과
g. 차량운반구   h. 토 지   i. 정률법

(1) 건물을 신축하기로 하고 공사대금을 지급한 경우 ···················( )

(2) 토지 구입 시 취득세와 등록세 ·······································( )

(3) 건물 취득 후의 재산세 ··( )

(4) 공장부지 내의 주차장 및 교량(내용연수가 반영구적이다.) ·········( )

(5) 차량운반구의 사용전 수리비 및 시운전비 ·························( )

(6) 건물 내의 냉·난방 시설 및 엘리베이터의 설치 ····················( )

(7) 감가상각누계액계정은 유형자산에 대한 차감적(   )이다.

(8) 건물의 사용 중 수선비 ··( )

(9) 건물 구입을 위한 계약금을 지급한 경우 ···························( )

(10) 유형자산 중 감가상각대상 자산이 아닌 것은 (   )와 (   )이다.

(11) 매기 감가상각액이 줄어드는 계산방법은 (   )이다.

(12) 토지 취득 시 구 건물의 철거비 ····································( )

(13) 신축 건물의 설계수수료와 법률수수료 ····························( )

(14) 토지 취득 후 진입도로공사, 배수시설, 조경공사 등(내용연수 : 영구적) 및 하수종말처리
    장(보수유지 : 지방자치단체책임) 설치를 위한 지출 ···············( )

02 다음 거래를 분개하시오.

(1) 영업용 토지를 취득하고, 그 대금 ₩5,000,000은 수표를 발행하여 지급하다. 그리고 중개인 수
    수료 ₩50,000과 취득세 및 등기료 ₩300,000, 정지비용 ₩250,000을 현금으로 지급하다.

(2) 공장부지 내 교량 및 조경공사(내용연수가 반영구적) 및 하수종말처리시설(보수유지 : 회사책
    임) 설치 비용 ₩4,000,000을 당좌수표를 발행하여 지급하다.

(3) 종합건설과 본사 사옥의 신축 공사 계약을 맺고, 도급 대금 ₩50,000,000 중 착수금 조로 ₩
    20,000,000을 수표를 발행하여 지급하다.

(4) 위의 신축 건물이 완공되어 건물을 인수하고, 도급 대금의 잔액 ₩30,000,000을 현금으로 지급하다.

(5) 영업용 건물을 수선하고, 수선비 ₩2,000,000을 수표를 발행하여 지급하다. 단, 수선비 중 ₩1,500,000은 자본적 지출이고, 잔액은 수익적 지출이다.

No.	차 변 과 목	금 액	대 변 과 목	금 액
(1)				
(2)				
(3)				
(4)				
(5)				

03 다음 자료에 의하여 감가상각비를 계산하시오.

(1) 취득원가 ₩5,000,000의 기계장치를 내용연수 5년, 잔존가치는 취득원가의 10%, 정률은 연 20%로 하여 감가상각을 행한다고 할 때 정액법, 정률법, 연수 합계법, 이중 체감법으로 감가상각비를 각각 계산하시오. 단, 결산은 연 1회이다.

상 각 방 법	매기의 감가상각 금액		
	제 1 기	제 2 기	제 3 기
정 액 법			
정 률 법			
연 수 합 계 법			
이 중 체 감 법			

(2) 정선광업(주)는 석탄 총 추정매장량 4,000톤의 광구를 ₩6,000,000에 취득하여 당기 중에 500톤을 채굴한 경우 생산량 비례법으로 감가상각을 하시오. 단, 잔존가치는 없다.

생산량 비례법	

04 다음 연속된 거래를 분개하시오.

(1) 업무용 차량 1대를 취득하고, 그 대금 ₩8,000,000을 수표를 발행하여 지급하다. 그리고 취득세 및 등록 비용 ₩450,000과 시운전비 ₩50,000을 현금으로 지급하다.

(2) 위의 차량운반구를 결산시에 정률법으로 상각하다. 단, 내용연수는 5년, 잔존가치는 취득원가의 5%, 정률 연 20%이다. 기장은 간접법이며, 결산은 연 1회이다.

(3) 위의 차량운반구를 3년간 감가상각 한 후에 ₩4,500,000에 처분하고 대금은 수표로 받다.

No.	차 변 과 목	금 액	대 변 과 목	금 액
(1)				
(2)				
(3)				

05 다음 거래를 분개하시오.

(1) 영업용 건물을 ₩6,000,000(장부금액₩5,200,000)에 처분하고, 대금은 현금으로 받은 즉시 당좌예금하다. 그리고 처분 시 수수료 ₩40,000은 현금으로 지급하다.

(2) 사용중이던 기계장치 취득원가 ₩1,500,000(동 감가상각누계액 ₩1,000,000)을 공정가치 ₩300,000으로 계상하고, 새기계 공정가치 ₩2,000,000과 교환하다. 그리고 새기계와의 차액 ₩1,700,000은 현금으로 지급하다. 단, 상업적 실질이 있는 교환거래이다.

(3) 위 (2)번의 거래가 상업적 실질이 없는 경우의 분개를 하시오.

No.	차 변 과 목	금 액	대 변 과 목	금 액
(1)				
(2)				
(3)				

06 다음 연속된 거래를 분개하시오.

(1) (주)대한은 소유하고 있는 토지(장부금액 ₩25,000,000)의 부동산 시세가 급격히 하락하여 손상검사를 한 결과 회수가능액이 ₩15,000,000으로 평가되었다.

(2) 위 토지의 시세가 회복되어 회수가능액이 ₩32,000,000으로 평가되다.

No.	차 변 과 목	금 액	대 변 과 목	금 액
(1)				
(2)				

07 다음 연속된 거래를 분개하시오.

(1) (주)상공은 기계장치를 ₩10,000,000에 현금으로 구입하다.

(2) 제1기 말 결산 시(연1회 결산) 기계장치 감가상각비를 정액법으로 계상하다. 단, 내용연수 10년, 잔존가치는 없다.

(3) 제2기 말에 기계장치의 진부화로 인하여 자산의 손상검사를 한 결과 회수가능액이 ₩3,000,000으로 급격히 하락하였다.

No.	차 변 과 목	금 액	대 변 과 목	금 액
(1)				
(2)				
(3)				

08 다음 연속된 거래를 분개하시오.

(1) (주)서울은 20×1년 1월 1일에 토지를 ₩3,000,000 취득하고, 대금은 수표를 발행하여 지급하다.

(2) 20×1년 12월 31일에 토지의 공정가치는 ₩3,500,000이다. (주)서울은 토지에 대해서 재평가모형을 적용하고 있다.

(3) 20×2년 12월 31일에 토지의 공정가치는 ₩2,900,000이다.

No.	차 변 과 목	금 액	대 변 과 목	금 액
(1)				
(2)				
(3)				

09. 무형자산

1 무형자산(intangible assets)의 정의와 인식 및 취득

(1) 무형자산의 정의 : 무형자산은 물리적 형체가 없는 식별가능한 비화폐성자산으로, 과거 사건의 결과로서 기업의 통제하에 있으며, 미래 경제적 효익의 유입이 기대되는 자원이다.

(2) 무형자산의 인식 : 다음 인식요건을 모두 충족해야 한다.

  ① 무형자산의 정의를 충족하고
  ② 자산에서 발생하는 미래 경제적 효익이 기업에 유입될 가능성이 높아야 하고
  ③ 자산의 취득원가를 신뢰성있게 측정할 수 있어야 한다.

(3) 무형자산의 취득원가의 구성

  ① 구입가격
  ② 자산을 의도한 목적에 사용할 수 있도록 준비하는 데 직접 관련되는 원가
    ㉠ 그 자산을 사용 가능한 상태로 만드는 데 직접적으로 발생하는 종업원급여
    ㉡ 그 자산을 사용 가능한 상태로 만드는 데 직접적으로 발생하는 전문가수수료
    ㉢ 그 자산이 적절하게 기능을 발휘하는지 검사하는 데 발생하는 원가

> **회계 충전소**
>
> ▶ 다음의 지출은 무형자산의 취득원가에 포함하지 않고 발생 즉시 비용으로 처리한다.
> 1. 새로운 제품이나 용역의 홍보원가(광고와 판매촉진활동 원가를 포함한다.)
> 2. 새로운 지역에서 또는 새로운 계층의 고객을 대상으로 사업을 수행하는 데에서 발생하는 원가(교육훈련비를 포함한다.)
> 3. 관리원가와 기타 일반경비원가

---

2 무형자산의 종류

(1) 영업권(good-will) ⋯ 기업 매수 웃돈

  사업상의 유리한 조건 등으로 다른 기업에 비하여 높은 수익을 얻고 있는 기업을 인수, 합병할 때 인수한 순자산액(총자산-총부채)의 공정가치를 초과하여 지급하는 경우 그 초과액을 영업권 계정 차변에 기입한다. 한국채택국제회계기준(K-IFRS)에서는 영업권의 내용연수는 비한정인 것으로 보아 상각하지 않고 매년 손상평가를 수행한다.

  ① 다른 회사를 흡수합병하면

(차)	제 자 산 영 업 권	2,000 300	(대)	제 부 채 당좌예금(자본금)	500 1,800

② 결산 시 영업권에 대하여 손상검사(회수가능액 ₩200)

| (차) 영업권손상차손 | 100 | (대) 영 업 권 | 100 |

회 계 충전소

1. 기업의 인수, 합병 시 인수한 순자산액보다 인수 대가가 적은 경우 – 염가매수차익(기타수익)
2. 무형자산의 내용연수는 경제적요인과 법적요인에 의해 결정된 기간 중 짧은 기간으로 정하고, 무형자산의 상각 금액은 전부 판매비와관리비에 속한다. 단, 상각방법은 정액법, 체감잔액법과 생산량비례법이 있으며, 자산의 경제적 효익이 소비되는 형태를 반영한 방법이어야 한다. 다만, 소비되는 형태를 신뢰성있게 결정할 수 없는 경우에는 정액법을 사용한다. 무형자산 상각의 기장 방법은 직접법을 원칙으로 하지만, 유형자산과 같이 간접법도 적용할 수 있다.
3. 비한정이란 내용연수가 매우 장기적이거나 한정할 수 없다는 것이며, 무한(infinite)을 의미하는 것이 아니다.

(2) **산업재산권** : 일정 기간 독점적·배타적으로 이용할 수 있는 권리로서 특허권, 실용신안권, 디자인권 및 상표권 등이 있다.

특 허 권	새로운 발명품에 대하여 일정 기간 독점적으로 이용하는 권리
실용신안권	물품의 구조, 형상 등을 경제적으로 개선하여 생활의 편익을 줄 수 있도록 신규의 공업적 고안을 하여 얻은 권리
디 자 인 권	특정 디자인(의장)이나 로고 등을 일정 기간 동안 독점적으로 사용하는 권리
상 표 권	특정 상표를 등록하여 일정 기간 독점적으로 이용하는 권리

(3) **개발비** : 특정 신제품 또는 신기술의 개발과 관련하여 발생한 비용으로서 개별적으로 식별 가능하고, 미래의 경제적 효익을 확실하게 기대할 수 있는 것으로 한다.

① 신제품 발명을 위한 개발비를 현금으로 지급하면

| (차) 개 발 비 | 5,000 | (대) 현 금 | 5,000 |

② 결산 시 개발비를 상각하면(5년 가정)

| (차) 무형자산상각비 | 1,000 | (대) 개 발 비 | 1,000 |

③ 신제품 발명이 성공하여 특허권을 취득하면

| (차) 특 허 권 | 500 | (대) 현금(출원비용) | 500 |

> **회계 충전소**
>
> 1. 특허권은 특허권 취득을 위하여 직접 사용된 금액을 취득 원가로 계상하고, 개발비 미상각 잔액은 특허권으로 대체하지 아니하고, 개발비 계정은 자체적으로 기간내 상각한다.
> 2. 한국채택국제회계기준(K-IFRS)에서는 무형자산도 유형자산과 같이 무형자산의 취득시점에서는 취득원가로 자산을 측정해야 하지만 취득시점 이후에는 원가모형과 재평가모형을 선택할 수 있도록 하였다. 또한 무형자산도 손상이 발생하게 되면 이에 대한 회계처리는 유형자산에 준하여 처리하면 된다.

(4) 시추권(광업권), 어업권, 차지권

① 시추권(광업권)은 일정한 광구에서 부존하는 광물을 채굴하여 취득할 수 있는 권리를 말한다.

② 어업권은 일정한 수면에서 어업을 경영할 수 있는 권리를 말한다.

③ 차지권은 임차료 또는 지대를 지급하고, 타인이 소유하는 토지를 사용, 수익할 수 있는 권리를 말한다.

> **회계 충전소**
>
> ▶ **탐사평가자산(exploration and evaluation assets)** : 광물자원(석유, 천연가스 등)을 탐사하고 평가하기 위해서는 먼저 특정 지역에 지질학적 연구와 더불어 시추와 굴착을 하여 광물자원의 탐사를 실시하고, 광물자원을 추출할 수 있는지에 대한 기술적 실현 가능성이 있는지를 평가하게 되는데 이 단계의 지출을 말한다. 개발활동 단계의 지출은 무형자산인 개발비로 인식한다. 탐사평가자산은 그 성격에 따라 재무제표에 무형자산(시추권, 광업권)이나 유형자산(시추장비, 차량운반구 등)으로 분류한다.

(5) 기타의 무형 자산

① **라이선스**(license) : 다른 기업의 상표, 특허 제품 등을 사용할 수 있는 권리를 말한다.

② **프랜차이즈**(franchise) : 특정 체인사업에 가맹점을 얻어 일정한 지역에서 특정 상표나 제품을 독점적으로 판매영업을 할 수 있는 권리를 말한다.

③ **저작권** : 저작자가 자기 저작물을 복제, 번역, 방송, 상연 등을 독점적으로 이용할 수 있는 권리를 말한다.

④ **컴퓨터 소프트웨어** : 소프트웨어란 컴퓨터와 관련된 운용 프로그램을 말하는 것으로 상용 소프트웨어의 구입을 위하여 지출한 금액을 말한다. 단, 소프트웨어 개발비용은 개발비에 속한다.

⑤ **임차권리금** : 토지나 건물에 대한 전세권을 취득하면서 전세보증금 이외로 기존 전세권자가 누려오던 권리에 대하여 추가로 지급한 금액을 말한다.

③ 내부적으로 창출한 무형자산(internally generated intangible assets)

기업 자체의 연구와 개발로 만들어지는 내부창출 무형자산은 미래 경제적 효익을 창출할 인식 시점을 식별하기 어렵고, 자산의 취득원가를 신뢰성 있게 측정하기 어렵기 때문에 무형자산으로서의 인식기준을 충족하는지를 평가하기는 쉽지 않다. 따라서 내부적으로 창출된 브랜드, 출판표제, 제호, 고객목록 등에 대한 지출과 내부창출 영업권은 무형자산으로 인식하지 않는다. 한국채택국제회계기준 제1038호에서는 내부적으로 창출한 무형자산이 인식기준에 부합하는지를 평가하기 위하여 무형자산의 창출과정을 연구단계와 개발단계로 구분한다.

(1) 연구단계(research phase)

연구란 새로운 과학적, 기술적 지식이나 이해를 얻기 위해 수행하는 독창적이고 계획적인 탐구활동을 말한다. 연구단계에서는 미래경제적효익을 창출할 무형자산이 존재한다는 것을 입증할 수 없기 때문에 연구단계에서 발생한 지출은 무형자산으로 인식할 수 없고 발생한 기간의 비용(연구비계정)으로 인식한다. 연구단계에 속하는 활동은 다음과 같다.

① 새로운 지식을 얻고자 하는 활동
② 연구결과 또는 기타 지식을 탐색, 평가, 최종선택 및 응용하는 활동
③ 재료, 장치, 제품, 공정, 시스템, 용역 등에 대한 여러 대체 안을 탐색하는 활동
④ 새롭거나 개선된 재료, 장치, 제품, 공정, 시스템, 용역 등에 대한 여러 가지 대체 안을 제안, 설계, 평가 및 최종 선택하는 활동

(2) 개발단계(development phase)

개발이란 상업적인 생산이나 사용 전에 연구결과나 관련 지식을 새롭거나 현저히 개량된 재료, 장치, 제품, 공정, 시스템이나 용역의 생산을 위한 계획이나 설계에 적용하는 활동을 말한다. 개발단계는 연구단계보다 훨씬 더 진전되어 있는 상태이므로 미래경제적효익이 기업에 유입될 가능성이 높은 지출이거나 취득원가를 신뢰성있게 측정할 수 있으면 '개발비'라는 과목으로 무형자산으로 인식하고, 그 외의 경우에는 '경상개발비' 과목으로 발생한 기간의 비용으로 인식한다. 개발단계에 속하는 활동은 다음과 같다.

① 생산이나 사용 전의 시제품과 모형을 설계, 제작 및 시험하는 활동
② 새로운 기술과 관련된 공구, 금형, 주형 등을 설계하는 활동
③ 상업적 생산목적이 아닌 소규모의 시험공장을 설계, 건설 및 가동하는 활동
④ 새롭거나 개선된 재료, 장치, 제품, 공정, 시스템, 용역 등에 대하여 최종적으로 선정된 안을 설계, 제작 및 시험하는 활동

회계 충전소

▶ 연구개발활동을 연구단계와 개발단계로 구분할 수 없는 연구개발지출은 모두 연구단계에서 발생한 것으로 본다.

---

④ 웹 사이트 원가(web site costs)

내부 또는 외부 접근을 위한 기업 자체의 웹 사이트(홈페이지)의 개발과 운영에 내부 지출이 발생할 수 있다.

(1) 계획단계는 연구단계와 성격이 유사하므로 이 단계에서의 지출은 발생시점에 비용으로 인식한다.

(2) 기업이 주로 자체의 재화와 용역의 판매촉진과 광고(예 재화의 디지털 사진 배열)를 위해 웹 사이트를 개발한 경우에 대한 모든 지출은 발생시점에 비용으로 인식한다.

(3) 개발 단계에서 발생한 지출이 웹 사이트의 창출, 제조 및 경영진이 의도하는 방식, 특히 웹 사이트가 수익을 창출할 수 있을 때 무형자산의 취득원가에 포함한다.

01 다음 기사에 나타난 계정과목이 포함되는 자산의 분류 항목으로 옳은 것은?

> ### △△기업, 보안 관련 특허권 취득
>
> △△기업은 RFID 태그 분실에 대한 보안 방법과 관련된 특허권을 취득했다고 공시했다. 이 기술은 공동 주택 단지 등에서 사용하는 출입 카드를 분실했을 경우 그 카드가 범죄에 이용될 수 없도록 하는 기술이다.
>
> – ○○신문, 20×1년 4월 6일자 –

① 무형자산　　　③ 유형자산　　　④ 재고자산　　　⑤ 투자자산

02 다음 거래를 분개하시오.

(1) 다음과 같은 재무상태를 가진 서울상사를 ₩1,900,000에 양수하고, 대금은 수표를 발행하여 지급하다.

서울상사	재 무 상 태 표		단위 : 원
상　　　품	500,000	단 기 차 입 금	700,000
건　　　물	1,500,000	자　　본　　금	1,300,000
	2,000,000		2,000,000

(2) 위의 영업권을 결산 시 손상검사를 실시하다.(회수가능액은 ₩400,000이다.)

(3) 위 (1)번의 경우 서울상사를 ₩1,200,000에 양수하고, 대금은 수표를 발행하여 지급하다.

No.	차 변 과 목	금 액	대 변 과 목	금 액
(1)				
(2)				
(3)				

다음 연속거래를 분개하시오.

(1) 남문상사(주)는 신제품 개발을 위하여 이에 따른 개발 비용 ₩5,000,000을 수표를 발행하여 지급하다.

(2) 기말 결산 시 위의 개발비를 상각하다. (개발비는 5년 균등 상각하고, 결산 연 1회)

(3) 남문상사(주)는 신제품 개발에 성공하여 특허권을 취득하고, 특허 출원 등의 제비용 ₩1,200,000을 현금으로 지급하다.

(4) 위의 특허권과 개발비를 결산 시 상각하다. (결산 연 1회, 특허권 상각은 10년 균등 상각한다.)

No.	차 변 과 목	금 액	대 변 과 목	금 액
(1)				
(2)				
(3)				
(4)				

04 다음 거래를 분개하시오.

(1) 대한상사는 천연식품 개발에 성공한 (주)싱싱푸드와 프랜차이즈 계약을 체결하고 대금 ₩3,000,000은 수표를 발행하여 지급하다.

(2) 업무용 MS-Office 프로그램 20세트를 ₩1,200,000에 구입하고, 대금은 수표를 발행하여 지급하다.

(3) (주)BTS상사는 회사의 고유 브랜드를 정하기 위하여 사진 및 각종 디자인에 대한 저작권을 ₩6,000,000에 양수하고 대금은 현금으로 지급하다.

(4) 한국상사는 On-Line을 통한 상품판매수익을 얻기 위하여 웹 사이트를 개발하고 그 대금 ₩3,000,000을 현금으로 지급하다. 개발된 웹사이트는 미래경제적효익이 창출될 것이 확실하다.

No.	차 변 과 목	금 액	대 변 과 목	금 액
(1)				
(2)				
(3)				
(4)				

10. 투자부동산과 기타의 자산

① 투자부동산(investment property)

(1) 투자부동산의 인식 및 분류

투자부동산은 임대수익이나 시세차익 또는 두 가지 모두를 얻기 위하여 보유하고 있는 건물이나 토지와 같은 부동산 말한다. 다만, 재화의 생산이나 용역의 제공 또는 관리목적에 사용하거나, 통상적인 영업과정에서 판매하는 부동산은 제외한다. 투자부동산은 재무상태표에는 다른 자산과 별도로 표시하는 비유동자산이다. 이러한 투자부동산은 회사가 보유하고 있는 다른 자산과 독립적으로 현금흐름을 창출하는데, 투자부동산에서 발생하는 미래 경제적 효익의 유입 가능성이 높고, 투자부동산의 원가를 신뢰성 있게 측정할 수 있을 때 투자부동산으로 인식한다. 그 예로서 다음과 같은 부동산이 있다.

① 장기 시세차익을 얻기 위하여 보유하고 있는 토지. 통상적인 영업과정에서 단기간에 판매하기 위하여 보유하는 토지는 제외한다.

② 장래 사용목적을 결정하지 못한 채로 보유하고 있는 토지. (만약, 토지를 자가 사용할지 또는 통상적인 영업 과정에서 단기간에 판매할지를 결정하지 못한 경우 당해 토지는 시세차익을 얻기 위하여 보유하고 있는 것으로 본다.)

③ 직접 소유(또는 금융리스를 통해 보유)하고 운용리스로 제공하고 있는 건물

④ 운용리스로 제공하기 위하여 보유하고 있는 미사용 건물

⑤ 미래에 투자부동산으로 사용하기 위하여 건설 또는 개발 중인 부동산

> **회계 충전소**
>
> **1. 다음은 투자부동산이 아닌 항목이다.**
> ① 통상적인 영업 과정에서 판매하기 위한 부동산이나 이를 위하여 건설 또는 개발 중인 부동산(예를 들면, 가까운 장래에 판매하거나 개발하여 판매하기 위한 목적으로만 취득한 부동산)
> ② 자가 사용 부동산과 미래에 자가 사용하기 위한 부동산, 미래에 개발 후 자가 사용할 부동산, 종업원이 사용하고 있는 부동산(종업원이 시장가격으로 임차료를 지급하고 있는지 여부는 관계없음), 처분 예정인 자가 사용 부동산을 포함한다.
> ③ 금융리스로 제공한 부동산
>
> **2. 용어 해설**
> ① 리스 : 리스제공자가 자산의 사용권을 합의된 기간 동안 리스이용자에게 이전하고 리스이용자는 그 대가로 사용료를 리스제공자에게 지급하는 계약을 말한다.
> ② 리스자산의 소유에 따른 위험과 보상의 대부분을 이전하는 리스는 금융리스로 분류하고, 리스자산의 소유에 따른 위험과 보상의 대부분을 이전하지 않는 리스는 운용리스로 분류한다.

(2) 투자부동산의 측정

투자부동산은 최초 인식 시점에 원가로 측정하고, 취득 시 부대비용은 취득원가에 포함되며, 투자부동산은 최초로 인식한 후에 당해 자산에 대한 측정은 원가모형과 공정가치모형 중 하나를 선택하여 모든 투자부동산에 적용한다. 원가모형을 적용할 경우 내용연수에 걸쳐 감가상각을 해야 하며 주석에 부동산의 공정가치를 공시해야 한다. 반면, 공정가치모형을 적용할 경우에는 모든 투자부동산에 대하여 감가상각을 수행하지 않고 공정가치로 평가하여 측정하며, 공정가치의 변동으로 발생하는 손익은 당기 손익에 반영한다. 이는 감가상각을 수행하여 감가상각비를 당기손익에 반영하더라도 공정가치 평가를 통해 감가상각비 효과가 상쇄되기 때문이다. 또한, 투자부동산의 폐기나 처분으로 발생하는 손익은 순 처분금액과 장부금액의 차액이며, 폐기나 처분이 발생한 기간에 당기손익으로 인식한다.

② 매각 예정 비유동자산(non-current assets held for sale)

기업이 영업 활동에 사용하기 위해 보유하고 있는 비유동자산이 더 이상 영업목적에 적합하지 않다고 판단되면 이를 매각하기로 하는데 이를 매각예정비유동자산이라 하고 매각예정으로 분류되는 시점부터 감가상각을 더 이상 하지 않으며, 또한 1년 이내에 매각이 완료될 자산이므로 재무상태표에 다른 자산과 별도로 유동자산으로 재분류해야 할 것이다.

폐기될 비유동자산(또는 처분자산집단)은 매각예정으로 분류할 수 없다. 왜냐하면 해당 장부금액은 원칙적으로 계속 사용함으로써 회수되기 때문이다. 폐기될 비유동자산에는 경제적 내용연수가 끝날 때까지 사용될 비유동자산과 매각되지 않고 폐쇄될 비유동자산을 포함한다. 또한 일시적으로 사용을 중단한 비유동자산은 폐기될 자산이나 매각예정비유동자산으로 회계처리할 수 없다.

③ 기타자산

기타자산이란 앞에서 살펴본 금융자산, 재고자산, 유형자산, 무형자산, 투자부동산, 매각예정비유동자산에 속하지 않는 자산을 말하는 것으로 선급금, 미수수익, 선급비용 등이 있다. 기타자산 중 보고 기간 후로부터 1년 이내에 실현될 것으로 예상하는 경우에는 유동자산으로 분류하고, 그 이상인 경우에는 비유동자산으로 분류한다.

01 다음은 기타의 자산에 대한 설명이다. 옳은 것은 ○표, 틀린 것은 ×표를 하시오

(1) 투자부동산은 비유동자산으로 임대수익이나 시세차익을 얻기 위해 보유하는 건물이나 토지와 같은 부동산을 말한다. ·· (   )

(2) 투자부동산에는 관리목적에 사용하기 위한 자가사용부동산도 포함한다. ······ (   )

(3) 투자부동산은 최초 인식시점에 원가로 측정한다. ··································· (   )

(4) 부동산에 대한 권리 중 어느 하나라도 투자부동산으로 인식한다면 투자부동산으로 분류된 모든 부동산에 대하여 공정가치모형을 적용하여야 한다. ··················· (   )

(5) 투자부동산의 공정가치 변동으로 발생한 손익은 발생한 기간의 기타포괄손익누계액으로 처리하여 자본에 반영한다. ··· (   )

(6) 매각 예정 비유동자산은 매각 예정으로 분류되는 시점에서 1년 이내에 매각이 완료될 자산이므로 재무상태표에 다른 자산과 별도로 유동자산으로 재분류해야 한다. (   )

(7) 일시적으로 사용을 중단한 비유동자산도 매각 예정 비유동자산으로 분류할 수 있다. ··· (   )

(8) 폐기될 비유동자산은 매각 예정 비유동자산으로 분류할 수 없다. ················ (   )

(9) 투자부동산의 측정 시 원가모형을 적용할 경우에는 감가상각을 해야하며, 공정가치모형을 적용하면 감가상각을 수행하지 않고 공정가치로 평가한다. ················ (   )

02 다음 연속된 거래를 분개하시오.

(1) 20×1년 1월 2일 (주)종로는 시세차익을 목적으로 건물 ₩2,000,000을 취득하고 대금은 취득세 및 등록세 ₩50,000과 함께 수표를 발행하여 지급하다.

(2) 20×1년 12월 31일 (주)종로는 위의 건물에 대하여 공정가치 ₩2,300,000으로 평가하다.

(3) 20×2년 1월 2일 (주)종로는 위의 건물을 ₩2,400,000에 매각하고 대금은 현금으로 받다.

No.	차 변 과 목	금 액	대 변 과 목	금 액
(1)				
(2)				
(3)				

③ 부채 및 자본에 관한 회계 처리

01. 주식회사의 자본

① 주식회사의 설립

주식회사의 설립은 1인 이상의 발기인이 상법의 규정에 따라 정관을 작성하여 공증인의 인증을 받은 후 발행한 주식 대금을 전액 납입받아 법원에 등기함으로써 설립된다.

(1) 수권 자본 제도(authorized capital system)

회사가 발행할 주식 총수와 1주의 액면 금액을 정관에 정해 두고, 회사가 설립 시 그 중 일부를 발행하여 전액 납입받아 법원에 설립 등기를 하고, 잔여 주식은 설립 후 이사회의 결의에 따라 신주를 발행할 수 있는 제도를 말한다. 단, 상법의 개정(2012. 4. 15)으로 종전에 설립 시 발행하는 주식 수의 제한(발행 예정 주식 총수의 1/4)은 폐지되었다.

(2) 설립 시 납입 자본

회사 설립 시에 필요한 납입 자본금은 발행주식 수에 1주의 액면금액을 곱한 금액이며, 1주의 액면 금액은 ₩100이상 균일 금액이어야 한다. 단, 설립 시 최저 자본금제도는 폐지되었다.(상법 개정 2012. 4. 15)

$$자 본 금 = 발행주식 수 × 1주의 액면금액$$

 회 계 충전소

▶ **상법 제451조(자본금)**
① 회사의 자본금은 이 법에서 달리 규정한 경우 외에는 발행주식의 액면총액으로 한다.
② 회사가 무액면주식을 발행하는 경우 회사의 자본금은 주식발행가액의 2분의 1 이상의 금액으로서 이사회나 주주총회에서 자본금으로 계상하기로 한 금액의 총액으로 한다.

---

(3) 주식회사의 설립 방법

(가) 발기 설립 : 주식회사가 설립할 때 발행할 주식 전부를 발기인이 모두 인수하고, 주식 금액을 납입받아 설립하는 방법

(나) 모집 설립 : 주식회사가 설립할 때 발행할 주식 중 일부를 발기인이 인수하고, 나머지는 일반 투자가에게 공모하여 설립하는 방법

① 주식의 공모 시(청약 시)

(차) 별 단 예 금	5,000	(대) 신주청약증거금	5,000

② 보통주식을 발행 교부 시

	신주청약증거금	5,000		보 통 주 자 본 금	5,000
(차)	당 좌 예 금	5,000	(대)	별 단 예 금	5,000

▶ 청약기일이 경과된 신주청약증거금은 자본조정(가산항목)에 속한다.

② 주식의 종류

주식회사는 투자자의 다양한 욕구를 충족시켜 자본의 조달을 쉽게 하기 위하여 그 권리의 내용이 다른 여러 종류의 주식을 발행할 수 있다.

(1) 보통주(common stock)

보통주란 발행 주식 중 기본이 되는 주식으로서 보통 주주들은 주주 총회에서 의결권이 있으며, 배당을 통한 이익 분배를 받을 권리와 회사가 신주를 발행할 때 우선적으로 신주를 매입할 수 있는 권리(신주 인수권)를 부여받을 수 있다.

그러나, 보통 주주들은 회사에 대한 위험을 부담해야 하고, 회사의 청산 시 채무 및 우선주를 먼저 변제하고, 남은 잔여 재산에 대한 청구권을 가진다.

(2) 우선주(preferred stock)

우선주란 보통주에 비해 주주의 기본 권리 중 이익 분배와 잔여 재산 분배 등에 대하여 우선적으로 청구권을 가지고 있는 주식을 말한다. 그러나, 일정 기간 후에는 상환되거나 의결권이 부여되지 않는 경우가 대부분이다.

▶ **보통주와 우선주를 발행하고 납입금을 당좌 예입하면**

| (차) 당 좌 예 금 | 1,000 | (대) | 보 통 주 자 본 금 | 600 |
| | | | 우 선 주 자 본 금 | 400 |

(가) 참가적 우선주(participating preferred stock)

보통주보다 앞서 일정액의 배당을 우선적으로 받은 후 보통주에 대한 배당을 하고 남은 이익에 대하여 보통주와 동일한 배당률이 되도록 권리가 부여된 우선주이다. 이러한 권리가 부여되지 않은 것을 **비참가적 우선주**라 한다.

(나) 누적적 우선주(cumulative preferred stock)

회사가 전기에 영업 부진 등의 이유로 약정된 배당금을 받지 못하거나 일정 미만으로 배당하여 배당액의 부족분이 생겼을 때 그 부족액(연체배당금)을 당기의 이익에서 우선적으로 배당을 받을 수 있는 우선주이다. 이러한 소급 권리가 부여되지 않은 것을 **비누적적 우선주**라 한다.

(다) 전환 우선주(convertible preferred stock)

전환 우선주란 의결권이 없는 대신 우선주 주주의 의사에 의하여 보통주로 전환될 수 있는 권리를 부여받은 우선주를 말한다.

(라) 상환 우선주(callable preferred stock)

상환 우선주란 의결권이 없는 대신 일정 기간이 지나서 특정 시점에 약정된 금액으로 상환하거나 우선권을 해제할 수 있는 우선주를 말한다.

③ 현물 출자

회사가 주식을 발행하고 받는 대가는 현금이 원칙이지만, 현금 이외의 토지·건물 등으로 납입받는 경우가 있는데, 이를 현물 출자라 한다.

▶ 보통 주식을 발행하고 토지를 납입받은 경우

(차) 토　　　　　지	5,000	(대) 보 통 주 자 본 금	5,000

회계 충전소

1. 출자 자산이 과대 평가되면 : 순자산(자본)이 과대 계상 – 혼수 자본이 된다.
2. 출자 자산이 과소 평가되면 : 순자산(자본)이 과소 계상 – 비밀 적립금의 발생
3. 현물출자로 취득한 자산의 취득원가는 공정가치로 측정한다. 단, 발행주식의 공정가치가 더욱 신뢰성이 있는 경우에는 발행주식의 공정가치로 측정한다.

④ 주식의 발행

(1) 평가 발행(액면금액 = 발행금액)

(차) 당 좌 예 금	5,000	(대) 보 통 주 자 본 금	5,000

(2) 할증 발행(액면금액 < 발행금액)

(차) 당 좌 예 금	5,800	(대)	보 통 주 자 본 금	5,000
			주식발행초과금	800

(3) 할인 발행(액면금액 > 발행금액)

(차)	당 좌 예 금	4,850	(대) 보 통 주 자 본 금	5,000
	주식할인발행차금	150		

회계 충전소

1. 주식발행초과금은 자본잉여금에 속한다. 단, 재무상태표에는 납입자본으로 표시한다.
2. 주식할인발행차금의 상각은 주식 발행 연도 부터 3년 이내의 기간에 매기 균등액을 상각하며, 동 상각금액은 이익잉여금의 처분 항목이며, 미상각 금액은 자본 조정 항목에 속한다.
3. 매기 균등상각은 발생시점에 관계없이 1년분을 상각한다는 점이 정액법상각과 다르다. 즉, 월할상각을 하지 않는 점이다.

⑤ 주식발행비(stock issuance cost)의 회계 처리

주식을 발행할 때 주식을 살 사람들을 모으기 위한 광고비, 증권회사의 발행 대행 취급 수수료, 주권 인쇄비 등과 같이 주식 발행과 직접 관련되어 발생한 주식 발행 비용의 회계 처리는 개정 기업회계기준 상 회사 설립 시와 신주 발행 시의 구분 없이 주식의 발행금액에서 차감하므로 주식발행비만큼 주식발행초과금이 줄어들고, 주식할인발행차금은 많아진다.

(1) 액면 발행 시(액면금액 ₩5,000 = 발행금액 ₩5,000), 주식발행비용 ₩200 현금지급

(차)	당 좌 예 금	5,000	(대)	보 통 주 자 본 금	5,000
	주식할인발행차금	200		현금(발행비용)	200

(2) 할증 발행 시(액면금액 ₩5,000 < 발행금액 ₩5,600), 주식발행비용 ₩200 현금지급

(차)	당 좌 예 금	5,600	(대)	보 통 주 자 본 금	5,000
				주식발행초과금	400
				현금(발행비용)	200

(3) 할인 발행 시(액면금액 ₩5,000 > 발행금액 ₩4,500), 주식발행비용 ₩200 현금지급

(차)	당 좌 예 금	4,500	(대)	보 통 주 자 본 금	5,000
	주식할인발행차금	700		현금(발행비용)	200

회계 충전소

1. 한국채택국제회계기준 제1032호 '금융상품 표시' 기준서 문단 37에서는 '일반적으로 자기 지분상품(주식)을 발행하는 과정에서 직접 관련되어 발생한 주식발행비는 자본(주식의 발행금액)에서 차감하여 회계 처리한다.'고 규정하고 있다. (일반기업회계기준 제15장 '자본' 문단 15.5에서도 동일함)

2. 자기 지분상품(주식)을 발행하는 과정에서 직접 관련되어 발생한 주식발행비에는 등록 및 그 밖의 감독과 관련된 수수료, 법률, 회계, 그 밖의 자문수수료, 주권인쇄비, 인지세 등을 포함하고, 설립 시에 발생하는 다양한 비용 중 주식 발행과 직접 관련이 없는 창립 사무실 임차료, 수도광열비 등의 지출액은 공통 간접 관련 원가이므로 당기의 비용으로 처리하되, 창업비 계정을 사용하지 않고 '임차료', '수도광열비' 등으로 각각 개별 과목으로 처리해야 한다.

3. 주식할인발행차금은 발생할 당시에 장부상 주식발행초과금 계정 잔액이 있는 경우 그 범위 내에서 주식발행초과금과 상계처리하고 잔액은 자본조정으로 분류한다.

4. 주식발행초과금이 발생할 당시에 장부상 주식할인발행차금 미상각액이 있는 경우 발생된 주식발행초과금의 범위 내에서 주식할인발행차금 미상각액은 발생순서에 관계없이 서로 상계처리한다.

5. 우리나라에서는 자본 유지 및 채권자 보호를 위해 원칙적으로 주식의 할인 발행을 금지하고 있으나, 시가가 액면금액 이하로 형성되어 있을 때에는 일정 요건을 갖출 경우 이를 허용하고 있다. 여기서 일정 요건이란 회사가 설립 후 2년이 경과하고 주주총회의 특별결의를 거쳐 법원의 인가를 받아야 하는 것을 말한다.

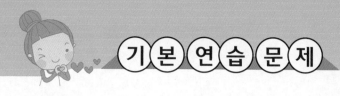

01 다음 보기에서 아래의 설명에 해당하는 주식의 기초를 ( ) 안에 표기하시오.

보기
- a. 참가적 우선주
- b. 누적적 우선주
- c. 상환 우선주
- d. 전환 우선주
- e. 보통주

(1) 연체 배당금을 우선적으로 받을수 있는 우선주 ……………………………(   )

(2) 발행 주식 중 표준이 되고 신주 인수권을 가지는 주식 …………………(   )

(3) 보통주보다 앞서 일정액의 배당을 받는 주식 …………………………(   )

(4) 일정 기간이 지나면 약정된 금액으로 상환하는 주식…………………(   )

(5) 우선주 주주의 의사에 따라 보통주로 전환할 수 있는 주식 ……………(   )

02 다음 거래를 분개하시오.

(1) 액면 @₩100의 보통주식 2,000,000주를 발행 총 주식수로 하는 서울주식회사를 설립하게 되어, 그 중 500,000주를 액면 가액대로 발행하기로 결정하고, 응모자로 부터 1주에 대하여 액면 상당액의 청약증거금을 받기로 하다. 그리고 거래 은행으로부터 인수 주식 수가 500,000주였다는 통지가 왔으며, 청약금은 별단예금으로 처리한다.

(2) 상기 주식 인수 청약자에게 주식을 발행하여 배정하고, 이미 받은 청약증거금을 납입금으로 충당하고, 별단예금을 당좌예금으로 대체하다.

(3) 서울주식회사를 설립하기로 하고, 수권 보통주식 20,000주 중 5,000주(1주 액면 ₩5,000)를 액면금액으로 발행하기로 하다. 그 중 발기인의 인수 주식은 1,000주이고, 나머지는 일반인에게 공모하여 1주에 대해 ₩5,000씩을 청약 증거금으로 받아 전액 별단예금하다.

(4) 위의 주식 청약자에게 주식을 배정하고, 발기인으로부터 배정된 주금을 전액 납입받아 당좌예금하다. 주식 청약자와 발기인에게 주식을 발행하여 교부하고 별단예금을 당좌예금으로 대체하다.

No.	차 변 과 목	금 액	대 변 과 목	금 액
(1)				
(2)				
(3)				
(4)				

03 다음 거래를 분개하시오.

(1) 대한 주식회사를 설립하기 위하여 발행 주식 총수 400,000주 중 100,000주를 1주당 ₩120(액면금액 ₩100)에 발행하고 납입금 전액을 받아 당좌예금하다. 단, 주식 발행 제비용 ₩500,000은 현금으로 지급하다.

(2) 경기상사는 이사회의 결의로 신주 10,000주(@₩5,000)를 1주당 @₩5,500에 발행하고, 납입금은 전액 당좌예입하다. 그리고 주식 발행비 ₩300,000은 현금으로 지급하다.

(3) (주)남문상사는 주주총회의 결의에 의하여 신주 5,000주(@₩5,000)를 1주당 @₩4,700에 발행하여 납입금은 전액 당좌예입하고, 신주 발행비 ₩300,000은 현금으로 지급하다.

(4) (주)하늘은 발기인으로부터 토지 공정가치 ₩5,000,000을 출자받고, 보통주 1,000주(액면 @₩5,000)를 발행 교부하다.

No.	차 변 과 목	금 액	대 변 과 목	금 액
(1)				
(2)				
(3)				
(4)				

02. 자본잉여금

1 주식회사의 자본 분류

개인기업의 자본금은 일반적으로 순자산액을 나타내지만, 주식회사의 자본금은 법정자본금을 뜻한다. 그러므로 주식회사의 순자산액은 법정자본금보다 더 많을 수가 있다. 이때 순자산액 중 법정자본금을 초과한 부분을 잉여금(surplus)이라 하며, 자본잉여금과 이익잉여금으로 구분한다. 주식회사의 자본은 그 성격상 자본금, 자본잉여금, 자본조정, 기타포괄손익누계액, 이익잉여금으로 분류되는데, 기말재무상태표상에는 납입자본, 이익잉여금, 기타자본구성요소로 분류 표시한다.

【 성격별 분류 】

【 K-IFRS 재무상태표 표시상 분류 】

2 자본잉여금(capital surplus)

자본잉여금은 증자나 감자 등 주주와의 거래에서 발생하여 자본을 증가시키는 잉여금을 말한다.

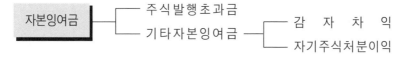

(1) 주식발행초과금(paid-in capital in excess of par-value)

주식 발행 금액(주식발행비를 차감한 후의 금액)이 액면금액을 초과하는 부분을 주식발행초과금이라 한다.

▶ 할증 발행 시(액면금액 ₩5,000 〈 발행금액 ₩5,800)

(차) 당 좌 예 금	5,800	(대)	보 통 주 자 본 금	5,000
			주식발행초과금	600
			현금(발행비용)	200

(2) 감자차익(surplus from redtirement of capital sotck)

자본금의 감소를 감자라 하며, 감자에는 유상감자와 무상감자가 있지만 일반적으로 무상감자가 많이 발생되며, 결손금을 보전할 목적 등에 이용된다. 이 경우 감자액이 결손보전을 하고 남은 잔액이 있는 경우, 그 남은 잔액을 감자차익이라 한다.

▶ 무상 감자 시

(차) 보 통 주 자 본 금	5,000	(대)	미 처 리 결 손 금	4,800
			감 자 차 익	200

(3) 자기주식처분이익

회사가 이미 발행한 주식을 매입소각하거나 차후에 다시 발행하기 위한 목적으로 재취득한 자기주식을 처분한 경우 처분금액이 취득원가를 초과하는 금액을 자기주식처분이익으로 처리한다.

① 자기주식을 매입한 경우

(차) 자 기 주 식	4,500	(대) 당 좌 예 금	4,500

② 자기주식을 처분한 경우

(차) 당 좌 예 금	4,800	(대)	자 기 주 식	4,500
			자기주식처분이익	300

③ 자기주식을 처분하지 않고 소각한 경우(액면 ₩5,000)

(차) 보 통 주 자 본 금	5,000	(대)	자 기 주 식	4,500
			감 자 차 익	500

회계 충전소

1. 감자차익이 발생하는 시점에 장부상에 감자차손이 있는 경우 우선 상계처리하고 잔액은 자본잉여금으로 분류한다.
2. 자기주식 계정은 자본의 차감 항목이다 (자본조정에 속한다)
3. 자기주식의 처분 시 자기주식처분손실이 발생하면 우선 자기주식처분이익과 상계처리하고 남은 잔액은 자본조정(차감항목)으로 분류한다.

③ **증자와 감자**(increase of capital and reduction of legal capital)

(1) 증자 : 주식회사의 자본금을 이사회의 결의에 의하여 증가시키는 것을 말하며, 이는 실질적 증자와 형식적 증자가 있다.

(가) 실질적 증자 : 이사회의 결의를 거쳐 신주를 발행하고, 주식 대금을 납입받아 실질적으로 자본금을 증가시키는 것을 말하며, 유상증자라고도 한다.

(차) 당 좌 예 금	×××	(대) 보 통 주 자 본 금	×××

(나) 형식적 증자 : 자본잉여금과 법정적립금 등의 잉여금을 자본금에 전입하는 것으로 실질적으로 순자산은 증가하지 않고, 형식상 증가된 자본금에 대하여는 기존 주주들에게 주식을 무상 교부하므로 무상증자라고도 한다.

(차) 잉 여 금	×××	(대) 보 통 주 자 본 금	×××

(2) 감자 : 주식회사의 자본금을 주주 총회의 특별 결의에 의하여 감소시키는 것을 말하며, 이는 실질적 감자와 형식적 감자가 있다.

(가) 실질적 감자 : 사업 규모를 축소시킬 목적으로 증권 시장에서 회사가 발행한 주식을 시가나 액면 금액으로 매입하여 소각함으로써 실질적으로 순자산이 감소하므로 유상 감자라고도 한다.

(차) 보 통 주 자 본 금	×××	(대) 당 좌 예 금	×××

(나) 형식적 감자 : 회사가 누적된 결손금을 보전하기 위하여 주식의 액면 금액을 줄이거나, 발행된 주식수를 줄이는 방법으로, 법정 자본금은 감소하지만 그 대가의 지급이 없으므로 순자산 금액에는 변화가 없으며, 무상 감자라고도 한다.

(차) 보 통 주 자 본 금	5,000	(대)	미 처 리 결 손 금	4,000
			감 자 차 익	1,000

01 다음 거래를 분개하시오.

(1) (주)대한은 사업을 확장하기 위하여 신주(보통주) 10,000주를 1주당 ₩7,000(액면금액 ₩5,000)에 발행하고, 주금은 전액 납입받아 당좌 예입하다. 그리고 신주발행비 ₩5,000,000은 현금으로 지급하다.

(2) 경기상사는 이사회의 결의에 따라 자본잉여금(주식발행초과금) ₩6,000,000을 자본금에 전입하는 무상증자를 하기로 하고, 액면 @₩5,000의 신주(보통주) 1,200주를 발행하여 주주들에게 무상 교부하다.

(3) 이사회의 결의에 의하여 액면 @₩5,000의 주식 800주를 액면금액으로 유상60%, 무상 40%로 증자하기로 결의하다. 단, 유상증자분은 보통주식을 발행하여 납입받아 당좌예금하고, 무상증자분은 자본잉여금(주식발행초과금)을 자본에 전입하기로 하고, 주식을 주주들에게 무상교부하였다.

(4) 서울상사는 증자에 있어서 주식발행초과금 ₩2,400,000을 자본에 전입하기로 하고, 보통주식을 발행하여 교부하다. 단, 유상 60%, 무상 40%로 하여 유상분은 전액 납입받아 당좌예금하였다.

(5) 한강상사(주)는 증자를 위해 보통주 50,000주(액면 @₩100)를 1주당 ₩100에 액면 발행하고, 납입금은 즉시 거래은행에 당좌예입하다. 그리고 주식발행비 ₩100,000은 현금으로 지급하다.

No.	차 변 과 목	금 액	대 변 과 목	금 액
(1)				
(2)				
(3)				
(4)				
(5)				

02 다음 거래를 분개하시오.

(1) 사업 규모를 축소하기 위하여, 발행 보통주식 중 4,000주(액면 @₩5,000)를 1주당 ₩4,800으로 수표를 발행하여 매입 소각하다.

(2) 대한상사는 미처리결손금 ₩8,400,000을 보전하기 위하여 주주 총회의 특별 결의에 따라, 1주 액면 금액 ₩10,000의 보통주식 2,000주를 1주 액면 ₩5,000의 주식으로 변경하고 구주를 신주와 교환해 주다.

(3) 자본금 ₩70,000,000(발행 보통주식 수 700,000주, 1주당 액면금액 ₩100)의 서울 주식회사는 미처리결손금 ₩13,000,000을 보전하기 위하여 주주 총회의 특별 결의에 따라 10주를 8주의 비율로 주식을 병합하다.

(4) 설악상사는 미처리결손금 ₩5,000,000을 보전하기 위하여 주주총회의 결의에 따라 발행 보통주식 중 2,000주(1주당 액면 ₩5,000)를 1주당 ₩2,000으로 수표를 발행하여 매입 소각하다.

(5) 액면 1주 ₩5,000의 자기 주식을 주당 ₩4,000에 300주를 매입하고, 대금은 수표를 발행하여 지급하다.

(6) 위의 주식을 주당 ₩6,000으로 전부 매각 처분하고, 대금은 현금으로 받다.

No.	차 변 과 목	금 액	대 변 과 목	금 액
(1)				
(2)				
(3)				
(4)				
(5)				
(6)				

03. 이익잉여금

1 이익잉여금(retained earmings)

이익잉여금이란 기업의 경상적인 영업 활동에 의한 손익 거래에서 얻어진 이익을 회사내에 유보한 것을 말한다.

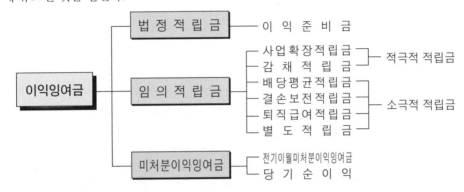

(1) 법정적립금

▶ 이익준비금(legal reserve)

상법 제458조의 규정에 의하여 "회사는 그 자본금의 2분의 1이 될 때까지 매 결산기 이익 배당액의 10분의 1이상을 이익준비금으로 적립하여야 한다. 다만 주식 배당의 경우에는 그러하지 아니하다." 라고 강제성을 띄므로 제1법정 준비금이라고도 한다. 이때 한도(자본금의 2분의 1)를 초과하여 적립하는 준비금은 임의적립금의 성격을 가지게 되며, 배당가능이익의 재원으로 사용할 수 있다.

회계 충전소

1. 상법의 개정으로 주식회사는 배당을 현금 및 주식 외에 현물로도 배당을 할 수 있다.(중간 배당 포함) 따라서 종전 상법에서는 이익준비금의 적립에 있어 금전 배당액의 10분의 1이상을 적립하였던 규정을 이익 배당액(금전 또는 현물배당액의 경우만 해당되고 주식배당은 제외)의 10분의 1이상을 적립하도록 개정되었다.(2012. 4. 15 개정 시행)

2. 종전 상법에서는 이익준비금과 자본잉여금(상법에서는 자본준비금이라 함)은 결손보전과 자본전입 외에는 사용할 수 없도록 제한하였으나 개정 상법에서는 적립된 자본잉여금 및 이익준비금의 총액이 자본금의 150%를 초과하는 경우에 그 초과한 금액 범위 내에서 주주총회의 결의에 따라 배당 등의 용도로 다양하게 사용할 수 있도록 허용하였다.

3. 종전에 기타법정적립금으로 분류해오던 재무구조개선적립금은 강제 적립 조항을 2007년 12월 금융위원회에서 폐지하였으며 세법의 개정으로 기업합리화적립금도 삭제하였다.

---

(2) 임의적립금(voluntary reserve)

회사의 정관이나 주주 총회의 결의에 의하여 회사가 임의로 적립하는 것을 임의적립금이라 하며, 이는 적극적적립금과 소극적적립금이 있다.

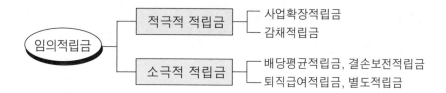

(가) 적극적 적립금

사업의 확장 또는 부채를 감소시킬 목적으로 적립하는 것으로 사업확장적립금과 감채적립금이 있으며, 적립의 목적이 달성되어도 순자산은 변동되지 않으므로 별도적립금으로 대체한다.

① **사업확장적립금**(reserve for business expansion) : 건물의 신축, 기계의 매입 등의 사업 확장을 위한 목적으로 순이익의 일부를 유보한 적립금

② **감채적립금**(reserve for sinking funds) : 장기차입금 등 거액의 비유동부채를 상환하기 위한 목적으로 순이익의 일부를 유보한 적립금

(나) 소극적 적립금

장차 거액의 손실이나 지출로 인하여 회사의 순자산이 감소할 것에 대비하여 적립하는 것으로 배당평균적립금, 결손보전적립금, 퇴직급여적립금, 별도적립금이 있으며, 적립의 목적이 달성하면 자체가 소멸된다.

① **배당평균적립금** : 이익이 많은 연도에 이익의 일부를 유보하여, 이익이 적은 연도의 배당 부족을 보충함으로써 배당의 평균 수준을 유지하기 위한 적립금

② **결손보전적립금** : 광산업에서 갱도가 붕괴되는 것과 같은 예기치 못한 큰 손실이 발생할 것에 대비하여 순이익의 일부를 유보한 적립금

③ **퇴직급여적립금** : 임원의 퇴직 시 근속 기간 중의 공로 등의 대가로 지급하는 퇴직위로금 등의 재원을 마련할 목적으로 순이익의 일부를 유보한 적립금

④ **별도적립금** : 특정한 사용 목적이 없이 어떤 목적에도 사용할 수 있는 적립금

ⓐ 적극적 적립금의 목적이 달성되면(건물 취득 시)

| (차) | 건　　　물 | ××× | (대) | 당 좌 예 금 | ××× |
| | 사업확장적립금 | ××× | | 별 도 적 립 금 | ××× |

ⓑ 소극적 적립금의 목적이 달성되면(임원 퇴직 시)

| (차) | 퇴직급여적립금 | ××× | (대) | 당 좌 예 금 | ××× |

(3) 미처분이익잉여금

전기이월 미처분이익잉여금과 당기순이익을 합한 금액으로서 배당금이나 다른 잉여금으로 처분되지 않고 남아있는 이익잉여금이다.

② 순이익의 계상과 처분

개인기업에서는 당기순이익을 자본금 계정에 대체하지만, 주식회사는 결산 결과 손익 계정에서 계산된 당기순이익을 미처분이익잉여금 계정 대변에 대체하여 이사회의 결의에 따라 처분안을 만들어 주주총회의 승인을 얻는다.

여기서 주의할 점은 이익잉여금 처분을 확정하는 주주총회는 회계 기간 말 결산 재무상태표 작성일 후인 다음 회계 기간 초에 개최되므로 이익 처분에 관한 회계처리는 연초에 개최되는 주주총회의 승인을 받은 뒤에 행하여진다.

> **회계 충전소**
>
> ▶ 한국채택국제회계기준(K-IFRS) 제1010호에 의하여 회계 기간 말 재무상태표상의 이익잉여금은 주주총회 승인 전의 미처분이익잉여금 금액으로 나타내야 한다. 따라서, 보고 기간 종료일 이후에 이사회에서 승인한 배당(미지급 배당금)은 재무상태표에 부채로 계상하면 안된다.

> **▶ 이익잉여금의 처분 순서**
>
> (1) 이익준비금의 적립　　　　　(2) 이익잉여금 처분에 의한 상각
> (3) 주주배당금　　　　　　　　(4) 임의적립금의 순서로 처분한다.

(1) 순이익의 계상 시

| (차) | 손　　　익 | 6,500 | (대) | 미처분이익잉여금 | 6,500 |

(2) 잉여금 처분 확정 시

(차)	미처분이익잉여금	6,000	(대)	이 익 준 비 금	300
				주식할인발행차금	500
				미 지 급 배 당 금	3,000
				임 의 적 립 금	2,200

> **회계 충전소**
>
> 1. 배당금 = 자본금 × 배당률
> 2. 이익준비금 = 이익 배당액(금전배당+현물배당) × 1/10
> 3. 배당금 중 주식배당에 해당하는 금액은 미교부주식배당금 계정(자본조정)으로 한다.
> 4. 처분잔액 ₩500은 이월이익잉여금 별도 계정으로 처리하지 않고, 미처분이익잉여금 계정 대변잔액 그대로 차기이
>   월시킨다. 아래 순손실의 경우도 처리잔액을 이월결손금 계정을 사용하지 않고 미처리결손금에서 직접 차기이월
>   시킨다.

③ 순손실의 계상과 처리

주식회사의 결산 결과 당기순손실이 발생하면 손익 계정에서 미처리결손금 계정 차변에 대체하
여 이사회의 결의에 따라 결손금 처리안을 만들어 주주총회의 승인을 얻는다.

(1) 순손실의 계상 시

(차)	미 처 리 결 손 금	5,000	(대)	손 익	5,000

(2) 결손금 처리 시

	임 의 적 립 금	2,800			
(차)	이 익 준 비 금	1,000	(대)	미 처 리 결 손 금	4,800
	자 본 잉 여 금	1,000			

> **회계 충전소**
>
> ▶ 한국회계기준원은 상법의 개정과 부합되도록 기존의 결손금 처리순서(임의적립금 − 이익준비금 − 자본잉여금)
>   를 삭제하고 회사가 자율적으로 처리할 수 있도록 일반기업회계기준을 개정하였다.(2014. 12. 24 개정) 단, 한국
>   채택국제회계기준에서는 결손금 처리순서에 대한 언급이 없다.

04. 배 당 금

배당금(dividends)이란 기업이 영업 활동을 통하여 획득한 이익을 주주들에게 투자에 대한 보상의 의미로 분배 지급하는 것을 말한다. 배당은 지급 형태에 따라 현금 배당, 주식 배당, 현물 배당 등으로 구분한다.

1 현금 배당(cash dividends)

현금 배당은 가장 일반적인 배당의 유형이다.

(1) 배당 기준일(date of record) : 배당을 받을 권리가 있는 주주를 확정짓는 날로서 배당 기준일은 통상 회계 기간 말이다.

(2) 배당 선언일(date of declaration) : 주주총회에서 배당이 결의된 날로서 통상 정기배당의 경우 주주총회는 사업년도 종료 후 90일 이내에 개최되므로 다음 회계 기간의 초이다.
⇒ 배당선언일 : (차) 미처분이익잉여금 ×××   (대) 미지급배당금 ×××

(3) 배당 지급일(date of payment) : 주주명부에 기재된 주주들에게 실제로 배당금을 지급하는 날이다.
⇒ 배당지급일 : (차) 미지급배당금 ×××   (대) 현   금 ×××

2 주식 배당(stock dividends)

일반적으로 대부분의 배당은 현금으로 이루어진다. 주식 배당이란 현금이 충분하지 않은 회사들이 현금으로 배당하지 않고 주식을 교부하는 것을 말한다. 주식 배당은 이익배당 총액의 1/2 범위 내에서 현금으로 배당하지 않고 주식으로 교부하는 것을 말하며, 액면금액법으로 회계처리하여야 한다.

(1) 배당 선언일 : (차) 미처분이익잉여금 ×××   (대) 미교부주식배당금 ×××
(2) 배당 지급일 : (차) 미교부주식배당금 ×××   (대) 보통주자본금   ×××

회 계 충전소

1. 현물 배당(dividends in kind)이란 금전이나 주식이 아닌 상품 등 기타의 자산으로 배당하는 것을 말한다. 개정 상법에서는 현물 배당을 신설함으로써 회사가 소유하고 있는 현물을 처분하여 금전으로 배당해야 하는 불편이 해소되었다.

2. 중간 배당이란 직전 결산기의 배당가능이익을 한도로 하여 사업연도 중간에 배당금을 지급하는 것(전년도 이익의 후급)을 말한다. 중간 배당은 연 1회의 결산기를 정한 회사가 영업 연도 중 연 1회에 한하여 할 수 있다. 종전 상법에서 중간 배당은 반드시 금전에 의한 배당만 하도록 하였으나 개정 상법에서는 주식 배당과 현물 배당도 가능하도록 하였지만, 주식 배당은 주주총회 결의를 요한다. 단, 연차 배당과 동일하게 중간 배당에 상당하는 이익준비금을 적립해야 한다.

05. 자본조정과 기타포괄손익누계액

① 자본조정 (reguation of capital)의 개념과 종류

자본조정은 주주와의 자본거래에 의하여 발생하는 것으로 납입자본과 자본잉여금 및 이익잉여금에 속하지 아니하며 임시적으로 자본에 가산하거나 차감할 항목으로서 자기주식, 주식할인발행차금, 자기주식처분손실, 감자차손 등이 있다.

(1) 자기주식 (treasury stock)

회사가 이미 발행한 주식을 주주로부터 취득한 경우 그 취득가액으로 자기주식 계정 차변에 기록하며 자본의 차감항목이다.

(2) 주식할인발행차금 (discount on stock issuance)

주식을 액면금액 이하로 발행한 경우의 차액을 말한다. 주식할인발행차금의 상각은 주식발행연도 또는 증자연도부터 3년이내의 기간에 매기 균등액을 상각하며, 상각금액은 이익잉여금처분항목이며, 미상각잔액은 자본의 차감항목이다.

① 보통주식의 할인 발행 시

(차)	당 좌 예 금	4,700	(대)	보 통 주 자 본 금	5,000
	주식할인발행차금	300			

② 주식할인발행차금 상각 시

(차)	미처분이익잉여금	100	(대)	주식할인발행차금	100

(3) 미교부주식배당금

이익잉여금 처분 시의 주식배당금은 자본조정항목인 미교부주식배당금 계정 대변에 기입하여, 주식을 발행 교부하면 자본금 계정에 대체한다. 단, K-IFRS 제1010호에 의하여 결산 재무상태표에는 표시할 수가 없다.

① 이익잉여금 처분 시 (현금배당 ₩4,000, 주식배당 ₩1,000) : 배당선언일 (배당결의일)

(차)	미처분이익잉여금	5,000	(대)	미 지 급 배 당 금	4,000
				미교부주식배당금	1,000

② 배당금 지급 시 : 배당 지급일

(차)	미 지 급 배 당 금	4,000	(대)	현 금	4,000
	미교부주식배당금	1,000		보 통 주 자 본 금	1,000

회계 충전소

1. 주식배당(stock dividends)은 이익잉여금을 원천으로 하는 배당으로서 발행주식수는 증가시키지만, 미처분이익잉여금을 자본금으로 대체(전입)시키는 것이므로 자본총액은 변하지 않는 납입자본금과 이익잉여금 간의 재분류에 지나지 않는다.(회계상 거래로 보아야 한다.)

2. 주식분할(stock splits)은 이미 발행한 주식의 액면금액을 1:2, 1:3 등과 같이 여러 개의 주식으로 분할하여 재발행하는 것이다. 주식분할을 하면 발행주식수가 증가하고 액면금액은 낮아지지만 자본금계정에는 증감이 없다. 따라서 주식분할은 어느 계정에도 영향이 없어 회계상 거래가 아니다.

3. 주식병합(reverse stock splits)은 주식분할과 반대되는 것으로 여러 주식을 하나의 주식으로 통합하는 것이다. 주식병합을 하면 발행주식수는 감소하고 액면금액은 증가하지만 이는 주식분할과 마찬가지로 회계상 거래가 아니다.

   단, 주식의 분할과 병합이 누적된 결손금을 보전하기 위해 이루어지는 경우에는 주식분할과 주식병합은 회계상 거래가 아니지만 결손금 보전은 자본금의 감소로 계정의 재분류가 이루어지므로 회계상 거래이다.

4.

[주식배당, 무상증자, 주식분할, 주식병합 비교]

구분	액면금액	발행주식수	자본금	자본잉여금	이익잉여금	자본총액
주식배당	불변	증가	증가	불변	감소	불변
무상증자	불변	증가	증가	감소	감소	불변
주식분할	감소	증가	불변	불변	불변	불변
주식병합	증가	감소	불변	불변	불변	불변

5. 상법의 개정으로 종전의 배당건설이자를 규정하고 있던 463조가 폐지되었다. 그 이유는 대규모 건설의 경우 오늘날 컨소시엄(건설공사 따위의 수주에서 여러 기업체가 공동으로 참여하는 방식)의 형태로 시행하는 경우가 많고, 또한 우리나라의 신인도가 높아졌으므로 대규모 공사를 실시할 때 투자자를 모집하는 것에 대한 부담도 없어졌기 때문이다. 한편, 상법에서는 배당건설이자를 이연자산으로 규정하고 있었는데 회계기준에는 이연자산 자체가 없으므로 회계처리가 불가능하여 폐지한 것이다.

(4) 감자차손

매입소각하는 주식의 액면금액보다 주주에게 환급하여 주는 금액이 더 큰 경우에 그 차액을 감자차손이라 하고 감자차익이 있는 경우에는 우선 상계하고, 남은 잔액은 자본의 차감항목이다.

(5) 자기주식처분손실

재취득한 자기주식의 처분가액이 취득원가보다 적은 경우 그 차액을 말하며 자기주식처분이익이 있는 경우 우선 상계하고, 남은 잔액은 자본의 차감항목이다.

② 기타포괄손익누계액(accumulated other comprehensive income)의 개념과 종류

(1) 기타포괄손익누계액의 개념

일정 기간 주주와의 자본거래를 제외한 모든 거래나 사건에서 발생한 순재산(자본)의 변동을 포괄손익(comprehensive income)이라 하며, 기타포괄손익누계액은 포괄손익 중 별개의 손익계산서상의 당기순이익에 포함되지 않은 포괄손익잔액을 말한다.

(2) 기타포괄손익누계액의 종류

① **기타포괄손익-공정가치측정 금융자산평가손익** : 기타포괄손익-공정가치측정금융자산평가손익은 당기손익-공정가치측정금융자산이나 상각후원가측정금융자산으로 분류되지 아니하는 유가증권을 공정가치로 평가하여 발생하는 미실현보유손익을 말한다.

② **해외사업환산손익** : 해외사업환산손익은 본점과 독립적으로 운영되는 해외지점, 해외사업소, 또는 해외소재 관계기업·종속기업의 자산·부채를 일괄 외화환산할 때 발생하는 환산손익을 말한다.

③ **현금흐름위험회피 파생상품평가손익 중 효과적인 부분** : 상품매매계약을 지금 해두고 상품교환은 미래의 일정시점에 이루어지는 것을 선물거래라 하고 이 경우 가격변동에 따라 한쪽이 이득을 보고, 상대방은 손해를 볼 가능성이 높다. 이에 따라 위험을 줄이기 위해 거래조건을 변경하는 상품이 생겼는데, 이를 파생상품이라 부른다.

파생상품의 대표적인 것으로는 선도, 선물, 스왑, 옵션 등을 들 수 있다. 현금흐름위험회피 파생상품평가손익이란 미래현금흐름 변동위험을 감소시키기 위해 투자한 파생상품을 기말에 공정가치로 평가하여 발생하는 평가손익을 말한다. 이 평가손익 중 위험회피에 효과적이지 못한 부분은 당기손익으로 인식하고, 효과적인 부분은 기타포괄손익으로 인식한다.

④ **재평가잉여금** : 기업이 보유하고 있는 유형자산을 재평가모형으로 측정하여 공정가치가 크게 상승한 경우의 재평가증가액을 말한다.

⑤ **확정급여제도의 재측정요소(보험수리적손익)** : 확정퇴직급여제도에서 확정급여부채는 확정급여채무에서 사외적립자산을 차감하여 표시한다. 그런데 확정급여채무와 사외적립자산의 산출에는 종업원의 임금상승률, 사망률, 퇴직률 등 여러 가지 보험수리적 가정이 필요하다. 보험수리적손익은 확정급여채무와 사외적립자산의 장부금액과 공정가치가 차이가 날 때 즉, 보험수리적 가정이 변경될 때 발생한다.

01 다음의 과목 중에서 자본잉여금에는 ○표, 이익잉여금에는 △표, 자본조정 항목에는 ×표, 기타포괄손익누계액은 □표를 하시오.

(1) 주식발행초과금 (　　　)   (2) 이 익 준 비 금 (　　　)

(3) 임 의 적 립 금 (　　　)   (4) 감 자 차 익 (　　　)

(5) 별 도 적 립 금 (　　　)   (6) 주식할인발행차금 (　　　)

(7) 자기주식처분손실 (　　　)   (8) 감 채 적 립 금 (　　　)

(9) 퇴직급여적립금 (　　　)   (10) 사업확장적립금 (　　　)

(11) 자기주식처분이익 (　　　)   (12) 법 정 적 립 금 (　　　)

(13) 감 자 차 손 (　　　)   (14) 결손보전적립금 (　　　)

(15) 자 기 주 식 (　　　)   (16) 기타포괄손익-공정가치 (　　　)
　　　　　　　　　　　　　　　　　　 측정금융자산평가이익

(17) 기타포괄손익-공정가치 (　　　)
　　　 측정금융자산평가손실

02 자본금 ₩30,000,000의 (주)서울상사의 다음 거래를 분개하시오.(결산 연1회)

(1) (주)서울상사는 제1기 기말 결산 시 당기순이익 ₩8,000,000을 계상하다.

(2) 위의 미처분이익잉여금을 주주총회 결의에 따라 다음과 같이 처분하다.
　　 처분 내역 : (가) 이익준비금(상법 규정 최소 한도액)
　　　　　　　　 (나) 배당금 연 10%(금전 배당)
　　　　　　　　 (다) 결손보전적립금 ₩1,500,000
　　　　　　　　 (라) 별도적립금 ₩2,000,000

(3) (주)서울상사는 제2기 기말 결산 시 당기순이익 ₩7,000,000을 계상하다.

No.	차 변 과 목	금 액	대 변 과 목	금 액
(1)				
(2)				
(3)				

03 다음 연속된 거래를 분개하시오.

(1) 제5기 결산 결과 백두주식회사는 당기순손실 ₩3,500,000이 계상되다.

(2) 주주 총회의 결의에 따라 다음과 같이 결손금을 처리하기로 결의하다.

• 별 도 적 립 금   ₩800,000   • 결손보전적립금   ₩1,500,000
• 이 익 준 비 금   400,000   • 주식발행초과금   600,000

No.	차 변 과 목	금 액	대 변 과 목	금 액
(1)				
(2)				

04 다음 거래를 분개하시오.

(1) 신축 중이던 영업용 건물이 완공되어 인수하고, 공사도급대금 ₩60,000,000 중 잔액 ₩10,000,000을 수표를 발행하여 지급하다. 단, 사업확장적립금 ₩60,000,000이 설정되어 있다.

(2) 장기차입금 ₩5,000,000이 만기일이 되어 현금으로 상환하다. 단, 이 회사는 감채 적립금 ₩4,800,000이 적립되어 있다.

(3) 결산 결과 당기순이익이 적게 계상되어 배당평균적립금 ₩8,000,000 중 ₩5,000,000을 미처분이익잉여금 계정에 대체하다.

(4) 광화문상사는 퇴직한 임원에게 퇴직 위로금 ₩4,500,000을 퇴직금과는 별도로 퇴직급여 적립금에서 지급하기로 주주총회에서 결의하고, 퇴직소득세 원천징수 ₩300,000을 차감한 잔액을 현금으로 지급하다.

No.	차 변 과 목	금 액	대 변 과 목	금 액
(1)				
(2)				
(3)				
(4)				

05 다음 거래를 분개하시오.

(1) 백두상사는 사업자금 조달을 위하여 미발행 주식 중 60,000주(1주당 액면 금액 ₩500)를 할인발행하기로 하고, 법원의 인가를 얻어 1주당 ₩480으로 발행하여, 전액을 납입받아 거래은행에 당좌예금하다.

(2) 주주총회의 결의에 의하여 위의 주식할인발행차금 ₩400,000을 상각하다.

(3) 한라상사는 발행 보통주식 중 5,000주(액면 @₩500)를 @₩700에 수표발행하여 매입 소각하다.

(4) 태백상사는 발행 보통주식 중 1,000주(액면 @₩5,000)를 @₩4,000에 수표발행하여 매입하다.

(5) 위 주식을 @₩3,500에 매각처분하고 대금은 현금으로 받다.

(6) 서울상사는 취득 원가 ₩5,000,000(감가상각누계액 ₩2,000,000)의 영업용 건물을 ₩8,000,000으로 재평가하다.

No.	차 변 과 목	금 액	대 변 과 목	금 액
(1)				
(2)				
(3)				
(4)				
(5)				
(6)				

06. 자본변동표

① 자본변동표(statement of changes in equity)의 개념

자본변동표란 기업의 자본금, 자본잉여금, 자본조정, 기타포괄손익누계액, 이익잉여금(또는 결손금)의 크기와 그 변동에 관한 정보를 포괄적으로 제공하기 위한 재무제표를 말한다.

② 자본변동표의 유용성

(1) 재무제표간의 연계성을 제고시키며 재무제표의 이해가능성을 높인다.

(2) 별개의 손익계산서에서 나타낼 수 없는 기타포괄손익−공정가치측정금융자산평가손익에 대한 변동 내용 등 포괄적인 재무성과에 대한 정보를 직접적 또는 간접적으로 제공하게 된다.

(3) 다른 재무제표 정보와 더불어 기업의 재무적 탄력성·수익성 및 위험 등을 평가하는데 유용하다.

자 본 변 동 표

××회사　　　　　20×1년 1월 1일부터 20×1년 12월 31일까지

과　　　목	자본금	자본잉여금	자본조정	기타포괄손익누계액	이익잉여금	총 계
20×1년 1월 1일	×××	×××	×××	×××	×××	×××
회계정책변경누적효과					×××	×××
전기오류수정					×××	×××
수정후이익잉여금					×××	×××
연차배당					(×××)	(×××)
기타이익잉여금처분액					(×××)	(×××)
처분후이익잉여금					×××	×××
중간배당					(×××)	(×××)
유상증자(감자)	×××	×××				×××
당기순이익(손실)					×××	×××
자기주식취득			(×××)			(×××)
기타포괄손익−공정가치측정금융자산평가손익 등				(×××)		(×××)
20×1년 12월 31일	×××	×××	×××	×××	×××	×××

20×1년 1월 1일 현재 (주)서울의 자본내역은 다음과 같다. 기중 거래를 분개하고 자본변동표를 작성하시오. 단, 기타포괄손익-공정가치측정금융자산평가이익과 전기오류수정손실 분개는 생략할 것

【 자료1 】 자본 내역

자　　　본　　　금		2,000,000
보통주자본금(액면₩5,000)	2,000,000	
자　　본　　잉　　여　　금		240,000
주　식　발　행　초　과　금	240,000	
자　　　본　　　조　　　정		(90,000)
자　기　주　식 (15주)	(90,000)	
기　타　포　괄　손　익　누　계　액		20,000
기타포괄손익-공정가치측정금융자산평가이익	20,000	
이　　　익　　　잉　　　여　　　금		620,000
법　정　적　립　금	120,000	
미　처　분　이　익　잉　여　금	500,000	
자　　　본　　　총　　　계		2,790,000

【 자료2 】 20×1년 기중 거래

(1) 2월 24일 주주총회에서 5%의 금전배당을 결의하고, 이익준비금은 금전배당의 10%를 적립하기로 하였다.

(2) 3월 10일 주주총회에서 결의된 배당금을 현금으로 지급하다.

(3) 4월 16일 자기주식 전부를 ₩95,000에 매각하고 현금으로 받았다.

(4) 8월 12일 보통주식 100주를 주당 ₩7,000에 발행하고 현금으로 납입받다.

(5) 20×1년의 당기순이익은 ₩450,000이며, 기말 결산 시 기타포괄손익-공정가치측정금융자산평가이익 ₩10,000과 전기오류수정손실 ₩14,000이 발생하였다.

일짜	차 변 과 목	금 액	대 변 과 목	금 액
2/24				
3/10				
4/16				
8/12				
12/31				

자 본 변 동 표

20×1년 1월 1일부터 20×1년 12월 31일까지

(주)서울   단위 : 원

과 목	자본금	자본잉여금	자본조정	기타포괄손익누계액	이익잉여금	총 계
20×1년 1월 1일						
전기오류수정						
수정후이익잉여금						
연차배당						
처분후이익잉여금						
자기주식매각						
유상증자						
당기순이익						
기타포괄손익-공정가치측정금융자산평가이익						
20×1년 12월 31일						

07. 사 채

① 사채 (bonds payable)

사채는 주식회사가 거액의 장기자금을 조달하기 위하여 이사회의 결의를 거쳐 사채권을 발행하고, 일반 대중으로부터 자금을 차입하는 것으로, 일정 기간 후에 원금을 상환하고, 정기적으로 이자를 지급하기로 약정한 비유동부채이다.

회계 충전소

▶ 종전 상법에서는 사채 발행 총액은 순자산액의 4배를 초과하지 못하고 1좌의 액면금액은 1만 원 이상이어야 하는 등 사채발행에 대하여 제한이 많았다. 그러나 상법의 개정(2012.4.15)으로 이러한 제한을 모두 폐지하였다.

② 사채의 발행 방법

사채의 발행 방법에는 평가(액면)발행 이외에 사채 액면이자율과 시장(유효)이자율의 차이로 인하여 할인발행, 할증발행의 3가지가 있다.

(1) 평가발행 (액면금액 ₩10,000 = 발행금액 ₩10,000) : (액면이자율 = 유효이자율)

(차) 당 좌 예 금	10,000	(대) 사　　채	10,000

(2) 할인발행 (액면금액 ₩10,000 > 발행금액 ₩8,500) : (액면이자율 < 유효이자율)

(차)	당 좌 예 금	8,500	(대) 사　　채	10,000
	사채할인발행차금	1,500		

(3) 할증발행 (액면금액 ₩10,000 < 발행금액 ₩12,000) : (액면이자율 > 유효이자율)

(차) 당 좌 예 금	12,000	(대)	사　　채	10,000
			사채할증발행차금	2,000

회계 충전소

1. 사채할인발행차금은 사채에 대한 차감적 평가계정으로서, 결산 재무상태표에 사채에서 차감하는 형식으로 표시되며, 사채의 상환기한 내에 유효 이자율법으로 상각하여 그 상각액은 이자비용 계정에 가산한다.
2. 사채할증발행차금은 사채에 대한 부가적 평가 계정으로서, 사채에 가산하는 형식으로 표시되며, 사채의 상환기한 내에 유효이자율법으로 환입하고, 환입액은 이자비용에서 차감한다.

③ 사채 발행 비용의 회계 처리

사채를 발행하기 위한 광고비, 사채권 인쇄비, 금융기관 수수료 등을 사채발행비라 하며, 별도의 계정을 사용하지 않고, 사채발행금액에서 차감한다.

(1) 평가발행 시(액면금액 ₩10,000 = 발행금액 ₩10,000)

(차)	당 좌 예 금	10,000	(대)	사 채	10,000
	사채할인발행차금	2,000		현금(발행비용)	2,000

(2) 할인발행 시(액면금액 ₩10,000 〉 발행금액 ₩8,500)

(차)	당 좌 예 금	8,500	(대)	사 채	10,000
	사채할인발행차금	3,500		현금(발행비용)	2,000

(3) 할증발행 시(액면금액 ₩10,000 〈 발행금액 ₩13,500)

(차)	당 좌 예 금	13,500	(대)	사 채	10,000
				사채할증발행차금	1,500
				현금(발행비용)	2,000

④ 사채이자

사채이자의 현금 지급액에 유효이자율법에 의한 사채할인발행차금 상각액을 가산하여 이자비용 계정 차변에 기입하고, 사채할증발행차금환입액은 차감하여 처리한다.

$$사채이자 = 액면금액 \times 이자율 \times \frac{지급월수}{12}$$

※ **사채할인발행차금상각 : 유효이자율법**

종로상사(주)는 20×1년 1월 1일에 액면 ₩1,000,000, 액면 사채이자율 연 10%, 3년 만기의 사채를 ₩951,980에 발행하고 납입금은 당좌예입하다. 단, 유효이자율 연 12%, 이자 지급은 연 1회이고, 결산일은 12월 31일임

(1) 20×1년 1월 1일 (발행 시 분개)

(차) {	당 좌 예 금	951,980	(대)	사 채	1,000,000
	사채할인발행차금	48,020			

(2) 20×1년 12월 31일 (결산 시 분개)

(차) 이 자 비 용　114,237　(대){ 현금(미지급이자)　100,000
사채할인발행차금　14,237

※ **차금상각** : 951,980×0.12 = 114,237 − (1,000,000×0.1) = 14,237

(3) 20×2년 12월 31일 (결산 시 분개)

(차) 이 자 비 용　115,946　(대){ 현금(미지급이자)　100,000
사채할인발행차금　15,946

※ **차금상각** : (951,980+14,237) × 0.12 = 115,946 − (1,000,000×0.1) = 15,946

(4) 20×3년 12월 31일 (결산 시 분개)

(차) 이 자 비 용　117,837　(대){ 현금(미지급이자)　100,000
사채할인발행차금　17,837

※ **차금상각** : 만기가 3년이므로 최종 연도의 사채할인발행차금상각액은 단수조정(끝자리 숫자를 조정)한다. 48,020 − (14,237+15,946) = 17,837

---

5 **사채의 상환**

이미 발행된 사채권을 회수하기 위하여 대금을 지급하고, 사채권과 교환하는 것을 사채의 상환이라 하며, 상환 방법에는 만기 상환과 만기 전 상환(수시 상환)이 있다.

(1) 만기 상환(일시 상환) : 사채 발행 시 약정한 만기일에 액면금액으로 일시에 상환하는 방법을 말한다.

> 만 기 상 환 시 :　(차)사　채　×××　(대)당좌예금　×××

(2) 만기 전 상환 (수시 상환)

① **연속 상환** : 거액의 사채를 전액 일시 상환하기에는 어렵다. 따라서 여러 번에 걸쳐 연속적으로 액면금액으로 분할 상환하는 방법으로 사채상환손익은 발생하지 않는다.

> 연 속 상 환 시 :　(차)사　채　×××　(대)당좌예금　×××

② **매입 상환** : 일정한 상환일을 정해두지 않고, 회사의 자금 사정과 시장 금리 등을 고려하여, 만기 이전에 시장 가격으로 매입하여 상환하는 방법.

▶ 매입 상환 시(할인 발행한 경우)

(차) 사　　　　　채	×××	(대)	당　좌　예　금	×××
			사채할인발행차금	×××
			사　채　상　환　이　익	×××

회계 충전소

1. 매입 상환 시 사채할인발행차금상각 ＝ 사채할인발행차금 미상각잔액 × $\dfrac{상환액면}{총액면}$

2. 발행 시의 시장(유효)이자율보다 상환 시의 시장(유효)이자율이 상승한다면 상환 시점에서의 사채의 현재가치(실질가치)는 하락할 것이므로 상환이익이 생기고, 상환시의 시장(유효)이자율이 하락한다면 상환 시점에서의 사채의 현재가치(실질가치)는 상승할 것이므로 상환손실이 생긴다. 사채상환손익은 기타손익이다.

---

⑥ 감채기금과 감채적립금

　사채를 상환할 때에는 일시에 많은 자금이 필요하므로, 이에 대비하여 미리 자금을 마련하기 위하여 감채기금과 감채적립금을 다음과 같은 방법으로 적립할 수 있다.

(1) 감채기금만을 설정하는 방법

　　사채 상환을 목적으로 하는 자금을 일반 운용 자금에서 구분하여 현금, 예금, 유가증권 등 특정 자산으로 확보해 두는 것을 감채기금이라 하며, 장기금융상품 계정으로 처리하고 재무상태표에는 장기금융자산(비유동자산)의 과목으로 표시한다.

① 감채의 목적으로 예금 시

(차) 장 기 금 융 상 품	×××	(대) 현　　　　　금	×××

② 예금에 대한 이자 발생 시

(차) 장 기 금 융 상 품	×××	(대) 이 자 수 익	×××

③ 사채 상환 시

(차) 사　　　　　채	×××	(대) 장 기 금 융 상 품	×××

회계 충전소

▶ 단, 보고 기간 후로부터 만기가 1년 이내 도래하는 감채기금은 단기금융상품(유동자산)으로 처리한다.

---

(2) 감채적립금만을 설정하는 경우

　　미처분이익잉여금 중 사채 상환을 위하여 사내에 유보해 두는 것을 감채적립금이라 하며, 사채의 상환으로 목적이 달성되면 별도적립금으로 대체한다.

① 이익 처분 시

(차) 미처분이익잉여금 ×××	(대) 감 채 적 립 금 　×××

② 사채 상환 시

(차)	사　　　　채　 ××× 감 채 적 립 금 ×××	(대)	당 좌 예 금　×××× 별 도 적 립 금　×××

(3) 감채기금과 감채적립금을 동시에 설정하는 경우

　　매 결산기마다 미처분이익잉여금 중 일부를 감채적립금으로 적립하는 동시에 같은 금액을 일반 운용자금에서 분리하여 감채기금으로 하는 방법이다.

① 감채적립금과 감채기금을 동시 설정 시

(차)	미처분이익잉여금 ××× 장 기 금 융 상 품 ×××	(대)	감 채 적 립 금　××× 현　　　　금　×××

② 예금에 대한 이자 발생 시

(차) 장 기 금 융 상 품 ×××	(대) 감 채 적 립 금　×××

> **회계 충전소**
> ▶ 위 분개는 예금에 대한 이자를 대변에 이자수익 계정으로 처리한 후 그 만큼 순이익의 증가로 인하여 감채적립금으로 대체되는 것을 생략한 것이다.

③ 사채 상환 시

(차)	사　　　　채　 ××× 감 채 적 립 금 ×××	(대)	장 기 금 융 상 품　××× 별 도 적 립 금　×××

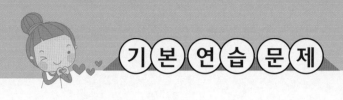

01 다음 거래를 분개하시오.

(1) 7 / 1 : 서울상사는 사채 액면 ₩5,000,000(액면 이자율 연 10%, 유효이자율 연 10%, 상환기간 5년)을 액면 금액으로 발행하고, 납입금은 당좌예금하다.

(2) 12/31 : 결산 시에 위의 사채에 대한 6개월분 사채 이자를 현금으로 지급하다.

No.	차 변 과 목	금 액	대 변 과 목	금 액
(1)				
(2)				

▶ 5,000,000×0.1 = 500,000×6/12 = 250,000

02 다음 거래를 분개하시오.

(1) 1 / 1 : 설악상사(주)는 액면 총액 ₩10,000,000의 사채를 ₩9,620,000에 발행하고, 납입금은 전액 당좌예입하다. 그리고, 사채발행비 ₩100,000은 현금으로 지급하다. 상환기한 3년, 액면 사채이자율 연 10%, 유효이자율 연 12%, 이자 지급과 결산은 연 1회, 12월 31일이다.

(2) 12/31 : 결산 시에 위 사채의 이자 미지급액을 계상하다. 단, 유효이자율법에 의한 사채할인발행차금 상각액은 ₩142,400이다.

No.	차 변 과 목	금 액	대 변 과 목	금 액
(1)				
(2)				

▶ (9,620,000−100,000)×0.12 = 1,142,400−(10,000,000×0.1) = 142,400

03 다음 거래를 분개하시오.

(1) 1 / 1 : 한국상사(주)는 액면 총액 ₩10,000,000(@₩10,000)의 사채를 @₩11,000에 발행하고, 납입금은 전액 당좌예입하다. 그리고 사채발행비 ₩201,500은 현금으로 지급하다. 상환기한 5년, 액면사채이자율 연 10%, 유효이자율 연 8%, 이자 지급과 결산은 연 1회, 12월 31일이다.

(2) 12/31 : 결산 시 위의 사채에 대한 이자 미지급액을 계상하다. 단, 유효이자율법에 의한 사채할증발행차금 환입액은 ₩136,120이다.

No.	차 변 과 목	금 액	대 변 과 목	금 액
(1)				
(2)				

▶ (10,000,000×0.1) − {(11,000,000−01,500)×0.08 } = 136,120

04 다음 연속된 거래를 분개하시오

(1) 사채 액면 총액 ₩5,000,000 상환기한 5년, 발행금액은 액면의 96%로 발행하고, 납입금은 전액 당좌예금하다. 그리고 사채발행비 ₩200,000은 현금으로 지급하다.

(2) 위의 사채를 3년째 초에 액면 ₩2,000,000의 사채를 @₩10,000에 대하여 @₩9,500으로 수표를 발행하여 매입상환하다. 그리고 사채할인발행차금 미상각 잔액은 ₩240,000이다.

No.	차 변 과 목	금 액	대 변 과 목	금 액
(1)				
(2)				

▶ 매입상환 시의 차금상각 : 240,000×2,000,000/5,000,000 = 96,000

05 다음 거래를 분개하시오.

(1) 사채상환 준비자금인 현금 ₩2,000,000을 거래은행에 3년 만기의 정기예금을 하다.

(2) 사채상환 준비자금인 현금 ₩3,500,000으로 2년 후 만기도래인 유가증권을 매입하다. 단, 만기까지 보유할 적극적인 의도가 있다.

(3) 주주총회의 결의로 미처분이익잉여금 중 ₩5,000,000을 감채적립금으로 적립하는 동시에 동액의 현금을 감채기금으로 3년 만기의 신탁예입하다.

(4) 사채 액면 ₩6,000,000을 감채용 정기예금을 인출하여 상환하다.(단, 동액의 감채적립금이 설정되어 있다.)

No.	차 변 과 목	금 액	대 변 과 목	금 액
(1)				
(2)				
(3)				
(4)				

회 계 충전소

▶ **금융부채의 개념**

　　한국채택국제회계기준 제1032호 '금융상품의 표시' 기준서에서는 '금융상품은 거래 당사자 일방에게 금융자산을 발생시키고 동시에 다른 거래 상대방에게 금융부채나 지분상품을 발생시키는 모든 계약으로 정의한다.' 라고 규정하고 있다. 여기서 금융상품(financial instrument)이란 우리가 은행 창구에 가서 예입할 수 있는 예금이나 증서 같은 은행 상품을 말하는 것이 아니라 금융자산, 금융부채, 지분상품을 발생시키는 모든 계약(contract)을 말한다. 즉 상대방과 돈이 오고 갈 수 있는 계약을 체결했는데, 장차 돈을 받게 될 가능성이 있는 유리한 계약이라면 이를 금융자산으로 인식하고, 반대로 장차 돈을 지급해야 할 가능성이 높은 불리한 계약이라면 금융부채로 인식한다. 금융부채의 종류에는 매입채무 및 차입금, 사채 등이 있으며, 비금융부채에는 재화나 용역을 제공하는 의무인 선수금, 선수수익과 계약상의 의무가 아닌 법률상의 의무 등에 속하는 충당부채 및 확정채무가 아닌 법률상의 의무 등에 속하는 확정급여부채 등이 있다.

08. 확정급여부채와 충당부채

① 퇴직 급여 제도

퇴직 급여란 종업원이 퇴직할 때 또는 퇴직 이후에 지급되는 일시불이나 퇴직 연금과 같은 퇴직 급여를 말한다. 퇴직 급여 제도는 기업이 퇴직 급여를 지급하기로 하는 협약을 말하는 것으로 다음 의 두 가지로 분류한다.

(1) 확정 기여 제도(defined contribution plans : DC)

확정 기여 제도는 기업이 별개의 실체인 퇴직연금 사업자(보험회사 등)에 사전에 확정된 고정 기여금(연간 임금총액의 1/12)을 가입자(종업원) 계정에 납입해두는 제도이다. 따라 서 그 기금이 종업원의 퇴직 급여를 지급할 만큼 충분하지 못하더라도 기업에게는 추가로 기여금을 납부해야 하는 법적 의무가 없다.

▶ 확정 기여 제도 하에서 기여금을 현금으로 납부하는 경우

(차) 퇴 직 급 여 ×××	(대) 현　　　　금 ×××

(2) 확정 급여 제도(defined benefit plans : DB)

확정 급여 제도는 확정 기여 제도 이외의 모든 퇴직 급여 제도를 말하는 것으로 이 제도하 에서는 종업원이 받을 퇴직 급여의 규모와 내용이 종업원의 임금과 근무연수에 기초하는 계 산방식에 의하여 사전에 약정된다. 이 제도는 기업이 퇴직 급여와 관련된 기금의 운용을 책임 지기 때문에 기금이 부족한 경우에는 기업이 추가적으로 기여금을 납부해야 할 의무가 있는 경우가 이에 해당한다. 따라서 기업은 퇴직 급여에 대한 충당부채의 회계 처리를 해야 한다.

② 확정 급여 부채(defined benefit liabilities)

확정 급여 제도의 회계 처리는 재무상태표에 확정 급여 제도의 퇴직 급여와 관련되어 표시되 는 부채는 확정 급여 부채(또는 퇴직 급여 부채)인데 이는 비유동부채이며, 확정 급여 채무의 현재 가치에서 사외 적립 자산의 공정가치를 차감하여 표시한다.

확정급여채무 – 사외적립자산 = 확정급여부채(퇴직급여부채)

(1) 확정 급여 채무(defined benefit obligation) : 확정 급여 채무란 종업원이 퇴직한다면 지급 해야 할 퇴직 급여의 현재 가치이다. 즉 종업원이 당기와 과거 기간에 근무 용역을 회사에 제공하고 획득한 급여액을 회사가 보험 수리적 가정을 적용하여 추정한 예상 미래 지급액을 말한다.

(2) 사외 적립 자산(plan assets) : 사외 적립 자산이란 기업이 종업원의 퇴직 급여를 지급하기 위할 목적으로 사외에 기금이나 보험회사에 적립하는 자산을 말한다.

① 당기 말 확정 급여 채무를 ₩300,000 설정한 경우

(차) 퇴 직 급 여	300,000	(대) 확 정 급 여 채 무	300,000

② 보험회사에 기여금 ₩250,000을 현금으로 적립한 경우

(차) 사 외 적 립 자 산	250,000	(대) 현 금	250,000

③ 종업원이 퇴직하여 퇴직금 ₩250,000을 사외 적립 자산에서 지급한 경우

(차) 확 정 급 여 채 무	250,000	(대) 사 외 적 립 자 산	250,000

③ 충당부채 (provision liabilities)

확정부채는 매입채무와 같이 부채가 확실히 존재하고, 지급할 금액과 지급 시기를 비교적 정확하게 파악이 되는 부채를 말한다. 그러나 과거 사건이나 거래의 결과에 의한 현재의 의무로서 지출 시기 또는 금액이 불확실한 부채가 있는데 이를 충당부채라고 하며, 비유동부채에 속한다. 예를 들어 사무용 복사기를 제조·판매하는 회사가 복사기를 구매한 고객에게 일정 사용 기간 내에 제조상 결함이 발견되어 무상으로 수리 서비스를 제공할 경우 회사는 언제, 얼마의 수리비를 누구에게 지출할 것인지 불확실하더라도 미래에 지출할 금액을 추정하여 충당부채로 계상해야 하는 것이다.

▶ 충당부채는 다음의 세 가지 인식조건을 모두 충족하는 경우에만 인식한다.

① 과거 사건의 결과로 현재의무(법적의무와 의제의무)가 존재해야 한다.
② 그 의무를 이행하기 위해서는 경제적효익이 내재된 자원이 유출될 가능성이 높아야 한다.
③ 그 의무의 이행에 소요되는 금액을 신뢰성있게 추정할 수 있어야 한다.

충당부채의 적용대상이 되는 거래나 사건은 제품 보증과 관련된 부채, 판매 촉진을 위한 경품 등과 관련된 부채, 계류 중인 소송사건 등이다. 여기서는 제품보증충당부채에 대하여 살펴보기로 한다.

▶ 제품 보증 충당 부채 (product warranty provision liabilities)

제품 보증이란 제품의 판매 후에 판매자가 구매자에게 일정 사용 기간 내에 제품의 품질·성능 등에 결함이 있을 경우 제품을 수리 또는 교환해 주겠다는 쌍방간의 약정을 말한다. 제품보증비는 금액이나 지출시기 및 대상 고객이 확정되지 않은 비용이지만 장차 부채가 발생할 것이 거의 확실하기 때문에 금액을 합리적으로 추정할 수 있다면 수익·비용대응의 원칙에 의하여 이를 제품보증충당부채(건설업의 경우는 하자보수충당부채)로 인식해야 하는 것이다.

① 기말 결산 시 당기 말 제품보증충당부채를 ₩200,000 설정한 경우

(차) 제 품 보 증 비	200,000	(대) 제품보증충당부채	200,000

② 판매한 제품에 대한 보증비용 ₩150,000을 현금으로 지출한 경우

(차) 제품보증충당부채	150,000	(대) 현 금	150,000

01 다음 거래를 분개하시오.

(1) (주)경기는 확정기여제도 하에서 기여금 ₩5,000,000을 현금으로 납부하다.

(2) (주)서울은 기말 결산 시 확정급여채무 ₩500,000을 설정하고 동시에 A보험회사에 기여금으로 ₩400,000을 현금으로 적립하다.

(3) (주)서울은 종업원이 퇴직하여 퇴직금 ₩300,000을 A보험회사에 적립해 둔 기여금을 인출하여 지급하다.

(4) (주)광화문은 기말 결산 시 판매한 제품에 대하여 2년간 무상수리 서비스를 위한 제품보증충당부채를 ₩500,000 설정하다.

(5) (주)광화문은 판매한 제품에 대한 무상 보증수리를 하고 수리비용 ₩200,000 현금으로 지급하다.

(6) (주)길동은 (주)둘리와의 상표권 침해에 대한 소송에서 패소할 가능성이 매우 높아 그 손해배상액을 ₩3,000,000으로 추정이 되어 손해배상충당부채를 설정하다.

No.	차 변 과 목	금 액	대 변 과 목	금 액
(1)				
(2)				
(3)				
(4)				
(5)				
(6)				

09. 기업의 세무

1 세금의 뜻과 종류

(1) **세금(tax)의 뜻** : 국가 또는 지방자치단체가 특정한 반대급부 없이 개인 또는 기업으로부터 강제적으로 징수하는 금전 또는 재화이다.

(2) **세금의 종류** : 기업의 경영과 관련하여 발생하는 각종 세금은 다음과 같이 회계처리 된다.

세 금 의 내 용	계 정 과 목
건물, 토지 등 유형자산의 취득시 부과되는 취득세, 등록세, 인지세	취득원가에 가산
재산세, 자동차세, 사업소세, 도시계획세, 종합토지세, 상공회의소회비, 적십자회비, 협회비, 조합비	세 금 과 공 과
개인기업의 기업주에 부과되는 종합소득세(사업소득세), 소득할주민세	인 출 금
종업원급여 지급시 원천징수한 근로소득세	소 득 세 예 수 금
법인의 소득에 부과되는 법인세	법 인 세 비 용
상품의 매입과 매출에 부과되는 부가가치세	부가가치세대급금·예수금

회계 충전소

▶ 경상적으로 매기 지출하는 적십자회비는 '세금과공과'로 처리하고, 적십자협회에 별도 기부하는 금액(천재지변으로 인한 이재민돕기성금 등)은 '기부금'으로 처리하여야 한다.

2 부가가치세(value-added tax : V.A.T)

(1) **부가가치세의 뜻** : 재화나 용역의 거래과정에서 발생하는 부가가치(이익)에 대하여 과세하는 간접세로서, 기업은 상품의 매출시 국가를 대신하여 부가가치세를 징수한 후, 매입시 지급한 부가가치세를 차감한 잔액을 신고일에 납부하면 된다.

(2) **부가가치세의 계산 방법**

    (가) 매출세액(부가가치세 예수금) = 매출액 × 세율(10%)

    (나) 매입세액(부가가치세 대급금) = 매입액 × 세율(10%)

    (다) 납부할 세액 = 매출세액(부가가치세예수금) − 매입세액(부가가치세대급금)

(3) **부가가치세의 회계 처리 방법**

    ① 상품을 매입하면

(차)	매 입	2,000	(대)	현 금	2,200
	부가가치세대급금	200			

② 상품을 매출하면

| (차) 현 금 | 3,300 | (대) 매 출 | 3,000 |
| | | 부가가치세예수금 | 300 |

③ 부가가치세를 확정 신고 납부하면

| (차) 부가가치세예수금 | 300 | (대) 부가가치세대급금 | 200 |
| | | 현 금 | 100 |

④ 확정신고 이전에 결산 시 부가가치세를 정리하면

| (차) 부가가치세예수금 | 300 | (대) 부가가치세대급금 | 200 |
| | | 미 지 급 세 금 | 100 |

회계 충전소

1. **전자 신고** : 납세자 또는 세무 대리인이 세법에 의한 신고 관련 서류를 자신의 컴퓨터에서 작성한 후 인터넷을 통하여 국세 전자 신고 시스템에 신고하는 것을 말한다. 이는 지금까지의 방문 신고, 우편 신고, 서면 작성 후 전산 매체 신고와는 구별되는 새로운 신고 방법으로 최근 들어 인터넷 인구의 급속한 증가로 전자 신고의 필요성이 크게 대두되면서 국세 기본법에서도 전자 신고에 관한 규정을 명문화하게 되었다.

2. 부가가치세 확정신고 시 납세자가 전자신고를 하는 경우 납부할 세액에서 일정한 금액을 경감받는데 이 경감액은 납부세액의 크기에 관계없이 누구나 일정하게 ₩10,000을 경감받는다. 이 경감액은 잡이익으로 회계처리한다. 단, 예정신고 시 전자신고를 하더라도 경감 혜택은 없다.

   ▶ 예를 들어 매출세액 ₩500,000, 매입세액 300,000을 확정신고 납부 시 전자신고를 하는 경우

(차) 부가가치세예수금	500,000	(대) 부가가치세대급금	300,000
		현 금	190,000
		잡 이 익	10,000

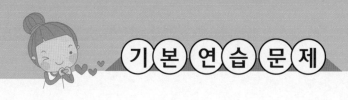

01 다음 거래를 분개하시오.

(1) 영업용 봉고 트럭 1대를 ₩8,000,000에 수표를 발행하여 구입하고, 취득세 ₩250,000 과 등록세 ₩350,000을 현금으로 지급하다.

(2) 자동차세 ₩150,000과 재산세 ₩250,000을 현금으로 납부하다.

(3) 개인기업인 서울상사는 기업주의 종합소득세 ₩540,000을 관할세무서에 현금으로 납부 하다.

(4) (주)남대문은 당월 종업원에 대한 급여 ₩78,500,000을 지급함에 있어 근로소득세 ₩ 3,270,000을 원천 징수한 잔액을 현금으로 지급하다.

(5) 위의 원천징수한 근로소득세를 관할세무서에 현금으로 납부하다.

No.	차 변 과 목	금 액	대 변 과 목	금 액
(1)				
(2)				
(3)				
(4)				
(5)				

02 다음 거래를 분개하시오.

(1) 상품 ₩5,000,000을 매입하고, 대금은 부가가치세 ₩500,000과 함께 수표를 발행하여 지급하다.

(2) 위의 상품을 ₩6,500,000에 매출하고, 부가가치세 ₩650,000과 함께 대금은 외상으로 하다.

No.	차 변 과 목	금 액	대 변 과 목	금 액
(1)				
(2)				

(3) 부가가치세 신고 납기일이 되어 부가가치세 납부 세액을 관할 세무서에 신고하고, 세액은 은행에 현금으로 납부하다. (3개월간 매출 세액 합계 ₩3,800,000 매입 세액 합계 ₩2,500,000)

(4) 상품 ₩800,000을 외상으로 매입하고, 부가가치세 10%도 1개월 후에 지급하기로 하고 세금계산서를 교부 받다.

(5) 결산 시 다음과 같은 부가가치세 계정을 정리하다.

부가가치세대급금	부가가치세예수금
350,000	500,000

(6) 파스칼상사는 20×1년 7월 25일 제1기 부가가치세 확정신고를 국세청 홈텍스에서 전자신고를 하고 부가가치세를 전자신고 시의 경감세액 ₩10,000을 차감한 ₩30,000을 현금으로 납부하였다. 부가가치세 관련 계정이 다음과 같을 때 7월 25일 부가가치세 납부와 관련된 분개는? 단, 예정신고를 하지 않았다고 가정한다.

부가가치세대급금		부가가치세예수금	
4 /10	50,000	4 /20	60,000
6 /20	20,000	6 /25	50,000
7 /12	10,000		

No.	차 변 과 목	금 액	대 변 과 목	금 액
(3)				
(4)				
(5)				
(6)				

4 수익과 비용

01. 매출액과 매출원가

1 매출액

매출액이란 기업의 주된 영업 활동에서 상품이 판매되어 구매자에게 인도되면 이에 따른 판매 대금의 수입 시기와 관계없이 상품을 판매함으로써 발생하는 수익을 '상품 매출'이라는 수익 계정 대변에 기록하는 것을 말한다.

(1) 순매출액이란 총매출액에서 매출 에누리액, 매출 환입액, 매출 할인액을 차감한 금액을 말한다.

- 순매출액 = 총매출액 − (매출 에누리액 + 매출 환입액 + 매출 할인액)

(2) 매출 에누리액이란 매출한 상품 중 불량이나 하자가 발견되어 매출액의 일부를 깎아 주는 것을 말한다.

(3) 매출 환입액이란 매출한 상품 중 불량이나 하자가 있거나 파손 등의 이유로 반품되어 온 것을 말한다.

(4) 매출 할인액이란 상품을 외상으로 매출하고 매출 대금의 회수가 정해진 기간 이전에 빨리 회수되는 경우 회수하는 외상 대금의 일부를 할인해 주는 것을 말한다.

2 매출원가와 매출총이익

매출원가란 상품 매출액에 대응하는 상품의 매입 원가를 말하는 것으로 기초 상품 재고액과 당기 순매입액의 합계액에서 당기에 판매되지 않은 기말상품재고액을 차감하여 산출한다.

- 매출 원가 = 기초상품재고액 + 당기 순매입액 − 기말상품재고액

(1) 순매입액이란 총매입액에서 매입 에누리액, 매입 환출액, 매입 할인액을 차감한 금액을 말한다.

- 순매입액 = 총매입액 − (매입 에누리액 + 매입 환출액 + 매입 할인액)

(2) 매입 에누리액이란 매입한 상품 중 불량이나 하자가 발견되어 매입액의 일부를 깎는 것을 말한다.

(3) 매입 환출액이란 매입한 상품 중 불량이나 하자가 있거나 파손 등의 이유로 반품시킨 것을 말한다.

(4) 매입 할인액이란 상품을 외상으로 매입하고 매입 대금의 지급을 정해진 기간 이전에 빨리 지급하는 경우 지급하는 외상 대금의 일부를 할인받는 것을 말한다.

(5) 매출총이익이란 상품 매출액에서 매출원가를 차감하여 산출한다.

- 매출총이익 = 순매출액 − 매출원가

02. 수익·비용의 개념과 회계 처리

1 수익의 뜻

수익이란 기업이 정상적 영업 활동 과정에서 일정 기간 동안 재화 또는 용역을 공급함으로써 그 대가로 얻어진 금액을 말한다. 이를 보다 명확하게 정의하면 "자산의 증가 또는 부채의 감소로서 자본의 증가를 가져오며, 자본청구권 보유자의 출자와 관련된 것을 제외한다."라고 할 수 있다.

2 수익의 인식 ...

한국채택국제회계기준 제1115호 '고객과의 계약에서 생기는 수익' 기준서에서는 아래와 같이 5단계의 절차를 거쳐 수익을 인식하고, 회계 처리를 하도록 규정하고 있다.

❶ 고객과의 계약을 식별 ➤ ❷ 수행 의무를 식별 ➤ ❸ 거래 가격을 선정 ➤ ❹ 거래 가격을 계약 내 수행 의무에 배분 ➤ ❺ 수행 의무를 이행할 때 수익의 인식

[예제] 【 수익 인식의 5단계 】

▶ (주)대한상사는 원가 ₩300,000의 세탁기 한 대를 고객에게 ₩500,000에 판매하고 현금을 받았다. (주)대한상사는 계속기록법으로 재고자산을 기록하는 경우 수익 인식의 5단계를 적용하여 회계 처리를 하시오.

【풀이】 1. 고객과의 계약을 식별 : 현금 판매 영수증을 통하여 고객과의 계약이 확인되었다.
2. 수행 의무를 식별 : 세탁기 인도라는 하나의 수행 의무가 있다.
3. 거래 가격을 산정 : ₩500,000에 판매하였다.
4. 거래 가격을 계약 내 수행 의무에 배분 : 거래 가격 ₩500,000을 모두 하나의 수행 의무에 배분
5. 수행 의무를 이행할 때 수익의 인식 : 세탁기를 고객에게 인도되었으므로 다음과 같이 판매 시점에서 매출 수익을 인식하고, 직접 관련 비용(매출원가)을 인식한다.

(차변) 현 금	500,000	(대변) 매 출	500,000
매 출 원 가	300,000	상 품	300,000

3 수익의 분류

수익은 영업과 직접 관련이 있는 영업 수익과 영업 활동이 아닌 부수적 활동으로부터 발생하는 수익인 영업외수익으로 구분한다. 한국채택국제회계기준에서는 영업외수익을 기타수익과 금융수익으로 구분하고 있다.

(1) 영업수익 : 영업수익이란 기업의 가장 중요한 영업 활동을 수행함으로써 재화 또는 용역을 제공함에 따라 얻어지는 수익을 말하는 것으로 백화점의 상품 매출액이나, 가구 제조업의 가구 판매액, 호텔업에서의 객실료, 병원 의료업에서의 진료비, 부동산 임대업의 임대료 등이 영업수익으로 분류된다.

(2) **영업외수익** : 영업외수익이란 기업의 주요 영업 활동과는 관련이 없으나 영업 활동의 결과 부수적으로 발생하는 수익을 말하는 것으로 단기대여금이나 은행예금에 대한 이자수익이나, 유형자산처분이익 등이 영업외수익으로 분류된다. 한국채택국제회계기준에서는 이자수익과 배당금수익을 금융수익으로 분류하고 나머지는 기타수익으로 규정하고 있다.

① **이자수익** : 금융기관에 예치한 각종 은행예금이나 단기대여금에 대한 이자를 받았을 때

② **배당금수익** : 투자 수익을 목적으로 보유하고 있는 당기손익－공정가치측정금융자산이나 기타포괄손익－공정가치측정금융자산에 대하여 주주로서 배당금을 받았을 때

③ **임대료** : 토지, 건물 등을 임대하고 임대료를 받았을 때

④ **로얄티수익** : 등록되어 있는 상표권, 특허권, 소프트웨어, 음악 저작권, 영화 필름 등을 타인에게 라이선스(license)를 제공하고 수수료를 받거나 대여 조건으로 사용자가 올리는 매출액의 몇 퍼센트를 로열티로 받았을 때

> ▶ **라이선스** : 라이선스의 사전적 의미는 '행정상의 허가나 면허' 혹은 '신제품이나 제조 기술의 특허권 또는 그것에 대한 사용료를 받고 사용하도록 허가하는 일'이다. 이 때의 사용료를 로열티(royalty)라고 한다.
>
> ▶ **라이선서(licensor)**는 상표 등록된 재산권을 가지고 있는 자를 말하며, 라이선시(licensee)는 이 권리를 대여 받는 자를 가리킨다. 타인이 소유하고 있는 등록된 상표권이나 특허권을 사용료를 주고 대여(제공) 받는 쪽은 '라이선스 계정'으로 무형자산으로 분류한다.

⑤ **당기손익－공정가치측정금융자산처분이익** : 당기손익－공정가치측정금융자산을 장부금액 이상으로 처분하였을 때의 이익

⑥ **당기손익－공정가치측정금융자산평가이익** : 당기손익－공정가치측정금융자산을 결산 시 공정가치로 평가하였을 때의 평가이익

⑦ **유형자산처분이익** : 토지·건물 등을 장부금액 이상으로 처분하였을 때의 이익

⑧ **투자자산처분이익** : 기타포괄손익－공정가치측정금융자산 등의 투자자산을 장부금액 이상으로 처분하였을 때의 이익(기타포괄손익－공정가치측정금융자산처분이익 등)

⑨ **자산수증이익** : 회사의 이해관계자들로부터 무상으로 자산을 기증 받은 경우 자산의 공정가치로 평가한 금액을 말한다. 단, 주주로부터 기증받은 자산수증이익은 자본잉여금에 속한다.

⑩ **사채상환이익** : 회사가 발행한 사채를 만기 이전에 상환하는 경우 상환 시 지급한 대가가 사채의 장부금액보다 적을 때 그 차이를 말한다.

⑪ **채무조정이익** : 회사의 재정 상태가 악화되어 채무 변제 능력이 아주 낮은 경우, 채권자로부터 외상매입금이나 장·단기차입금 등의 채무 중 전부 또는 일부를 조정하여 면제 받은 금액을 말한다.

⑫ **보험금수익** : 화재 보험에 가입한 건물 등이 화재로 발생한 피해액을 보상받았을 때

⑬ **잡이익** : 회사의 폐품 등을 처분하여 받은 금액이나 현금과부족 계정의 대변 잔액이 결산 시까지 원인이 밝혀지지 않았을 때

⑭ **환율변동이익(외환차이)** : 결산 시 화폐성 외화 자산과 부채에 대하여 원화로 환산 시 환율의 변동으로 발생한 외화환산이익과 기간 중에 외화 자산의 회수 또는 외화 부채의 상환 시 환율 변동으로 발생한 외환차익을 통합한 것

회계 충전소

1. 외화대여금(자산)과 외화차입금(부채) … 일반기업회계기준 적용

(1) 결산 시 환율 변동(대여한 경우)

No.	구 분	차 변		대 변	
①	대여한 경우	외 화 대 여 금	1,000	현 금	1,000
②	원 금 > 환산액	외화환산손실	20	외 화 대 여 금	20
③	원 금 < 환산액	외 화 대 여 금	30	외화환산이익	30

(2) 결산 시 환율 변동(차입한 경우)

No.	구 분	차 변		대 변	
①	차입한 경우	현 금	1,000	외 화 차 입 금	1,000
②	원 금 > 환산액	외 화 차 입 금	20	외화환산이익	20
③	원 금 < 환산액	외화환산손실	30	외 화 차 입 금	30

(3) 상환 시 환율 변동

No.	구 분	차 변		대 변	
①	차입한경우	현 금	1,000	외 화 차 입 금	1,000
②	차입금 < 상환액	외 화 차 입 금 외 환 차 손	1,000 50	현 금	1,050
③	차입금 > 상환액	외 화 차 입 금	1,000	현 금 외 환 차 익	960 40

2. 한국채택국제회계기준에서는 외화환산손익과 외환차손익을 구분하지 않고 통괄하여 '외환차이' 또는 외화환산손실과 외환차손을 '환율변동손실'로, 외화환산이익과 외환차익을 '환율변동이익'으로 처리한다.

④ 비용의 뜻

비용이란 기업이 일정 기간 동안 수익을 창출하기 위하여 소비하거나 희생시킨 경제적 자원의 금액을 말한다. 이를 보다 명확하게 정의하면 "자산의 감소 또는 부채의 증가로서 자본의 감소를 가져오며, 자본청구권 보유자에 대한 분배와 관련된 것을 제외한다."라고 할 수 있다.

⑤ 비용의 인식

비용의 인식이란 비용의 발생 시점에 관한 것으로 비용이 속하는 회계 기간을 결정하는 것을 말하는 것으로 비용도 수익과 마찬가지로 이를 신뢰성 있게 측정할 수 있을 때 당기의 손익계산에 포함할 수 있다. 비용은 수익이 인식된 시점에서 수익과 관련하여 비용을 인식하게 되는데 이를 수익·비용 대응의 원칙이라고 하고, 이 원칙은 비용의 인식기준이 된다. 수익에 대응하는 비용을 인식하는 방법에는 다음과 같은 두 가지 방법이 있다.

(1) 직접 대응 : 수익을 얻는 것을 수익의 획득이라고 한다. 직접 대응이란 수익 획득 시점에서 인과 관계가 성립하는 비용의 대응을 말하는 것으로 매출액에 대한 매출원가나 판매비(판매수수료, 운반비) 등이 이에 속한다.

(2) **간접 대응** : 간접 대응은 기간 대응이라고도 하며 발생한 비용이 특정 수익과 직접적인 인과 관계를 명확히 알 수는 없지만 일정 기간 동안 수익 창출 활동에 기여한 것으로 판단되는 비용의 대응을 말하는 것으로 감가상각비, 광고선전비 등과 같은 일반관리비가 이에 속한다.

⑥ 비용의 분류

(1) **매출원가** : 매출원가란 상품 매출액에 대응하는 상품의 매입원가를 말하는 것으로 기초 상품재고액과 당기 순매입액의 합계액에서 당기에 판매되지 않은 기말 상품 재고액을 차감하여 산출한다.

(2) **판매비와관리비** : 판매비와관리비란 상품의 판매 활동과 기업의 관리 활동에서 발생하는 비용으로 매출원가에 속하지 않는 모든 영업비용을 말한다. 이를 세분하면 판매비는 판매 활동을 위해 지출한 마케팅 부서의 종업원급여, 광고선전비, 판매수수료, 운반비 등의 비용으로 물류원가라고도 하고, 관리비란 기업의 주된 영업 활동 중 관리 활동과 관련된 기획부, 경리부, 총무부, 관리부 등에서 기업의 유지, 관리를 위한 임차료, 소모품비, 복리후생비, 수도광열비, 보험료 등의 비용을 말한다. 단, 대손충당금 환입은 판매비와관리비의 부(−)의 금액이다.

① **종업원급여** : 판매 관리 활동 담당 종업원에 대한 급여, 임금 및 제수당을 지급한 경우

② **퇴직급여** : 판매 활동 담당 종업원의 퇴직 시 퇴직금을 지급한 경우와 결산 시 퇴직 급여 부채를 설정한 경우

③ **광고선전비** : 광고선전비란 기업이 상품의 판매 촉진 또는 공급 확대를 위하여 불특정 다수인을 상대로 하여 선전 효과를 얻고자 지출하는 비용을 말하며, 기업 이미지 개선 등의 선전 효과를 위한 광고 비용을 포함한다.

④ **접대비** : 영업과 관련한 거래처의 접대, 향응 등의 접대비와 기밀비, 사례금 등(일종의 마케팅 비용이다.)

⑤ **보관료** : 상품 등의 재고자산을 창고 회사에 보관하고 보관료를 지급한 경우

⑥ **운반비** : 상품을 매출하고 지급한 발송 비용

⑦ **판매수수료** : 판매수수료란 상품의 판매 활동과 관련하여 지급하는 수수료를 말한다. 예를 들면 자동차 세일즈맨 또는 보험 모집 대리점 등에서 판매건수에 따라 지급하는 수수료나 위탁판매 시 수탁인에게 지급하는 수수료 등이 있다.

> ▶ 광고선전비는 다음과 같은 것이 포함될 수 있다.
> ① 신문, 잡지의 광고 게재료
> ② 라디오, TV의 방송 광고료
> ③ 간판, 지하철 등의 부착 광고 비용
> ④ 회사명이 기록된 달력, 수첩, 카탈로그, 회사안내 팸플릿, 광고용 사진, 홍보영화 제작비 등
> ⑤ 견본품, 시제품, 전시회 출품 등을 위한 비용
> ⑥ DM(Direct Mail), TM(Tele Marketing), 포스터 등의 비용
> ⑦ 주주 관련 공고(명의개서 정지공고, 결산공고) 비용
> ⑧ 증정용 소모품(화장지, 물티슈 등) 구입비용

⑧ **복리후생비** : 복리후생비란 종업원 등에게 직접 지급되는 급여, 상여, 수당 등과 같은 인건비와는 달리 근로 환경의 개선이나 근로 의욕의 향상을 목적으로 모든 종업원에게 동일하게 지급되는 비용을 말하는 것으로 다음과 같이 세 가지로 구분된다.

ⓐ **법정복리비** : 법률에 따라 사용자가 부담하는 건강보험료 등의 복리비를 말한다.

ⓑ **복리시설비** : 사택, 기숙사, 식당, 체육시설 등 종업원을 위한 시설과 해당 시설 운영비 등 사용자가 부담하는 부분을 말한다.

ⓒ **기타의 후생비** : 법정복리비와 복리시설비 외의 복리후생비로서 다음과 같은 의료, 친목 활동, 경조, 소모품, 식사 등과 관련한 비용들이 있다.

구 분	복리후생비 예시
의료 관련 비용	의약품 구입비, 정기 건강진단비, 의무실 유지비
친목 활동 관련 비용	운동부, 음악부 등의 동아리 활동지원비 및 연예. 오락비 등
경조 관련 비용	축의금, 조의금 등의 경조비
소모품 관련 비용	작업복, 제복, 유니폼 등의 피복대, 화장실 소모품, 다과비 등
식사 관련 비용	야근, 잔업, 휴일근무 등에 따른 식사. 간식비 등
기타	종업원을 수익자로 하는 보험료, 포상금, 학자금 등

⑨ **통신비** : 통신비란 전화료, 우편료, 우편 봉투나 팩시밀리 용지 구입비, 크리스마스카드나 연하장 구입, 인쇄비 등을 말한다. 단, 통신장비 구입비는 비품 계정으로 처리한다.

⑩ **수도광열비** : 관리 활동에 사용된 수도, 전기, 가스요금 및 난방 비용 등

⑪ **세금과 공과** : 세금과공과란 세금(재산세, 자동차세, 도시 계획세, 면허세, 인지세 등), 공과금(상공회의소 회비, 적십자 회비, 조합 회비, 협회 회비 등), 벌금, 과태료(주차위반 과태료 등)를 말한다. 단, 유형자산의 취득세, 등록 면허세는 해당 자산의 취득원가로 처리한다.

⑫ **임차료** : 토지나 건물을 임차하고 지급하는 임차료 등

⑬ **보험료** : 영업용 건물, 기계장치 등의 화재 보험료를 지급한 경우

⑭ **수선비** : 영업용 건물·비품·기계장치 등의 현 상태 유지를 위한 수리비를 지급한 경우

⑮ **감가상각비** : 건물·기계장치 등의 유형 자산에 대한 감가상각액을 계상한 경우

⑯ **대손상각비** : 매출채권이 회수 불능되었을 때와 결산 시 대손충당금을 설정하는 경우

⑰ **무형자산상각비** : 기업의 특허권 등의 무형 자산을 상각한 경우

⑱ **소모품비** : 사무에 필요한 복사 용지, 장부 등의 문방구 용품을 사용한 경우

⑲ **경상개발비** : 경상개발비란 생산 전 또는 사용 전의 시작품과 모형을 설계, 제작 및 시험하는 개발 단계에 속하는 활동에서 발생한 지출을 말한다.

⑳ **잡비** : 그 발생 금액이 적거나 빈번하지 않은 비용

㉑ **차량유지비** : 영업용 차량에 대한 유류 비용, 엔진오일 교체 비용, 주차 요금, 타이어 교체 비용, 세차 비용, 통행료 등의 유지 비용

㉒ **여비교통비** : 종업원이 영업상의 이유로 지출한 출장 경비인 교통비와 숙박비 등

㉓ **수수료비용** : 수수료비용이란 공인회계사 등에 지급하는 외부 감사 수수료, 변호사 등에 지급하는 법률 자문 수수료, 어음 추심 수수료 등과 같이 기업의 외부관계자로부터 인적 용역을 제공받고 그 용역에 대한 대가로 지급하는 금액을 말한다.

㉔ **도서인쇄비** : 도서인쇄비란 업무에 필요한 서적 구입 비용, 신문구독료, 명함 인쇄비 등을 지출한 금액을 말한다.

㉕ **교육훈련비** : 교육훈련비란 종업원의 직무 능력 향상을 위해 외부 전문 교육기관에 위탁 교육을 하여 교육훈련비를 지출한 비용을 말한다.

㉖ **연구비** : 연구비란 새로운 지식을 얻고자 하는 연구 단계에 속하는 활동에서 발생한 지출액을 말한다.

(3) 영업외비용 : 영업외비용이란 기업의 주요 영업 활동과는 관련이 없으나 영업 활동의 결과 부수적으로 발생하는 비용을 말하는 것으로 단기차입금에 대한 이자비용이나, 유형자산처분손실 등이 영업외비용으로 분류된다. 한국채택국제회계기준에서는 이자비용을 금융원가로 분류하고 나머지는 기타비용으로 규정하고 있다.

① **이자비용** : 이자비용이란 타인 자본을 조달함에 따라 발생하는 이자를 말하는 것으로 차입금에 대한 지급이자나, 사채에 대한 액면이자 지급액과 사채할인발행차금 상각액을 포함한다.

② **기타의 대손상각비** : 매출채권 이외의 기타 채권(단기대여금, 미수금 등)이 회수 불능 되었을 때와 결산 시 기타 채권의 대손충당금을 설정하는 경우

③ **당기손익-공정가치측정금융자산처분손실** : 당기손익-공정가치측정금융자산을 장부금액 이하로 처분하였을 때의 손실

④ **당기손익-공정가치측정금융자산평가손실** : 당기손익-공정가치측정금융자산을 결산 시 공정가치로 평가하였을 때의 평가 손실

⑤ **유형자산처분손실** : 토지, 건물 등을 장부금액 이하로 처분하였을 때의 손실

⑥ **투자자산처분손실** : 기타포괄손익-공정가치측정금융자산 등의 투자자산을 장부금액 이하로 처분하였을 때의 손실(기타포괄손익-공정가치측정금융자산처분손실 등)

⑦ **기부금** : 기부금이란 국가 또는 지방 자치 단체 및 공공단체, 학교, 종교 단체 등에 아무런 대가없이 금전이나 물품을 제공하는 경우의 금액을 말한다. 단, 사업과 직접 관계있는 자에게 기증하는 금액은 접대비로 처리한다.

⑧ **재고자산감모손실** : 결산 시 상품 등의 재고자산의 장부재고액과 실제재고액의 차이로 발생하는 수량 부족으로 인한 손실 중 원가성이 없는 것

⑨ **매출채권처분손실** : 받을어음의 어음 할인 시 할인료

⑩ **잡손실** : 현금의 도난 손실 또는 원인 불명의 현금 부족액 등

⑪ **사채상환손실** : 회사가 발행한 사채를 만기 이전에 상환하는 경우 상환 시 지급한 대가가 사채의 장부금액보다 많을 때 그 차이를 사채상환손실 계정 차변에 기입한다.

⑫ **환율변동손실(외환차이)** : 결산 시 화폐성 외화 자산과 부채에 대하여 원화로 환산 시 환율의 변동으로 발생한 환산 손실과 기간 중에 외화자산의 회수 또는 외화부채의 상환 시 환율 변동으로 발생한 외환 차손

7 법인세비용(income taxes expenses)

(1) 법인세비용 : 법인기업의 각 사업연도 소득에 대하여 과세되는 세금을 말하며, 보고 기간 종료일로부터 3개월 이내에 관할 세무서에 자진신고 납부해야 한다.

① 중간 예납 시

(차) 선 급 법 인 세　　2,000	(대) 현　　　　　금　　2,000

② 결산 시 법인세 추산액 ₩5,000

(차) 법 인 세 비 용　　5,000	(대)	선 급 법 인 세　　2,000 미 지 급 법 인 세　　3,000

③ 확정신고 납부 시

(차) 미 지 급 법 인 세　　3,000	(대) 현　　　　　금　　3,000

(2) 세액의 계산 : 내국 법인의 각 사업 연도의 소득에 대한 법인세는 과세 표준에 다음 표의 세율을 적용하여 계산한 금액을 세액으로 한다.

과세 표준	세　　율
2억 원 이하	과세 표준의 100분의 10
2억 원 초과 200억 원 이하	2천만 원 + (2억 원을 초과하는 금액의 100분의 20)
200억 원 초과 3천억 원 이하	39억8천만 원 + (200억 원을 초과하는 금액의 100분의 22)
3천억 원 초과	655억8천만 원 + (3천억 원을 초과하는 금액의 100분의 25)

회계 충전소

1. 법인세 중간예납액은 직전 사업연도 법인세비용의 1/2 이상을 납부하면 된다.
2. 법인세비용은 법인세에 부과되는 소득할주민세와 농어촌특별세를 포함한다.
3. 미지급법인세는 재무상태표에 당기법인세부채로 표시한다.

03. 종업원급여

　종업원급여란 종업원이 제공한 근무 용역과 교환하여 기업이 제공하는 모든 종류의 대가를 말한다. 종업원에는 이사와 그 밖의 경영진까지 포함되며, 종업원 뿐만 아니라 그 피부양자 또는 수익자에게 제공하는 급여까지 포함한다. 종업원급여는 다음 네 가지로 분류한다.

① 단기종업원급여

　종업원이 관련 근무 용역을 제공하는 회계 기간 말 이후 12개월 이전에 전부 결제될 것으로 예상되는 종업원급여[임금, 사회 보장 분담금(국민 연금), 유급 연차 휴가와 유급 병가 등의 단기 유급 휴가, 이익 분배금, 상여금, 비화폐성 급여(의료, 주택, 자동차, 무상 또는 일부 보조로 제공되는 재화나 용역) 등]

② 퇴직급여

퇴직금(퇴직연금과 퇴직 일시금), 그 밖의 퇴직급여(퇴직 후 생명 보험, 퇴직 후 의료 급여 등)

③ 기타장기종업원급여

　단기종업원급여, 퇴직급여 및 해고급여를 제외한 종업원급여[장기 유급 휴가(장기 근속 휴가, 안식년 휴가), 그 밖의 장기근속급여, 장기장애급여 등]로 종업원이 관련 근무 용역을 제공한 회계 기간 말부터 12개월이 지난 후에 지급될 이익분배금과 상여금

④ 해고급여

종업원을 해고하는 대가로 제공되는 종업원급여(자발적 명예 퇴직 시 지급되는 위로금 등)

회계 충전소

1. 단기종업원급여는 현재 가치로 할인되지 않은 금액으로 측정하여 회계처리한다.
2. 이익분배금 및 상여금은 과거 사건의 결과로 현재의 지급의무가 발생하고 채무금액을 신뢰성 있게 추정할 수 있다면 예상원가를 당기에 비용으로 인식하여야 한다.
3. 누적유급휴가란 당기에 사용되지 않으면 이월되어 차기 이후에 사용되는 유급휴가를 말하며, 아직 가득되지 않은 경우에도 관련 부채는 존재하므로 그 부채를 인식해야 한다.
4. 비누적유급휴가란 이월되지 않으므로 당기에 사용되지 않은 유급휴가는 소멸된다.

01 그림은 상품 매매와 관련된 대화이다. 이를 바탕으로 10월 중 매출총이익을 계산한 것으로 옳은 것은?

① ₩500,000
② ₩1,000,000
③ ₩1,500,000
④ ₩2,000,000

02 다음의 매출 거래를 수익 인식의 5단계를 적용하여 빈 란을 완성하고, 회계 처리를 하시오.

 BTS패션(주)는 원가 ₩200,000의 청바지 한 벌을 고객에게 ₩350,000에 판매하고 현금을 받았다. BTS패션(주)는 재고자산을 계속기록법으로 기록하고 있다.

번호	구 분	답 안
1	고객과의 계약을 식별	
2	수행 의무를 식별	
3	거래 가격을 산정	
4	거래 가격을 계약 내 수행 의무에 배분	
5	수행 의무를 이행할 때 수익의 인식	

03 다음 거래를 분개하시오.

(1) 거래처로부터 토지 1,000㎡ 공정가치 ₩5,000,000을 무상으로 받다.

(2) 영업부진으로 채권자로부터 장기차입금 ₩1,000,000 중 ₩200,000을 면제받고, 잔액은 수표를 발행하여 지급하다.

(3) 보유하고 있는 사채에 대한 만기이자표 ₩50,000을 받다.

(4) 보유하고 있는 주식에 대한 배당금 영수증 ₩200,000을 받다.

(5) 창고에 보관 중이던 빈 박스 등 폐품을 ○○고물상에 매각 처분하고 대금 ₩60,000을 현금으로 받다.

(6) (주)서울은 특허등록상표를 설악상사에 라이선스 제공을 하고, 로열티수수료 ₩350,000 을 현금으로 받다.

No.	차 변 과 목	금 액	대 변 과 목	금 액
(1)				
(2)				
(3)				
(4)				
(5)				
(6)				

04 다음 거래를 분개하시오.

(1) 전 종업원에 대한 독감 예방 접종을 실시하고 접종비용 ₩2,000,000을 서울병원에 현금 으로 지급하다.

(2) 영업 활동과 관련하여 거래처 직원과의 식사 대금 ₩53,000을 국민신용카드로 결제하였다.

(3) 신상품 개발 홍보를 위해 거래처마다 등기 우편을 발송하고, 등기 우편료 ₩150,000을 현금 으로 지급하다.

No.	차 변 과 목	금 액	대 변 과 목	금 액
(1)				
(2)				
(3)				

(4) 종업원의 직무 능력 향상을 위해 한국생산성본부에 위탁 교육을 의뢰하고, 훈련 비용 ₩500,000을 수표를 발행하여 지급하다.

(5) 물품 운반용 트럭에 대한 엔진오일 교체와 세차비용 ₩200,000을 현금으로 지급하다.

(6) 업무에 필요한 전문잡지 등 도서 구입 비용 ₩90,000을 현금으로 지급하다.

(7) 당사의 장부 기장을 의뢰하고 있는 파스칼회계법인에 장부기장 수수료 ₩300,000을 인터넷뱅킹으로 보통예금 계좌에서 이체하여 지급하다.

(8) 이달분 상·하수도 요금 ₩38,700을 공과금수납기기를 통하여 납부하다. 납부액은 보통 예금 계좌에서 이체되었다.

(9) 당사 영업 사원의 부친 회갑연 축하 화환 ₩100,000, 거래처 직원 부친상 조문 화환 ₩100,000을 팔도꽃배달에 주문하고 화환 대금인 ₩200,000을 보통예금 통장에서 이체 하다.

(10) 야근한 당사 직원의 야식비 ₩50,000 현금 지급한 것을 거래처 직원과의 식사 대금으로 잘못 처리한 것을 뒤늦게 판명하다.

(11) 연말을 맞이하여 사랑의 연탄은행에 현금 ₩3,000,000을 기탁하다.

(12) 단기차입금 ₩800,000에 대한 이자 ₩5,000을 현금으로 지급하다.

(13) 금고에 보관중이던 현금 ₩620,000을 도난 당하다.

(14) 거래처의 파산으로 단기대여금 ₩200,000을 대손처리하다. 단, 대손충당금 잔액은 없다.

No.	차 변 과 목	금 액	대 변 과 목	금 액
(4)				
(5)				
(6)				
(7)				
(8)				
(9)				
(10)				
(11)				
(12)				
(13)				
(14)				

다음 연속된 거래를 분개하시오. 단, US \$를 현금으로 환전하며, 일반기업회계기준에 따라 회계 처리할 것.

(1) (주)서울은 3년 후 상환 조건으로 US \$10,000(환율 1\$=1,000)를 차입하다.

(2) (주)서울은 경기의 회복으로 US \$5,000를 환율 1\$=1,100에 현금으로 상환하다.

(3) (주)서울은 결산일에 US \$5,000를 환율 1\$=1,150으로 평가하다.

(4) (주)인천은 5년 후 상환 조건으로 US \$10,000(환율 1\$=1,000)를 대여하다.

(5) (주)인천은 거래처로부터 US \$6,000를 환율 1\$=1,050에 현금으로 회수하다.

(6) (주)인천은 결산일에 US \$4,000를 환율 1\$=1,150으로 평가하다.

No.	차 변 과 목	금 액	대 변 과 목	금 액
(1)				
(2)				
(3)				
(4)				
(5)				
(6)				

 다음 연속된 거래를 분개하시오.

(1) (주)서울상사는 법인세의 중간 예납을 위하여 전년도 법인세비용 ₩1,200,000의 2/1인 ₩600,000을 현금으로 납부하다.

(2) 결산 결과 당기에 부담할 법인세액을 ₩950,000으로 계상하다.

(3) 상기 법인세 미지급액 ₩350,000을 수표를 발행하여 납부하다.

No.	차 변 과 목	금 액	대 변 과 목	금 액
(1)				
(2)				
(3)				

5 결산과 재무제표

결산정리사항의 연습

01 다음 (주)서울상사의 제3기말(20×1. 1. 1 ~ 12. 31) 결산 전 잔액시산표의 일부와 결산 정리 사항이다. 결산 정리 분개를 표시하시오.

잔 액 시 산 표			(일 부)
당기손익-공정가치측정금융자산	850,000	가 수 금	200,000
외 상 매 출 금	400,000	대 손 충 당 금	12,000
받 을 어 음	800,000	건물감가상각누계액	200,000
선 급 보 험 료	50,000	비품감가상각누계액	50,000
가 지 급 금	100,000	확 정 급 여 채 무	300,000
이 월 상 품	200,000	사 채	1,000,000
건 설 중 인 자 산	500,000	부 가 가 치 세 예 수 금	200,000
건 물	1,000,000	잡 이 익	50,000
비 품	300,000		
산 업 재 산 권	80,000		
개 발 비	120,000		
부 가 가 치 세 대 급 금	150,000		
사 채 할 인 발 행 차 금	80,000		
이 자 비 용	15,000		
선 급 법 인 세	200,000		

(1) 기말상품재고액　₩280,000

(2) 가수금은 전액 외상매출금 회수액으로 판명되다.

(3) 매출채권 잔액에 2% 대손충당금을 설정한 경우

(4) 매출채권 잔액에 1% 대손충당금을 설정한 경우

(5) 가지급금은 사원의 출장 여비로 판명되다.

(6) 건설중인 자산은 7월 1일 완성되어 사용중이나 미정리이다.

(7) 감가 상각 $\begin{cases} 건물 : 내용연수 10년, 잔존가치 ₩0 \\ 비품 : 정률 연 5\% \end{cases}$

　단, 기간 중 완성 건물은 월 단위로 상각한다.

(8) 확정급여부채 당기 설정분 ₩200,000

(9) 산업재산권은 당기 초에 취득한 것으로 10년간 균등 상각한다.

(10) 개발비는 5년 균등 상각한다. 단, 개발비는 제1기부터 상각하여 왔다.

(11) 사채이자 미지급액은 ₩50,000이며, 유효이자율법에 의한 사채할인발행차금 상각분은 ₩20,000이다.

(12) 당기손익-공정가치측정금융자산 평가액 ₩870,000

(13) 당기손익-공정가치측정금융자산평가손실 계상액 ₩50,000

(14) 보험료미경과액 ₩12,000

(15) 잡이익은 보험금수익으로 판명되다.

(16) 부가가치세를 정리한다.

(17) 당기 법인세비용 추산액 ₩500,000

(18) 당기 법인세비용 미지급액 ₩300,000 계상하다.

No.	차 변 과 목	금 액	대 변 과 목	금 액
(1)				
(2)				
(3)				
(4)				
(5)				
(6)				
(7)				
(8)				
(9)				
(10)				
(11)				
(12)				
(13)				
(14)				
(15)				
(16)				
(17)				
(18)				

$$\boxed{\text{01. 원장의 마감}}$$

① 총계정원장의 마감

(1) 집합 계정인 손익 계정을 설정하여 수익·비용 계정을 대체하고, 마감한다.

(2) 당기순손익을 산출하여 미처분이익잉여금 계정 또는 미처리결손금 계정에 대체한다.

(3) 자산·부채·자본 계정을 차기이월로 마감하고, 전기이월로 개시 기입한다.

(4) 이월시산표를 작성한다.

기 본 연 습 문 제

01 다음은 (주)서울의 총계정원장의 일부이다. 결산을 맞이하여 수익·비용 계정 및 필요한 계정을 마감하고, 손익 계정을 작성하시오.

보 통 주 자 본 금			
			7,000,000

미 처 분 이 익 잉 여 금			
			60,000

매 출			
			950,000

종 업 원 급 여			
15,000			

이 자 비 용			
5,000			

법 인 세 비 용			
50,000			

<table>
<tr><td colspan="4" align="center">손　　　익</td></tr>
</table>

매　　　입	670,000	매　　　출 (　　　　)	
(　　　　)	(　　　　)	이 자 수 익	30,000
(　　　　)	(　　　　)		
(　　　　)	(　　　　)		
(　　　　)	(　　　　)		
	980,000		980,000

【 대체 분개 】

No.	구　분	차 변 과 목	금　액	대 변 과 목	금　액
(1)	수 익 대 체 분 개				
(2)	비 용 대 체 분 개				
(3)	순이익대체분개				

02. 포괄손익계산서

1 재무제표 (financial statement, F/S)

회계 기간 말에 정확한 재무상태와 재무성과를 기업의 이해관계자인 투자자 · 채권자 · 거래처 · 세무관서 등에게 기업의 경영 활동에 대한 회계 정보를 전달하기 위한 자료로 재무상의 보고서를 작성하게 되는데, 이것을 결산보고서 또는 재무제표라 한다.

【 재무제표의 종류 】

(1) 재무상태표 　　　(2) 포괄손익계산서

(3) 자본변동표 　　　(4) 현금흐름표 　　　　　　(5) 주석

회계 충전소

▶ 한국채택국제회계기준(K-IFRS)에서는 이익잉여금처분계산서를 재무제표에서 제외시키고 회계 정책을 소급 적용하는 경우 비교 기간의 기초 재무상태표를 추가 재무제표로 규정하고 있다.

---

2 포괄손익계산서 (statement of comprehensive income)

포괄손익계산서는 일정 회계 기간 동안 기업의 재무성과에 대한 정보를 제공하기 위해 그 회계 기간에 속하는 모든 수익과 비용을 적정하게 표시하는 재무제표이다. 포괄손익계산서에 표시되는 수익과 비용 항목은 다음 중 한 가지 방법으로 표시해야 한다.

(1) 단일 포괄손익계산서

(2) 두 개의 손익계산서 : 당기순손익의 구성요소를 표시하는 손익계산서와 당기순손익에서 시작하여 기타포괄손익의 구성요소까지 포함하는 포괄손익계산서를 별도로 작성한다.

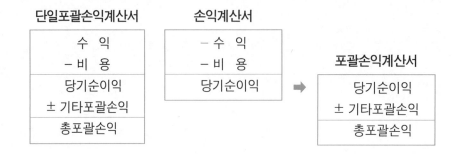

1. 수익과 비용의 분류

(1) 수익 : 수익은 매출액과 기타수익 및 금융수익으로 구분 표시한다. 여기서 기타수익이란 기업의 주된 영업 활동과 관련이 없으나 영업 활동 결과 부수적으로 발생하는 수익으로 임대료, 유형자산처분이익, 투자자산처분이익, 외환차이(환율변동이익), 잡이익 등이 있으며, 금융수익은 기업이 재무활동(기업외부에 투자)으로 얻은 수익으로 이자수익, 배당금수익 등이 있다.

(2) 비용 : 한국채택국제회계기준(K-IFRS)에서는 비용을 성격별분류와 기능별분류 방법을 제시하고 있다.

【 K-IFRS 표준계정과목체계에 따른 포괄손익계산서 형태 】

성격별 분류	기능별 분류
수익	수익 (매출액)
영업비용	매출원가
제품과 재공품의 변동	매출총이익
원재료와 소모품 사용액	판매비와관리비
종업원급여	물류비
감가상각비와 기타 상각비	일반관리비
기타의 영업비용	마케팅비용
영업이익	영업이익
기타수익	기타수익
이자비용	기타비용
기타비용	금융수익
법인세비용차감전순이익	금융원가
법인세비용	법인세비용차감전순이익
당기순손익	법인세비용
기타포괄손익	당기순손익
총포괄손익	기타포괄손익
주당손익	총포괄손익
	주당손익

회 계 충전소

▶ 포괄손익계산서를 작성할 때 최소한으로 구분 표시해야 하는 항목은 수익(매출액), 영업손익, 금융원가, 법인세비용, 당기순손익, 기타포괄손익의 각 구성요소, 총포괄손익이다.

2. 기업의 순손익 산출 과정(기능별 분류)

(1) 당기매출액 − 매출원가 = 매출총손익
(2) 매출총손익 − 판매비와관리비 = 영업손익
(3) 영업손익 + 기타수익 − 기타비용 + 금융수익 − 금융원가 = 법인세비용차감전순손익
(4) 법인세비용차감전순손익 − 법인세비용 = 당기순손익

① **판매비와관리비** : 상품의 판매 활동과 기업의 경영 관리 활동에서 발생하는 비용으로서 매출원가에 속하지 아니하는 물류비, 일반관리비, 마케팅비용 등을 말한다. 종업원급여, 퇴직급여, 복리후생비, 임차료, 접대비, 감가상각비, 무형자산상각비, 세금과공과, 광고선전비, 연구비, 경상개발비, 대손상각비 등이 있다. 단, 대손충당금환입은 판매비와관리비의 부(−)의 금액이다.

② **기타비용** : 기업의 주된 영업 활동 이외의 경영 활동에서 발생한 비용으로 유형자산처분손실, 기부금 등이 있다.

③ **금융원가** : 기업이 재무활동(타인자금의 조달)을 수행함에 따라 발생하는 비용으로 이자비용 등이 있다.

④ **법인세비용** : 법인기업(주식회사)의 사업소득에 부과되는 세금이다.

3. 포괄손익계산서의 양식

포괄손익계산서의 양식에는 계정식과 보고식이 있다. 계정식은 포괄손익계산서를 차변과 대변을 나누어서 차변에는 비용 계정을, 대변에는 수익 계정을 배열하여 작성하는 양식을 말한다. 반면에 보고식은 포괄손익계산서를 위, 아래로 배열하는 양식으로 맨 위에는 수익 계정을 그 밑으로 비용 계정을 차례로 배열하는 양식이다. 한국채택국제회계기준(K-IFRS)에서는 포괄손익계산서를 보고식으로만 작성하도록 하고 있다.

포괄손익계산서(기능별)

(계정식) 20×1. 1. 1 ~ 12. 31 단위:원

비 용		수 익	
매 출 원 가	12,000	매 출 액	20,000
판매비와관리비	3,000	기 타 수 익	2,000
기 타 비 용	1,000	금 융 수 익	1,000
금 융 원 가	1,000		
법 인 세 비 용	2,000		
당 기 순 이 익	4,000		
	23,000		23,000

▶기능별 포괄손익계산서상의 ( )표시는 차감부호이다.

포괄손익계산서(기능별)

(보고식) 20×1. 1. 1 ~ 12. 31 단위:원

과　　　목	당 기 금 액
매　　출　　액	20,000
매　출　원　가	(12,000)
매　출　총　이　익	8,000
판 매 비 와 관 리 비	(3,000)
영　업　이　익	5,000
기　타　수　익	2,000
기　타　비　용	(1,000)
금　융　수　익	1,000
금　융　원　가	(1,000)
법인세비용차감전순이익	6,000
법　인　세　비　용	(2,000)
당　기　순　이　익	4,000

4. 중단영업

　기업이 사업별 또는 지역별로 다양화된 경우 부문별 정보를 통해 기업 전체에 대한 체계적인 판단을 할 수 있게 된다. 그러나 특정 사업부문의 재무성과가 악화되는 경우에는 해당 사업부문의 영업을 중단하게 된다. 한국채택국제회계기준(K-IFRS)에서는 중단영업손익(기업이 특정 사업을 중단하는 경우 당해 중단사업에서 발생하는 손익)이 있는 경우에는 중단영업손익과 계속영업손익을 포괄손익계산서에 구분하여 표시하도록 규정하고 있다. 이때의 중단영업손익은 법인세효과를 차감한 후의 금액으로 표시한다.

【 예제 】 다음은 유통업과 건설업을 경영하고 있는 (주)한국의 20×1년 재무성과 내용이다. (주)한국은 부동산경기의 침체로 건설업의 재무성과가 악화되어 20×2년부터 건설부문의 영업을 중단하기로 하였다. 단, 기타포괄손익은 발생하지 않았다. 20×1년의 포괄손익계산서를 작성하시오.

구 분	유통업	건설업	합 계
매 출 액	500,000	200,000	700,000
총비용(매출원가포함)	(300,000)	(120,000)	(420,000)
법인세비용차감전순이익	200,000	80,000	280,000
법인세비용	50,000	20,000	70,000
당기순이익	150,000	60,000	210,000

풀이

포괄손익계산서

(주)한국　　　20×1년 1월 1일부터 20×1년 12월 31일까지　　　단위 : 원

과　　　목	금액
매　　　출　　　액	500,000
총　비　용(매출원가 포함)	(300,000)
법 인 세 비 용 차 감 전 순 이 익	200,000
법　인　세　비　용	(50,000)
계　속　영　업　이　익	150,000
중단영업이익(법인세효과차감후)	60,000
당　기　순　이　익	210,000

01 (주)경기의 다음 자료에 의하여 포괄손익계산서를 작성하시오. 단, (주)경기의 발행보통주식수는 1,000주(1주당 액면금액은 ₩500)이며, 기타포괄손익은 발생하지 않았다.

포 괄 손 익 계 산 서

(주)경기 20×1년 1월 1일부터 12월 31일까지 단위 : 원		
과 목	제 3 (당) 기	
	금 액	

【자료】

매 출 액	2,000,000
기초상품재고액	300,000
기말상품재고액	500,000
매 입 액	1,500,000
종 업 원 급 여	120,000
광 고 선 전 비	80,000
대 손 상 각 비	20,000
유형자산처분손실	30,000
임 대 료	50,000
기 부 금	25,000
이 자 수 익	30,000
감 가 상 각 비	150,000
이 자 비 용	15,000
법 인 세 비 용	120,000
중 단 영 업 손 실	40,000

과 목	금 액
매 출 액	
매 출 원 가	( )
기 초 상 품 재 고 액	
당 기 매 입 액	
기 말 상 품 재 고 액	
매 출 총 이 익	
판 매 비 와 관 리 비	( )
[ ]	
[ ]	
[ ]	
[ ]	
영 업 이 익	
기 타 수 익	
[ ]	
기 타 비 용	( )
유 형 자 산 처 분 손 실	
[ ]	
금 융 수 익	
[ ]	
금 융 원 가	( )
[ ]	
법인세비용차감전순이익	
법 인 세 비 용	( )
계 속 영 업 이 익	
중 단 영 업 손 실	( )
당 기 순 이 익	
주 당 이 익	₩

02 다음은 (주)파스칼의 제5기(20×1. 1. 1 ~ 12. 31)의 손익에 관한 자료들에 의하여 포괄손익계산서를 작성하시오. 단, (주)파스칼의 발행 보통주식수는 1,000주(1주당 액면금액은 ₩ 500)이며, 기타포괄손익은 발생하지 않았다.

【 5기 수익과 비용 금액 】

매 출 액	₩ 3,730,000
매출에누리와환입액	160,000
매 입 액	2,580,000
매입에누리및환출액	150,000
매 입 할 인	30,000
종 업 원 급 여	135,000
임 차 료	20,000
광 고 선 전 비	10,000
대 손 상 각 비	4,600
감 가 상 각 비	177,500
보 험 료	18,000
도 서 인 쇄 비	12,000
이 자 비 용	81,000
기 부 금	30,000
유형자산처분손실	20,000
이 자 수 익	148,000
임 대 료	45,000
법 인 세 비 용	200,000

포 괄 손 익 계 산 서

(주)파스칼　20×1년 1월 1일 부터 12월 31일 까지　(단위 : 원)

과　　　　　목	제 5 (당) 기
	금　　　액
매　　　출　　　액	
매　　출　　원　　가	(　　　　)
기 초 상 품 재 고 액	300,000
당 기 매 입 액	
기 말 상 품 재 고 액	480,000
매　출　총　이　익	
판 매 비 와 관 리 비	(　　　　)
[　　　　　　　]	
[　　　　　　　]	
[　　　　　　　]	
[　　　　　　　]	
[　　　　　　　]	
[　　　　　　　]	
영　　업　　이　　익	
기　　타　　수　　익	
[　　　　　　　]	
기　　타　　비　　용	(　　　　)
[　　　　　　　]	
[　　　　　　　]	
금　　융　　수　　익	
[　　　　　　　]	
금　　융　　원　　가	(　　　　)
[　　　　　　　]	
법인세비용차감전순이익	
법　인　세　비　용	(　　　　)
당　기　순　이　익	
주　당　이　익	₩

03. 재무상태표

1 **재무상태표**(statement of financial position)

재무상태표는 일정 시점 현재 기업이 보유하고 있는 경제적 자원인 자산과 경제적 의무인 부채, 그리고 자본의 재무상태에 관한 정보를 제공하는 재무보고서로서, 정보이용자들이 기업의 재무구조, 유동성과 지급 능력 등을 평가하는데 유용한 정보를 제공한다.

1. 재무상태표의 작성에 관한 내용

(1) 재무상태표에 표시되는 정보

개정전 기업회계기준서(K-GAAP)는 재무제표 표준양식을 제공하고 자산·부채·자본의 항목을 소분류 수준까지 구체적으로 예시하고 있지만, 한국채택국제회계기준(K-IFRS)에서는 아래와 같이 재무상태표 본문에 구분하여 표시해야 하는 최소한의 항목만 제시하고 있다. 다만, 회사의 재무상태를 이해하는 데 필요한 경우에는 항목, 제목 및 중간합계를 추가로 표시할 수 있다.

【 재무상태표 본문에 구분하여 표시해야 하는 최소한의 항목 】

자　　　산	부채 및 자본
유형자산	매입채무 및 기타채무
투자부동산	충당부채
무형자산	금융부채
금융자산	이연법인세부채
지분법에 따라 회계처리하는 투자자산	매각예정 처분자산집단에 포함된 부채
생물자산	
재고자산	납입자본(기초자본금)
매출채권 및 기타채권	이익잉여금(당기순이익)
현금 및 현금성자산	기타자본구성요소
매각예정 자산 등의 총계	비지배지분(소수주주지분)
이연법인세자산	

회 계 **충전소**

▶ 별색으로 표시되어 있는 항목들이 2급에서 주로 나타나는 것들이며, 항목들의 배열순서는 단순히 재무상태표에 구분 표시하기 위해 성격이나 기능면에서 명확하게 상이한 항목명을 제시한 것으로 표시할 항목의 순서나 형식을 규정한 것은 아니다.

(2) 유동과 비유동의 구분

유동성 순서에 따른 표시 방법이 신뢰성 있고 더욱 목적적합한 정보를 제공하는 경우를 제외하고는 유동자산과 비유동자산, 유동부채와 비유동부채로 재무상태표에 구분하여 표시한다. 유동성 순서에 따른 표시 방법을 적용할 경우 모든 자산과 부채는 유동성의 순서에 따라 표시한다.

어느 표시 방법을 채택하더라도 자산과 부채의 각 개별 항목이 다음의 기간에 회수되거나 결제될 것으로 기대되는 금액이 합산하여 표시되는 경우, 12개월 후에 회수되거나 결제될 것으로 기대되는 금액을 공시한다.

(1) 보고 기간 후 12개월 이내와

(2) 보고 기간 후 12개월 후

회 계 충전소

1. 기업이 명확히 식별 가능한 영업주기 내에서 재화나 용역을 제공하는 경우, 재무상태표에 유동자산과 비유동자산 및 유동부채와 비유동부채를 구분하여 표시한다. 이는 운전자본으로서 계속 순환되는 순자산과 장기 영업활동에서 사용하는 순자산을 구분함으로써 유용한 정보를 제공하기 때문이다. 이는 또한 정상영업주기 내에 실현될 것으로 예상되는 자산과 동 기간 내에 결제 기일이 도래하는 부채를 구분하여 보여준다.

2. 신뢰성 있고 더욱 목적적합한 정보를 제공한다면 하나의 재무제표에 자산과 부채의 일부는 유동/비유동 구분법으로, 나머지는 유동성 순서에 따른 표시방법으로 표시하는 것이 허용된다. 이러한 혼합표시방법은 기업이 다양한 사업을 영위하는 경우에 필요할 수 있다.

3. **정상영업주기란?** 상품을 매입한 시점부터 상품을 판매하여 현금을 회수완료하기까지의 기간을 말하며, 그 기간이 1년 6개월이라면 1년 6개월을 기준으로 유동과 비유동으로 구분할 수 있다.(해당되는 자산은 매출채권, 재고자산이며 부채는 매입채무 등) 흔히 정상영업주기를 적용하는 기업은 조선업이다.

---

(3) 유동자산

자산은 다음의 경우에 유동자산으로 분류하고, 그 밖의 자산은 비유동자산으로 분류한다.

① 기업의 정상영업주기 내에 실현될 것으로 예상하거나, 정상영업주기 내에 판매하거나 소비할 의도가 있다. (매출채권, 재고자산 등)

② 주로 단기매매 목적으로 보유하고 있다. (당기손익-공정가치측정금융자산 등)

③ 보고 기간 후 12개월 이내에 실현될 것으로 예상한다. (단기대여금, 선급금, 미수금, 선급비용 등)

④ 현금이나 현금성자산으로 교환이나 부채상환 목적으로 사용되는 데 제한기간이 보고 기간 후 12개월 이상이 아니다. (특정 현금과 예금 중 사용제한 기간이 12개월 이내인 것)

(4) **유동부채** : 부채는 다음의 경우에 유동부채로 분류하고, 그 밖의 부채는 비유동부채로 분류한다.

① 정상영업주기 내에 결제될 것으로 예상하고 있다.(매입채무)

② 주로 단기매매목적으로 보유하고 있다.(단기매매목적의 금융부채)

③ 보고 기간 후 12개월 이내에 결제하기로 되어 있다.(미지급금, 단기차입금, 당좌차월, 유동성장기부채 등)

④ 보고 기간 후 12개월 이상 부채의 결제를 연기할 수 있는 무조건의 권리를 가지고 있지 않다.(매입채무, 미지급비용 등은 기업의 정상영업주기 내에 사용되는 운전자본의 일부로서 이들은 보고 기간 후 12개월 후에 결제일이 도래한다 하더라도 유동부채로 분류한다.)

(5) **자본** : 자본은 크게 납입자본, 이익잉여금, 기타자본구성요소의 3가지로 분류하고 있다. 여기서 납입자본은 법정자본금과 주식발행초과금으로 실제 주주로부터 납입된 자본을 말하며, 이익잉여금은 법정준비금과 임의적립금 및 미처분이익잉여금으로 구성된다. 또한 기타자본구성요소는 기타자본잉여금과 자본조정 및 기타포괄손익누계액으로 구성된다.(금융감독원 발표, 'K-IFRS 표준계정과목체계')

(6) **재무상태표 또는 주석에 표시되는 정보**

기업은 재무제표에 표시된 개별항목을 기업의 영업 활동을 나타내기에 적절한 방법으로 세분류하고, 그 추가적인 분류 내용을 재무상태표 또는 주석에 공시하여야 한다.

① 유형자산 항목은 기업회계기준서 제1016호에 따른 분류로 세분화한다.

② 채권은 일반상거래 채권, 특수관계자 채권, 선급금과 기타 금액으로 세분화 한다.

③ 재고자산은 기업회계기준서 제1002호 재고자산에 따라 상품, 소모품, 원재료, 재공품 및 제품 등으로 세분화한다.

④ 충당부채는 종업원급여충당부채와 기타항목충당부채로 세분화한다.

⑤ 자본금과 적립금은 자본금, 주식발행초과금, 적립금 등과 같이 다양한 분류로 세분화 한다. 주석으로 표시할 내용은 수권주식 수 등과 같은 주식의 내용에 대한 사항과 자본을 구성하는 각 적립금의 성격과 목적에 대한 설명 등이다.

회 계 충전소

1. 금융상품의 분류

금 융 자 산	금 융 부 채
• 현금및현금성자산 • 당기손익-공정가치측정금융자산 • 기타포괄손익-공정가치측정금융자산 • 상각후원가측정금융자산(수취채권 포함)	• 매입채무 및 기타채무 • 사채

2. 선급비용·선급금·선수수익·선수금은 현금 등 금융자산을 수취할 권리나 지급할 의무가 아니라, 재화나 용역의 수취와 제공을 가져오게 되므로 금융상품이 아니다. 또한 충당부채와 확정급여부채는 금융부채가 아니다.

2. 재무상태표의 양식

재무상태표의 양식에는 계정식과 보고식이 있다. 계정식은 재무상태표를 차변과 대변을 나누어서 차변에는 자산 계정을, 대변에는 부채와 자본 계정을 배열하여 작성하는 양식을 말한다. 반면에 보고식은 재무상태표를 위, 아래로 배열하는 양식으로 맨 위에는 자산 계정을 그 밑으로 부채 계정을, 그 다음에 자본 계정을 차례로 배열하는 양식이다. 한국채택국제회계기준(K-IFRS)에서는 재무상태표를 보고식으로만 작성하도록 하고 있다.

재 무 상 태 표
(계정식)　20×1년 12월 31일

자　　　산		부 채 · 자 본	
자　　　산		**부　　　채**	
유 동 자 산	6,000	유 동 부 채	1,000
비유동자산	4,000	비유동부채	2,000
		자　　　본	
		납 입 자 본	5,000
		이익잉여금	3,000
		기타자본구성요소	(1,000)
	10,000		10,000

재 무 상 태 표
(보고식)　20×1년 12월 31일

과　　　목	당 기 금 액
자　　　산	
유 동 자 산	6,000
비 유 동 자 산	4,000
자 산 총 계	10,000
부　　　채	
유 동 부 채	1,000
비 유 동 부 채	2,000
부 채 총 계	3,000
자　　　본	
납 입 자 본	5,000
이 익 잉 여 금	3,000
기타자본구성요소	(1,000)
자 본 총 계	7,000
부 채 · 자 본 총 계	10,000

기 본 연 습 문 제

01 (주)경기상사의 20×1년 12월 31일 현재의 자산·부채·자본항목에 의하여 계정식 재무상태표를 작성하시오.

【자료】 자산·부채·자본 항목

현 금	₩ 1,800,000	당 좌 예 금	₩ 1,000,000
단 기 금 융 상 품	500,000	당기손익-공정가치측정금융자산	300,000
외 상 매 출 금	2,000,000	대 손 충 당 금	40,000
선 급 비 용	50,000	상 품	800,000
상각후원가측정금융자산	800,000	건 물	1,900,000
건 물 감 가 상 각 누 계 액	300,000	개 발 비	700,000
보 증 금	300,000	단 기 차 입 금	150,000
외 상 매 입 금	800,000	당 기 법 인 세 부 채	200,000
미 지 급 비 용	50,000	사 채	1,000,000
사 채 할 인 발 행 차 금	200,000	장 기 차 입 금	500,000
자 본 금	6,000,000	이 익 준 비 금	650,000
주 식 발 행 초 과 금	100,000	재 고 자 산 평 가 충 당 금	10,000
당 기 순 이 익	500,000	기타포괄손익-공정가치측정금융자산평가이익	50,000

재 무 상 태 표

(주)경기상사   20×1년 12월 31일 현재   단위 : 원

자 산	금 액	부 채 · 자 본	금 액
유 동 자 산		**유 동 부 채**	
현금및현금성자산		매 입 채 무	
단 기 금 융 자 산		단 기 차 입 금	
매 출 채 권		기 타 채 무	
기 타 채 권		**비 유 동 부 채**	
재 고 자 산		장 기 금 융 부 채	
비 유 동 자 산		사 채	
장 기 금 융 자 산		**자 본**	
유 형 자 산		납 입 자 본	
무 형 자 산		이 익 잉 여 금	
기 타 자 산		기타자본구성요소	
자 산 총 계		부 채 · 자 본 총 계	

02 (주)대한상사의 제 3기말(20×1년 12월 31일 현재)의 자산·부채·자본항목에 의하여 보고식 재무상태표를 작성하시오.

현 금	₩ 450,000	당 좌 예 금 ₩ 1,000,000
단 기 금 융 상 품	1,000,000	당기손익-공정가치측정금융자산 300,000
외 상 매 출 금	2,000,000	받 을 어 음 400,000
외상매출금대손충당금	40,000	받 을 어 음 대 손 충 당 금 8,000
선 급 비 용	50,000	미 수 수 익 30,000
상 품	900,000	기타포괄손익-공정가치측정금융자산 1,000,000
보 증 금	400,000	건 물 9,200,000
건 물 감 가 상 각 누 계 액	1,100,000	산 업 재 산 권 360,000
개 발 비	60,000	외 상 매 입 금 1,200,000
지 급 어 음	1,400,000	미 지 급 비 용 350,000
당 기 법 인 세 부 채	750,000	사 채 2,000,000
사 채 할 인 발 행 차 금	200,000	장 기 차 입 금 1,500,000
보 통 주 자 본 금	6,000,000	주 식 발 행 초 과 금 500,000
이 익 준 비 금	302,000	별 도 적 립 금 1,500,000
당 기 순 이 익	800,000	기타포괄손익-공정가치측정금융자산평가손실 100,000

재 무 상 태 표

(주)대한상사	20×1년 12월 31일 현재		단위 : 원	
과 목	제 3 (당) 기		제 2 (전) 기	
	금 액		금 액	
자 산				
유 동 자 산				
현금및현금성자산				
단 기 금 융 자 산				
매 출 채 권				
기 타 채 권				
재 고 자 산				

	전기분 생략
비 유 동 자 산	
장 기 금 융 자 산	
유 형 자 산	
무 형 자 산	
기 타 자 산	
자 산 총 계	
부 **채**	
유 동 부 채	
매 입 채 무	
기 타 채 무	
비 유 동 부 채	
장 기 금 융 부 채	
사 채	
부 채 총 계	
자 **본**	
납 입 자 본	
이 익 잉 여 금	
기 타 자 본 구 성 요 소	( )
자 본 총 계	
부 채 와 자 본 총 계	

04. 현금흐름표

1 현금흐름표(cash flow ststement)

(1) 현금흐름표의 의미

현금흐름표란 기업의 재무상태의 변동 원인을 파악하기 위하여 일정 기간 동안 현금흐름을 분석하여 현금의 유입과 유출에 대한 정보를 제공해 주는 보고서를 말한다. 즉 일정 기간 동안 현금이 어디에서 조달(현금의 유입)되었고, 현금을 어디에다 사용(현금의 유출)하여 그 결과 기말 현금이 기초 현금보다 얼마만큼 증가 또는 감소하였는지에 대한 정보를 제공해 주는 재무제표이다.

(2) 현금흐름표상의 자금의 개념

① 현금의 개념

회계기준에서는 현금흐름표를 작성할 때의 현금의 개념을 현금및현금성자산으로 규정하고 있다.

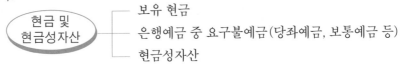

현금 및 현금성자산 ─ 보유 현금
은행예금 중 요구불예금(당좌예금, 보통예금 등)
현금성자산

② 현금성자산(cash equivalents)

㉠ 현금성자산의 충족 요건
㉮ 유동성이 매우 높은 단기투자자산으로서
㉯ 확정된 금액의 현금으로 전환이 용이하고
㉰ 가치 변동의 위험이 경미한 자산

㉡ 현금성자산의 예
㉮ 취득 당시의 만기가 3개월 이내에 도래하는 채권(공·사채, 저축성 예금)
㉯ 취득 당시의 상환일까지 기간이 3개월 이내인 상환 우선주
㉰ 취득 당시의 환매 조건이 3개월 이내의 환매채
㉱ 초단기 수익증권(MMF 포함) : 투자 신탁의 계약 기간이 3개월 이하인 펀드 등

(3) 현금흐름표의 작성 목적

일정 기간 동안 기업의 현금흐름(cash flow)을 영업활동, 투자활동, 재무활동으로 구분하여 현금의 유입과 유출을 표시함으로써 기업의 영업, 투자 및 재무활동에 관한 정보를 제공하는 것이 현금흐름표의 작성 목적이다.

(4) 현금흐름표의 유용성

① 현금흐름표는 다른 재무제표와 같이 사용하는 경우 순자산의 변화, 재무구조(유동성과 지급능력 포함), 그리고 변화하는 상황과 기회에 적응하기 위하여 현금흐름의 금액과 시기를 조절하는 능력을 평가하는데 유용한 정보를 제공한다.

② 현금흐름 정보는 현금및현금성자산의 창출 능력을 평가하는데 유용할 뿐만 아니라 서로 다른 기업의 미래 현금 흐름의 현재가치를 비교, 평가하는 모형을 개발할 수 있도록 한다.

③ 현금흐름 정보는 동일한 거래와 사건에 대하여 서로 다른 회계 처리를 적용함에 따라 발생하는 영향을 제거하기 때문에 영업성과에 대한 기업 간의 비교가능성을 제고한다.

④ 역사적 현금흐름 정보는 미래 현금 흐름의 금액·시기 및 확실성에 대한 지표로 자주 사용된다. 또한 과거에 추정한 미래 현금 흐름의 정확성을 검증하고, 수익성과 순현금흐름 간의 관계 및 물가 변동의 영향을 분석하는 데 유용하다.

⑤ 포괄손익계산서의 당기순이익은 발생주의에 의하여 계산되었으므로 기업의 현금흐름과는 차이가 있다. 발생주의 이익에는 여러 가지 가정·추정 또는 가치평가가 주관적으로 개입되기 때문에 현금흐름에 대한 정보는 중요한 보완 정보가 되는 것이다. 따라서 기업의 이익의 질(quality of earnings)을 평가할 때 이익과 현금흐름을 함께 살펴보면 유용한 정보를 얻을 수 있다.

② 현금흐름표의 양식

한국채택국제회계기준(K-IFRS)에 의한 현금흐름표는 기업의 활동을 영업활동, 투자활동과 재무활동으로 분류하여 이와 관련된 활동에서의 현금 유입과 유출을 구분하여 표시하도록 하고 있다.

【 현금흐름표 양식 요약 】

영업활동 현금흐름		×××
투자활동 현금흐름		×××
1. 투자활동 현금유입액	×××	
2. 투자활동 현금유출액	(×××)	
재무활동 현금흐름		×××
1. 재무활동 현금유입액	×××	
2. 재무활동 현금유출액	(×××)	
현금및현금성자산의 환율변동효과		×××
현금및현금성자산의 증가(감소)		×××
기초의 현금및현금성자산		×××
기말의 현금및현금성자산		×××

③ 현금흐름의 분류

(1) 영업활동 현금흐름(cash flows from operating activities)

영업활동은 기업의 주요 수익 창출 활동을 말하며 투자활동이나 재무활동이 아닌 기타 모든 활동을 의미한다. 영업활동으로 인한 현금흐름은 기업에 있어 현금의 가장 중요한 유입 원천으로서 이를 계산하는 것은 현금흐름표 작성의 핵심적인 부분이다. 영업활동으로 인한 현금흐름의 예는 다음과 같다.

영업활동 현금유입	영업활동 현금유출
재화의 판매와 용역제공에 따른 현금유입	재화와 용역 등의 구입에 따른 현금유출
로열티, 수수료, 중개료 및 기타수익에 따른 현금유입	수수료 및 로열티의 지급 및 기타 영업활동에 따른 현금유출
법인세의 환급	법인세의 납부
당기손익-공정가치측정금융자산의 처분으로 인한 현금유입	당기손익-공정가치측정금융자산의 취득으로 인한 현금유출
기타 영업활동으로 인한 현금유입	종업원과 관련하여 발생하는 현금유출

회 계 충전소

▶ 종전의 기업회계기준에서는 당기손익금융자산의 매매로 인한 현금흐름을 투자활동 현금흐름으로 분류하였으나, 한국채택국제회계기준(K-IFRS)에서는 영업활동 현금흐름으로 분류하도록 하였다. 그 이유는 단기매매목적으로 유가증권 등의 보유는 판매목적으로 매입한 재고자산과 유사하기 때문이다. 단, 설비매각과 같은 거래에서 발생하는 처분손익에 관한 거래는 투자활동으로 분류한다.

현금흐름표상에는 영업활동으로 인한 현금흐름을 계산하는데 있어 직접법(direct method)과 간접법(indirect method) 두 가지 방법을 사용한다. 직접법은 총현금유입과 총현금유출을 주요 항목별로 구분하여 표시하는 방법이고, 간접법은 당기순손익에서부터 시작하여 현금흐름에 영향이 없는 거래들과 투자활동 및 재무활동에 포함되는 거래를 제거하고 영업활동으로 인한 자산과 부채의 영향을 고려함으로써 계산한다.

직 접 법	간 접 법
Ⅰ. 영업활동 현금흐름 　1. 매출 및 수익활동으로부터의 유입 　2. 매입 및 종업원에 대한 유출 　3. 이자수익의 유입 　4. 배당금수익의 유입 　5. 이자비용의 지급 　6. 종업원급여의 지급 　7. 선급보험료의 지급 　8. 매출관련 수수료의 지급 　9. 퇴직보험예치금의 지급	Ⅰ. 영업활동 현금흐름 　포괄손익계산서상의 당기순이익 　1. 영업현금흐름과 관련없는 손익 제거 　　가. 감가상각비(+) 　　나. 대손상각비(+) 　　다. 퇴직급여(+) 　　라. 당기손익-공정가치측정금융자산평가(처분)손실(+) 　　마. 대손충당금환입(-) 　　바. 당기손익-공정가치측정금융자산평가(처분)이익(-) 　2. 영업활동과 관련된 자산, 부채의 증감 　　가. 매출채권의 감소(+) 　　나. 매입채무의 증가(+) 　　다. 재고자산의 증가(-)

(2) 투자활동 현금흐름(cash flows from investing activities)

투자활동은 장기성자산 및 현금성자산에 속하지 않는 기타 투자자산의 취득과 처분에 관련된 활동이다. 투자활동으로 인한 현금흐름의 예는 다음과 같다.

투자활동 현금유입	투자활동 현금유출
유형자산, 무형자산 및 기타 장기성자산의 처분에 따른 현금유입	유형자산, 무형자산 및 기타 장기성자산의 취득에 따른 현금유출
다른 기업의 지분상품이나 채무상품 등의 처분에 따른 현금유입	다른 기업의 지분상품이나 채무상품 등의 취득에 따른 현금유출
대여금의 회수에 따른 현금유입	대여금의 지급에 따른 현금유출

(3) 재무활동 현금흐름(cash flows from financing activities)

재무활동은 기업의 납입자본과 차입금의 크기 및 구성내용에 변동을 가져오는 활동이다. 재무활동으로 인한 현금흐름의 예는 다음과 같다.

재무활동 현금유입	재무활동 현금유출
주식이나 기타 지분상품의 발행에 따른 현금유입	자기주식의 취득이나 상환에 따른 소유주에 대한 현금유출
사채 및 어음의 발행과 기타 장·단기 차입에 따른 현금유입	사채 및 장·단기차입금의 상환에 따른 현금유출
	리스이용자의 금융리스부채 상환에 따른 현금유출

(4) 영업으로부터 창출되지 않은 손익 제거

간접법은 발생주의에 의한 당기순이익에서 시작하므로 현금주의에서 실제 비용과 수익이 아닌 현금의 유출·유입이 없는 비용과 수익은 가감을 해주어야 하고, 또한 투자활동, 재무활동과 관련이 있는 비용·수익은 각 항목에서 조정되어야 하므로 영업활동에서 제외해 주어야 한다. 예를 들어 유형자산처분이익은 투자활동에서 처분금액 총액으로 계상되므로 영업활동에서 차감하지 않으면 이중 계산되기 때문이다.

(가) 영업으로부터 창출되지 않은 비용의 가산

이자관련 비용	이자비용
투자활동관련 비용	유형·무형감가상각비, 기타의대손상각비, 외환손실(대여금 및 미수금 해당분), FVOCI금융자산 및 AC금융자산처분손실 및 손상차손, 유형·무형자산처분손실 및 손상차손
재무활동관련 비용	사채상환손실

(나) 영업으로부터 창출되지 않은 수익의 차감

이자와 배당관련 수익	이자수익, 배당금수익
투자활동관련 수익	대손충당금환입(대여금 및 미수금 해당분), 외환이익(대여금 및 미수금 해당분), FVOCI금융자산 및 AC금융자산처분이익 및 손상차손환입, 유형·무형자산처분이익 및 손상차손환입
재무활동관련 수익	사채상환이익

01 (주)파스칼의 비교재무상태표(약식)와 20×2년의 포괄손익계산서에 의하여 영업활동으로 인한 현금 흐름을 간접법으로 계산하시오.

재 무 상 태 표 (단위 : 원)

과 목	20×2년	20×1년	증 감
현금및현금성자산	646,600	55,000	+ 591,600
단 기 금 융 자 산	66,000	111,000	+ 45,000
매 출 채 권	240,000	156,000	+ 84,000
대 손 충 당 금	(52,500)	(16,500)	(+ 36,000)
재 고 자 산	120,000	213,000	− 93,000
기 계 장 치	50,000	50,000	0
(감가상각누계액)	(22,500)	(15,000)	(+ 7,500)
영 업 권	0	60,000	− 60,000
자 산 총 계	1,047,600	613,500	
매 입 채 무	69,000	141,000	− 72,000
당기법인세부채	150,000	120,000	+ 30,000
장 기 차 입 금	11,400	15,000	+ 3,600
보 통 주 자 본 금	210,000	210,000	0
이 익 잉 여 금	607,200	127,500	+ 479,700
부 채 · 자 본 총 계	1,047,600	613,500	

포 괄 손 익 계 산 서 (단위 : 원)

과 목	금	액
매 출 액		1,350,000
매 출 원 가		432,000
매 출 총 이 익		918,000
기 타 수 익		22,500
당기손익-공정가치측정금융자산평가이익	12,000	
당기손익-공정가치측정금융자산처분이익	10,500	
판 매 비 와 관 리 비		(110,400)
대 손 상 각 비	42,900	
무 형 자 산 상 각 비	60,000	
감 가 상 각 비	7,500	
법 인 세 비 용 차 감 전 순 이 익		830,100
법 인 세 비 용		(174,000)
당 기 순 이 익		656,100

(주)파스칼	현 금 흐 름 표		(단위 : 원)
과 목	금		액
영 업 활 동 현 금 흐 름			
당 기 순 이 익			
영업현금흐름과 관련없는 손익제거			
대 손 상 각 비			
무 형 자 산 상 각 비			
감 가 상 각 비			
당기손익-공정가치측정금융자산평가이익	(	)	
당기손익-공정가치측정금융자산처분이익	(	)	
영업활동과 관련된 자산·부채의 증감		(	)
매 출 채 권 의 증 가	(	)	
재 고 자 산 의 감 소			
매 입 채 무 의 감 소	(	)	
당 기 법 인 세 부 채 의 증 가			

02 (주)서울의 20×1년 12월 31일로 종료되는 회계 연도의 포괄손익계산서상 당기순이익은 ₩1,800,000이다. 다음 자료에 의하여 동 회계 연도의 영업활동으로 인한 현금흐름을 구하면 얼마인가?

(1) 유형자산 감가상각비	₩	380,000
(2) 매출채권 증가액(순액)		150,000
(3) 매출채권 대손상각비		140,000
(4) 매입채무 증가액		250,000
(5) 사채할인발행차금상각		170,000
(6) 당기손익-공정가치측정금융자산평가이익		160,000
(7) 배당금 지급액		600,000
(8) 당기손익-공정가치측정금융자산의 처분(장부금액 ₩630,000)		450,000
(9) 건물의 처분(장부금액 ₩620,000)		900,000

05. 주당이익

① **주당이익** (earning per share, EPS)**의 뜻**

주당이익이란 기업의 당기순이익을 사외에 유통되고 있는 보통주식수로 나누어 얻은 1주당 순이익으로서 한 회계 기간 동안의 회사의 1주당 기업의 수익력을 나타내는 것이다.

$$기본주당이익 \quad = \quad \frac{당기순이익}{유통\ 보통\ 주식수}$$

 회계 충전소

▶ 보통주 당기순이익은 포괄손익계산서상의 당기순이익에서 우선주배당금을 차감하여 산정한다.

 기본연습문제

01 (주)대한의 다음 자료로 아래 물음에 답하시오. 단, 회계 기간은 20×1년 1월 1일부터 12월 31일까지이다.

(1) 재무성과 내역 : 당기순이익	₩ 5,000,000
(2) 기초자본금의 내역 :	
① 보통주 자본금(액면 ₩5,000)	10,000주
② 우선주 자본금(액면 ₩5,000, 배당률 연 10%)	2,000주

(주)대한은 당기 중 자본금의 변동은 없고, 우선주는 비참가적, 비누적적 우선주이다.

(1) 보통주 당기순이익은? ……………………………………………………………………

(2) 유통 보통주식수는? ……………………………………………………………………

(3) 주당이익은? ……………………………………………………………………………

심화학습코너

⟫⟫⟫ 🔁 우발부채, 우발자산

(1) 우발부채 (contingent liabilities)

우발부채는 잠재적인 부채로서 자원의 유출을 초래할 현재 의무가 있는지의 여부가 아직 확인되지 않거나 현재 의무가 존재하지만, 그 의무를 이행하는데 자원의 유출 가능성이 높지 않거나 그 금액을 신뢰성 있게 추정할 수 없는 것으로 부채의 인식기준을 충족하지 못해 부채로 인식하지 아니하고 주석에 기재한다. (**예** : 타인의 채무보증)

 회계 충전소

① 충당부채와 우발부채의 구분

경제적 자원의 유출 가능성	금액을 신뢰성있게 추정 여부	
	추정 가능	추정 불가능
50% 이상	충당부채로 인식	우발부채로 주석 공시
50% 미만이지만 어느 정도 예상	우발부채로 주석 공시	
아주 낮은 경우	별도 공시 필요 없음	

② 일반기업회계기준에 따르면 의무를 이행하기 위하여 자원의 유출 가능성이 전혀 없더라도 '타인에게 제공한 지급보증 또는 이와 유사한 보증', '중요한 계류 중인 소송사건'은 그 내용을 주석으로 기재하도록 요구하고 있다.

(2) 우발자산 (contingent assets)

우발자산은 과거 사건이나 거래의 결과로 발생할 가능성이 있으며, 기업이 전적으로 통제할 수 없는 불확실한 미래 사건의 발생 여부에 의하여서만 그 존재 여부가 확인되는 잠재적 자산을 말하는 것으로 미래에 확정되기까지 자산으로 인식하지 아니하고 자원의 유입 가능성이 매우 높은 경우에만 주석에 기재한다. (**예** : 기업이 제기하였으나 그 결과가 불확실한 소송)

6 재무비율분석

① 재무비율 분석(financial ratio analysis)

　　재무비율분석이란 재무제표상에 재무상태를 나타내주는 자산·부채·자본항목과 경영성과를 나타내주는 수익·비용항목들 사이의 비율을 경제적 의미를 갖도록 상호 연계시켜 의미있는 재무비율을 산출하고 비교하는 방법을 말한다.

② 재무비율 분석기법

　　재무제표분석에는 각 항목간의 상관관계 및 현재와 과거의 상태와 비교했을 때 그 변동의 방향 및 크기가 중요하며 재무제표분석을 통하여 각 항목의 중요한 상관관계를 설정하거나 각 항목의 변동이나 추세를 부각시킬 수 있는데 이를 위한 분석기법에는 추세분석과 수직적 분석 그리고 재무비율분석 등이 있다.

(1) 추세 분석

　　특정 기업의 당해 회계연도와 직전연도를 비교하는 형식으로 공시하는 비교재무제표를 토대로 한 기업의 과거와 현재를 비교하기 위해 기준연도 이후 몇 넌간 재무제표 항목 변동의 크기와 그 방향을 파악하기 위한 분석기법이다.(수평적 분석 접근방법)

(2) 수직적 분석

　　한 회계연도의 재무제표에서 특정 합계액에 대한 그 구성요소들의 비율을 분석하는 방법으로 재무상태표의 각 항목을 총자산에 대한 백분율(%)로 표시한 공통형재무상태표와 손익계산서의 각 항목을 매출액에 대한 백분율로 작성된 공통형손익계산서를 토대로 분석하는 기법이다.(요소구성비율분석)

(3) 재무비율 분석

　　중요한 상관관계가 있는 재무제표 항목간의 비율을 산출하여 그 의미를 해석하거나 상대기업 또는 과거기간 동안의 재무비율과 비교하는 기법이다.

③ 재무비율의 계산 및 활용

　　기업의 단기지급능력을 나타내는 유동성비율, 장기지급능력을 나타내는 레버리지비율, 기업의 성과를 나타내는 수익성비율, 자산의 효율적인 이용도를 나타내는 자산회전률로 분류하여 기업의 재무상태와 경영성과를 평가할 수 있다.

(1) 유동성비율(liquidity ratio)

　　유동성비율이란 기업이 단기 채무를 상환할 수 있는 능력이 있는지를 나타내는 것으로 은행이나 거래처들이 깊은 관심을 가진다.

① 유동비율(current ratio) : 단기채무를 상환할 수 있는 유동자산이 얼마나 되는가를 파악하기 위한 비율이다.

$$유동비율 \;=\; \frac{유동자산}{유동부채}$$

② 당좌비율(Quick ratio) : 단기채무에 대한 기업의 초단기적인 지급능력을 파악하는 데 사용된다.

$$당좌비율 \;=\; \frac{당좌자산}{유동부채}$$

(2) 레버리지비율(leverage ratio) : 레버리지비율이란 안전성비율이라고도 하며, 기업의 부채 의존도를 측정하는 비율이다.

① 부채비율(debt to equity ratio) : 타인자본인 부채와 자기자본인 자본과의 관계를 나타내는 것으로 부채비율이 높을수록 채권자에 대한 위험이 증가한다는 것을 의미한다.

$$부채비율 \;=\; \frac{총부채}{자기자본}$$

② 이자보상비율(times interest earned) : 채권자에게 지급해야 할 고정 비용인 이자 비용의 지급 능력 즉, 안전도를 나타내는 비율로서 이자보상비율이 높을수록 안전도가 높다고 보는 것이다.

$$이자보상비율 \;=\; \frac{영업이익}{이자비용}$$

(3) 수익성비율(profitability ratio) : 수익성 비율이란 투자자와 채권자들로부터 조달된 자본이 얼마나 효율적으로 이용되고 있는지를 나타내는 것으로 기업의 총괄적인 경영 성과와 이익 창출 능력을 평가하는 비율이다.

① 매출액이익률(return on sales ratio) : 매출액으로부터 얼마만큼의 이익을 얻었는지를 나타내는 비율이다.

$$• 매출총이익률 \;=\; \frac{매출총이익}{매출액}$$
$$• 매출액 영업이익률 \;=\; \frac{영업이익}{매출액}$$
$$• 매출액 순이익률 \;=\; \frac{당기순이익}{매출액}$$

② 총자산이익률(return on assets ratio, ROA) : 기업에 투자된 총자산을 통해 수익이 어느 정도 나는지를 검토하는 비율로서 총자본순이익률이라고도 한다.

$$\text{총자산이익률} \quad = \quad \frac{\text{당기순이익}}{\text{평균 총자산}}$$

▶평균 총자산 = (기초 총자산 + 기말 총자산) ÷ 2

③ 자기자본순이익률(return on equity ratio) : 기업에 투자된 자기 자본에 대한 수익성을 나타내는 비율이다.

$$\text{자기자본순이익률} \quad = \quad \frac{\text{당기순이익}}{\text{평균 자기자본}}$$

▶평균 자기 자본 = (기초 자기자본 + 기말 자기자본) ÷ 2

④ 주당순이익(earning per share : EPS) : 보통주 1주당 얼마의 순이익이 발생하는지를 검토하는 비율이다.

$$\text{주당순이익} \quad = \quad \frac{\text{보통주당기순이익}}{\text{유통보통주식수}}$$

⑤ 주가수익률(price earnings ratio : PER) : 주가를 주당순이익으로 나눈 것으로 기업의 적정주가를 검토하는 비율이다.

$$\text{주가수익률} \quad = \quad \frac{\text{주당시가}}{\text{주당순이익}}$$

(4) 활동성비율

활동성비율이란 자산효율성비율이라고도 하며 기업에 투입된 자산이 기업의 영업활동에 어느 정도 활발하게 이루어지고 있는가를 측정하는 지표이다.

① 매출채권회전률(receivables turnover ratio) : 매출채권이 현금화되는 속도 또는 매출채권에 대한 투자효율성을 검토하는 것이다.

$$\text{• 매출채권회전율} \quad = \quad \frac{\text{매출액}}{\text{평균 매출채권}}$$

$$\text{• 매출채권 회수기간} \quad = \quad \frac{365\text{일}}{\text{매출채권회전율}}$$

② 재고자산회전율(inventory turnover ratio) : 매출원가를 평균재고자산으로 나누어 재고자산이 판매되는 속도를 측정하는 것이다.

$$\text{• 재고자산 회전율} = \frac{\text{매출원가}}{\text{평균 재고자산}}$$

$$\text{• 재고자산 회전기간} = \frac{365\text{일}}{\text{재고자산회전율}}$$

③ 정상영업주기 : 정상영업주기란 재고자산이 판매되어 현금화되는 기간을 의미하는 것으로 매출채권회수기간과 재고자산 회전기간을 합하여 구한다.

$$\text{정상영업주기 = 매출채권회수기간 + 재고자산회전기간}$$

④ 총자산회전율(asset turnover ratio) : 총자산이 수익을 창출하는 데 얼마나 효율적으로 이용되고 있는가를 나타내는 비율이다.

$$\text{총자산회전율} = \frac{\text{매출액}}{\text{평균 총자산}}$$

▶평균 총자산 = (기초 총자산 + 기말 총자산) ÷ 2

기본 연습문제

01 (주)하늘의 20×2년과 20×1년의 비교재무상태표와 포괄손익계산서를 자료로 아래 물음에 답하시오.

재 무 상 태 표 (단위 : 원)

과 목	20×2년	20×1년
유 동 자 산	(100,000)	(90,000)
현 금 및 현 금 성 자 산	40,000	20,000
매 출 채 권	40,000	30,000
재 고 자 산	20,000	40,000
비 유 동 자 산	(140,000)	(70,000)
자 산 총 계	240,000	160,000
유 동 부 채	40,000	30,000
비 유 동 부 채	60,000	−
부 채 총 계	100,000	30,000
납 입 자 본	120,000	120,000
이 익 잉 여 금	20,000	10,000
자 본 총 계	140,000	130,000
부 채 와 자 본 총 계	240,000	160,000

포 괄 손 익 계 산 서 (단위 : 원)

과 목	20×2년	20×1년
매 출 액	200,000	150,000
매 출 원 가	140,000	120,000
매 출 총 이 익	60,000	30,000
물 류 원 가 와 관 리 비	48,000	25,000
영 업 이 익	12,000	5,000
기 타 수 익	2,000	1,500
기 타 비 용	1,000	3,000
금 융 원 가	3,000	0
법 인 세 비 용 차 감 전 순 이 익	10,000	3,500
⋮	⋮	⋮
당 기 순 이 익	5,000	2,000

【 참고 자료 】

(1) 20×2년 금융원가는 이자비용 ₩3,000이다.

물음 20×2년의 (주)하늘의 다음 재무비율을 계산하시오.

1. 유 동 비 율 _____

2. 당 좌 비 율 _____

3. 부 채 비 율 _____

4. 이 자 보 상 비 율 _____

5. 매 출 총 이 익 률 _____

6. 매 출 액 영 업 이 익 률 _____

7. 매 출 액 순 이 익 률 _____

8. 자 기 자 본 순 이 익 률 _____

9. 매 출 채 권 회 전 율 _____

10. 재 고 자 산 회 전 율 _____

11. 총 자 산 이 익 률 _____

7 회계변경과 오류수정

1 회계변경(accounting changes)

(1) 회계변경의 개념

회계변경이란 회계환경의 변화나 새로운 회계기준의 제정, 기술 및 기업경영환경의 변화 등으로 인해 기업이 현재 채택하고 있는 회계정책이나 회계추정을 변경하는 것을 말한다.

(2) 회계변경의 유형

(가) 회계정책의 변경(changes in accounting policies)

회계정책이란 기업이 재무제표를 작성·표시하기 위하여 적용하는 구체적인 원칙, 근거, 관행, 규칙 및 실무를 지칭하는 것으로서 회계정책의 변경은 지금까지 기업이 재무제표의 작성과 보고에 적용하던 회계정책을 다른 회계정책으로 바꾸는 것을 말한다. 그러나 회계정책은 기업이 임의로 변경할 수 없으며 다음 중 하나에 해당하는 경우에만 가능하다.(K-IFRS 제1008호)

① K-IFRS에서 회계정책의 변경을 요구하는 경우
② 회계정책의 변경을 반영한 재무제표가 특정거래, 기타사건 또는 상황이 재무상태, 경영성과 또는 현금흐름에 미치는 영향에 대하여 더 신뢰성 있고 목적적합한 정보를 제공하는 경우

▶ K-IFRS의 범위 내에서의 회계정책변경의 예로는 다음과 같다.
① 유형자산의 측정기준을 원가모형에서 재평가모형으로 변경
② 재고자산의 단가결정방법을 선입선출법에서 평균법으로 변경
③ 투자부동산의 측정기준을 원가모형에서 공정가치모형으로 변경

(나) 회계추정의 변경(changes in accounting estimate)

회계추정이란 기업 환경의 불확실성하에서 미래의 재무적 결과를 미리 예측하는 것을 말하는 것으로서, 회계추정의 변경은 자산과 부채의 현재 상태를 평가하거나 자산과 부채와 관련된 예상되는 미래 효익과 의무를 평가한 결과에 따라 자산이나 부채의 장부금액 또는 기간별 자산의 소비액을 조정하는 것을 말한다.

▶ K-IFRS에서 회계추정의 변경이 필요할 수 있는 항목의 예는 다음과 같다.
① 수취채권 등에 대한 대손가능성 추정의 변경
② 재고자산 진부화로 인한 재고자산평가손실 추정치의 변경
③ 금융자산이나 금융부채의 공정가치 추정의 변경

④ 감가상각자산의 내용연수 또는 잔존가치, 감가상각방법의 변경(감가상각자산 에 내재된 미래경제적효익의 기대소비형태의 변경)
⑤ 제품보증비용(충당부채)의 추정률 변경

회 계 ⟩ 충전소

1. 추정의 근거가 되었던 상황의 변화, 새로운 정보의 획득, 추가적인 경험의 축적이 있는 경우 추정의 수정 이 필요할 수 있는데 이는 다음에 학습하는 오류수정에 해당하지 않는다. 오류수정은 당초에 잘못된 정보 에 근거하여 설정된 추정치를 바꾸는 것을 말한다. 예를 들면, 현금주의 회계에서 발생주의 회계로 변경 한 경우이다.
2. 측정기준의 변경은 회계추정의 변경이 아니라 회계정책의 변경에 해당한다. 회계정책의 변경과 회계추 정의 변경을 구분하는 것이 어려운 경우에는 이를 회계추정의 변경으로 본다.

---

② 회계변경의 회계 처리

회계변경의 효과에 대한 회계처리방법에는 소급법, 당기일괄법, 전진법의 세가지 방법 이 있는데, 이는 회계변경의 누적효과(cumulative effect)를 어떻게 처리하는가에 따른 분류이다. 여기서는 소급법과 전진법만 예제를 들어 설명하기로 한다.

▶회계변경의 회계처리예제

(1) 회계정책의 변경(소급법)

① 재고자산 단가결정방법의 변경

(주)대한은 20×1년초에 설립하여 재고자산의 단가결정방법을 평균법을 채택 해 왔으나, 20×3년초부터 선입선출법으로 변경하기로 하였다.

구 분	20×1년	20×2년	20×3년
기말재고자산(평균법)	₩ 40,000	₩ 45,000	₩ 50,000
기말재고자산(선입선출법)	42,000	48,000	49,000

【해설】

▶ 20×2년의 기말재고자산은 20×3년의 기초재고자산이다. 20×3년의 기초재고 자산이 48,000−45,000 = 3,000원이 적으므로 전기이익잉여금과 당기의 매출원가 가 그 만큼 적게 표시된다. 분개는 (차) 매출원가 3,000 (대) 회계변경의 누적효과 (이익잉여금) 3,000으로 회계처리하고, 당기말 재고자산이 50,000−49,000 = 1,000원이 많기 때문에 당기 매출원가는 그 만큼 적게 표시되어 있으므로 (차) 매출 원가 1,000 (대) 재고자산 1,000으로 회계처리한다.

② 유형자산의 측정기준의 변경

(주)파스칼은 20×2년 초에 유형자산을 원가모형에서 재평가모형으로 변경하였다. 해당 건물은 20×1년 초에 ₩200,000에 취득하였고 내용연수는 10년, 잔존가치는 ₩0, 정액법으로 감가상각하였다. 동 건물의 20×1년 말의 공정가치는 ₩250,000으로 측정되었다.

【해설】 ㉠ 감가상각누계액 : (200,000−0)÷10년=20,000
　　　　㉡ 유형자산 : 250,000−200,000=50,000
　　　　㉢ 재평가잉여금 : 250,000−건물 장부금액(200,000−20,000)=70,000

(차)	감가상각누계액	20,000	(대)	재평가잉여금	70,000
	건　　　　물	50,000			

(2) 회계추정의 변경(전진법)

① 감가상각방법의 변경

취득원가 ₩1,000,000, 내용연수 5년, 잔존가치 ₩0의 기계장치를 정액법으로 상각하다가 3차년도부터 연수합계법으로 변경한 경우

1차년도 :	(차) 감 가 상 각 비	200,000	(대) 감가상각누계액	200,000
2차년도 :	(차) 감 가 상 각 비	200,000	(대) 감가상각누계액	200,000
3차년도 :	(차) 감 가 상 각 비	300,000	(대) 감가상각누계액	300,000

【해설】 ㉠ 정액법 적용시 과거 2년간 감가상각누계액
　　　　　　1차 : (1,000,000−0) ÷ 5년 = 200,000
　　　　　　2차 : (1,000,000−0) ÷ 5년 = 200,000
　　　　㉡ 당년도 감가상각비 : (1,000,000−400,000) × 3/(3+2+1) = 300,000

② 내용연수의 변경

취득원가 ₩1,000,000, 내용연수 4년, 잔존가치 ₩0의 비품을 정액법으로 상각해 오다가 3차년도부터 총추정내용연수를 7년으로 변경한 경우

1차년도 :	(차) 감 가 상 각 비	250,000	(대) 감가상각누계액	250,000
2차년도 :	(차) 감 가 상 각 비	250,000	(대) 감가상각누계액	250,000
3차년도 :	(차) 감 가 상 각 비	100,000	(대) 감가상각누계액	100,000

【해설】 ▶미상각잔액 ÷ 변경된 잔존내용연수
　　　　㉠ 1,000,000÷4년 = 250,000(매년 상각비)
　　　　㉡ {1,000,000−(250,000×2년)} ÷ [(4년−2년)+3년] = 100,000

③ 오류수정

(1) 오류(errors)의 개념

　회계의 오류는 산술적 계산오류, 회계정책의 적용오류, 사실의 간과 또는 해석의 오류 및 부정 등으로 인해 발생한다. 전기오류란 전기 또는 그 이전기간의 재무제표를 작성할 때 신뢰할 만한 정보를 이용하지 못했거나, 이를 잘못 이용하여 발생한 재무제표의 누락이나 왜곡표시를 말한다.

(2) K-IFRS 제1008호에서의 오류 수정

　과거 우리나라의 기업회계기준은 전기오류의 수정금액을 1998년 12월 개정 시 전기이월이익잉여금에 반영하는 것으로 변경한 바 있고, 이후 한국회계기준원이 2001년 3월에 공표한 기업회계기준서 제1호에서는 전기오류수정손익을 당기손익으로 인식하되, 중요한 오류는 전기이월이익잉여금에 반영하고 비교표시되는 과년도 재무제표를 재작성하도록 요구했었다. K-IFRS 제1008호에서는 중요한 오류를 후속기간에 발견한 경우 이러한 오류는 전기오류에 해당하며, 중요한 전기오류가 발견된 이후 최초로 발행을 승인하는 재무제표에 다음의 방법으로 전기오류를 소급하여 수정하도록 규정하고 있다.

① 오류가 발생한 과거기간의 재무제표가 비교표시되는 경우에는 그 재무정보를 재작성한다.

② 오류가 비교표시되는 가장 이른 과거기간 이전에 발생한 경우에는 비교표시되는 가장 이른 과거기간의 자산·부채 및 자본의 기초금액을 재작성한다. 즉, 전기오류의 수정기록은 오류가 발견된 기간의 당기손익으로 보고하지 않고 전기오류의 누적효과를 전기이월이익잉여금에 반영해야 한다.

④ 오류의 유형

(1) 순이익에 영향을 미치지 않는 오류 − 계정과목 분류상의 오류

① 재무상태표 오류 : 장기대여금을 단기대여금으로 잘못 분류한 오류

② 포괄손익계산서 오류 : 여비교통비를 통신비로 잘못 분류한 오류

(2) 순이익에 영향을 미치는 오류 : 순이익에 영향을 미치는 오류는 재무상태표와 포괄손익계산서 모두에 영향을 미치는 오류이다. **예** 임차료 미지급액의 계상누락 등

① 자동조정적 오류(counterbalancing errors) : 발생한 오류가 두 회계 기간을 통하여 오류의 효과가 자동조정되는 오류를 말한다. **예** 재고자산의 과대, 과소계상, 선급비용, 선수수익의 계상 누락 등

② 비자동조정적 오류(non-counterbalancing errors) : 발생한 오류가 차기 회계연도 말까지도 수정하지 못하므로서 두 회계기간의 경과만으로 자동 조정되지 않는 오류를 말한다. **예** 유형자산의 감가상각비를 과소, 과대계상

01 다음은 회계변경에 대한 유형이다. 회계정책의 변경은 P, 회계추정의 변경은 E를 ( ) 안에 표기하시오.

(1) 건물의 감가상각 방법을 정액법에서 정률법으로 변경하였다. (   )

(2) 유형자산의 측정기준을 원가모형에서 재평가모형으로 변경하였다. (   )

(3) 외상매출금과 미수금에 대한 대손추정률을 1%에서 2%로 변경하였다. (   )

(4) 물가상승으로 인하여 재고자산의 흐름을 선입선출법에서 평균법으로 변경하였다. (   )

(5) 사용중인 기계의 내용연수를 4년에서 6년으로 변경하였다. (   )

02 (주)백두는 20×1년 초에 내용연수 5년, 취득원가 ₩2,000,000, 잔존가치는 없는 기계를 정액법으로 상각해 오다가 3차년도부터 총 추정 내용연수를 10년으로 변경한 경우의 3차년도 말의 감가상각비 분개는? 단, 전진법에 의한다.

차 변 과 목	금 액	대 변 과 목	금 액

03 다음은 (주)서울의 20×1년과 20×2년 매출원가에 대한 자료이다. 아래 물음에 답하시오.

	20×1년	20×2년
• 기초상품재고액	200,000	300,000
• 당기매입액	1,400,000	1,500,000
• 기말상품재고액	(300,000)	(400,000)
• 매출원가	1,300,000	1,400,000

(주)서울의 재고자산의 감사 결과 20×1년의 기말상품이 ₩20,000 과대평가된 것을 발견하였다.

(1) (주)서울의 20×1년과 20×2년의 정확한 매출원가는?

(2) (주)서울의 20×1년과 20×2년의 수정전 당기순이익이 각각 ₩600,000과 ₩700,000인 경우 정확한 당기순이익은?

영역별 객관식 문제

01 회계에서 '인식되었다' 라는 용어는 다음 중 어떠한 용어와 개념이 동일한가?

① 실현되었다　　　② 분할되었다　　　③ 기록되었다　　　④ 성립되었다

02 다음 중 회계의 목적이라고 볼 수 있는 것을 모두 고르면?

> 가. 회계정보이용자의 합리적인 의사결정에 유용한 정보를 제공한다.
> 나. 기업의 인적 역량 강화를 위한 유용한 정보를 제공한다.
> 다. 기업의 미래 현금 창출 능력에 대한 정보를 제공한다.
> 라. 기업의 재무상태와 재무성과, 현금흐름 및 자본의 변동에 관한 정보를 제공한다.

① 가, 나, 다　　　② 가, 다, 라　　　③ 나, 다, 라　　　④ 다, 라

03 회계정보이용자별 이용 목적으로 옳지 않은 것은?

① 경영자는 회계정보를 이용하여 예산과 실적 차이를 분석하고 성과를 파악함으로써 합리적인 기업경영을 할 수 있다.
② 투자자는 자신이 투자한 자본에 대하여 미래에 발생할 수 있는 배당수익에 대한 기대와 그 위험을 예측할 수 있다.
③ 채권자는 대여한 대여금의 원금회수 가능성과 그 이자수취 가능성을 예측할 수 있다.
④ 종업원은 경영층과 노동계약 및 근로조건에 대한 협상을 통하여 기업경영 계획수립에 직접 참여할 수 있다.

04 회계정보에 대한 설명으로 틀린 것은?

① 회계정보는 보고기업의 거래 기록외 경제적 상태를 보고하는 것도 포함한다.
② 인식은 장부에 기록하여 재무제표에 반영할 수 있도록 하는 것이다.
③ 측정은 거래를 기록할 때 화폐단위로 표시하는 것을 의미한다.
④ 보고기업의 거래에 대한 자료를 어떻게 분류하고 요약, 저장할 것인지는 이용자가 다르더라도 통일되어야 한다.

05 회계의 역할이 아닌 것은?

① 경제적 자원의 효율적 배분　　　② 수탁책임에 관한 보고
③ 사회적 통제의 합리적인 수행　　　④ 경영진의 업무집행을 감시

06 재무회계에 관한 설명으로 가장 적절하지 않은 것은?

① 기업의 내부이해관계자인 경영진에게 유용한 정보를 제공하는 것을 주된 목적으로 한다.
② 보고 수단의 재무제표에는 재무상태표, 포괄손익계산서, 현금흐름표, 자본변동표, 주석 등이 있다.
③ 특정 시점의 재무상태를 나타내는 보고서는 재무상태표이다.
④ 일반적으로 인정된 회계원칙의 지배를 받는다.

07 재무제표 요소들에 대한 다음 설명 중 잘못된 것은?

① 자산 : 과거 사건의 결과로 기업이 통제하는 경제적 자원이다.
② 부채 : 과거사건의 결과로 기업이 경제적 자원을 이전해야 하는 현재의무이다.
③ 수익 : 현금의 유입을 지칭하는 것으로 기업이 벌어들인 총액에서 비용을 차감한 것을 말한다.
④ 비용 : 자산의 감소 또는 부채의 증가로서 자본의 감소를 가져오며, 자본청구권 보유자에 대한 분배와 관련된 것을 제외한다.

08 주요 경영활동으로서의 재화의 생산, 판매, 용역의 제공 등에 따른 경제적 효익의 유입으로서, 자산의 증가 또는 부채의 감소 및 그 결과에 따른 자본의 증가로 나타나는 것을 무엇이라고 하는가?

① 자산　　　　　② 부채　　　　　③ 수익　　　　　④ 비용

09 자산의 측정기준에 대한 설명이다. 잘못된 것은?

① 역사적원가로 자산을 측정하는 경우에는 취득 후에 그 가치가 변동하더라도 역사적원가를 그대로 유지한다.
② 현행원가는 측정일 현재 동등한 자산의 원가로서 측정일에 지급할 대가와 그 날에 발생할 거래원가를 포함한다.
③ 사용가치는 기업이 부채를 이행할 때 이전해야 하는 현금이나 그 밖의 경제적자원의 현재가치이다.
④ 공정가치는 측정일에 시장참여자 사이의 정상거래에서 자산을 매도할 때 받거나 부채를 이전할 때 지급하게 될 가격이다.

10 (주)한국은 10년 전 20억 원에 취득한 토지를 당해 연도 말의 시가가 100억 원으로 상승하였는데 재무상태표에 계속해서 20억 원으로 기록하고 있다. (주)한국은 어떤 측정기준을 따르고 있는 것인가?

① 실현가능가치   ② 현재가치
③ 현행원가   ④ 역사적원가

11 재무제표 작성 시 미지급비용이나, 선급비용, 각종 충당금 설정 등에 대한 수정분개를 정당화시키는 회계개념과 가장 가까운 개념은?

① 계속기업   ② 발생기준
③ 비교가능성   ④ 기업실체

12 한국채택국제회계기준(K-IFRS)에서 제시하는 재무제표의 질적 특성에 속하지 않는 것은?

① 표현충실성   ② 목적적합성
③ 이해가능성   ④ 이중성

13 재무정보의 유용성(usefulness)을 증대시키는 가장 근본이 되는 재무정보의 질적특성은 어는 것인가?

① 이해가능성과 충분성   ② 목적적합성과 표현충실성
③ 표현충실성과 명료성   ④ 비교가능성과 적시성

14 회계정보의 근본적 질적 특성에 대한 설명으로 옳은 것은?

① 재무정보의 근본적인 질적특성은 목적적합성, 표현충실성, 비교가능성, 적시성 등이 있다.
② 비교가능성은 근본적 질적 특성의 하나로 정보이용자가 항목간의 유사점과 차이점을 식별하고 이해할 수 있게 하는 질적특성이다.
③ 재무정보에 예측가치, 확인가치 또는 이 둘 모두가 있다면 그 재무정보는 의사결정에 차이가 나도록 할 수 있다.
④ 적시성은 의사결정에 영향을 미칠수 있도록 의사결정자에게 제때에 이용가능하게 하는 근본적 질적 특성을 말한다.

15 유용한 재무정보의 보강적 질적 특성에 대한 설명으로 옳지 않은 것은?

① 보고기업에 대한 정보는 다른 기업에 대한 유사한 정보와 비교할 수 있어야 한다.
② 재무보고서는 나타내고자 하는 현상을 완전하고, 중립적이며, 오류가 없이 서술하여야 한다.
③ 의사결정에 영향을 미칠 수 있도록 의사결정자가 정보를 제때에 이용가능하게 하여야 한다.
④ 정보는 의사결정자가 이해가능하도록 명확하고 간결하게 분류하고, 특정지으며 표시하여야 한다.

16 자산평가의 기준으로서 역사적원가가 적용됨으로써 현행원가에 비하여 제고되는 재무보고 정보의 질적특성이 있는 반면 저하되는 질적특성이 있어 양 기준간에는 질적특성의 상충관계가 존재한다. 이 경우에 해당하는 상충관계를 갖는 재무보고의 질적특성의 가장 적합한 것은 어느 것인가?

① 표현충실성과 목적적합성   ② 예측가치와 확인가치
③ 검증가능성과 비교가능성   ④ 표현충실성과 중립성

17 재무보고를 위한 개념체계에서 규정하고 있는 유용한 질적 특성이 아닌 것은?

① 원가   ② 목적적합성
③ 표현충실성   ④ 이해가능성

18 재무보고의 기본가정에 해당하는 것은?

① 목적적합성   ② 계속기업
③ 발생기준   ④ 표현충실성

19 재무보고의 기본가정 중 계속기업에 대한 내용이다. 잘못된 것은?

① 건물 등을 역사적원가로 기록하였다.
② 유형자산의 감가상각을 행하다.
③ 상품을 판매한 시점에서 수익을 기록하였다.
④ (주)둘리는 곧 청산할 것으로 예상하여 자산을 취득원가가 아닌 청산가치로 인식하였다.

20 일반적으로 인정되는 회계의 원칙이 아닌 것은?

① 수익실현의 원칙   ② 수익비용대응의 원칙
③ 역사적원가의 원칙   ④ 시산표작성의 원칙

21 금액이 작은 사무용 또는 청소용 소모품은 자산으로 계상하거나 구입된 기간의 비용으로 기입할 수 있다. 소모품을 구입한 기간에 소모품비라는 비용으로 기록하는 회계처리의 근거는 무엇인가?

① 발생주의   ② 보수주의
③ 수익비용대응   ④ 중요성

22 현금및현금성자산에 포함시킬 수 없는 것은?

① 공·사채의 만기이자표   ② 양도성예금증서
③ 정부보조금 지급통지서   ④ 배당금 지급통지표

23 다음 자료를 이용하여 재무상태표에 현금및현금성자산으로 표시되는 금액을 구하면 얼마인가? 단, 아래의 정기예금은 결산일로부터 6개월 후에 기한이 도래한다.

가. 지 폐	₩100,000	나. 타 인 발 행 수 표	₩80,000
다. 당 좌 예 금	50,000	라. 정 기 예 금	60,000
마. 만기도래공채이자표	30,000	바. 외 상 매 출 금	40,000
사. 자 기 앞 수 표	5,000		

① ₩260,000   ② ₩265,000
③ ₩320,000   ④ ₩325,000

24 은행계정조정표를 작성하는 목적으로 가장 옳은 것은?

① 은행측의 장부 잔액과 회사의 장부 잔액이 일치하지 않는 원인을 규명하기 위하여
② 당좌예금출납장을 특수분개장으로 사용할 때 매입과 매출을 일괄전기하기 위하여
③ 당좌차월 한도액까지 수표를 발행하였을 때 그 내용을 설명하기 위하여
④ 당좌예금 인출시 발행되는 당좌수표에 일련번호를 붙여 발행을 통제하기 위하여

25 다음 자료에 의하여 은행계정조정표를 작성하면 수정 후 당좌예금 잔액은 얼마인가?

> ㉠ 은행잔액증명서의 잔액 : ₩540,000
> ㉡ 당좌예금출납장의 잔액 : ₩235,000
> ㉢ 발행한 수표 ₩120,000이 은행에서 미지급
> ㉣ 거래처의 외상 대금 ₩200,000이 은행에 입금되었으나, 회사에 통지미달
> ㉤ 당좌차월 이자 ₩15,000 차감액이 회사에 통지미달

① ₩420,000　　　② ₩540,000　　　③ ₩515,000　　　④ ₩435,000

26 다음 중 단기금융상품으로 분류될 수 있는 항목을 모두 고른 것은?

(a) 6개월 만기 정기예금	(b) 선일자수표
(c) 우편환증서	(d) 환매채(90일 환매조건)
(e) 기업어음(180일 만기)	(f) 장기성 당좌개설보증금

① a, b, e, f　　　② a, c, e, f　　　③ a, e, f　　　④ a, e

27 채권과 채무에 대한 설명이다. 옳지 않은 것은?

① 현금이 실제로 지출되었으나, 회계처리할 계정과목이나 금액이 확정되지 않은 경우, 계정과목이나 금액이 확정될 때까지 임시로 처리하기 위하여 가지급금 계정으로 설정한다.
② 상품의 인도가 이루어지기 전에 매매계약을 확실히 하기 위하여 상품대금의 일부를 미리 받은 경우에 발생하는 채무는 선수금 계정으로 기록한다.
③ 종업원의 소득세, 조합비, 보험료 등을 기업이 일시적으로 대신 보관하고 있을 때 발생하는 채무는 예수금 계정으로 기록한다.
④ 재산의 변동이 있었으나, 아직 사건이 해결되지 않아서 계정과목이나 금액이 확정되지 않은 거래를 일시적으로 처리하기 위하여 가수금 계정으로 기록한다.

28 (주)상공은 상품매매기업이다. 직불카드 및 신용카드의 사용에 대한 내용으로 옳지 않은 것은? 단, 직불카드 및 신용카드 결제계좌는 보통예금이다.

① 직불카드 및 신용카드는 대금결제수단이다.
② 상품 매출 대금을 신용카드로 결제한 경우 외상매출금으로 처리한다.
③ 상품이 아닌 재화의 매입대금을 신용카드로 결제한 경우 외상매입금으로 처리한다.
④ 상품을 매입하고 직불카드로 결제한 경우 보통예금으로 처리한다.

29 상품권에 대한 회계처리의 설명으로 옳지 않는 것은?

① 매출 수익은 물품 등을 제공하고 상품권을 회수한 때에 인식한다.

② 상품권의 잔액을 환급하는 경우에는 환급하는 때에 선수금과 상계한다.

③ 상품권의 유효기간이 경과하고 상법상 소멸시효가 완성한 경우에는 소멸시효의 완성 시점에서 잔액을 전부 당기의 기타수익으로 인식한다.

④ 상품권을 할인 판매한 경우에는 할인액을 차감한 금액을 선수금으로 계상한다.

30 (주)한국의 매출채권에 관한 내용이다. 이 자료를 이용하여 20×2년 3월 31일의 대손충당금 잔액을 구하면 얼마인가? 단, 충당금설정법에 의한다.

- 20×1년 12월 31일 현재 (주)상공의 매출채권 총액 : ₩50,000,000
- 20×1년 12월 31일 결산 시 매출채권 총액에 대한 대손충당금 추산액 : 매출채권 총액 의 5%
- 20×2년 3월 12일 : 거래처 파산으로 인한 대손 확정액 : ₩1,500,000
- 20×2년 3월 31일 : 20×2년 3월 12일에 대손 확정된 금액의 60%를 현금으로 회수

① ₩2,500,000　　　　　　　　　　　② ₩1,900,000

③ ₩1,500,000　　　　　　　　　　　④ ₩900,000

31 (주)상공은 20×1년 3월 1일에 상품판매대금 ₩400,000을 만기 3개월의 어음(액면이자율 연 9%)으로 수령하였다. (주)상공은 5월 1일에 대한은행에서 연 12% 이자율로 동 어음을 할인하였다. 이 받을어음이 금융자산 제거조건을 충족할 때 (주)상공의 회계처리로 옳은 것은? (단, 이자는 월할 계산한다.)

	차 변			대 변	
① 현　　　　　금	404,910	매 출 채 권	400,000		
매출채권처분손실	1,090	이 자 수 익	6,000		
② 현　　　　　금	404,800	매 출 채 권	400,000		
매출채권처분손실	1,200	이 자 수 익	6,000		
③ 현　　　　　금	406,000	매 출 채 권	400,000		
매출채권처분손실	3,000	이 자 수 익	9,000		
④ 현　　　　　금	402,000	매 출 채 권	400,000		
매출채권처분손실	2,000	이 자 수 익	4,000		

32 다음 거래로 취득한 금융자산의 세부분류와 측정금액으로 옳은 것은?

> (주)상공은 한국거래소에서 투자목적으로 (주)대한의 주식 100주를 ₩2,000,000에 구입하고 수수료 ₩40,000을 현금으로 지급하였다. (주)상공은 당해 주식을 단기간 내에 매각할 예정이다.

① 당기손익-공정가치측정금융자산 ₩2,040,000
② 당기손익-공정가치측정금융자산 ₩2,000,000
③ 기타포괄손익-공정가치측정금융자산 ₩2,040,000
④ 기타포괄손익-공정가치측정금융자산 ₩2,000,000

33 다음 거래로 취득한 금융자산의 세부분류와 측정금액으로 옳은 것은?

> (주)서울은 한국거래소에서 투자목적으로 (주)광화문의 주식 100주를 ₩1,000,000에 구입하고 수수료 ₩20,000을 현금으로 지급하였다. (주)서울은 당해 주식의 공정가치 변동을 기타포괄손익으로 인식하기로 선택하였다.

① 당기손익-공정가치측정금융자산 ₩1,020,000
② 당기손익-공정가치측정금융자산 ₩1,000,000
③ 기타포괄손익-공정가치측정금융자산 ₩1,020,000
④ 기타포괄손익-공정가치측정금융자산 ₩1,000,000

34 다음 거래로 취득한 금융자산의 세부분류와 측정금액으로 옳은 것은?

> (주)설악은 한국투자증권에서 투자목적으로 인천광역시 발행 만기 5년의 도시개발공채 액면 ₩5,000,000을 ₩4,700,000에 구입하고 수수료 ₩50,000을 현금으로 지급하였다. 당해 도시개발공채는 이자획득만을 목적으로 구입한 것이다.

① 당기손익-공정가치측정금융자산 ₩4,700,000
② 기타포괄손익-공정가치측정금융자산 ₩4,750,000
③ 상각후원가측정금융자산 ₩4,700,000
④ 상각후원가측정금융자산 ₩4,750,000

35 다음은 (주)상공이 당기손익-공정가치측정금융자산을 취득하고 처분한 내역이다. 처분이익을 계산한 것으로 옳은 것은?

<20×1년>

10월 1일   (주)서울의 주식 100주를 1주당 @₩5,000에 취득하고 수수료 ₩10,000과 함께 현금으로 지급하다.

12월 31일 결산일 위 주식의 공정 가치는 @₩6,000이다.

<20×2년>

8월 31일   위 주식 전부를 @₩8,000에 처분하고 수수료 ₩20,000을 차감한 실수금을 현금으로 받다.

① ₩180,000   ② ₩200,000   ③ ₩280,000   ④ ₩300,000

36 (주)백두는 20×1년 10월 1일에 (주)한라의 주식을 ₩3,000,000에 취득하고 공정가치 변동분을 기타포괄손익으로 분류하였다. 동 주식의 공정가치는 20×1년 말 ₩2,900,000이었으며, 20×2년 말 ₩3,200,000이었다. (주)백두가 20×3년 중에 동 주식을 ₩3,300,000에 현금으로 처분하였을 경우, 20×3년의 처분손익은 얼마인가? 단, 제시된 자료 외에는 고려하지 않는다.

① 처분이익 ₩0   ② 처분이익 ₩100,000
③ 처분이익 ₩200,000   ④ 처분이익 ₩300,000

37 (주)BTS는 20×1년 5월 12일에 (주)싱싱푸드 발행의 사채를 ₩5,000,000에 취득하고 공정가치 변동분을 기타포괄손익으로 분류하였다. 동 사채의 공정가치는 20×1년 말 ₩4,800,000이었으며, 20×2년 말 ₩5,300,000이었다. (주)BTS가 20×3년 중에 동 사채를 ₩5,450,000에 현금으로 처분하였을 경우, 20×3년의 처분손익은 얼마인가? 단, 제시된 자료 외에는 고려하지 않는다.

① 처분이익 ₩0   ② 처분이익 ₩150,000
③ 처분이익 ₩300,000   ④ 처분이익 ₩450,000

38 다음 중 재고자산에 관한 설명으로 틀린 것은?

① 소유권이 이전된 후, 운송 중에 있는 미착상품은 재고자산으로 분류한다.
② 판매를 목적으로 소유하는 토지, 건물 기타 이와 유사한 부동산은 재고자산으로 분류한다.
③ 판매되지 않은 위탁상품은 재고자산으로 분류한다.
④ 재고자산의 제조에 장기간이 소요되어도 이에 사용된 특정차입금의 차입원가는 당기비용으로 처리한다.

39 웰빙상사는 과일과 채소를 판매하는 기업이다. 다음 중 웰빙상사가 작성하는 재무상태표의 매출채권 계정에 영향을 주지 않는 거래는?

① 사과 10상자를 판매하고 대금은 10일 후에 받기로 하다.
② 사과 운반용 자동차를 처분하고 대금은 약속어음을 받다.
③ 오이 5상자를 판매하고 대금은 약속어음을 받다.
④ 포도를 판매하고 대금으로 받아 가지고 있던 약속어음이 만기가 되어 입금되다.

40 기말상품재고액 ₩98,000을 ₩89,000으로 잘못 계상한 경우 매출원가와 당기순이익에 미치는 효과중 옳은 것은?

① 매출원가 : 커진다.   당기순이익 : 적어진다.
② 매출원가 : 커진다.   당기순이익 : 커진다.
③ 매출원가 : 적어진다.   당기순이익 : 적어진다.
④ 매출원가 : 적어진다.   당기순이익 : 커진다.

41 전기 말에 상품재고액 ₩560,000을 ₩650,000으로 잘못 계상한 경우, 당기의 매출원가와 당기순이익에 미치는 영향으로 옳은 것은? 단, 재고자산 평가는 실지재고조사법을 적용한다.

	매출원가	당기순이익		매출원가	당기순이익
①	과 대	과 소	②	과 대	과 대
③	과 소	과 소	④	과 소	과 대

42 재고자산평가손실과 정상적 원인에 의한 재고감모손실은 매출원가로, 비정상적인 감모손실은 기타비용으로 보고하는 경우 다음 자료를 토대로 계산한 매출원가는 얼마인가?

- 판매가능원가(기초재고원가 + 당기매입원가) ₩78,000
- 계속기록법에 의한 장부상 수량 100개
- 실지재고조사에 의해 파악된 기말재고 수량 90개
- 재고부족수량 40%는 비정상적 원인, 나머지는 정상적 원인에 의해 발생됨.
- 기말재고자산의 원가 @₩100, 순실현가능가치 @₩90

① ₩69,500   ② ₩69,300   ③ ₩68,400   ④ ₩68,600

43 재고자산 평가방법에 대하여 잘못 설명한 것은?

① 개별법은 실제수익과 실제원가가 대응되어 이론적으로 가장 우수하다고 할 수 있으나 실무에서 적용하는데는 어려움이 있다.

② 재고수량이 동일할 때 물가가 지속적으로 상승하는 경우에는 선입선출법을 적용하면 다른 평가방법을 적용하는 경우보다 상대적으로 이익이 크게 표시된다.

③ 가중평균법(이동평균법)은 매입거래가 발생할 때마다 단가를 재산정해야 하는 번거로움이 있다.

④ 후입선출법은 일반적인 물량흐름과 일치한다.

44 다음은 (주)상공의 상품의 거래내역이다. 당기순이익이 크게 계상되는 순서대로 나열한 것으로 옳은 것은?

가.	2월	3일	매	입	200개	@₩53,000
나.	2월	10일	매	입	300개	@₩55,000
다.	2월	20일	매	출	180개	@₩60,000
라.	2월	25일	매	입	150개	@₩100,000

① 평균법 → 선입선출법 → 후입선출법　　② 후입선출법 → 평균법 → 선입선출법

③ 선입선출법 → 후입선출법 → 평균법　　④ 선입선출법 → 평균법 → 후입선출법

45 다음과 같은 특징을 가진 재고자산 평가방법으로 옳은 것은?

> • 매출원가 : 먼저 매입한 원가로 구성
> • 기말재고액 : 최근에 매입한 원가로 구성

① 총평균법　　　　② 선입선출법　　　　③ 이동평균법　　　　④ 후입선출법

46 물가가 지속적으로 상승하는 경우 재고자산의 평가 방법을 선입선출법에서 총평균법으로 변경하였을 경우 포괄손익계산서의 각 항목에 미치는 영향으로 옳은 것은?

① 매출액이 상승한다.　　　　　　② 매출원가가 상승한다.

③ 당기순이익이 상승한다.　　　　④ 기말상품재고액이 상승한다.

47 다음의 자료를 이용하여 기능별 포괄손익계산서(일부)를 작성한 경우에 매출원가와 매출총
이익률은 얼마인가?

가. 총매출액	₩300,000		나. 매출에누리와 환입액	₩50,000
다. 매출할인액	30,000		라. 당기총매입액	200,000
마. 매입에누리와 환출액	10,000		바. 매입할인액	30,000
사. 기초재고자산	53,000		아. 기말재고자산	70,000

	매출원가	매출총이익률		매출원가	매출총이익률
①	₩220,000	65%	②	₩220,000	35%
③	₩143,000	65%	④	₩143,000	35%

48 (주)종로는 재고자산에 대해 가중평균법을 적용하고 있으며, 20×1년 상품 거래 내역은 다음
과 같다. 상품거래와 관련하여 실지재고조사법과 계속기록법을 각각 적용할 경우, 20×1년도
매출원가는 얼마인가? 단, 상품과 관련된 감모손실과 평가손실은 발생하지 않았다.

일자	거래	수량	1개당 매입단가
1/ 1	기초재고	100개	₩16
3/ 5	매 입	300개	₩18
6/17	매 출	(200개)	–
9/20	매 입	100개	₩20
12/31	기말재고	300개	–

	실지재고조사법	계속기록법
①	₩3,600	₩3,400
②	₩3,500	₩3,400
③	₩3,400	₩3,500
④	₩3,600	₩3,500

49 수익인식시점이 아닌 것은?

① 예약매출 : 진행기준에 따라 실현되는 것으로 한다.
② 위탁매출 : 수탁자가 제3자에게 위탁품을 판매한 날
③ 시용매출 : 시용품을 인도한 날
④ 용역매출 : 진행기준에 따라 실현되는 것으로 한다.

50 일반적으로 판매자의 재고자산으로 볼 수 없는 것은?

① 소비자가 매입의사표시를 하지 않은 시용품
② 도착지인도기준에 따라 항해 운송 중인 미착 상품
③ 할부로 판매된 상품
④ 수탁자가 보관하고 있는 위탁 상품

51 유형자산이 아닌 것은?

① 사옥 신축 목적으로 취득한 토지
② 건설 중인 공장 건물
③ 부동산 매매업자가 판매를 목적으로 매입한 토지
④ 제조용 기계장치

52 다음은 (주)상공의 기계장치의 취득과 관련된 자료이다. 이 기계장치가 경영진이 의도하는 방식으로 가동할 수 있게 되었을 때 기계장치의 취득원가는 얼마인가?

가. 구입가격	₩500,000	나. 설치장소까지의 운송비	₩20,000
다. 관세 및 취득세	₩10,000	라. 시운전비	₩40,000
마. 매입할인	₩10,000		
바. 다른 기계장치의 재배치 과정에서 발생한 원가 ₩50,000			

① ₩520,000　　　② ₩550,000　　　③ ₩560,000　　　④ ₩570,000

53 취득원가 ₩500,000의 건물에 대하여 취득 후 다음과 같은 지출이 발생하였다. 건물의 장부 금액과 수선비는 각각 얼마인가? 단, 주어진 자료만 활용한다.

가. 엘리베이터 설치비	₩　50,000
나. 건물의 증축비	100,000
다. 형광등 교체비	1,000
라. 파손된 유리 교체비	8,000
마. 건물 내부 도색비	10,000
바. 건물 옥상에 방수 처리비(내용 연수 연장됨)	70,000

① 건물의 장부금액 : ₩220,000　　수선비 : ₩19,000
② 건물의 장부금액 : ₩220,000　　수선비 : ₩18,000
③ 건물의 장부금액 : ₩720,000　　수선비 : ₩19,000
④ 건물의 장부금액 : ₩719,000　　수선비 : ₩18,000

54 영업용 건물을 증축하고 대금 ₩500,000을 수표를 발행하여 지급하고, 아래와 같이 틀리게 처리한 경우 나타나는 현상으로 옳은 것은?

(옳은 분개) : (차) 건 물	500,000	(대) 당좌예금	500,000
(틀린 분개) : (차) 수선비	500,000	(대) 당좌예금	500,000

① 비용의 과소계상　　　　　　　　② 자산의 과대계상
③ 자본의 과대계상　　　　　　　　④ 순이익의 과소계상

55 취득원가 ₩1,000,000, 내용연수 8년, 잔존가치 "0"(정액법의 경우는 ₩0, 정률법의 경우 5%)인 유형자산을 감가상각할 경우 정액법에 의한 상각액이 정률법에 의한 상각액보다 더 커지는 연도는 언제인가? 단, 정률법에 의한 상각률은 연 31.2%이다.

① 3차년도말　　　　② 4차년도말　　　　③ 5차년도말　　　　④ 6차년도말

56 상공(주)는 20×1년 3월 1일에 건물을 ₩150,000에 취득하였다. 이 건물의 내용연수는 20년이며, 잔존가치는 없고, 정액법으로 감가상각하다가 20×3년 6월 30일 ₩125,000에 처분하였다. 회계처리에 대한 내용으로 옳지 않은 것은?

① 유형자산처분손실이 ₩7,500이다.
② 20×3년에 계상할 감가상각비는 ₩7,500이다.
③ 20×1년 감가상각누계액은 ₩6,250이다.
④ 처분 당시 총 감가상각누계액은 ₩17,500이다.

57 (주)한국은 20×1년 1월 1일에 기계장치를 ₩500,000에 취득하였다. 이 기계장치의 내용연수는 8년, 잔존가치는 취득원가의 10%로 추정되었다. 또한 이 기계장치는 내용연수동안 총 200단위의 제품을 생산할 수 있을 것으로 예상된다. 각 연도별 제품생산 실적은 다음과 같다. 생산량비례법을 사용하여 감가상각을 할 경우에 20×3년 말 기계장치의 장부금액은?

연 도	제품생산량
20×1년	40단위
20×2년	50단위
20×3년	60단위

① ₩135,000　　　　② ₩337,500　　　　③ ₩331,250　　　　④ ₩162,500

58 다음 자료를 연수합계법으로 감가상각할 경우 2차 회계연도에 계상될 감가상각비는?

> * 취득원가 ₩2,450,000   * 잔존가치 ₩200,000   * 내용연수 5년

① ₩750,000   ② ₩600,000

③ ₩450,000   ④ ₩300,000

59 (주)명동은 취득원가 ₩1,000,000, 감가상각누계액 ₩600,000의 기계장치를 보유하고 있다. (주)명동은 해당 기계장치를 제공함과 동시에 현금 ₩100,000을 수취하고 새로운 기계장치와 교환하였다. (주)명동이 보유하고 있던 기계장치의 공정가치가 ₩600,000으로 추정될 때, 교환에 의한 회계처리로 옳지 않은 것은?

① 상업적 실질이 있는 경우 새 기계장치의 취득원가는 ₩500,000이다.
② 상업적 실질이 있는 경우 제공한 기계장치의 처분이익은 ₩100,000이다.
③ 상업적 실질이 없는 경우 새 기계장치의 취득원가는 ₩300,000이다.
④ 상업적 실질이 없는 경우 제공한 기계장치의 처분손익은 인식하지 않는다.

60 무형자산에 대한 설명 중 틀린 것은?

① 내부적으로 창출된 영업권은 미래 경제적 효익이 예상되는 경우에 무형자산으로 인식한다.
② 물리적 실체가 없는 자산이라도 판매를 목적으로 보유하는 자산은 무형자산이 아닌 재고자산으로 분류한다.
③ 무형자산은 물리적 형체가 없지만 식별가능하고, 기업이 통제하고 있으며, 미래 경제적 효익이 있는 비화폐성자산을 말한다.
④ 다른 종류의 무형자산과의 교환으로 무형자산을 취득하는 경우에는 교환으로 제공한 자산의 공정가치를 무형자산의 취득원가로 하는 것이 원칙이다.

61 다음 중 무형자산 원가에 포함되지 않는 총 지출액은 얼마인가?

> 가. 새로운 제품이나 용역의 홍보원가 ₩2,000
> 나. 새로운 지역에서 또는 새로운 계층의 고객을 대상으로 사업을 수행하는 데서 발생하는 원가 ₩3,000
> 다. 관리원가와 기타 일반경비원가 ₩2,500
> 라. 무형자산을 사용 가능한 상태로 만드는데 직접적으로 발생하는 종업원급여 ₩5,000

① ₩4,500   ② ₩5,000   ③ ₩7,500   ④ ₩12,500

62 다음은 연구 및 개발 활동과 관련된 지출 내역이다. 개발 활동으로 분류해야 하는 금액은 얼마인가?

- 새로운 지식을 얻고자 하는 활동	₩ 10,000
- 생산이나 사용 전의 시제품과 모형을 제작하는 활동	15,000
- 새로운 기술과 관련된 공구를 설계하는 활동	20,000
- 연구결과나 기타 지식을 응용하는 활동	30,000

① ₩75,000   ② ₩40,000

③ ₩35,000   ④ ₩25,000

63 투자부동산으로 분류하여야 하는 것은?

① 자가사용 부동산
② 정상적인 영업 활동 과정에서 판매를 목적으로 보유하는 부동산
③ 임대수익이나 시세차익을 얻기 위하여 보유하는 부동산
④ 재화의 생산이나 용역의 제공에 사용하는 부동산

64 (주)경기는 20×1년 초 보통주 400주(주당 액면금액 ₩5,000, 주당 발행금액 ₩6,000)를 발행하였으며, 주식 발행과 관련된 직접원가 ₩160,000과 간접원가 ₩20,000이 발생하였다. (주)경기의 주식발행에 대한 설명으로 옳은 것은? 단, 기초 주식할인발행차금은 없다고 가정한다.

① 주식 발행과 관련된 직·간접원가 ₩180,000은 비용으로 인식한다.
② 주식발행초과금의 증가는 ₩220,000이다.
③ 자본잉여금의 증가는 ₩240,000이다.
④ 자본의 증가는 ₩2,400,000이다.

65 다음 거래 중 자본잉여금이 발생하지 않는 것은?

① 제3자로부터 건물을 무상으로 기증받다.
② 주식을 액면 금액을 초과하여 할증발행하다.
③ 이월결손금을 보전하기 위하여 자본금을 감소하다.(감자액이 결손금을 초과한다.)
④ 기중에 매입하여 보유 중인 자기 주식을 원가 이상으로 매각하다.

66 다음 자료에 의하여 이익준비금으로 적립할 최소한의 금액은?

㉠ 자 본 금 ₩5,000,000(결산 연 1회)	
㉡ 당기순이익 ₩2,000,000	
㉢ 배당금 연20%(현금배당 50%, 현물배당 20%, 주식배당 30%)	
㉣ 당기말 이전까지 이익준비금 누계액 : ₩'800,000	

① ₩100,000　　　　② ₩70,000　　　　③ ₩50,000　　　　④ ₩200,000

67 다음 각 항목이 재무상태표의 자본에 미치는 영향으로 옳지 않은 것은?

	(구분)	자본금	이익잉여금	자본총계
①	유상증자	증가	불변	증가
②	무상증자	증가	증가	증가
③	주식배당	증가	감소	불변
④	주식분할	불변	불변	불변

68 (주)광화문은 주당 액면 ₩1,000의 보통주 200,000주를 발행하고 있고, 이익잉여금 잔액이 ₩50,000,000인 (주)광화문은 20×1년 2월에 5%의 주식배당과 주당 ₩20의 현금배당을 선언하였다. 이러한 배당선언이 회사의 자본에 미치는 영향으로 잘못된 것은?

① 현금 배당액은 ₩4,000,000이 될 것이다.
② 주식 배당액은 ₩2,500,000이 될 것이다.
③ 배당선언으로 부채 ₩4,000,000이 증가한다.
④ 이익잉여금 ₩14,000,000이 배당의 재원으로 사용되었다.

69 (주)대한의 자본항목들은 다음과 같다. 자본 계정과 관련된 금액이 잘못된 것은?

자 본 금	₩ 1,000,000	주식발행초과금	₩ 500,000
이 익 준 비 금	200,000	별 도 적 립 금	100,000
감 자 차 손	150,000	자기주식처분이익	100,000
자 기 주 식	300,000	배당평균적립금	400,000
기타포괄손익−공정가치측정금융자산평가손실 ₩50,000			

① 자본잉여금은 ₩750,000이다.　　　　② 이익잉여금은 ₩700,000이다.
③ 자본조정은 ₩450,000이다.　　　　④ 기타포괄손익누계액은 ₩50,000이다.

70 다음 자료에 의하여 결산일 현재 재무상태표에 나타난 자본 총액을 계산하면 얼마인가?

가. 보통주자본금	₩ 200,000	나. 우선주자본금	₩ 300,000
다. 주식발행초과금	90,000	라. 자기주식	50,000
마. 주식할인발행차금	70,000		

① ₩600,000

② ₩590,000

③ ₩520,000

④ ₩470,000

71 자본변동표에 대한 설명으로 옳지 않은 것은?

① 자본의 구성요소는 각 분류별 납입자본, 각 분류별 기타포괄손익의 누계액과 이익잉여금의 누계액 등을 포함한다.

② 자본의 각 구성요소별로 장부금액의 각 변동액을 공시한 기초시점과 기말시점의 장부금액 조정내역을 표시한다.

③ 자본의 각 구성요소에 대하여 자본변동표에 기타포괄손익의 항목별 분석 내용을 표시하나, 주석에는 표시하지 않는다.

④ 자본변동표란 납입자본, 기타자본구성요소, 이익잉여금의 각 항목별로 기초 잔액, 당기 변동사항, 기말 잔액을 일목요연하게 나타낸 재무보고서이다.

72 사채발행에 대한 설명으로 옳지 않은 것은?

① 사채의 액면이자율보다 시장의 유효이자율이 높으면 할인 발행된다.

② 발생 시의 유효이자율보다 상환시의 시장이자율이 높으면 상환이익이 발생한다.

③ 유효이자율법 적용 시 사채할인발행차금 상각액은 매기 감소한다.

④ 유효이자율법 적용 시 사채할증발행차금 상각액은 매기 증가한다.

73 사채를 액면가 이하로 할인발행한 경우 회사가 한 해 동안 인식할 이자비용은 어느 것인가?

① 현금이자

② 현금이자 – 사채할인발행차금상각액

③ 장부금액 × 표시이자율

④ 현금이자 + 사채할인발행차금상각액

74 12월 결산법인인 (주)상공은 20×1년 1월 1일에 다음과 같은 조건의 사채를 ₩904,900에 발행하였다. (주)상공이 20×1년 12월 31일에 인식할 사채이자비용과 이자지급 후 사채의 장부금액(순액)은 얼마인가?

> 가. 액면금액 : ₩1,000,000　　　나. 만기 : 3년　　　다. 유효이자율 : 연 10%
> 라. 이자지급 : 매년 12월 31일에 액면금액의 연 7% 지급

	사채이자비용	장부금액		사채이자비용	장부금액
①	₩63,300	₩904,900	②	₩70,000	₩904,900
③	₩90,490	₩925,390	④	₩100,000	₩934,900

75 (주)한라는 20×1년 12월 31일 장부금액 ₩91,322 (액면금액 ₩100,000 액면이자율 5%, 이자지급일 매년 12월 31일 후급, 만기 20×3년 12월 31일)인 사채를 20×2년 12월 31일 현금이자를 포함하여 총 ₩101,000에 상환하였다. (주)한라가 사채상환과 관련하여 인식할 손익은?(단, 발행 당시 사채의 유효이자율은 10%이고, 금액은 소수점 첫째자리에서 반올림한다.)

① 사채상환손실 ₩546　　　　　　② 사채상환손실 ₩684
③ 사채상환손실 ₩726　　　　　　④ 사채상환이익 ₩684

76 확정기여형 및 확정급여형 퇴직연금제도에 대한 설명으로 옳지 않은 것은?

① 퇴직급여제도는 제도의 주요 규약에서 도출되는 경제적 실질에 따라 확정기여제도 또는 확정급여제도로 분류된다.
② 확정기여제도에서는 기업이 별개의 실체(기금, 보험회사)에 사전에 확정된 기여금을 납부하는 것으로 기업의 의무가 종결된다.
③ 확정급여제도에서는 기업이 퇴직급여에 관한 모든 의무를 부담한다.
④ 확정기여제도에서는 보험수리적위험과 투자위험을 기업이 실질적으로 부담한다.

77 한국채택국제회계기준(K-IFRS)에 의한 충당부채의 설정 요건으로서 가장 거리가 먼 것은?

① 과거 사건이나 거래의 결과로 현재 의무가 존재해야 한다.
② 당해 의무를 이행하기 위하여 경제적 효익을 갖는 자원이 유출될 가능성이 높아야 한다.
③ 과거 사건과 관계없이 미래에 발생할 비용이어야 한다.
④ 그 의무 이행에 소요되는 금액을 신뢰성 있게 추정할 수 있어야 한다.

78 다음 자료 중 세금과공과 계정으로 처리되는 요소는 어느 것인가?

> a. 영업용 차량에 대한 자동차세
> b. 개인 기업의 기업주에 부과된 종합소득세
> c. 상공회의소 회비, 조합비, 협회비, 적십자회비
> d. 건물 구입 시 지급한 취득세 및 등록세
> e. 영업용 토지에 대한 종합토지세
> f. 점포에 대한 사업소세 및 도시계획세, 면허세
> g. 종업원급여 지급 시 원천징수한 근로소득세

① a. b. c. d   ② a, c, e, f
③ d, e, f, g   ④ b. d. g

79 다음 중 한국채택국제회계기준 제1115호 '고객과의 계약에서 생기는 수익' 기준서에 따른 수익 인식 5단계를 순서대로 바르게 나열한 것은?

> 가. 고객과의 거래 식별   나. 수행 의무의 식별
> 다. 거래 가격의 산정   라. 거래 가격의 배분
> 마. 수익 의무의 이행으로 수익의 인식

① 가, 나, 다, 라, 마   ② 가, 다, 나, 라, 마
③ 나, 가, 라, 다, 마   ④ 다, 나, 가, 라, 마

80 거래 형태별 수익인식 시점에 대한 설명으로 옳은 것은?

① 이자수익은 현금을 수취하는 시점
② 재화의 판매는 대금이 회수되는 시점
③ 상품권을 이용한 판매의 수익은 상품권을 판매하는 시점
④ 배당금 수익은 받을 권리가 확정되는 시점

81 단기종업원급여에 해당하지 않는 것은?

① 월급여   ② 상여금
③ 퇴직급여   ④ 연차휴가비

82 (주)BTS의 회계 담당자는 법인세에 대한 회계 처리를 다음과 같이 하였다. 이러한 회계 처리에 대하여 바르게 설명한 것은?

> (1) 중간 예납 시 : (차) 선급법인세 3,000   (대) 현 금 3,000
> (2) 결산 시 당기 법인세 미지급액 ₩2,000을 회계처리하지 않았다.

① 법인세비용이 과대 표시되었다.
② 포괄손익계산서의 법인세비용 계정은 ₩5,000으로 표시된다.
③ 당기순이익이 실제보다 ₩2,000 과소 계상되었다.
④ 당기순이익이 실제보다 ₩2,000 과대 계상되었다.

83 (주)한라는 결산 시 당기순이익을 ₩500,000으로 산출하였으나, 공인회계사의 감사 결과 다음과 같은 오류가 있음이 밝혀졌다. (주)한라의 정확한 당기순이익은 얼마인가?

> • 기말상품재고액 ₩30,000 과소 계상
> • 특허권 상각비 ₩10,000 과소 계상
> • 이자수익 ₩20,000 과소 계상
> • 기타포괄손익-공정가치측정금융자산평가이익 ₩40,000 과소 계상

① ₩580,000   ② ₩540,000
③ ₩480,000   ④ ₩520,000

84 다음은 (주)상공의 20×1년도 보험료 관련 자료이다. 당기의 포괄손익계산서에 기입되는 보험료 금액으로 옳은 것은? 단, 보험료 지급 시 비용으로 처리한다.

> [20×1년도 자료]
>
> | 과목 | 1월 1일 | 12월 31일 |
> |---|---|---|
> | 선급보험료 | ₩30,000 | ₩37,500 |
>
> 4/1 건물 화재보험료 1년분 ₩150,000을 현금으로 지급하다.

① ₩142,500   ② ₩150,000
③ ₩157,500   ④ ₩180,000

85 포괄손익계산서에 대한 설명이다. 이 중에서 틀린 것은?

① 포괄손익계산서는 어떠한 경우에도 매출원가를 구분 표시하여야 한다.

② 한 기간에 인식되는 모든 수익과 비용항목은 한국채택국제회계기준이 달리 정하지 않는 한 당기손익으로 인식한다.

③ 포괄손익계산서는 일정 기간 동안 기업이 재무성과에 대한 정보를 제공하는 보고서이다.

④ 수익과 비용항목이 중요한 경우 그 성격과 금액을 별도로 공시한다.

86 기업은 비용을 분류하는 방식에 따라 성격별과 기능별 포괄손익계산서를 선택할 수 있다. 다음 항목 중 성격별 포괄손익계산서와 기능별 포괄손익계산서에 공통으로 나타나지 않는 것은?

① 매출원가   ② 수익   ③ 금융원가   ④ 법인세비용

87 (주)상공의 다음 자료에 의하여 기능별 포괄손익계산서상의 영업이익을 계산한 금액으로 옳은 것은?

• 기초상품재고액	₩ 250,000	• 당기순매입액	₩ 500,000
• 기말상품재고액	100,000	• 당기순매출액	1,000000
• 광고선전비	50,000	• 이자비용	30,000
• 기부금	10,000	• 임차료	40,000
• 통신비	70,000	• 세금과공과	50,000
• 수도광열비	20,000	• 유형자산처분손실	30,000

① ₩90,000   ② ₩100,000   ③ ₩110,000   ④ ₩120,000

88 '재무제표 표시'에서 재무상태표 표시와 관련된 설명이다. 옳지 않은 것은?

① 유동성 순서에 따른 표시방법이 신뢰성 있고 더욱 목적적합한 정보를 제공하는 경우를 제외하고는 유동자산과 비유동자산, 유동부채와 비유동부채로 재무상태를 구분하여 표시한다.

② 기업이 명확히 식별 가능한 영업주기 내에서 재화나 용역을 제공하는 경우, 재무상태표에 유동자산과 비유동자산 및 유동부채와 비유동부채를 구분하여 표시한다.

③ 유동성 순서에 따른 표시방법을 적용할 경우 모든 자산과 부채는 유동성 순서에 따라 표시한다.

④ 하나의 재무제표에서 유동성/비유동성 구분법과 유동성 순서에 따른 표시 방법을 혼합하여 사용할 수 없다.

89 한국채택국제회계기준(K-IFRS)에서 유동자산으로 분류하도록 규정하고 있지 않은 것은?

① 1년을 초과하여 사용제한이 있는 현금및현금성자산
② 단기매매목적으로 보유하는 자산
③ 기업의 정상적인 영업주기 내에 실현될 것으로 예상되거나 판매목적 또는 소비목적으로 보유하고 있는 자산
④ 재무상태표일로부터 1년 이내에 현금화 또는 실현될 것으로 예상되는 자산

90 다음 중 금융상품을 모두 고른 것은?

가. 매출채권	나. 현금성자산
다. 선급금	라. 사채
마. 퇴직급여부채	바. 당기손익－공정가치측정금융자산

① 가, 나, 다 　　　　　　　　　② 가, 나, 라, 바
③ 나, 다, 라, 바 　　　　　　　④ 다, 라, 마, 바

91 간접법에 의한 현금흐름표 작성에서 현금흐름의 구분과 사례에 대한 설명으로 옳지 않은 것은?

① 투자활동으로 인한 토지의 처분
② 재무활동으로 인한 단기차입금의 차입
③ 영업활동으로 인한 유형자산의 매입
④ 영업활동으로 인한 단기매매목적 금융상품평가이익

92 다음 자료에 기초하여 기본주당이익을 계산하면 얼마인가?

가. 기말 보통주자본금(수권주식수 2,000주, @₩1,000) : ₩1,000,000
나. 당기순이익 : ₩475,000
다. 당기 가중평균유동보통주식수 : 950주
라. 우선주는 없다.

① ₩237.5　　　　② ₩475　　　　③ ₩500　　　　④ ₩527.8

93 매출채권의 회수가 유동비율과 순운전 자본에 각각 미치는 영향은?

	유동비율	순운전자본
①	영향이 없다	영향이 없다
②	증가	증가
③	증가	영향이 없다
④	감소	감소

94 재무비율에 대한 설명으로 틀린 것은?

① 매출채권 회전율이 높을수록 기업의 활동성이 양호하다는 것을 의미한다.
② 유동비율이 당좌비율보다 높을수록 부채총액 중 비유동부채의 비중이 높다는 것을 의미한다.
③ 부채비율이 높을수록 기업의 안전성이 불량하다는 것을 의미한다.
④ 재고자산 평균처리기간이 짧을수록 기업의 활동성이 양호하다는 것을 의미한다.

95 회계추정의 변경에 해당되지 않는 것은?

① 재고자산 평가방법을 선입선출법에서 가중평균법으로 변경하는 경우
② 매출채권에 대한 대손추정률을 변경하는 경우
③ 설비의 내용연수를 변경하는 경우
④ 제품보증비용에 대한 추정률을 변경하는 경우

96 회계정책의 변경에 속하지 않는 것은?

① 재고자산의 저가법평가시 종목별 평가에서 조별평가로 변경
② 유형자산의 내용연수와 잔존가치의 변경
③ 재고자산 단가결정방법을 선입선출법에서 평균법으로 변경
④ 투자부동산의 측정기준을 원가모형에서 공정가치 모형으로 변경

97 (주)단국은 20×1년에는 감가상각비를 ₩5,000 과대계상하였고, 20×2년에는 ₩3,000 과소계상하였다. 20×2년말 이익잉여금에 미치는 영향은 얼마인가?

① ₩1,000 과소 계상   ② ₩1,000 과소 계상
③ ₩2,000 과대 계상   ④ ₩2,000 과소 계상

재무회계 해답편

1. 회계와 순환 과정

01 회계의 기초

기본연습문제

1. (1) b　　(2) f　　(3) e　　(4) d　　(5) a
(6) c　　(7) h　　(8) i

2. (1) 관리회계, 재무회계, 세무회계　　(2) 배분, 수탁
(3) 역사적원가　　(4) 자본유지접근법

3. (1) 지도원리　　(2) 이해조정　　(3) 변화

4. (1) 외부　　(2) 내부　　(3) 일반
(4) 특수　　(5) 과거지향적　　(6) 미래지향적

5. (1) ○　　(2) ×　　(3) ○　　(4) ×　　(5) ○
(6) ○　　(7) ×　　(8) ○　　(9) ○　　(10) ○
(11) ×　　(12) ○

6. (1) ○　　(2) ×　　(3) ○　　(4) ×

7. (1) 질적특성　　(2) 확인가치
(3) 중립적서술　　(4) 표현충실성
(5) 계속기업　　(6) 역사적원가
(7) 적시성　　(8) 원가
(9) 계속기업의 가정　　(10) 중요
(11) 대표이사　　(12) 동일
(13) 계속기업

8. (1) ×　　(2) ×　　(3) ○　　(4) ○　　(5) ×
(6) ○　　(7) ×

【 해설 】 (1), (5) : 확인가치에 대한 설명이다.
(7) 신중성이란 자산과 수익이 과대, 과소평가되고, 부채와 비용이 과대, 과소평가되는 것을 허용하지 않는다. 그러한 그릇된 평가는 미래 기간의 수익이나 비용의 과대평가나 과소평가로 이어질 수 있기 때문이다.

2. 자산에 관한 회계 처리

01 현금및현금성자산

기본연습문제

1.

No.	차변과목	금액	대변과목	금액
(1)	현　　　　금	450,000	매　　　　출	1,000,000
	당 좌 예 금	300,000		
	외상매출금	250,000		
(2)	현금성자산	5,000,000	당 좌 예 금	5,000,000
(3)	매　　　　입	1,000,000	당 좌 예 금	700,000
			당 좌 차 월	300,000
(4)	당 좌 차 월	520,000	매　　　　출	800,000
	당 좌 예 금	280,000		
(5)	현금성자산	2,000,000	현　　　　금	2,000,000
(6)	받 을 어 음	300,000	매　　　　출	300,000
(7)	매　　　　입	200,000	지 급 어 음	200,000
(8)	차량운반구	800,000	미 지 급 금	800,000

▶ (8)번 해설 : 상품 이외의 물품을 구입하고 선수표를 발행하면 (어음)미지급금으로 처리하고, 상품이외의 물품을 처분하고 선수표를 받으면 (어음)미수금으로 처리한다.

2.

No.	차변과목	금액	대변과목	금액
(1)	부 도 수 표	300,000	현　　　　금	300,000
(2)	대손상각비	300,000	부 도 수 표	300,000
(3)	부 도 수 표	500,000	당 좌 예 금	500,000

3.

은 행 계 정 조 정 표			
은행잔액증명서 잔액	₩395,400	당점 당좌예금계정잔액	₩283,300
차 감 : 발행수표미지급분		가 산 : 외상매출금 당좌입금	
매입처 : 종로상사 40,000		통 지 미 달	70,000
부산상사 34,000	74,000	차 감 : 당좌차월이자 미통지	1,900
가 산 : 예입금액오류액	30,000		
조정 후 잔액	₩351,400	조정 후 잔액	₩351,400

No.	차변과목	금액	대변과목	금액
(1)	당 좌 예 금	70,000	외 상 매 출 금	70,000
(2)	이 자 비 용	1,900	당 좌 예 금	1,900

02 단기금융상품

기본연습문제

1. (1) 은행예금 중 저축성 예금
(2) 사용이 제한되어 있는 예금

2. (1) ㉢　　(2) ㉡　　(3) ㉤　　(4) ㉣　　(5) ㉠
(6) ㉯　　(7) ㉦　　(8) ㉤

3.

No.	차변과목	금 액	대변과목	금 액
(1)	단기금융상품	2,000,000	현 금	2,000,000
(2)	단기금융상품	4,000,000	현 금	4,000,000
(3)	현금성자산	3,000,000	현 금	3,000,000
(4)	단기금융상품	10,000,000	이 자 수 익	200,000
			당 좌 예 금	9,800,000
(5)	현 금	9,900,000	단기금융상품	10,000,000
	단기금융상품처분손실	100,000		
(6)	현 금	8,300,000	단기금융상품	8,000,000
			이 자 수 익	300,000
(7)	정 기 예 금	2,080,000	단기금융상품	2,000,000
			이 자 수 익	80,000
(8)	단기금융상품	3,000,000	현 금	3,000,000
(9)	단기금융상품	500,000	현 금	500,000

03 채권·채무

기본연습문제

1.

No.	차 변 과 목	금 액	대 변 과 목	금 액
(1)	감가상각누계액	1,200,000	건 물	3,000,000
	자산손상차손	2,100,000	매 입	300,000
(2)	미 수 금	2,100,000	보 험 금 수 익	2,100,000
(3)	현 금	400,000	상품권선수금	400,000
(4)	상품권선수금	400,000	매 출	400,000
(5)	현 금	1,800,000	상품권선수금	2,000,000
	상품권할인액	200,000		
(6)	상품권선수금	2,000,000	매 출	2,000,000
	매 출	200,000	상품권할인액	200,000

2.

No.	차 변 과 목	금 액	대 변 과 목	금 액
(1)	미 결 산	420,000	외 상 매 출 금	420,000
(2)	미 결 산	315,000	단 기 대 여 금	300,000
			현 금	15,000
(3)	현 금	325,000	미 결 산	315,000
			이 자 수 익	10,000
(4)	미 수 금	10,000,000	보 험 금 수 익	10,000,000

3.

No.	차 변 과 목	금 액	대 변 과 목	금 액
(1)	대손상각비	100,000	대손충당금	100,000
(2)	대손상각비	20,000	대손충당금	20,000
(3)	분 개 없 음			
(4)	대손충당금	30,000	대손충당금환입	30,000
(5)	대손상각비	30,000	대손충당금	30,000

【 해설 】 (5)번 : (1,000,000×1%) + (2,000,000×2%) + (500,000×4%)
= 70,000 − 40,000 = 30,000

4.

No.	차 변 과 목	금 액	대변과목	금 액
(1)	현 금	50,000	대손충당금	50,000
(2)	현 금	100,000	대손충당금	100,000
(3)	현 금	80,000	대손충당금	50,000
			대손상각비	30,000
(4)	매 출	120,000	외 상 매 출 금	300,000
	대손충당금	150,000		
	대손상각비	30,000		

5.

No.	차 변 과 목	금 액	대 변 과 목	금 액
(1)	외상매출금	500,000	매 출	500,000
(2)	보 통 예 금	485,000	외 상 매 출 금	500,000
	매출채권처분손실	15,000		
(3)	매 입	80,000	외 상 매 입 금	80,000
(4)	비 품	100,000	미 지 급 금	100,000
(5)	소 모 품 비	60,000	저 축 예 금	60,000
(6)	복 리 후 생 비	80,000	보 통 예 금	80,000

6.

No.	차 변 과 목	금 액	대 변 과 목	금 액
(1)	장 기 대 여 금	2,000,000	현 금	2,000,000
(2)	현 금	2,050,000	장 기 대 여 금	2,000,000
			이 자 수 익	50,000
(3)	현 금	800,000	장 기 차 입 금	800,000
(4)	장 기 차 입 금	800,000	당 좌 예 금	820,000
	이 자 비 용	20,000		
(5)	장 기 차 입 금	300,000	유동성장기부채	300,000

04 어음과 매출채권의 양도

기본연습문제

1.

No.	차 변 과 목	금 액	대 변 과 목	금 액
(1)	수수료비용	2,000	현 금	2,000
(2)	당 좌 예 금	300,000	받 을 어 음	300,000
(3)	지 급 어 음	300,000	매 출	500,000
	받 을 어 음	200,000		
(4)	매 입	800,000	지 급 어 음	500,000
			외 상 매 출 금	300,000

2.

No.	차 변 과 목	금 액	대 변 과 목	금 액
(1)	매 입	500,000	받 을 어 음	500,000
(2)	분 개 없 음			
(3)	당 좌 예 금	2,148,000	받 을 어 음	2,190,000
	매출채권처분손실	42,000		
(4)	분 개 없 음			
(5)	받 을 어 음	200,000	매 출	200,000
(6)	당 좌 예 금	200,970	받 을 어 음	200,000
	매출채권처분손실	1,030	이 자 수 익	2,000

【 해설 】 ① 어음의 만기가치 : 200,000 + [200,000×6%×3/12] = 203,000
② 할인료 : 203,000×12%×1/12(할인기간) = 2,030
③ 차감수령액 : 203,000 − 2,030 = 200,970
④ 이자수익 : 200,000×6%×2/12(경과기간) = 2,000

3.

No.	차변과목	금 액	대변과목	금 액
(1)	부 도 어 음	820,000	받 을 어 음 현 금	800,000 20,000
(2)	현 금	825,000	부 도 어 음 이 자 수 익	820,000 5,000
(3)	대 손 상 각 비	820,000	부 도 어 음	820,000
(4)	부 도 어 음	520,000	당 좌 예 금	520,000
(5)	부 도 어 음	2,020,000	당 좌 예 금	2,020,000

4.

No.	차변과목	금 액	대변과목	금 액
(1)	받 을 어 음 현 금	500,000 15,000	받 을 어 음 이 자 수 익	500,000 15,000
(2)	받 을 어 음	310,000	받 을 어 음 이 자 수 익	300,000 10,000
(3)	지 급 어 음 이 자 비 용	800,000 16,000	지 급 어 음	816,000

5.

No.	차변과목	금 액	대변과목	금 액
(1)	매출채권처분손실 팩토링미수금 현 금	10,000 50,000 440,000	외 상 매 출 금	500,000
(2)	이 자 비 용 팩토링미수금 현 금	10,000 50,000 440,000	단 기 차 입 금	500,000

05 금융자산

기본연습문제

1.

No.	차변과목	금 액	대변과목	금 액
(1)	당기손익-공정가 치측정금융자산 수 수 료 비 용	9,500,000 200,000	당 좌 예 금	9,700,000
(2)	현 금	5,215,000	당기손익-공정가 치측정금융자산 당기손익-공정가치측 정금융자산처분이익	4,750,000 465,000
(3)	당기손익-공정가치측 정금융자산평가손실	100,000	당기손익-공정가 치측정금융자산	100,000

【 해 설 】
(1) 50,000주 × 190 = 9,500,000
(2) 처분시 원가는 ₩4,750,000이다. 매입시 수수료는 당기비용으로
　 처리하기 때문이다. 그리고, 처분시 수수료는 처분대금에서 차감
　 되어 처분이익에 반영된다.

2.

No.	차변과목	금 액	대변과목	금 액
(1)	당기손익-공정가 치측정금융자산 미 수 이 자	1,920,000 30,000	당 좌 예 금	1,950,000
(2)	현 금	4,940,000	당기손익-공정가 치측정금융자산 당기손익-공정가치측 정금융자산처분이익 미 수 이 자 이 자 수 익	4,750,000 150,000 25,000 15,000
(3)	현 금	500,000	배 당 금 수 익	500,000
(4)	현 금	300,000	이 자 수 익	300,000

3. (A)

No.	차변과목	금 액	대변과목	금 액
(1)	당기손익-공정가 치측정금융자산 수 수 료 비 용	6,000,000 100,000	당 좌 예 금	6,100,000
(2)	당기손익-공정가 치측정금융자산	500,000	당기손익-공정가치측 정금융자산평가이익	500,000

(B)

No.	차변과목	금 액	대변과목	금 액
(1)	기타포괄손익-공정 가치측정금융자산	6,100,000	당 좌 예 금	6,100,000
(2)	기타포괄손익-공정 가치측정금융자산	400,000	기타포괄손익-공정가치 측정금융자산평가이익	400,000

【 해설 】 당기손익-공정가치측정금융자산의 취득수수료는 당기비용으로
　 　 　인식하고, 기타포괄손익-공정가치측정금융자산과 상각후
　 　 　원가측정금융자산의 취득수수료는 취득원가에 포함한다.

4.

No.	차변과목	금 액	대변과목	금 액
(1)	기타포괄손익-공정 치 측 정 금 융 자 산	800,000	당 좌 예 금	800,000
(2)	기타포괄손익-공정가치 정금융자산평가손실	50,000	기타포괄손익-공정 치 측 정 금 융 자 산	50,000
(3)	기타포괄손익-공정가 치 측 정 금 융 자 산	150,000	기타포괄손익-공정가치 정금융자산평가손실 기타포괄손익-공정가치측 정금융자산평가이익	50,000 100,000
(4)	기타포괄손익-공정가 치 측 정 금 융 자 산 현 금 기타포괄손익-공정가치측 정금융자산평가이익	30,000 930,000 130,000	기타포괄손익-공정가치 정금융자산평가이익 기타포괄손익-공정가 치 측 정 금 융 자 산 미처분이익잉여금	30,000 930,000 130,000

5.

No.	차 변 과 목	금 액	대 변 과 목	금 액
(1)	기타포괄손익-공정가치측정금융자산	500,000	당 좌 예 금	500,000
(2)	기타포괄손익-공정가치측정금융자산	80,000	기타포괄손익-공정가치측정금융자산평가이익	80,000
(3)	현 금	600,000	기타포괄손익-공정가치측정금융자산	580,000
	기타포괄손익-공정가치측정금융자산평가이익	80,000	기타포괄손익-공정가치측정금융자산처분이익	100,000

6.

No.	차 변 과 목	금 액	대 변 과 목	금 액
(1)	상각후원가측정금융자산	3,000,000	당 좌 예 금	3,000,000
(2)	현 금	360,000	이 자 수 익	360,000
(3)	현 금	3,000,000	상각후원가측정금융자산	3,000,000
(4)	관 계 기 업 투 자	750,000	현 금	750,000

06 재고자산

1.

이 월 상 품

전 기 이 월	150,000	매 입	150,000
매 입	300,000	매 입	5,000
		재고자산감모손실	15,000
		차 기 이 월	280,000
	450,000		450,000

매 입

외 상 매 입 금	800,000	이 월 상 품	300,000
이 월 상 품	150,000	손 익	711,000
이 월 상 품	5,000		
재고자산평가충당금	56,000		
	1,011,000		1,011,000

매 출

손 익	1,200,000	외 상 매 출 금	1,200,000

재 고 자 산 감 모 손 실

이 월 상 품	15,000	손 익	15,000

재 고 자 산 평 가 충 당 금

차 기 이 월	56,000	매 입	56,000

손 익

매 입	711,000	매 출	1,200,000
재고자산감모손실	15,000		

【 대체분개 】

No.	차 변 과 목	금 액	대 변 과 목	금 액
(1)	매 입	150,000	이 월 상 품	150,000
(2)	이 월 상 품	300,000	매 입	300,000
(3)	매 입	5,000	이 월 상 품	20,000
	재고자산감모손실	15,000		
(4)	매 입	56,000	재고자산평가충당금	56,000
(5)	손 익	711,000	매 입	711,000
(6)	매 출	1,200,000	손 익	1,200,000
(7)	손 익	15,000	재고자산감모손실	15,000

【 해설 】
- ㉠ 장부재고액 : 600개×500 = 300,000
- ㉡ 원가성이 있는 감모손실 : 10개×500 = 5,000
  원가성이 없는 감모손실 : 30개×500 = 15,000
  (3)번에서 정상적인 감모손실을 매입계정으로 바로 대체하지 않고 차변의 감모손실을 ₩20,000으로 분개했다가 정상적인 감모손실 ₩5,000을 별도로 매입계정으로 대체할 수도 있다.
- ㉢ 평가손실 : 560×(500-400) = 56,000

2.

구분	기말재고액	매출액	매출원가	매출총이익
선입선출법	₩280,000	₩2,100,000	₩1,720,000	₩380,000
후입선출법	230,000	2,100,000	1,770,000	330,000
이동평균법	266.667	2,100,000	1,733,333	366.667
총 평 균 법	250,000	2,100,000	1,750,000	350,000

【 해설 】
(1) 먼저 기말 재고 수량을 구한다.
   (400 + 200 + 200) − (500 + 200) = 100개

(2) 각 방법에 의한 기말 재고액
   ① 선입선출법 - 8/2 : 100개 × 2,800 = 280,000
   ② 후입선출법 - 1/1 : 100개 × 2,300 = 230,000
   ③ 이동평균법 - 평균 단가를 구한뒤 기말 수량에 곱한다.
      ㉠ 3/5 매입시 : (920,000 + 520,000) ÷ (400 + 200) = 2,400
      ㉡ 8/2 매입시 : {(100 × 2,400) + 560,000} ÷ (100 + 200)
        = 2,666.67
      ㉢ 기말재고액 : 100개 × 2,666.67 = 266,667
   ④ 총평균법
      ㉠ 총평균단가 : (920,000+520,000+560,000) ÷ 800 = 2,500
      ㉡ 기말재고액 : 100개 × 2,500 = 250,000

3.
(1) ① 매출원가 : 1,200,000 × (1−0.3) = 840,000
    ② (300,000+700,000) − 840,000 = 160,000
(2) 160,000 − 90,000 = 70,000

4.
(1) 매가에 의한 기말재고액을 구한다.

상품(매가)

기 초	500,000	매 출	1,900,000
매 입	2,000,000	기 말	(600,000)
	2,500,000		2,500,000

(2) 원가율 : $\dfrac{\text{(원가) } 250,000+1,500,000}{\text{(매가) } 500,000+2,000,000}$ = 70%

(3) (원가)기말재고액 : 600,000 × 0.7 = 420,000

(4) 매출원가 : 250,000 + 1,500,000 − 420,000 = 1,330,000

5.

No.	차변과목	금 액	대변과목	금 액
(1)	현 금 매 출	490,000 10,000	외 상 매 출 금	500,000
(2)	현 금 매 출	980,000 20,000	외 상 매 출 금	1,000,000
(3)	외 상 매 입 금	800,000	당 좌 예 금 매 입	784,000 16,000
(4)	외 상 매 입 금	500,000	매 입 현 금	108,000 392,000
(5)	매 출	20,000	외 상 매 출 금	20,000
(6)	매 입	430,000	현 금	430,000
(7)	외 상 매 출 금 운 반 비	350,000 8,000	매 출 현 금	350,000 8,000

 07 재고자산의 소유권 결정(특수매매)

 기본연습문제

1.

No.	차 변 과 목	금 액	대 변 과 목	금 액
(1)	미 착 상 품	500,000	외 상 매 입 금	500,000
(2)	매 입	503,000	미 착 상 품 현 금	500,000 3,000
(3)	미 착 상 품	800,000	외 상 매 입 금	800,000
(4)	받 을 어 음 매 입	950,000 800,000	미착상품매출 미 착 상 품	950,000 800,000

2.

No.	차 변 과 목	금 액	대 변 과 목	금 액
(1)	적 송 품	520,000	매 입 현 금	500,000 20,000
(2)	현 금 판매수수료 매 입	640,000 60,000 520,000	적 송 품 매 출 적 송 품	700,000 520,000

3.

No.	차 변 과 목	금 액	대 변 과 목	금 액
(1)	수 탁 판 매	15,000	현 금	15,000
(2)	외 상 매 출 금	700,000	수 탁 판 매	700,000
(3)	수 탁 판 매	45,000	잡 비 수 수 료 수 익	10,000 35,000
(4)	수 탁 판 매	640,000	당 좌 예 금	640,000

4.

	위 탁 자 (서울상사)			
No.	차 변 과 목	금 액	대 변 과 목	금 액
(1)	선 급 금	200,000	당 좌 예 금	200,000
(6)	매 입	1,095,000	선 급 금 외 상 매 입 금 현 금	200,000 880,000 15,000
(7)	외 상 매 입 금	880,000	당 좌 예 금	880,000

	수 탁 자 (제주상사)			
No.	차 변 과 목	금 액	대 변 과 목	금 액
(2)	현 금	200,000	수 탁 매 입	200,000
(3)	수 탁 매 입	1,000,000	외 상 매 입 금	1,000,000
(4)	수 탁 매 입	20,000	현 금	20,000
(5)	수 탁 매 입	60,000	보 관 료 잡 비 수 수 료 수 익	15,000 15,000 30,000
(6)	현 금	880,000	수 탁 매 입	880,000

5.

No.	차 변 과 목	금 액	대 변 과 목	금 액
(1)	시 송 품	330,000	시 용 가 매 출	330,000
(2)	시 용 가 매 출	330,000	시 송 품	330,000
	외 상 매 출 금	330,000	시 용 매 출	330,000

6.

No.	차 변 과 목	금 액	대 변 과 목	금 액
(1)	할부외상매출금	500,000	할 부 매 출	500,000
(2)	현 금	50,000	할부외상매출금	50,000
(3)	분 개 없 음			

 08 유형자산

 기본연습문제

1. (1) c   (2) h   (3) f   (4) b   (5) g
　　(6) d   (7) a   (8) e   (9) c   (10) c·h
　　(11) i   (12) h   (13) c   (14) h

2.

No.	차 변 과 목	금 액	대 변 과 목	금 액
(1)	토 지	5,600,000	당 좌 예 금 현 금	5,000,000 600,000
(2)	구 축 물	4,000,000	당 좌 예 금	4,000,000
(3)	건 설 중 인 자 산	20,000,000	당 좌 예 금	20,000,000
(4)	건 물	50,000,000	건 설 중 인 자 산 현 금	20,000,000 30,000,000
(5)	건 물 수 선 비	1,500,000 500,000	당 좌 예 금	2,000,000

3. (1)

상각방법	매기의 감가상각 금액		
	제1기	제2기	제1기
정 액 법	₩900,000	₩900,000	₩900,000
정 률 법	₩1,000,000	₩800,000	₩640,000
연수 합계법	₩1,500,000	₩1,200,000	₩900,000
이중 체감법	₩2,000,000	₩1,200,000	₩720,000

(2) | 생산량 비례법 | ₩750,000 |

【 풀이 】

(1) ① 정액법 : (5,000,000−500,000)/5년 = 900,000

　② 정률법 :

　　[제1기] 5,000,000×20% = 1,000,000

　　[제2기] (5,000,000−1,000,000)×20% = 800,000

　　[제3기] (5,000,000−1,000,000−800,000)×20% = 640,000

　③ 연수 합계법 :

　　[제1기] (5,000,000−500,000)×5/1+2+3+4+5 = 1,500,000

　　[제2기] (5,000,000−500,000)×4/1+2+3+4+5 = 1,200,000

　　[제3기] (5,000,000−500,000)×3/1+2+3+4+5 = 900,000

　④ 이중 체감법 : [상각률] 1/5년 = 0.2×2배 = 0.4

　　[제1기] 5,000,000×0.4 = 2,000,000

　　[제2기] (5,000,000−2,000,000)×0.4 = 1,200,000

　　[제3기] (5,000,000−2,000,000−1,200,000)×0.4 = 720,000

(2) 생산량 비례법 : (6,000,000−0)×500/4,000 = 750,000

4.

No.	차 변 과 목	금 액	대 변 과 목	금 액
(1)	차 량 운 반 구	8,500,000	당 좌 예 금	8,000,000
			현　　　금	500,000
(2)	감 가 상 각 비	1,700,000	감가상각누계액	1,700,000
(3)	감가상각누계액	4,148,000	차 량 운 반 구	8,500,000
	현　　　금	4,500,000	유형자산처분이익	148,000

(3) 1차년도 : 8,500,000 × 0.2 = 1,700,000

　　2차년도 : (8,500,000 − 1,700,000) × 0.2 = 1,360,000

　　3차년도 : (8,500,000 − 3,060,000) × 0.2 = 1,088,000

5.

No.	차 변 과 목	금 액	대 변 과 목	금 액
(1)	당 좌 예 금	6,000,000	건　　　물	5,200,000
			유형자산처분이익	760,000
			현　　　금	40,000
(2)	감가상각누계액	1,000,000	기 계 장 치	1,500,000
	기 계 장 치	2,000,000	현　　　금	1,700,000
	유형자산처분손실	200,000		
(3)	감가상각누계액	1,000,000	기 계 장 치	1,500,000
	기 계 장 치	2,200,000	현　　　금	1,700,000

▶ (2) 기계장치 취득원가 : 공정가치 300,000 + 현금 지급액

　　(3) 기계장치 취득원가 : 장부금액 500,000 + 현금 지급액

6.

No.	차 변 과 목	금 액	대 변 과 목	금 액
(1)	유형자산손상차손	10,000,000	토지손상차손누계액	10,000,000
(2)	토지손상차손누계액	10,000,000	손상차손누계액환입	10,000,000

7.

No.	차 변 과 목	금 액	대 변 과 목	금 액
(1)	기 계 장 치	10,000,000	현　　　금	10,000,000
(2)	감 가 상 각 비	1,000,000	기계감가상각누계액	1,000,000
(3)	감 가 상 각 비	1,000,000	기계감가상각누계액	1,000,000
	유형자산손상차손	5,000,000	기계손상차손누계액	5,000,000

▶ 손상차손 : (10,000,000 − 1,000,000 − 1,000,000) − 3,000,000

　　= 5,000,000

8.

No.	차 변 과 목	금 액	대 변 과 목	금 액
(1)	토　　　지	3,000,000	당 좌 예 금	3,000,000
(2)	토　　　지	500,000	재평가잉여금	500,000
(3)	재평가잉여금	500,000	토　　　지	600,000
	재 평 가 손 실	100,000		

09 무형자산

기본연습문제

1. 정답 ①

2.

No.	차 변 과 목	금 액	대 변 과 목	금 액
(1)	매　　　입	500,000	단 기 차 입 금	700,000
	건　　　물	1,500,000	당 좌 예 금	1,900,000
	영　업　권	600,000		
(2)	영업권손상차손	200,000	영 업 권	200,000
(3)	매　　　입	500,000	단 기 차 입 금	700,000
	건　　　물	1,500,000	당 좌 예 금	1,200,000
			염가매수차익	100,000

3.

No.	차 변 과 목	금 액	대 변 과 목	금 액
(1)	개　발　비	5,000,000	당 좌 예 금	5,000,000
(2)	무형자산상각비	1,000,000	개 발 비	1,000,000
(3)	특　허　권	1,200,000	현　　　금	1,200,000
(4)	무형자산상각비	1,120,000	특　허　권	120,000
			개　발　비	1,000,000

4.

No.	차 변 과 목	금 액	대 변 과 목	금 액
(1)	프 랜 차 이 즈	3,000,000	당 좌 예 금	3,000,000
(2)	컴퓨터소프트웨어	1,200,000	당 좌 예 금	1,200,000
(3)	저　작　권	6,000,000	현　　　금	6,000,000
(4)	웹사이트원가	3,000,000	현　　　금	3,000,000

10 기타의 자산

기본연습문제

1. (1) ◯　(2) ×　(3) ◯　(4) ◯　(5) ×

　(6) ◯　(7) ×　(8) ◯　(9) ◯

2.

No.	차 변 과 목	금 액	대 변 과 목	금 액
(1)	투 자 부 동 산	2,050,000	당 좌 예 금	2,050,000
(2)	현　　　금	250,000	투자부동산평가이익	250,000
(3)	현　　　금	2,400,000	투 자 부 동 산	2,300,000
			투자부동산처분이익	100,000

3. 부채 및 자본에 관한 회계 처리

01 주식회사의 자본

기본연습문제

1. (1) b　　(2) e　　(3) a　　(4) c　　(5) d

2.

No.	차변과목	금 액	대변과목	금 액
(1)	별 단 예 금	50,000,000	신주청약증거금	50,000,000
(2)	신주청약증거금	50,000,000	보통주자본금	50,000,000
	당 좌 예 금	50,000,000	별 단 예 금	50,000,000
(3)	별 단 예 금	20,000,000	신주청약증거금	20,000,000
(4)	신주청약증거금	20,000,000	보통주자본금	25,000,000
	당 좌 예 금	25,000,000	별 단 예 금	20,000,000

3.

No.	차변과목	금 액	대변과목	금 액
(1)	당 좌 예 금	12,000,000	보통주자본금	10,000,000
			주식발행초과금	1,500,000
			현　　　금	500,000
(2)	당 좌 예 금	55,000,000	보통주자본금	50,000,000
			주식발행초과금	4,700,000
			현　　　금	300,000
(3)	당 좌 예 금	23,500,000	보통주자본금	25,000,000
	주식할인발행차금	1,800,000	현　　　금	300,000
(4)	토　　　지	5,000,000	보통주자본금	5,000,000

02 자본잉여금

기본연습문제

1.

No.	차변과목	금 액	대변과목	금 액
(1)	당 좌 예 금	70,000,000	보통주자본금	50,000,000
			주식발행초과금	15,000,000
			현　　　금	5,000,000
(2)	주식발행초과금	6,000,000	보통주자본금	6,000,000
(3)	당 좌 예 금	2,400,000	보통주자본금	4,000,000
	주식발행초과금	1,600,000		
(4)	당 좌 예 금	3,600,000	보통주자본금	6,000,000
	주식발행초과금	2,400,000		
(5)	당 좌 예 금	5,000,000	보통주자본금	5,000,000
	주식할인발행차금	100,000	현　　　금	100,000

(4)번 해설 : 주식발행초과금의 자본 전입이 무상증자이다. 따라서
2,400,000 ÷ 40% = 6,000,000(증자액)

2.

No.	차변과목	금 액	대변과목	금 액
(1)	보통주자본금	20,000,000	당 좌 예 금	19,200,000
			감 자 차 익	800,000
(2)	보통주자본금	10,000,000	미처리결손금	8,400,000
			감 자 차 익	1,600,000
(3)	보통주자본금	14,000,000	미처리결손금	13,000,000
			감 자 차 익	1,000,000
(4)	보통주자본금	10,000,000	미처리결손금	5,000,000
			당 좌 예 금	4,000,000
			감 자 차 익	1,000,000
(5)	자 기 주 식	1,200,000	당 좌 예 금	1,200,000
(6)	현　　　금	1,800,000	자 기 주 식	1,200,000
			자기주식처분이익	600,000

03 이익잉여금　　 04 배당금

05 자본조정과 기타포괄손익누계액

기본연습문제

1.

(1) ○　(2) △　(3) △　(4) ○`　(5) △
(6) ×　(7) ×　(8) △　(9) △　(10) △
(11) ○　(12) △　(13) ×　(14) △　(15) ×
(16) □　(17) □

2.

No.	차변과목	금 액	대변과목	금 액
(1)	손　　　익	8,000,000	미처분이익잉여금	8,000,000
(2)	미처분이익잉여금	6,800,000	이 익 준 비 금	300,000
			미지급배당금	3,000,000
			결손보전적립금	1,500,000
			별 도 적 립 금	2,000,000
(3)	손　　　익	7,000,000	미처분이익잉여금	7,000,000

▶배당금 : 30,000,000 × 10% = 3,000,000

3.

No.	차변과목	금 액	대변과목	금 액
(1)	미처리결손금	3,500,000	손　　　익	3,500,000
(2)	별 도 적 립 금	800,000	미처리결손금	3,300,000
	결손보전적립금	1,500,000		
	이 익 준 비 금	400,000		
	주식발행초과금	600,000		

4.

No.	차변과목	금 액	대변과목	금 액
(1)	건　　물 사업확장적립금	60,000,000 60,000,000	건설중인자산 당 좌 예 금 별 도 적 립 금	50,000,000 10,000,000 60,000,000
(2)	장 기 차 입 금 감 채 적 립 금	5,000,000 4,800,000	현　　금 별 도 적 립 금	5,000,000 4,800,000
(3)	배당평균적립금	5,000,000	미처분이익잉여금	5,000,000
(4)	퇴직급여적립금	4,500,000	소득세예수금 현　　금	300,000 4,200,000

5.

No.	차 변 과 목	금 액	대 변 과 목	금 액
(1)	당 좌 예 금 주식할인발행차금	28,800,000 1,200,000	보 통 주 자 본 금	30,000,000
(2)	미처분이익잉여금	400,000	주식할인발행차금	400,000
(3)	보 통 주 자 본 금 감 자 차 손	2,500,000 1,000,000	당 좌 예 금	3,500,000
(4)	자 기 주 식	4,000,000	당 좌 예 금	4,000,000
(5)	현　　금 자기주식처분손실	3,500,000 500,000	자 기 주 식	4,000,000
(6)	감가상각누계액 건　　물	2,000,000 3,000,000	재 평 가 잉 여 금	5,000,000

 06 자본변동표

 기본연습문제

1.

No.	차 변 과 목	금 액	대 변 과 목	금 액
2/24	미처분이익잉여금	110,000	미지급배당금 이 익 준 비 금	100,000 10,000
3/10	미지급배당금	100,000	현　　금	100,000
4/16	현　　금	95,000	자 기 주 식 자기주식처분이익	90,000 5,000
8/12	현　　금	700,000	보통주자본금 주식발행초과금	500,000 200,000
12/31	손　　익	450,000	미처분이익잉여금	450,000

자 본 변 동 표

(주)서울　　　　20×1년 1월 1일부터 20×1년 12월 31일까지　　　　단위:원

과　　목	자본금	자본잉여금	자본조정	기타포괄 손익누계액	이익잉여금	총계
20×1년 1월 1일	2,000,000	240,000	(90,000)	20,000	620,000	2,790,000
전기오류수정					(14,000)	(14,000)
수정후이익잉여금					606,000	2,776,000
연차배당					(100,000)	(100,000)
처분후이익잉여금					506,000	2,676,000
자기주식매각		5,000	90,000			95,000
유상증자	500,000	200,000				700,000
당기순이익					450,000	450,000
기타포괄손익-공정가치 측정금융자산평가이익				10,000		10,000
20×1년 12월 31일	2,500,000	445,000	0	30,000	956,000	3,931,000

▶ 총계(세로줄)합계와 20×1년 12월 31일(가로줄 밑)의 합계가 ₩3,931,000로 일치
하여야 한다.

 07 사 채

 기본연습문제

1.

No.	차 변 과 목	금 액	대 변 과 목	금 액
(1)	당 좌 예 금	5,000,000	사　　채	5,000,000
(2)	이 자 비 용	250,000	현　　금	250,000

2.

No.	차 변 과 목	금 액	대 변 과 목	금 액
(1)	당 좌 예 금 사채할인발행차금	9,620,000 480,000	사　　채 현　　금	10,000,000 100,000
(2)	이 자 비 용	1,142,400	미 지 급 이 자 사채할인발행차금	1,000,000 142,400

3.

No.	차 변 과 목	금 액	대 변 과 목	금 액
(1)	당 좌 예 금	11,000,000	사　　채 사채할증발행차금 현　　금	10,000,000 798,500 201,500
(2)	이 자 비 용 사채할증발행차금	863,880 136,120	미 지 급 이 자	1,000,000

4.

No.	차 변 과 목	금 액	대 변 과 목	금 액
(1)	당 좌 예 금 사채할인발행차금	4,800,000 400,000	사　　채 현　　금	5,000,000 200,000
(2)	사　　채	2,000,000	당 좌 예 금 사채할인발행차금 사채상환이익	1,900,000 96,000 4,000

5.

No.	차변과목	금 액	대변과목	금 액
(1)	장기금융상품	2,000,000	현　　　금	2,000,000
(2)	상각후원가측정금융자산	3,500,000	현　　　금	3,500,000
(3)	미처분이익잉여금	5,000,000	감 채 적 립 금	5,000,000
	장기금융상품	5,000,000	현　　　금	5,000,000
(4)	사　　　채	6,000,000	장기금융상품	6,000,000
	감 채 적 립 금	6,000,000	별 도 적 립 금	6,000,000

 확정급여부채와 충당부채

 기본연습문제

1.

No.	차변과목	금 액	대변과목	금 액
(1)	퇴 직 급 여	5,000,000	현　　　금	5,000,000
(2)	퇴 직 급 여	500,000	확정급여채무	500,000
	사외적립자산	400,000	현　　　금	400,000
(3)	확정급여채무	300,000	사외적립자산	300,000
(4)	제 품 보 증 비	500,000	제품보증충당부채	500,000
(5)	제품보증충당부채	200,000	현　　　금	200,000
(6)	손해배상손실	3,000,000	손해배상충당부채	3,000,000

 기업의 세무

 기본연습문제

1.

No.	차변과목	금 액	대변과목	금 액
(1)	차 량 운 반 구	8,600,000	당 좌 예 금	8,000,000
			현　　　금	600,000
(2)	세 금 과 공 과	400,000	현　　　금	400,000
(3)	인 　 출 　 금	540,000	현　　　금	540,000
(4)	종 업 원 급 여	78,500,000	소득세예수금	3,270,000
			현　　　금	75,230,000
(5)	소득세예수금	3,270,000	현　　　금	3,270,000

2.

No.	차변과목	금 액	대변과목	금 액
(1)	매　　　입	5,000,000	당 좌 예 금	5,500,000
	부가가치세대급금	500,000		
(2)	외 상 매 출 금	7,150,000	매　　　출	6,500,000
			부가가치세예수금	650,000
(3)	부가가치세예수금	3,800,000	부가가치세대급금	2,500,000
			현　　　금	1,300,000
(4)	매　　　입	800,000	외 상 매 입 금	880,000
	부가가치세대급금	80,000		
(5)	부가가치세예수금	500,000	부가가치세대급금	350,000
			미 지 급 세 금	150,000
(6)	부가가치세예수금	110,000	부가가치세대급금	70,000
			잡 이 익	10,000
			현　　　금	30,000

4. 수익과 비용

1. 정답 ④

【해설】 • 매출원가 : 3,000,000+(7,000,000－500,000)－2,500,000
= 7,000,000

• 매출총이익 : 9,000,000－7,000,000= 2,000,000

2.

No.	차변과목	금 액 대변과목 금 액
(1)	고객과의 계약을 식별	현금 판매 영수증을 통하여 고객과의 계약이 확인 되었다.
(2)	수행 의무를 식별	청바지 인도라는 하나의 수행 의무가 있다.
(3)	거래 가격을 산정	₩350,000에 판매하였다.
(4)	거래 가격을 계약 내 수행 의무에 배분	거래 가격 ₩350,000을 모두 하나의 수행 의무에 배분한다.
(5)	수행 의무를 이행할 때 수익의 인식	청바지를 고객에게 인도되었으므로 다음과 같이 판매 시점에서 매출 수익을 인식하고, 직접 관련 비용(매출원가)을 인식한다. (차변) 현　금 350,000　(대변) 매 출 350,000 　　　　매출원가 200,000　　　　상 품 200,000

3.

No.	차변과목	금 액	대변과목	금 액
(1)	토　　　지	5,000,000	자산수증이익	5,000,000
(2)	장 기 차 입 금	1,000,000	당 좌 예 금	800,000
			채무조정이익	200,000
(3)	현　　　금	50,000	이 자 수 익	50,000
(4)	현　　　금	200,000	배 당 금 수 익	200,000
(5)	현　　　금	60,000	잡 이 익	60,000
(6)	현　　　금	350,000	로 열 티 수 익	350,000

4.

No.	차변과목	금 액	대변과목	금 액
(1)	복 리 후 생 비	2,000,000	현　　　금	2,000,000
(2)	접 　 대 　 비	53,000	(카드)미지급금	53,000
(3)	통 　 신 　 비	150,000	현　　　금	150,000
(4)	교 육 훈 련 비	500,000	당 좌 예 금	500,000
(5)	차 량 유 지 비	200,00	현　　　금	200,000
(6)	도 서 인 쇄 비	90,000	현　　　금	90,000
(7)	수 수 료 비 용	300,000	보 통 예 금	300,000
(8)	수 도 광 열 비	38,700	보 통 예 금	38,700
(9)	복 리 후 생 비	100,000	보 통 예 금	300,000
	접 　 대 　 비	200,000		
(10)	복 리 후 생 비	50,000	접 　 대 　 비	50,000
(11)	기 　 부 　 금	3,000,000	현　　　금	3,000,000
(12)	이 자 비 용	50,000	현　　　금	50,000
(13)	잡 　 손 　 실	620,000	현　　　금	620,000
(14)	기타의 대손상각비	200,000	단 기 대 여 금	200,000

5.

No.	차 변 과 목	금 액	대 변 과 목	금 액
(1)	현 금	10,000,000	외화장기차입금	10,000,000
(2)	외화장기차입금 외 환 차 손	5,000,000 500,000	현 금	5,500,000
(3)	외화환산손실	750,000	외화장기차입금	750,000
(4)	외화장기대여금	10,000,000	현 금	10,000,000
(5)	현 금	6,300,000	외화장기대여금 외 환 차 익	6,000,000 300,000
(6)	외화장기대여금	600,000	외화환산이익	600,000

6.

No.	차 변 과 목	금 액	대 변 과 목	금 액
(1)	선 급 법 인 세	600,000	현 금	600,000
(2)	법 인 세 비 용	950,000	선 급 법 인 세 미지급법인세	600,000 350,000
(3)	미지급법인세	350,000	당 좌 예 금	350,000

5. 결산과 재무제표

▶▶ 결산정리사항의 연습

No.	차 변 과 목	금 액	대 변 과 목	금 액
(1)	매 입 이 월 상 품	200,000 280,000	이 월 상 품 매 입	200,000 280,000
(2)	가 수 금	200,000	외 상 매 출 금	200,000
(3)	대 손 상 각 비	8,000	대 손 충 당 금	8,000
(4)	대 손 충 당 금	2,000	대손충당금환입	2,000
(5)	여 비 교 통 비	100,000	가 지 급 금	100,000
(6)	건 물	500,000	건 설 중 인 자 산	500,000
(7)	감 가 상 각 비	137,500	건물감가상각누계액 비품감가상각누계액	125,000 12,500
(8)	퇴 직 급 여	200,000	확 정 급 여 채 무	200,000
(9)	무형자산상각비	8,000	산 업 재 산 권	8,000
(10)	무형자산상각비	40,000	개 발 비	40,000
(11)	이 자 비 용	70,000	미 지 급 이 자 사채할인발행차금	50,000 20,000
(12)	당기손익-공정가치측정금융자산	20,000	당기손익-공정가치측정금융자산평가이익	20,000
(13)	당기손익-공정가치측정금융자산평가손실	50,000	당기손익-공정가치측정금융자산	50,000
(14)	보 험 료	38,000	선 급 보 험 료	38,000
(15)	잡 이 익	50,000	보 험 금 수 익	50,000
(16)	부가가치세예수금	150,000	부가가치세대급금	150,000
(17)	법 인 세 비 용	500,000	선 급 법 인 세 미 지 급 법 인 세	200,000 300,000
(18)	법 인 세 비 용	300,000	미 지 급 법 인 세	300,000

【 해설 】

(3) (400,000+800,000−200,000) × 0.02 = 20,000

(4) (400,000+800,000−200,000) × 0.01 = 10,000

(7) 건 물 : $\begin{cases} 1,000,000 ÷ 10년 = 100,000 \\ 500,000 ÷ 10년 × 6/12 = 25,000 \end{cases}$

비품 : (300,000−50,000) × 0.05 = 12,500

---

(9) 80,000 ÷ 10년 = 8,000

(10) 120,000 ÷ (5년−2년) = 40,000

(17) 500,000 − 200,000 = 300,000

 01 원장의 마감

 기본연습문제

보통주자본금

차기이월	7,000,000		7,000,000
		전기이월	7,000,000

매 출

손 익	950,000		950,000

미처분이익잉여금

차기이월	300,000		60,000
		손 익	240,000
	300,000		300,000
		전기이월	300,000

종 업 원 급 여

15,000	손 익	15,000

이 자 비 용

5,000	손 익	5,000

법 인 세 비 용

50,000	손 익	50,000

손 익

매 입	670,000	매 출	(950,000)
(종업원급여)	(15,000)	이 자 수 익	30,000
(이 자 비 용)	(5,000)		
(법인세비용)	(50,000)		
(미처분이익잉여금)	(240,000)		
	980,000		980,000

No.	차 변 과 목	금 액	대 변 과 목	금 액
(1)	매 출 이 자 수 익	950,000 30,000	손 익	980,000
(2)	손 익	740,000	매 입 종 업 원 급 여 이 자 비 용 법 인 세 비 용	670,000 15,000 5,000 50,000
(3)	손 익	240,000	미처분이익잉여금	240,000

02 포괄손익계산서

기본연습문제

1.

포 괄 손 익 계 산 서

(주)경기　　　20×1년 1월 1일부터 12월 31일까지　　단위:원

계 정 과 목	제 3 (당) 기 금　　　　액	
매　　출　　액		2,000,000
매　출　원　가		(1,300,000)
기 초 상 품 재 고 액	300,000	
당 기 매 입 액	1,500,000	
기 말 상 품 재 고 액	500,000	
매 출 총 이 익		700,000
판 매 비 와 관 리 비		(370,000)
[종 업 원 급 여]	120,000	
[광 고 선 전 비]	80,000	
[대 손 상 각 비]	20,000	
[감 가 상 각 비]	150,000	
영　업　이　익		330,000
기　타　수　익		50,000
[임　대　료]	50,000	
기　타　비　용		(55,000)
유형자산처분손실	30,000	
[기　부　금]	25,000	
금　융　수　익		30,000
[이　자　수　익]	30,000	( )
금　융　원　가		15,000
[이　자　비　용]	15,000	
법인세비용차감전순이익		(340,000)
법 인 세 비 용		120,000
계 속 영 업 이 익		(220,000)
중 단 영 업 손 실		40,000
당 기 순 이 익		180,000
주　당　이　익		₩ 180

【 해설 】

1. 주당이익 : 180,000 ÷ 1,000주 = 180
2. 포괄손익계산서상의 ( )는 차감표시의 부호이다.

2.

포 괄 손 익 계 산 서

(주)파스칼　　　20×1년 1월 1일부터 12월 31일까지　　단위:원

계 정 과 목	제 3 (당) 기 금　　　　액	
매　　출　　액		3,570,000
매　출　원　가		(2,220,000)
기 초 상 품 재 고 액	300,000	
당 기 매 입 액	2,400,000	
기 말 상 품 재 고 액	480,000	
매 출 총 이 익		(1,350,000)
판 매 비 와 관 리 비		377,100
[종 업 원 급 여]	135,000	
[광 고 선 전 비]	10,000	
[임　차　료]	20,000	
[대 손 상 각 비]	4,600	
[감 가 상 각 비]	177,500	
[보　험　료]	18,000	
[도 서 인 쇄 비]	12,000	
영　업　이　익		972,900
기　타　수　익		45,000
[임　대　료]	45,000	( )
기　타　비　용		50,000
[기　부　금]	30,000	
[유형자산처분손실]	20,000	
금　융　수　익		(148,000)
[이　자　수　익]	148,000	
금　융　원　가		81,000
[이　자　비　용]	81,000	( )
법인세비용차감전순이익		1,034,900
법 인 세 비 용		200,000
당 기 순 이 익		834,900
주　당　이　익		₩ 834.90

▶ 주당이익 : 834,900 ÷ 1,000주 = 834.90

03 재무상태표

기본연습문제

1.

재 무 상 태 표				
(주)경기상사	20×1년 12월 31일 현재			단위:원
자 산	금 액	부채 · 자본	금	액
유 동 자 산	6,400,000	유 동 부 채		1,200,000
현금및현금성자산	2,800,000	매 입 채 무		800,000
단 기 금 융 자 산	800,000	단 기 차 입 금		150,000
매 출 채 권	1,960,000	기 타 채 무		250,000
기 타 채 권	50,000	비 유 동 부 채		1,300,000
재 고 자 산	790,000	장 기 금 융 부 채		500,000
비 유 동 자 산	3,400,000	사 채		800,000
장 기 금 융 자 산	800,000	자 본		7,300,000
유 형 자 산	1,600,000	납 입 자 본		6,100,000
무 형 자 산	700,000	이 익 잉 여 금		1,150,000
기 타 자 산	300,000	기타자본구성요소		50,000
자 산 총 계	9,800,000	부채·자본 총계		9,800,000

2.

계 정 과 목	제3(당)기	제2(전)기
재 무 상 태 표 (주)대한상사 20×1년 12월 31일 현재 단위:원	금 액	금 액
자 산		
유 동 자 산	6,082,000	
현금및현금성자산	1,450,000	
단 기 금 융 자 산	1,300,000	
매 출 채 권	2,352,000	
기 타 채 권	80,000	
재 고 자 산	900,000	
비 유 동 자 산	9,920,000	
장 기 금 융 자 산	1,000,000	
유 형 자 산	8,100,000	
무 형 자 산	420,000	
기 타 자 산	400,000	
자 산 총 계	16,002,000	
부 채		
유 동 부 채	3,700,000	
매 입 채 무	2,600,000	
기 타 채 무	1,100,000	
비 유 동 부 채	3,300,000	
장 기 금 융 부 채	1,500,000	
사 채	1,800,000	
부 채 총 계	7,000,000	
자 본		
납 입 자 본	6,500,000	
이 익 잉 여 금	2,602,000	
기 타 자 본 구 성 요 소	(100,000)	
자 본 총 계	9,002,000	
부 채 와 자 본 총 계	16,002,000	

04 현금흐름표

기본연습문제

1.

계 정 과 목	금 액
현 금 흐 름 표 (주)파스칼 (단위 : 원)	
영 업 활 동 현 금 흐 름	711,000
당 기 순 이 익	656,100
영업현금흐름과 관련없는 손익제거	87,900
대 손 상 각 비 42,900	
무 형 자 산 상 각 비 60,000	
감 가 상 각 비 7,500	
당기손익-공정가치측정금융자산평가이익 (12,000)	
당기손익-공정가치측정금융자산처분이익 (10,500)	
영업활동으로 인한 자산, 부채의 변동	(33,000)
매 출 채 권 의 증 가 (84,000)	
재 고 자 산 의 감 소 93,000	
매 입 채 무 의 감 소 (72,000)	
당 기 법 인 세 부 채 의 증 가 30,000	

2. 1,800,000 + (1) 380,000 − (2) 150,000 + (3) 140,000
+ (4) 250,000 + (5) 170,000 − (6) 160,000 + (8) 180,000
− (9) 280,000 = 2,330,000

(7) 배당금지급액은 재무활동에 관한 것이다.

05 주당이익

기본연습문제

▶ (1) 5,000,000 − {(5,000 × 2,000) × 0.1} = 4,000,000
(2) 10,000주   (3) 4,000,000 ÷ 10,000주 = 400

6. 재무비율분석

기본연습문제

【물음】
1. 유동비율 100,000 ÷ 40,000 = 2.5(250%)
2. 당좌비율 (40,000 + 40,000) ÷ 40,000 = 2(200%)
3. 부채비율 100,000 ÷ 140,000 = 0.7143(71.43%)
4. 이자보상비율 12,000 ÷ 3,000 = 4(400%)
5. 매출총이익률 60,000 ÷ 200,000 = 0.3(30%)
6. 매출액영업이익률 12,000 ÷ 200,000 = 0.06(6%)
7. 매출액순이익률 5,000 ÷ 200,000 = 0.025(2.5%)
8. 자기자본순이익률 5,000 ÷ [(130,000 + 140,000) ÷ 2] = 0.037(3.7%)
9. 매출채권회전율 200,000 ÷ [(30,000 + 40,000) ÷ 2] = 5.7143(571.43%)

10. 재고자산회전율 140,000÷ [(40,000+20,000) ÷2]
    =4.6667(466.67%)

11. 총자산이익률 5,000÷ [(160,000+240,000) ÷2]= 0.025 (2.5%)

7. 회계변경과 오류수정

1. (1) E   (2) P   (3) E   (4) P   (5) E

2. ㉠ 2,000,000÷5 = 400,000

    ㉡ {2,000,000−(400,00×2)} ÷ (3+5) = 150,000

    ㉢ 감가상각비 150,000 / 감가상각누계액 150,000

3. (1) ① 20×1년 매출 원가 : 200,000+1,400,000−(300,000
        −20,000)= 1,320,000

      ② 20×2년 매출 원가 : (300,000−20,000)+1,500,000
        −400,000= 1,380,000

    (2) ① 20×1년 순이익 : 600,000−20,000= 580,000

      ② 20×2년 순이익 : 700,000+20,000= 720,000

9. 객관식문제 해답편

1. ③	2. ②	3. ④	4. ④	5. ④
6. ①	7. ③	8. ③	9. ③	10. ④
11. ②	12. ②	13. ②	14. ③	15. ②
16. ①	17. ①	18. ②	19. ③	20. ④
21. ②	22. ②	23. ②	24. ①	25. ①
26. ④	27. ④	28. ③	29. ③	30. ②
31. ①	32. ②	33. ③	34. ④	35. ①
36. ①	37. ③	38. ④	39. ②	40. ①
41. ①	42. ①	43. ④	44. ④	45. ②
46. ③	47. ①	48. ④	49. ③	50. ③
51. ③	52. ②	53. ③	54. ④	55. ②
56. ①	57. ③	58. ②	59. ②	60. ①
61. ③	62. ③	63. ④	64. ③	65. ①
66. ③	67. ②	68. ④	69. ①	70. ④
71. ③	72. ③	73. ③	74. ②	75. ①
76. ④	77. ①	78. ②	79. ①	80. ④
81. ③	82. ④	83. ②	84. ①	85. ①
86. ①	87. ④	88. ④	89. ①	90. ②
91. ③	92. ③	93. ①	94. ②	95. ①
96. ②	97. ④			

<해설>

01 인식(recognition)이란 분별하여 알아보는 것으로서 식별이라고도 하는데 회계의 기록대상으로 경제적 활동을 기록하는 시점을 결정하는 것을 말한다.

02 가, 다, 라가 회계의 목적이며, 기업의 인적 역량 강화는 기업의 내부 조직에 관한 문제로 회계와는 관련이 없다.

03 종업원은 노동계약 및 근로조건에 대한 협상을 경영층과 하여 근로환경 개선을 요구할 수 있지만 기업 경영 계획 수립은 경영층이 하는 것으로 종업원은 직접 참여할 수는 없다.

04 자료는 이용자가 누구냐에 따라 다르게 설계되어야 한다.

05 경영진의 업무 집행을 감시하는 것은 회계의 역할이 아니다.

06 기업의 내부이해관계자인 경영진에게 유용한 정보를 제공하는 것을 주된 목적으로 하는 것은 관리회계이다.

07 ③ – 순이익을 뜻한다.

09 사용가치는 기업이 자산의 사용과 궁극적인 처분으로 얻을 것으로 기대하는 현금흐름 또는 그 밖의 경제적효익의 현재가치이다.

10 10년전 취득원가 그대로 표시하는 것은 역사적 원가이다.

11 회계기말의 수정분개는 발생기준이다.

12 재무정보의 질적 특성에는 근본적 질적 특성(목적적합성, 충실한 표현)과 보강적 질적 특성(비교 가능성, 검증 가능성, 적시성, 이해 가능성)이 있다.

14 ① 재무정보의 근본적 질적 특성은 목적적합성과 충실한 표현이다. ② 비교 가능성은 보강적 질적 특성이다. ③ 목적적합성에는 예측가치, 확인가치, 중요성이 속하며, 정보 이용자의 의사 결정에 차이가 나도록 하는 정보의 능력을 말한다. ④ 적시성은 보강적 질적 특성이다.

15 보기 2번은 충실한 표현이다.

16 자산의 평가를 역사적원가(취득원가)로 하면 객관적이며 검증이 가능하므로 오류가 없는 서술로서 충실한 표현은 제고되지만 실제가치(현행원가)를 나타내지 못하므로 복적적합성은 저하될 수 있다.

17 원가는 질적 특성에 대한 제약요인이다.

19 보기3번은 발생기준이다.

20 시산표 작성 원칙은 일반적으로 인정되는 회계의 원칙이 아니다.

21 중요성은 해당 과목의 성격과 금액의 크기에 으해 결정되는 것으로 금액이 작은 사무용 또는 청소용 소모품은 자산으로 계상하거나 구입된 기간의 비용으로 처리할 수 있다.

22 보기2번은 만기일의 제시가 없어 불완전하지만 일반적인 관점에서는 단기금융상품으로 본다.

23 가+나+다+마+사 = 265,000

25

조 정 표		
은 행 540,000	당 점	235,000
− 120,000	+	200,000
	−	15,000

26 선일자수표는 어음으로 처리하고 c, d는 현금및현금성자산으로 처리하고, f는 사용이 제한된 예금으로 장기금융상품으로 처리한다.

27 보기4번 : 미결산 계정이다.

28 상품이 아닌 재화의 매입대금을 신용카드로 결제한 경우에는 미지급금으로 처리한다.

29 상품권 할인액 계정은 선수금 계정에서 차감 표시 형태로 기록하고, 상품 매출 시에는 매출에누리로 처리한다.

30 20×1년 12/31 : 50,000,000×5% = 2,500,000
2,500,000−1,500,000+(1,500,000×60%) = 1,900,000
1,500,000×60%를 가산하는 것은 대손처리한 채권을 회수하면 소멸하였던 대손충당금이 복원되기 때문이다.

31 (1) 어음의 만기가치 : 400,000+(400,000×9%×3/12)
　　 = 409,000
　 (2) 할인료 : 409,000×12%×1/12 = 4,090
　 (3) 현금수령액 : 409,000−4,090 = 404,910
　 (4) 이자수익 : 400,000×9%×2/12(경과기간) = 6,000
　　 − 받을어음이 금융자산 제거조건을 충족한다는 것은 매각거래로 본다.

32 취득한 주식을 단기간 내에 매각할 예정이면 당기손익−공정가치측정금융자산으로 처리하고, 수수료는 취득원가에 가산하지 않고 당기의 기타비용으로 처리한다. 기타포괄손익−공정가치측정금융자산과 상각후원가측정금융자산의 취득과 관련한 수수료는 취득원가에 포함한다.

33 기타포괄손익−공정가치측정금융자산과 상각후원가측정금융자산의 취득과 관련한 수수료는 취득원가에 포함한다. 단, 당기손익−공정가치측정금융자산의 취득과 관련한 수수료는 취득원가에 가산하지 않고 당기의 기타비용으로 처리한다.

34 상각후원가측정금융자산의 취득과 관련한 수수료는 취득원가에 포함한다.

35 20×1년 10/ 1 : (차) 당기손익−공정가치측정금융자산 500,000,
　　　수수료비용 10,000, (대) 현금 510,000
　 20×1년 12/31 : (차) 당기손익−공정가치측정금융자산 100,000
　　　(대) 당기손익−공정가치측정금융자산평가이익 100,000
　 20×2년 8/31 : (차) 현금 780,000
　　　(대) 당기손익−공정가치측정금융자산 600,000
　　　　당기손익−공정가치측정금융자산처분이익 180,000

36 보유 중인 기타포괄손익−공정가치측정금융자산이 지분상품(주식)인 경우에는 처분시점에서 공정가치를 재측정하여 기타포괄손익으로 처리하므로 당기손익에 영향을 주지 않는다. 즉 재순환(recycling)이 금지되어 처분손익은 없다.
　 • 20×1년 말 : (차) 기타포괄손익−공정가치측정금융자산평가손실 100,000
　　　(대) 기타포괄손익−공정가치측정금융자산 100,000
　 • 20×2년 말 : (차) 기타포괄손익−공정가치측정금융자산 300,000
　　　(대) 기타포괄손익−공정가치측정금융자산평가손실 100,000
　　　　기타포괄손익−공정가치측정금융자산평가이익 200,000
　 • 20×3년 중 : (차) 기타포괄손익−공정가치측정금융자산 100,000
　　　　현　　　금　　　3,300,000
　　　(대) 기타포괄손익−공정가치측정금융자산평가이익 100,000
　　　　기타포괄손익−공정가치측정금융자산 3,300,000

37 보유 중인 기타포괄손익−공정가치측정금융자산이 채무상품(사채)인 경우에는 누적된 평가손익의 재순환(recycling)이 허용되어 처분손익에 반영된다.
　 • 20×1년 5월 : (차) 기타포괄손익−공정가치측정금융자산 5,000,000
　　　(대) 현　　　　금　　　5,000,000
　 • 20×1년 말 : (차) 기타포괄손익−공정가치측정금융자산평가손실 200,000
　　　(대) 기타포괄손익−공정가치측정금융자산 200,000

　 • 20×2년 말 : (차) 기타포괄손익−공정가치측정금융자산 500,000
　　　(대) 기타포괄손익−공정가치측정금융자산평가손실 200,000
　　　　기타포괄손익−공정가치측정금융자산평가이익 300,000
　 • 20×3년 중 : (차) 현　　　금　　　5,450,000
　　　기타포괄손익−공정가치측정금융자산평가이익 300,000
　　　(대) 기타포괄손익−공정가치측정금융자산 5,300,000
　　　　기타포괄손익−공정가치측정금융자산처분이익 450,000

38 재고자산의 매입과 제조에 장기간이 소요되고, 그 필요한 특정자금을 외부로부터 차입하여 조달하는 경우에 발생하는 이자비용(금융비용)은 기간 비용으로 처리하지 않고, 재고자산의 취득원가에 포함한다.

39 ① 외상매출금 ② (어음)미수금 ③ 받을어음(차변) ④ 받을어음(대변)

40 기말상품재고액을 과소계상하면 매출원가가 커지고 당기순이익은 적어진다.

41 전기 말 상품재고액은 당기의 기초상품재고액이며 이를 과대 계상하면 매출원가가 많아지고 매출총이익과 당기순이익은 과소계상된다.

42 기말재고 장부액 : 100개×100 = 10,000
　 정상적 감모손실 : (100개−90개)×100×60% = 600
　 비정상적 감모손실 : (100개−90개)×100×40% = 400
　 평가손실 : (100−90)×90개 = 900
　 매출원가 : 78,000−(10,000−600−900) = 69,500

43 후입선출법은 일반적인 물량흐름과 반대이고, 선입선출법이 일치한다.

44 상품의 매입단가가 계속 상승하고 있으므로 당기순이익의 크기는 선입선출법 >평균법 >후입선출법으로 나타난다.

45

구분	선입선출법	후입선출법
매출원가	먼저 매입한 원가로 구성	최근 매입한 원가로 구성
기말재고액	최근 매입한 원가로 구성	먼저 매입한 원가로 구성

46 물가가 상승하는 가정하의 재고자산평가법의 기말상품재고액과 당기순이익의 크기는 선입선출법 > 가중평균법(이동평균법) > 가중평균법(총평균법) > 후입선출법이다. 따라서 매출원가의 크기는 선입선출법 <총평균법이다.

47 ㉠ 매출원가 : 가+ (라−마−바) −아 = 143,000
　 ㉡ 매출총이익 : (가−나−다) −매출원가 143,000 = 77,000
　 ㉢ 매출총이익률 = 매출총이익/순매출액(77,000/300,000−
　　　50,000−30,000 = 0.35)

48 (1) 실지재고조사법은 총평균법으로 계산한다.
　 • 총평균단가 : (100개×16)+(300개×18)+(100개×20) =
　　　9,000÷(100개+300개+100개) = 18원
　 • 매출원가 : 200개×18 = 3,600원
　 (2) 계속기록법은 이동평균법으로 계산한다.
　 • 6/17의 평균단가 : (100개×16)+(300개×18)=7,000÷(100개+300개) = 17.50
　 • 매출원가 : 200개×17.50 = 3,500원

49 시용매출은 거래처로부터 매입 의사를 통보받은 날이다.

50 할부로 판매된 상품은 소유권이 판매자에서 구매자에게 이전되었으므로 구매자의 재고자산이다.

51 부동산 매매업자가 판매를 목적으로 매입한 토지는 재고자산이다.

52 유형자산의 원가는 구입가격(관세 및 취득관련 세금을 가산하고 매입할인과 리베이트 등을 차감한 금액)과 경영진이 의도하는 방식으로 유형자산을 사용할 수 있도록 준비하는 데 직접 관련된 원가 및 유형자산을 해체, 제거하거나 부지를 복구하는 데 소요될 것으로 최초에 추정되는 원가를 합한 금액이다. 즉, 가+나+다+라-마 = 560,000이다. 단, 유형자산이 경영진이 의도하는 방식으로 가동될 수 있는 장소와 상태에 이른 후 유형자산을 사용하거나 이전하는 과정에서 발생하는 원가(⑩ 기업의 영업 전부 또는 일부를 재배치하거나 재편성하는 과정에서 발생하는 원가)는 유형자산의 장부금액에 포함하지 아니한다.

53 건물의 장부금액 = 자본적지출 : 가+나+바 = 220,000+취득원가 = 720,000원, 수선비는 수익적지출인 다+라+마 = 19,000원

54 건물 증축은 자본적지출로서 자산의 증가로 처리해야 하는데 비용 처리를 했으므로 당기순이익이 과소계상된다.

55 **정액법** : (1,000,000-0) ÷ 8년 = 125,000(매년 동일함)
정률법 : 1차연도 : 1,000,000×0.312 = 312,000
　　　　　　2차연도 : (1,000,000-312,000)×0.312 = 214,656
　　　　　　3차연도 : (1,000,000-526,656)×0.312 = 147,683
　　　　　　4차연도 : (1,000,000-674,339)×0.312 = 101,606
따라서 정액법의 감가상각비 125,000원이 정률법보다 많아지는 연도는 4차연도말이다.

56 ㉠ 20×1년의 감가상각누계액은 취득한 3월 1일부터 12월 말까지 월할상각한다.
　: (150,000-0)/20년 = 7,500(연간상각액)×10/12 = 6,250
㉡ 20×2년 계상할 감가상각비는 7,500원이다.
㉢ 20×3년 계상할 감가상각비는 1월부터 처분시점의 6월 30일까지 월할상각한다. 7,500원(연간상각액)6/12=3,750이다.
㉣ 처분 당시 총 감가상각누계액은 6,250+7,500+3,750 = 17,500원
㉤ 처분시 장부금액은 150,000-17,500 = 132,500원
㉥ 처분손익은 132,500-125,000 = 7,500원의 처분손실이다.

57 ㉠ 3년간 상각액 : (500,000-50,000)×150/200 = 337,500
㉡ 500,000-337,500 = 162,500

58 (2,450,000-200,000) × 4/5 + 4 + 3 + 2 + 1 = 600,000

59 (1) 상업적 실질이 있는 경우 새로운 기계장치의 취득원가는 보유 기계장치의 공정가치 ₩600,000-현금 수취액 ₩100,000 = 500,000이다.
(2) 분개는 (차) 기계장치 500,000, 현금 100,000, 감가상각누계액 600,000 (대) 기계장치 1,000,000, 유형자산처분이익 200,000이다.
(3) 상업적 실질이 없는 경우 새로운 기계장치의 취득원가는 보유 기계장치의 장부금액 ₩400,000-현금 수취액 ₩100,000 = 300,000이다.
(4) 상업적 실질이 없는 경우 제공한 기계장치의 처분손익은 인식하지 않는다.

60 내부적으로 창출한 무형자산은 어떠한 경우에도 무형자산으로 계상할 수 없다.

61 가+나+다 = 7,500(p.96 참고)

62 새로운 지식을 얻고자 하는 활동과 연구 결과나 기타 지식을 응용하는 활동은 연구단계에 속한다.(15,000+20,000= 35,000)

63 보기1번과 4번은 유형자산으로 분류하고, 보기2번은 재고자산으로 분류한다.

64 • 보기1번 : 주식 발행과 관련된 직접원가는 발행금액에서 차감하고, 간접원가는 당기 비용으로 인식한다.
• 2번과 3번 : 주식발행초과금(자본잉여금)은 400주×(6,000-5,000)-160,000=240,000원이다. 4번 : 자본의 증가는 (400주×6,000)-160,000-20,000=2,220,000원이다.
• 간접원가를 비용처리하게 되면 자본의 감소원인이다.

65 ① : 자산수증이익(기타수익) 단, 주주로부터 기증을 받으면 자본잉여금에 속한다.

66 5,000,000×0.2=[1,000,000×(50%+20%)]×1/10=70,000

67 무상증자는 (차) 자본잉여금(또는 이익준비금) ××× (대) 보통주자본금 ××× 이므로 이익잉여금은 감소할 수 있지만 자본총계는 불변이다.

68 ₩1,000×200,000주×5% = 10,000,000(주식배당액)
(차) 미처분이익잉여금 14,000,000
(대) 미지급배당금 4,000,000, 미교부주식배당금 10,000,000

69 ㉠ 자본잉여금 : 주식발행초과금+자기주식처분이익 = 600,000
㉡ 감자차손+자기주식 = 450,000 : 자본조정
㉢ 기타포괄손익누계액은 기타포괄손익-공정가치측정금융자산평가손실이다.
㉣ 이익잉여금 : 이익준비금+별도적립금+배당평균적립금

70 가+나+다-라-마 = 470,000

71 자본변동표에 기타포괄손익의 항목별 분석내용을 표시하더라도 주석에도 그 내용을 표시해야 한다.

72 유효이자율법 적용 시 사채할인발행차금 상각액은 매기 증가한다.

73 사채이자비용 = 기초장부금액×유효이자율
　　　　　　 = 현금이자+사채할인발행차금상각액

74 • 사채총이자비용 : 904,900×10% = 90,490
• 사채할인발행차금상각액 : 90,490-(1,000,000×7%) = 20,490
• 사채 장부금액 : 904,900+20,490 = 925,390 또는 발행 시 사채할인발행차금부터 구해서 하는 방법이 있다. 1,000,000-904,900 = 95,100-20,490 = 74,610(상각 후 사채할인발행차금 잔액)
• 1,000,000-74,610 = 925,390

75 • 사채발행일을 20×1년 12월 31일로 추정하고, 유효이자 : 91,322×10%= 9,132, 표시이자 : 100,000×5%= 5,000, 차금상각 : 9,132-5,000 = 4,132
• 상환 시 장부금액 : 91,322+4,132 = 95,454
• 사채상환액 : 101,000-5,000(표시이자) = 96,000
• 사채상환손실 : 96,000-95,454 = 546

76 확정기여제도는 기업이 사전에 확정된 기여금을 납부한 후에는 그 기금이 퇴직급여를 지급할 만큼 충분치 못하더라도 기업에게는 추가로 기여금을 납부해야하는 법적의무가 없다.

77 충당부채는 과거 사건이나 거래의 결과로 현재 의무가 존재해야 한다.

78 개인 기업의 기업주에 부과된 종합소득세는 인출금 계정, 건물 구입 시 지급한 취득세 및 등록세는 건물의 취득원가에 포함, 종업원급여 지급 시 원천징수한 근로소득세는 예수금 계정으로 처리한다.

80 이자수익은 현금을 수취하는 시점이 아니라 이자수익이 발생한 기간에 인식한다. 즉 차기에 속하는 이자수익이 있다면 차기로 이연시켜야 하기 때문이다. 재화의 판매수익은 재화를 인도한 시점이다. 상품권을 이용한 판매수익은 상품을 인도한 시점이다. 즉 상품권을 판매한 시점은 대변에 상품권선수금이라는 부채계정을 설정한다.

82 법인세비용 ₩2,000을 누락하였으므로 그 만큼 당기순이익이 과대계상되었다.

83 ㉠ 500,000 + 30,000 − 10,000 + 20,000 = 540,000
㉡ 기타포괄손익−공정가치측정금융자산평가이익은 기타포괄손익누계액으로 자본에 가산되는 성질이므로 당기순이익에 영향을 미치지만, 본 문제에서는 순이익의 조정을 포괄손익계산서 항목만으로 정리하여야 하므로 계산에서 제외된다.

84

보 험 료			
1/1 전기선급보험료	30,000	12/31 당기선급보험료	37,500
4/1 화재보험료지급액	150,000	12/31 손익계정대체액	(142,500)

85 포괄손익계산서를 성격별로 작성하는 경우에는 매출원가를 구분표시하지 않는다.

86 매출원가는 기능별 포괄손익계산서에는 표시되지만, 성격별 포괄손익계산서에서는 나타나지 않는다.

87
• 매출총이익 : 당기순매출액−(기초상품+순매입액−기말상품) = 350,000
• 영업이익 : 매출총이익−광고선전비−임차료−통신비−세금과공과−수도광열비 = 120,000

88 하나의 재무제표에 유동/비유동 구분법과 유동성 순서에 따른 표시방법으로 표시하는 것이 허용된다.

89 보기1번은 비유동자산에 속한다.(장기금융상품)

90 비금융상품은 선급금, 선급비용, 재고자산, 유형자산, 무형자산, 선수금, 선수수익, 충당부채 등이다.

91 유형자산의 매입은 투자활동으로 인한 현금흐름이다.

92 기본주당이익은 당기순이익 ÷ 가중평균유통보통주식수이다.
475,000 ÷ 950주 = 500원

93 매출채권의 회수는 자산총액에 변동이 없으므로 둘다 영향이 없다.

94 유동비율과 당좌비율은 비유동부채와는 관련이 없다.

95 보기 1번은 회계정책의 변경이다.

96 보기 2번은 회계추정의 변경이다.

97 ㉠ 감가상각비 과대, 과소계상은 비자동조정 오류이다.
㉡ 20×1년 : 감가상각비 ₩5,000 과대, 순이익 ₩5,000 과소
20×2년 : 감가상각비 ₩3,000 과소, 순이익 ₩3,000 과대
㉢ 5,000 − 3,000 = 2,000(과소)

Chapter 02 원가회계

① 원가회계의 기초 개념

01. 원가회계의 기초

1 원가회계(cost accounting)의 뜻

원가회계란 제품 생산에 소비되는 원가를 파악하고, 측정·기록·요약하여 기업 경영의 의사 결정에 필요한 원가 정보를 획득하고, 제조기업의 재무상태와 경영성과를 명백히 하는 회계분야를 말한다.

【 제조기업의 경영 활동 】

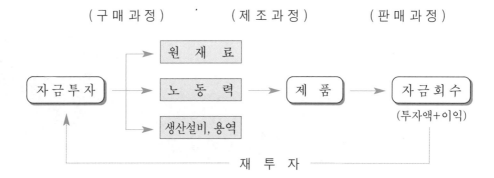

(구 매 과 정)   (제 조 과 정)   (판 매 과 정)

2 원가회계의 목적과 범위

원가회계는 재무제표를 작성하는데 필요한 원가 자료를 제공하고, 경영진의 다양한 의사 결정에 필요한 원가 정보를 제공하는 것을 목적으로 하고 있다.

(1) 원가회계의 목적

(가) 재무제표 작성에 필요한 원가 정보의 제공

① (포괄)손익계산서상의 매출원가 파악을 위한 원가 정보 제공
② 재무상태표상의 제품·재공품 등의 재고자산 가액결정을 위한 원가 정보 제공

(나) 원가 통제에 필요한 원가 정보의 제공

실제로 발생한 원가의 내용을 사전에 설정해 놓은 예정원가와 비교해 봄으로써 원가가 과대 또는 과소하게 발생하거나, 불필요하게 낭비되는 것을 통제·관리하는데 필요한 정보를 제공한다.

(다) 경영 의사 결정에 필요한 원가 정보의 제공

경영진이 생산된 제품의 판매가격 결정, 예산편성 및 통제 등 다양한 의사 결정을 내리기 위한 원가 정보를 제공한다.

(2) 원가회계와 관리회계의 범위

독자들께서 피자가게를 운영한다고 가정해 보면, 피자 한판에 재료비 등의 원가가 얼마나 들어가는지가 궁금할 것이다.(원가계산) 그리고, 어느 고객이 피자를 50판을 주문하면서 정상가격보다 싸게 해 달라고 하면 이를 판매할 것인지의 여부를 결정해야 하며 (의사 결정), 장사가 잘되어 2, 3군데 피자가게가 늘어난 경우 각 영업점별로 책임자를 두어 영업실적을 평가하려고 할 것이다.(성과 평가) 이러한 원가계산·의사 결정·성과 평가는 서로 연결되어 있으며, 원가계산이 정확히 되면 의사 결정과 성과 평가도 따라서 정확하게 된다.

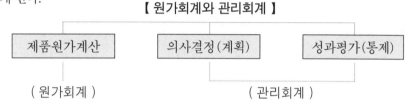

【 원가회계와 관리회계 】

③ 상기업과 제조기업의 비교

원가회계는 상기업의 재무회계와 다르게 제조기업의 제조 활동에 관한 내부거래를 기록하므로 외부거래 중심의 재무회계에 비하여 복잡한 계산과 기장절차 및 장부조직이 필요하다.

No.	상 기 업 (재 무 회 계)	제 조 기 업 (원 가 회 계)
(1)	주로 외부와의 거래를 중심으로 회계처리	제조과정에서 원가흐름 중심으로 회계처리
(2)	한 회계연도가 6개월 또는 1년	원가계산 기간을 보통 1개월로 한다.
(3)	재무상태표 계정과 포괄손익계산서 계정만 기록	이외에도 재료비 계정, 노무비 계정, 제조경비 계정 등을 설정하므로 계정의 수가 많다.
(4)	집합 계정은 결산 때 설정되는 손익 계정뿐이다.	제품의 원가를 집계하는 집합 계정의 수가 많고 계정간의 대체기입이 많다.
(5)	수익을 창출하기 위하여 소비된 가치는 비용으로 처리된다.	제조과정에서 발생한 가치의 소비액은 원가로 처리된다.

④ 재무회계와 관리회계의 비교

No.	구 분	재무회계	관리회계
(1)	목적과 이용대상	외부보고 목적(외부 정보 이용자)	내부보고 목적(내부 정보 이용자)
(2)	보고서 종류	일반재무제표(재무상태표 등)	제조원가명세서, 마케팅보고서 등
(3)	조직 관리 기반	기업 전체 조직을 관리	기업 조직 중 제조부문 등을 관리
(4)	성격 및 시간적 관념	검증 가능성을 강조하며 과거 지향적	목적적합성을 강조하며 미래 지향적
(5)	원가회계와의 관련성	원가계산을 통해 판매가격 결정 지원	원가 절감 등을 위한 계획과 통제

1. 다음은 제조기업의 정상적인 영업순환주기를 표시한 것이다. (   ) 안에 알맞은 용어를 써 넣으시오.

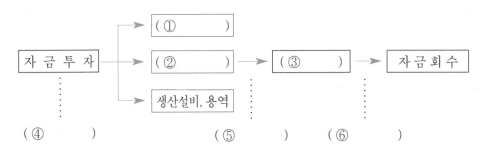

2. 다음의 거래에서 구매과정, 제조과정, 판매과정으로 구분하고, 다시 외부거래와 내부거래로 구분 표시하시오.

(1) 서울상사로 부터 재료 800,000원을 외상으로 매입하다. ············[   ] (   )

(2) 외상으로 매입한 재료 중 불량품 25,000원을 반품시키다. ·········[   ] (   )

(3) 갑제품 제조를 위하여 재료 580,000원을 공장에 출고하다.   ······[   ] (   )

(4) 공장에 출고한 재료 중 20,000원이 창고로 반품되다. ·············[   ] (   )

(5) 종업원에게 임금 750,000원을 수표를 발행하여 지급하다. ·········[   ] (   )

(6) 당월 제품 제조를 위해 소비된 임금은 780,000원이다.   ············[   ] (   )

(7) 전력비, 가스수도비 등 520,000원을 현금으로 지급하다.   ·········[   ] (   )

(8) 제품 제조를 위해 소비된 전력비는 600,000원이다. ·················[   ] (   )

(9) 당월 갑제품 2,000개 @400원이 완성되어 창고에 입고되다. ······[   ] (   )

(10) 갑제품 1,200개 @600원 720,000원을 외상으로 매출하다.   ······[   ] (   )

(11) 외상 매출하였던 갑제품 중 100개가 반품되어 오다.·················[   ] (   )

3. 다음 설명을 읽고, 옳은 것에는 ○표, 틀린 것에는 ×표를 하시오.

(1) 원가회계의 목적은 원가 정보를 기업의 외부 정보 이용자에게 공시하는 것이다. (   )

(2) 재무회계는 외부보고 목적을, 관리회계는 내부보고 목적을 강조한다. ············(   )

(3) 재무회계는 목적적합성을 강조하고, 관리회계는 검증 가능성을 강조한다. ······(   )

(4) 원가·관리회계는 경영자의 의사결정에 필요한 세부부문의 정보를 제공한다. ···(   )

(5) 원가·관리회계는 외부에 보고하는 재무회계의 정보와 아무런 관련성이 없다. ···(   )

02. 원가의 개념과 분류

1 원가(costs)의 개념

(1) 원가의 뜻

원가란 제조기업이 제품을 생산하는데 사용한 모든 원재료, 노동력, 기계나 건물 등의 생산설비 및 전기, 가스 등의 소비액을 말한다. 즉, 특정제품의 생산을 위해서 사용한 경제적인 자원을 화폐단위로 측정한 것이다.

(2) 원가의 특성

① 경제적 가치의 소비이다.

원가는 금전적 지출에 관계없이 생산과정에서 소비된 경제적 가치를 말한다. 예를 들면, 증여받은 원재료를 생산과정에 사용하는 경우 금전적 지출이 없더라도 원가로 인정한다.

② 제품의 생산을 위하여 소비된 것이다.

원가는 기업에서 제품생산을 위하여 소비된 가치의 소비액이므로, 제품의 생산과 관련이 없는 화재나 도난 등으로 인한 손실은 원가에 포함하지 않는다.

③ 정상적인 가치의 소비액이다.

원가는 정상적인 경영활동에서 발생한 재화의 소비액에 한정되고, 화재, 파업 등으로 인한 비정상적인 가치감소액은 원가에 포함하지 않는다.

(3) 원가와 비용과의 관계

① 공통점 : 둘 다 기업의 경영활동을 위하여 소비되는 경제적 가치이다.

② 차이점 : 원가는 재화나 용역의 생산을 위하여 소비되는 경제적 가치인데 비해, 비용은 일정기간의 수익을 창출하기 위하여 소비되는 경제적 가치이다.

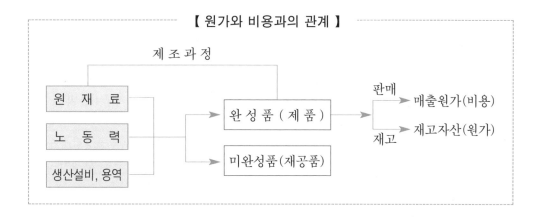

【 원가와 비용과의 관계 】

② 사용 목적에 따른 원가의 분류

원가는 여러가지 사용목적에 따라 다음과 같이 분류할 수 있다.

No.	분 류 기 준	종 류
(1)	발생형태에 따라	재료비, 노무비, 제조경비
(2)	추적가능성에 따라	직접비, 간접비
(3)	제조활동과의 관련성에 따라	제조원가, 비제조원가
(4)	경제적효익의 소멸여부에 따라	미소멸원가, 소멸원가
(5)	원가행태에 따라	고정비, 변동비, 준변동비, 준고정비
(6)	통제가능성에 따라	통제가능원가, 통제불능원가
(7)	발생시점에 따라	제품원가, 기간원가
(8)	의사결정과의 관련성에 따라	관련원가와 비관련원가, 회피가능원가와 회피불가능원가, 매몰원가, 기회원가

③ 발생형태에 따른 분류

(1) **재 료 비** : 제품의 제조를 위한 재료의 소비액 **예** 가구제작업의 목재 등

(2) **노 무 비** : 제품의 제조를 위해 투입된 인간의 노동력에 대한 대가 **예** 종업원임금, 종업원급료, 종업원상여수당 등

(3) **제조경비** : 재료비와 노무비를 제외한 기타의 모든 원가요소 **예** 전력비 등

④ 추적가능성에 따른 분류

(1) **직접비**(direct costs : 직접원가) : 특정제품의 제조를 위하여 직접 소비된 금액이므로 직접 추적하여 부과할 수 있는 원가 **예** 자동차 제조업의 타이어 등

(2) **간접비**(indirect costs : 간접원가) : 여러제품의 제조를 위하여 공통적으로 소비되므로 특정 제품에 발생한 금액을 추적할 수 없는 원가 **예** 전력비, 가스수도비 등

①	재 료 비	직 접 재 료 비	주요재료비, 부품비
		간 접 재 료 비	보조재료비, 소모공구기구비품비
②	노 무 비	직 접 노 무 비	완성직공에 대한 임금
		간 접 노 무 비	검사공임금, 수선공임금, 공장감독자급여 등
③	제 조 경 비	직접제조경비	외주가공비, 특허권사용료, 설계비
		간접제조경비	전력비, 가스수도비 등.

1. 부과 : 원가발생액을 특정제품에 직접 집계하는 절차
2. 배부 : 원가발생액을 각 제품에 합리적인 배분기준에 따라 적절히 나누는 절차
3. 추적가능성에 따른 분류는 생산부서의 성과평가시에 주로 이용된다.
4.

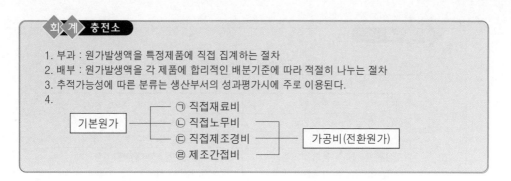

⑤ 제조 활동과의 관련성에 따른 분류

(1) 제조원가(manufacturing costs) : 제조원가란, 제품을 생산하는 과정에서 발생하는 모든 경제적 가치의 소비액을 말한다.

(2) 비제조원가(nonmanufacturing costs) : 기업의 제조활동과 직접적인 관련이 없이 발생한 원가로서 제품의 판매활동과 관리활동에서 발생하는 원가 **예** 광고선전비 등의 판매비와관리비

⑥ 경제적 효익의 소멸여부에 따른 분류

(1) 미소멸원가(unexpired costs) : 미래에 경제적 효익을 제공할 수 있는 원가로서, 미래용역 잠재력(미래에 현금유입을 창출하는 능력)을 가지고 있으므로 재무상태표에 자산으로 표시된다. **예** 원재료의 미사용액

(2) 소멸원가(expired costs) : 용역 잠재력이 소멸되어 더 이상의 경제적 효익을 제공할 수 없는 원가로서 수익창출에 기여했는가에 따라 비용과 손실로 나눈다. **예** 원재료의 소비액

▶ 제조기업이 완성된 제품을 판매하지 않고 보유하고 있는 동안은 재고자산으로서 미소멸원가이고, 그 완성제품을 판매한 경우에는 수익창출에 기여한 소멸원가로서 매출원가라는 비용으로 계상한다. 만약, 완성제품이 무보험상태에서 화재로 소실된 경우에는 아무런 수익창출에 기여하지 못한 소멸원가로서 손실로 분류하는 것이다.

회계 충전소

【 제조간접비와 판매비와관리비의 비교 】

제 조 간 접 비	판매비와 관리비
공장의 전력비, 수도요금 등	본사 사무실의 전력비, 수도요금 등
공장감독자 급여, 수리공 임금	판매관리직 종업원의 급여
공장 소모품비(장갑, 작업복 등)	사무용 소모품비(장부, 복사용지 등)
기계장치, 공장건물 등의 설비자산에 대한 감가상각비, 수선유지비, 보험료	본사 사무실 건물에 대한 감가상각비, 보험료, 수선유지비

⑦ 원가의 구성

제품의 원가를 구성하는 원가요소는 다음과 같은 단계를 거쳐 판매가격을 구성한다.

(1) 직접원가 = 직접재료비+직접노무비+직접제조경비
(2) 제조원가 = 직접원가+제조간접비(간접재료비+간접노무비+간접제조경비)
(3) 판매원가 = 제조원가+ 판매비와관리비
(4) 판매가격 = 판매원가+이익

【 원가의 구성도 】

			이 익	판 매 가 격
		판매비와관리비		
	제조간접비			
직 접 재 료 비	직 접 원 가	제 조 원 가	판 매 원 가	
직 접 노 무 비				
직접제조경비				

⑧ 원가행태에 따른 분류

원가행태(cost behavior)란, 조업도의 변화에 따라 원가총발생액이 변화되는 모양을 말하는 것으로서 원가 통제목적에 유용한정보를 제공하기 위한 분류이다. 모든 원가행태는 관련범위를 전제로 하고 있다.

회계 충전소

1. **조업도**(rate of activity) : 기업이 생산설비를 이용한 정도를 나타내는 지표로서 생산량, 직접노동시간, 기계운전시간 등으로 표시된다.
2. **관련범위**(relevant range) : 한 기업이 단기간동안 효율적으로 활동을 수행할 수 있는 활동범위이다.

(1) 고정비 (fixed costs)

조업도의 증감에 관계없이 일정한 범위의 조업도내에서는 그 총액이 항상 일정하게 발생하는 원가 **예** 공장건물의 임차료, 보험료, 감가상각비, 재산세 등

【 고정비와 조업도의 관계 】

고정비총발생액	600,000원	600,000원	600,000원
조업도(생산량)	10,000개	20,000개	30,000개
제품단위당고정비	@60원	@30원	@20원

$$y = a$$
단, y = 총원가,   a = 고정비

① 총원가

② 단위당원가

(2) 변동비 (variable costs)

조업도의 증감에 따라 원가발생 총액이 비례적으로 증감하는 원가 **예** 직접재료비, 직접노무비 등

【 변동비와 조업도의 관계 】

변동비총발생액	400,000원	800,000원	1,200,000원
조업도(생산량)	10,000개	20,000개	30,000개
제품단위당변동비	@40원	@40원	@40원

$$y = bx$$
단, y = 총원가,   b = 단위당변동비,   x = 조업도

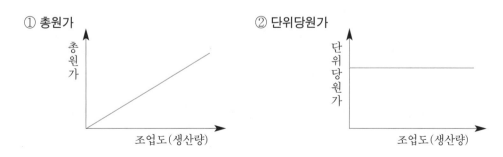

① 총원가

② 단위당원가

구 분	고 정 비	변 동 비
원가발생총액	일정하다	조업도의 변동에 비례하여 증감
단위당 원가	조업도의 증감에 반대방향으로 증감	일정하다

(3) 준변동비(semi-variable costs)

조업도의 증감에 관계없이 발생하는 고정비 즉, 조업도가 0일 때에도 발생하는 고정원가와 조업도의 변화에 따라 일정비율로 증가하는 변동비의 두 부분으로 구성된 원가를 말하며, 혼합원가(mixed costs)라고도 한다. 전화요금이 준변동비의 대표적인 것인데, 전화요금은 전화사용량에 관계없이 지출해야 하는 기본요금(고정비)과 사용량에 따라 변화하는 사용요금(변동비)으로 징수되고 있기 때문이다. **예** 전화요금, 전력비, 가스수도비, 수선유지비 등

$$y = a + bx$$
단, y = 총원가, a = 고정비, b = 단위당변동비, x = 조업도

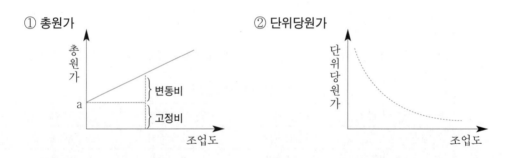

① 총원가

② 단위당원가

(4) 준고정비(semi-fixed costs)

일정한 범위의 조업도 내에서는 일정한 금액의 원가가 발생하지만, 그 범위를 벗어나면 총액이 달라지는 원가를 말하며, 계단원가(step costs)라고도 한다. **예** 1명의 생산감독자가 20명의 근로자를 감독하는 경우 20명의 근로자가 초과할 때마다 1명의 생산감독자를 추가로 고용해야 한다. 이때, 만약 생산감독자를 0.1명, 0.2명 등과 같이 분할고용할 수 있다면 생산감독자의 임금은 근로자의 수에 비례하는 변동비라할 수 있지만, 이것은 불가능한 일이므로 생산감독자의 임금은 그 증가폭이 일정한 구간을 가지게 된다. 기계의 경우에도 최대생산 능력을 초과하는 경우 새로운 기계를 도입해야 하고, 이 경우 새 기계에 따른 감가상각비도 이러한 계단식 형태로 나타날 것이다.

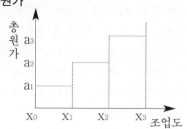

① 총원가

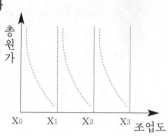

② 단위당원가

9 통제 가능성에 따른 분류

(1) 통제가능원가(controllable costs)

특정 계층의 경영진이 일정기간에 걸쳐 원가발생액의 크기에 관해 주된 영향을 미칠 수 있는 원가 **예** 직접재료비 등의 변동비 – 특정 관리자의 업적 평가시 유용한 개념

(2) 통제불능원가(uncontrollable costs)

특정 계층의 경영진이 원가발생액의 크기에 관해 주된 영향을 미칠수 없는 원가 **예** 공장건물의 임차료, 정액법에 의한 감가상각비 등의 고정비

10 발생시점에 따른 분류

(1) 제품원가(product costs)

제품을 생산할 때 소비되는 모든 원가를 말하는 것으로 제품원가는 원가가 발생되면 먼저 재고자산으로 계상하였다가 제품의 판매시점에 비용화되어 매출원가계정으로 대체된다. 따라서 제품원가는 재고자산의 원가로서 판매시점까지 연장되기 때문에 재고가능원가라고도 한다.

(2) 기간원가(period costs)

제품생산과 관련없이 발생하는 모든 원가로서 발생한 기간에 비용으로 인식하므로 기간원가라고 하며, 판매비와관리비가 여기에 속한다. 이와같이 기간원가는 발생한 기간의 비용으로 처리되므로 재고불능원가라고도 한다.

11 의사결정과의 관련성에 따른 분류

(1) 관련원가(relevant costs)와 비관련원가(irrelevant costs)

관련원가는 특정의사결정과 직접적으로 관련이 있는 원가로서 의사결정의 여러 대안 간에 금액상 차이가 있는 미래원가를 말한다.

비관련원가는 특정의사결정과 관련이 없는 원가로서 이미 발생한 원가이므로 의사결정의 여러 대안간에 금액상 차이가 없는 기발생원가(역사적 원가)를 말한다.

예 대한상사는 현재까지 일반냉장고만 판매하여 왔으나, 내년부터는 일반냉장고 대신 김치냉장고를 판매하기로 하였다. 이를 홍보하기 위하여 두달전부터 광고비 20,000원을 지출하였고, 일반냉장고를 판매하는 경우 단위당 판매비는 10원, 김치냉장고의 단위당 판매비는 30원이 지출되는 경우, 두달전부터 지출된 광고비 20,000원은 이미 지출된 것이고, 일반냉장고를 판매하는 대안과 김치냉장고를 판매하는 대안 중 어떤 대안을 선택하더라도 회수할 수 없으므로 비관련원가이다. 한편, 판매비는 두 대안간에 차이가 나는 미래원가이므로 관련원가이다.

(2) 회피가능원가(avoidable costs)와 회피불가능원가(unavoidable costs)

위의 예제에서 일반냉장고를 더 이상 생산하지 않으면 단위당 변동물류원가 10원은 감소하는데 이를 회피가능원가(의사결정에 따라 줄어드는 원가)라 하고, 이미 지출한 광고선전비는 의사결정과 무관하므로 회피불가능원가라 한다.

(3) 매몰원가(sunk costs)

기발생원가(역사적 원가)라고도 하는 것으로 과거 의사결정의 결과로 이미 발생된 원가로서 현재 또는 미래의 의사결정에는 아무런 영향을 미치지 못하는 원가를 말한다.

예 (주)한국은 스마트폰을 단위당 500,000원에 구입하여 800,000원에 판매해 왔다. 그러나 최근 휴대폰시장의 가격하락으로 더 이상 판매할 수 없게 되었다. (주)한국은 스마트폰 재고를 200단위 보유하고 있다. 어느 거래처가 이 스마트폰을 단위당 300,000원에 구입하려고 하는 경우, 이 때 500,000원은 역사적원가로서 매몰원가이다.

(4) 기회원가(opportunity costs)

기회비용이라고도 하며, 의사결정의 여러 대안 중 하나를 선택하면 다른 대안은 포기할 수 밖에 없는데, 이 때 포기해야 하는 대안에서 얻을 수 있는 최대의 금액(효익)을 말한다. 기회원가는 회계장부에는 기록되지 않지만, 의사 결정시에는 반드시 고려되어야 한다.

예 한국공업에서 A기계로 갑제품을 생산하기로 한 경우 A기계로는 을제품도 생산할 수 있고, A기계를 매각처분할 수도 있는데, 을제품을 생산하면 제조원가 50,000원을 투입하여 70,000원에 판매할 수 있고, 그냥 A기계를 매각처분한다면 처분차익을 28,000원 얻을 수 있을 때 한국공업은 A기계로 갑제품을 생산하는 것 이외에 대체안으로 각각 20,000원과 28,000원의 순현금 유입액이 발생한다. 이 중 차선의 대체안은 A기계를 매각하여 28,000원을 얻을 수 있는 것으로 이것이 바로 A기계로 갑제품을 생산할 때의 기회원가인 것이다.

1. 다음 설명에 알맞은 용어를 보기에서 골라 (   )안에 표기하시오.

> 보기
>
> a. 고정비   b. 제조원가   c. 소멸원가   d. 변동비
> e. 비제조원가   f. 준변동비   g. 제조간접비   h. 제조경비
> i. 제조직접비   j. 배부   k. 기간원가   l. 기회원가
> m. 비관련원가   n. 통제가능원가   o. 매몰원가   p. 조업도

(1) 원가의 3요소는 재료비, 노무비, (   )이다.

(2) 제품의 제조와는 관계없이 발생하는 판매비와관리비를 (   )라 한다.

(3) 직접원가와 제조간접비를 합한 금액을 (   )라 한다.

(4) (   )란 재료비와 노무비를 제외한 기타의 모든 요소의 소비액을 말한다.

(5) 원가를 추적가능성에 따라 분류하면 제품이나 부문에 직접 부과할 수 있는 (   )와 직접 부과 할 수 없는 (   )로 분류할 수 있다.

(6) 과거 의사결정의 결과로 이미 발생한 원가로서 현재의 의사결정에는 아무런 영향을 미치지 못하는 원가를 (   )라 한다.

(7) 생산수단을 이용하여 나타난 결과를 (   )라 하며, 이것은 생산량, 직접노동시간, 기계운전시간 등으로 표시된다.

(8) 조업도의 증감에 관계없이 일정한 범위의 조업도 내에서는 그 총액이 항상 일정하게 발생하는 원가를 (   )라 하고, 조업도의 증감에 따라 발생총액이 비례적으로 증감하는 원가를 (   )라 한다.

(9) 조업도가 0일 때에도 발생하는 고정비와 조업도의 변화에 따라 일정비율로 증가하는 변동비의 두 부분으로 구성하는 원가를 (   )라 한다.

(10) 재화, 용역 또는 생산설비를 현재의 용도가 아닌 차선의 용도에 사용했더라면 얻을 수 있었던 최대금액을 (   )라 한다.

(11) (주)서울은 USB를 단위당 15,000원에 구입하여 25,000원에 판매해 왔다. 그러나 최근 USB시장의 침체로 더 이상 판매할 수 없게 되었고, (주)서울은 USB재고를 100단위 보유하고 있다. 어느 거래처가 이 USB를 단위당 10,000원에 구입하려고 할 때 15,000원은 (   )이다.

2. 다음은 원가의 특성을 나열한 것이다. 옳은 것은 ○표, 틀린 것은 ×표를 표기하시오.

(1) 제조기업의 경영목적 중 하나인 제품제조와 관련하여 소비한 것이다. (   )

(2) 화재, 도난 등의 비정상적인 원인에 의한 것도 원가에 포함한다. (   )

(3) 원가는 소비여부에 따라 결정하는 것으로 반드시 금전적 지출을 요건으로 하지 않는다. (   )

(4) 재화나 용역을 생산하기 위하여 소비한 것이다. (   )

(5) 돌발적인 기계고장으로 인한 불량품의 발생 등과 같은 것도 원가에 포함한다. (   )

(6) 경영활동을 달성하는데 반드시 정상적인 가치가 소비되어야 한다. (   )

3. 다음 중 원가항목에는 ○표, 비원가항목에는 ×표를 (   ) 안에 표기하시오.

(1) 생산직 종업원의 임금 (   )   (2) 공 장 의   재 산 세 (   )
(3) 본사기획실 직원의 급여 (   )   (4) 공 장 건 물 의   임 차 료 (   )
(5) 화재로 인한 재료감소 (   )   (6) 광 고 선 전 비 (   )
(7) 공 장 기 계 의   수 선 비 (   )   (8) 파 업 기 간 의   임 금 (   )
(9) 차 입 금 의   이 자 (   )   (10) 기 계 감 가 상 각 비 (   )
(11) 공 장 의   전 력 비 (   )   (12) 유 형 자 산 처 분 손 실 (   )
(13) 임 원 의   상 여 금 (   )   (14) 판 매 수 수 료 (   )
(15) 재   료   비 (   )   (16) 공 장 감 독 자 의   급 여 (   )

4. 다음의 원가요소 중 고정비에 속하는 것은 F, 변동비에 속하는 것은 V, 혼합원가(준변동비)에 속하는 것은 M, 준고정비에 속하는 것은 S로 (   ) 안에 표기하시오.

(1) 정액법에 의한 건물의 감가상각비 (   )   (2) 직 접 재 료 의   소 비 액 (   )
(3) 공장 전력소비액   (   )   (4) 생산현장 종업원의 임금 (   )
(5) 공장건물의 재산세   (   )   (6) 공 장 의   수 선 유 지 비 (   )
(7) 공장건물의 화재보험료   (   )   (8) 공 장 감 독 자 의   급 여 (   )

5. 다음의 제조원가에 관한 자료에 의하여 기본원가와 전환원가(가공비)를 구하시오.

직 접 재 료 비	400,000원
직 접 노 무 비	500,000원
제 조 간 접 비	
변 동 제 조 간 접 비	150,000원
고 정 제 조 간 접 비	300,000원

(1) 기본원가는 얼마인가? ·····························(   )

(2) 전환원가(가공비)는 얼마인가? ·····················(   )

6. 다음 원가요소의 구성에 관한 등식을 완성하시오.

(1) 직 접 원 가 = (   ) + (   ) + (   )

(2) 제 조 원 가 = 직 접 원 가 + (   )

(3) 판 매 원 가 = 제 조 원 가 + (   )

(4) 판 매 가 격 = 판 매 원 가 + (   )

7. 다음 원가자료에 의하여 물음에 답하시오.

공장완성직공임금	500,000원	판 매 원 의 급 여	150,000원
수선직공의 임금	200,000원	직 접 재 료 비	1,150,000원
영업부사무용품비	55,000원	공 장 장 급 여	74,000원
본사건물감가상각비	120,000원	간 접 재 료 비	200,000원
공 장 제 조 경 비	350,000원	광 고 선 전 비	30,000원

공장제조경비 중 50,000원은 직접 경비이고, 잔액은 간접 경비이다.

【물음】

(1) 직접원가는 얼마인가? ··························(원)

(2) 제조간접비는 얼마인가? ·······················(원)

(3) 제조원가는 얼마인가? ··························(원)

(4) 판매원가는 얼마인가? ··························(원)

8. 다음 자료에 의하여 원가구성도를 완성하시오.

직 접 재 료 비	500,000원	직 접 노 무 비	300,000원
직 접 제 조 경 비	200,000원	간 접 재 료 비	200,000원
간 접 노 무 비	150,000원	간 접 제 조 경 비	250,000원
판 매 비	150,000원	관 리 비	250,000원

판매가격은 판매원가의 20%이익을 가산하였다.

직접재료비 ( )	직 접 원 가 ( )	제조간접비 ( )	판매비와관리비 ( )	이익( ) 	판 매 가 격 ( )
직접노무비 ( )		제 조 원 가 ( )	판 매 원 가 ( )		
직접제조경비 ( )					

9. 다음 원가자료에 의하여 원가구성도를 완성하시오.

판매가격은 판매원가에 25% 이익이 가산되어 있다.
판매비와관리비는 제조원가의 20%이다.

직접재료비 820,000	직 접 원 가 ( )	제조간접비 ( )	판매비와관리비 ( )	이익( ) 	판 매 가 격 3,000,000
직접노무비 500,000		제 조 원 가 ( )	판 매 원 가 ( )		
직접제조경비 330,000					

10. 다음 원가자료에 의하여 물음에 답하시오.

> 직 접 재 료 비   300,000원   직 접 노 무 비   250,000원
>
> 직접제조경비   150,000원   판매비와관리비는 제조원가의 25%
>
> 판매가격은 판매원가에 20% 이익 가산   판매가격 1,500,000원

【물 음】

(1) 직접원가는 얼마인가? ……………………………………………(원)

(2) 제조간접비는 얼마인가? …………………………………………(원)

(3) 제조원가는 얼마인가? ……………………………………………(원)

(4) 판매비와관리비는 얼마인가? ……………………………………(원)

(5) 판매원가는 얼마인가? ……………………………………………(원)

(6) 기대이익은 얼마인가? ……………………………………………(원)

11. (주)파스칼공업은 모니터를 생산·판매하고 있다. 20×1년 1월에 발생한 원가는 다음과 같다.

> 가. 직 접 재 료 비 ₩ 50,000   나. 직 접 노 무 비   ₩ 70,000
>
> 다. 변동제조간접비   80,000   라. 고정제조간접비   100,000
>
> 마. 변동판매관리비   60,000   바. 고정판매관리비   90,000

【물 음】

(1) 20×1년 1월 생산량이 5,000개의 경우 단위당 원가는 얼마인가?

(2) 20×1년 2월 생산량은 10,000개로 추정되는 경우 제품단위당 원가는 얼마로 예상되는가? 단, 생산량 5,000개와 10,000개는 관련범위 내에 있으며, 재공품은 없다.

회계 충전소

▶ 본 문제는 생산량이 5,000개일 때의 단위당원가와 생산량이 10,000개로 증가할 때의 단위당원가의 변화를 파악하는 내용이다. 즉, 동일조건에서 생산량(조업도)이 증가할 때 변동비는 증가하지만, 고정비는 증가하지 않기 때문에 단위당원가가 감소한다는 것이다.

2 원가의 흐름

01. 원가의 흐름과 기장

1 재료와 재료비 계정

(1) **재료 계정** : 제조활동에 사용할 주요재료, 보조재료, 부품, 소모공구기구비품 등의 원
　　　　가를 기록하는 계정으로 재고자산에 속한다.

(2) **재료비 계정** : 제품의 제조과정에서 소비된 재료의 가치를 말하는 것이므로, 재료비
　　　　계정은 이러한 재료의 소비액을 기록하는 집합 계정으로서 원가계산
　　　　관련 계정에 속한다.

No	구　　　　분	차　　변	대　　변
(1)	재료를 외상으로 매입한 경우	재　　료 ×××	외상매입금 ×××
(2)	재료를 작업 현장에 출고한 경우	재　료　비 ×××	재　　료 ×××
(3)	재료비 소비액의 대체	재　공　품 ××× 제조간접비 ×××	재　료　비 ×××

회계 충전소

▶ **당월 재료 소비액** = 월초 재료재고액 + 당월 재료매입액 − 월말재료재고액

【 재료비 계정을 설정하여 처리하는 경우 】

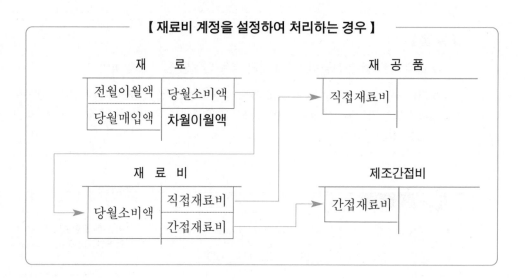

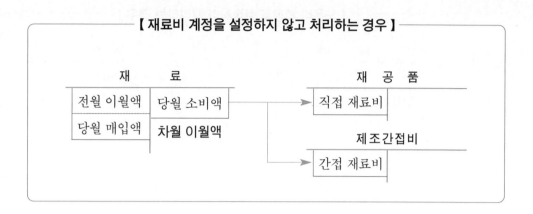

【 재료비 계정을 설정하지 않고 처리하는 경우 】

재 료

| 전월 이월액 | 당월 소비액 |
| 당월 매입액 | **차월 이월액** |

재 공 품

직접 재료비

제조간접비

간접 재료비

회 계 충전소

 독자 여러분이 본 서로 시험공부를 하기 전에는 원재료이지만 시험공부를 시작한 후에는 재공품이 된다. 그리고 시험에 합격하면 제품이 되며, 불합격하면 공손품(불량품)이 된다. 시험에 계속하여 불합격되면 작업폐물(원재료의 찌꺼기)이 되고 시험공부를 위해 학원이나 도서관에서 이성친구를 만나 사귀게 되면 부산물을 얻게 된다.

② 급여와 노무비 계정

 제조기업은 총계정원장에 급여 계정을 두고 임금, 급료, 상여수당 등 노무비의 상세한 증감 내용은 보조부(임금대장 등)을 두어 기록하거나, 노무비의 형태별로 임금 계정, 급료 계정, 상여수당 계정 등을 설정하여 각각의 노무비에 대한 증감을 기록한다. 또한, 노무비의 발생시점과 임금, 급료 등의 지급시점이 서로 다르기 때문에 전월·당월 미지급액이 항상 발생한다.

No	구 분	차 변	대 변
(1)	임금 등 노무비를 현금으로 지급한 경우	급 여 ×××	현 금 ×××
(2)	노무비 항목의 발생액(임금 등)	노 무 비 ×××	급 여 ×××
(3)	노무비 소비액의 대체	재 공 품 ××× 제조간접비 ×××	노 무 비 ×××

 충전소

▶ **당월 노무비 소비액** = 당월지급액 + 당월미지급액 − 전월미지급액

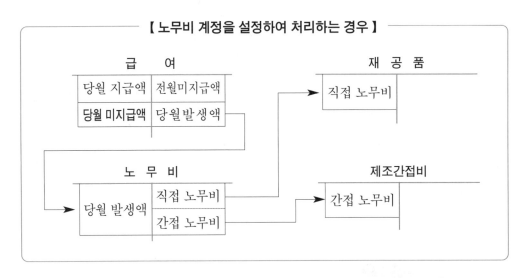

【 노무비 계정을 설정하여 처리하는 경우 】

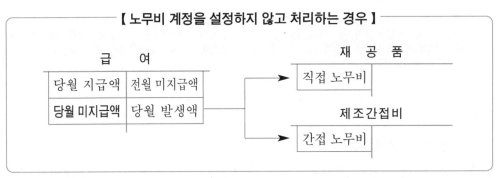

【 노무비 계정을 설정하지 않고 처리하는 경우 】

③ 제조경비 계정

　제조경비란 재료비와 노무비를 제외한 기타의 모든 원가요소를 말한다. 제조경비 계정은
생산설비에 대한 감가상각비, 화재보험료, 임차료, 수선비, 생산설비의 가동을 위한 전력비,
가스수도비 등과 같은 제조과정에서 발생한 경비의 소비액을 기록하는 집합 계정이다.

No	구　　　　분	차　　　　변	대　　　　변
(1)	경비항목을 현금지급한 경우(보험료등)	보 험 료 ×××	현 　　　 금 ×××
(2)	각종 경비항목의 발생	제 조 경 비 ×××	보 험 료 ×××
(3)	제조경비 소비액의 대체	재 공 품 ××× 제조간접비 ×××	제 조 경 비 ×××
(4)	경비소비액 중 본사부담액을 월차손익에 대체	월 차 손 익 ×××	보 험 료 ×××

회 계 충전소

1. 보험료 중 판매비와관리비(본사 영업부)에 속하는 금액은 보험료 계정에 남겨 두었다가 월말에 월차손익 계정에 대체한다.

2. 당월 제조경비 소비액 = 당월 지급액 + 전월 선급액 − 당월 선급액

【 제조경비 계정을 설정하여 처리하는 경우 】

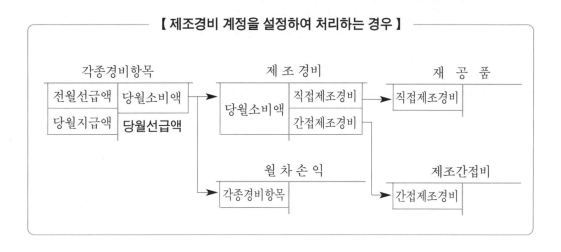

【 제조경비 계정을 설정하지 않고 처리하는 경우 】

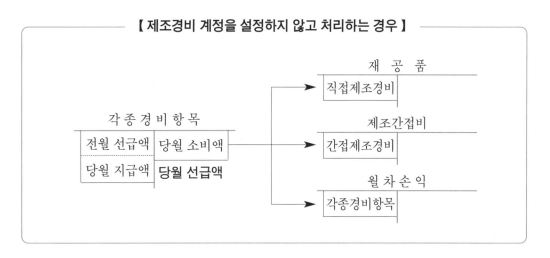

④ 제조간접비 계정

제조간접비란 두 종류 이상의 제품을 생산하기 위해 공통적으로 발생한 원가로서 간접재료비, 간접노무비, 간접제조경비 등을 제조간접비 계정에 집계하고, 원가계산 기말에 그 합계액을 일정한 기준에 따라 각 제품(재공품 계정)에 배부하여야 한다.

No	구 분	차 변	대 변
(1)	간 접 재 료 비 소 비 액	제조간접비 ×××	재 료 비 ×××
(2)	간 접 노 무 비 소 비 액	제조간접비 ×××	노 무 비 ×××
(3)	간 접 제 조 경 비 소 비 액	제조간접비 ×××	제 조 경 비 ×××
(4)	제조간접비를 제품에 배부	A 재 공 품 ××× B 재 공 품 ×××	제조간접비 ×××

회계 충전소

▶ 제조간접비 합계액 = 간접재료비 + 간접노무비 + 간접제조경비

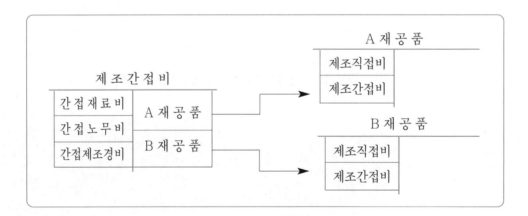

⑤ 재공품 계정, 제품 계정

(1) 재공품 계정

재공품이란 제조과정 중에 있는 미완성제품을 말한다. 그러므로 재공품 계정은 제품을 제조하는 과정에서 소비되는 모든 제조원가를 기록하는 집합 계정으로서 완성품제조원가가 표시되는 재고자산 계정이다.

No	구　　　분	차　변	대　변
(1)	직 접 재 료 비 소 비 액	재 공 품 ×××	재 료 비 ×××
(2)	직 접 노 무 비 소 비 액	재 공 품 ×××	노 무 비 ×××
(3)	직 접 제 조 경 비 소 비 액	재 공 품 ×××	제 조 경 비 ×××
(4)	제 조 간 접 비 배 부 액	재 공 품 ×××	제조간접비 ×××
(5)	완성품원가를 제품계정에 대체	제　　　품 ×××	재 공 품 ×××

회 계 충전소

▶ **당월**제품제조원가 = 월초재공품재고액 + 당월원가소비액(직접재료비+직접노무비+직접제조경비+
　제조간접비) - 월말재공품재고액

(2) 제품 계정

　　제품이란 제조공정을 완전히 마친 완성품을 말한다. 그러므로 제품 계정에는 완성
된 제품의 원가와 판매된 매출제품원가가 표시되는 재고자산 계정이다.

No	구　　　분	차　변	대　변
(1)	완성품 원가를 제품 계정에 대체한 경우	제　　　품 ×××	재 공 품 ×××
(2)	제품을 외상 매출한 경우	외상매출금 ××× 제품매출원가 ×××	제품 매 출 ××× 제　　　품 ×××

회 계 충전소

▶ 매출원가 = 월초제품재고액 + 당월완성품제조원가 - 월말제품재고액

재　　공　　품

월초재공품재고액	완 성 품 제 조 원 가
직 접 재 료 비	
직 접 노 무 비	
직 접 제 조 경 비	월 말 재 공 품 재 　고 　액
제 조 간 접 비	

→

제　　　품

월초제품재고액	매출품제조원가
완성품제조원가	월말제품재고액

⑥ 월차손익 계정

제조기업은 일반적으로 원가계산 기간을 1개월로 정하고 있으므로 매월 그 달의 영업손익을 계산하는 경우가 많다. 이 경우 월차손익 계정을 설정하여 당월의 영업손익을 표시하게 된다.

No	구 분	차 변	대 변
(1)	매출원가와 각종 경비항목중 본사 부담분을 월차손익 계정에 대체	월 차 손 익 ×××	제품매출원가 ××× 각종경비항목 ×××
(2)	순매출액을 월차손익 계정에 대체	제 품 매 출 ×××	월 차 손 익 ×××
(3)	영업이익을(연차) 손익 계정에 대체	월 차 손 익 ×××	연 차 손 익 ×××

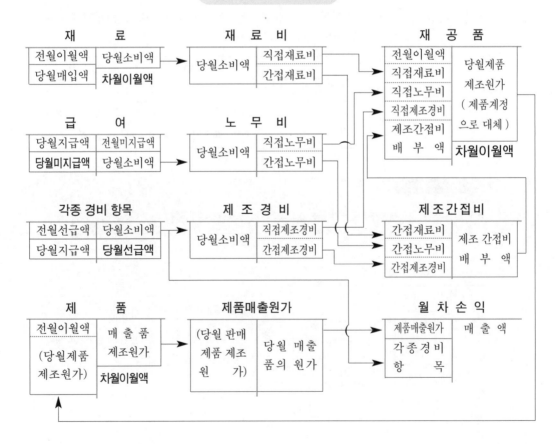

제품의 제조와 판매 및 결산시의 분개

No	구　　　　분	차　　　변	대　　　변
(1)	재료를 외상으로 매입	재　　　료 ×××	외 상 매 입 금 ×××
(2)	임금을 수표발행 지급	급　　　여 ×××	당 좌 예 금 ×××
(3)	각종경비항목을 현금지급	각 종 경 비 항 목 ×××	현　　　금 ×××
(4)	재료를 현장에 출고	재　료　비 ×××	재　　　료 ×××
(5)	노무비 항목의 발생액	노　무　비 ×××	급　　　여 ×××
(6)	재료비의 소비	재　공　품 ××× 제 조 간 접 비 ×××	재　료　비 ×××
(7)	노무비의 소비	재　공　품 ××× 제 조 간 접 비 ×××	노　무　비 ×××
(8)	각종경비 항목의 발생	제　조　경　비 ×××	각 종 경 비 항 목 ×××
(9)	제조경비 소비액의 대체	재　공　품 ××× 제 조 간 접 비 ×××	제 조 경 비 ×××
(10)	제조간접비를 제품에 배부	재　공　품 ×××	제 조 간 접 비 ×××
(11)	완성품 원가를 제품계정에 대체	제　　　품 ×××	재　공　품 ×××
(12)	제품을 외상매출한 경우	외 상 매 출 금 ××× 제 품 매 출 원 가 ×××	제　품　매　출 ××× 제　　　품 ×××
(13)	월차손익계정에 대체	제　품　매　출 ××× 월　차　손　익 ×××	월 차 손 익 ××× 제 품 매 출 원 가 ××× 각 종 경 비 항 목 ×××

회 계 충전소

▶ 각종 경비 항목의 발생분개 (8)번에서는 제조부 부담분만 대체하고, 본사 부담분은 각종경비 항목 계정에 남겨 두었다가 월말에 월차손익 계정에 대체한다.

원가소비액 및 기타 등식

(1) 재 료 소 비 액 = 월초 재료 재고액 + 당월 재료 매입액 − 월말 재료 재고액

(2) 노 무 비 소 비 액 = 당월 지급액 + 당월 미지급액 − 전월 미지급액

(3) 제 조 경 비 소 비 액 = 당월지급액 + 전월선급액 − 당월선급액

(4) 당월제품제조원가 = 월초 재공품 재고액 + 당월 총 제조비용 − 월말 재공품 재고액

　　※당월 총 제조비용 = 직접재료비 + 직접노무비 + 직접제조경비 + 제조간접비배부액

(5) 매 　출　 원 　가 = 월초 제품 재고액 + 당월 제품 제조원가 − 월말 제품 재고액

(6) 완 성 품 수 량 = 월초 재공품 수량 + 당월 제조착수 수량 − 월말 재공품 수량

　　　　　　　　　 = 당월 매출 제품 수량 + 월말 제품 수량 − 월초 제품 수량

(7) 제 품 단위당 원가 = 제품 제조 원가 ÷완성품 수량

기본연습문제

1. 다음 재료에 관한 사항을 분개하고, 아래 계정에 기입 마감하시오.

   (1) 월초재료재고액 150,000원   당월매입액(외상) 850,000원
        월말재료재고액 200,000원
   (2) 당월 재료의 공장출고액은 800,000원
   (3) 당월 재료비 소비액 : 직접재료비 650,000원   간접재료비 150,000원

No.	구 분	차 변 과 목	금 액	대 변 과 목	금 액
(1)	매 입 액 분 개				
(2)	출 고 액 분 개				
(3)	소 비 액 분 개				

```
              재         료                              재   료   비
_____|_____          _____|_____
              |                                      |
_____|_____          _____|_____
              |
_____|_____
```

2. 다음 노무비에 관한 사항을 분개하고, 아래 계정에 기입 마감하시오.

   (1) 전월 임금 미지급액   50,000원   임금 당월 지급액(현금) 600,000원
        당월 임금 미지급액   80,000원
   (2) 당월 임금 발 생 액   630,000원
   (3) 당월 노무비 소비액 : 직접노무비 480,000원   간접노무비 150,000원

No.	구 분	차 변 과 목	금 액	대 변 과 목	금 액
(1)	지 급 액 분 개				
(2)	발 생 액 분 개				
(3)	소 비 액 분 개				

급여(임금)		노 무 비	

3. 다음 경비에 관한 사항을 분개하고, 아래 계정에 기입하시오. (제조경비 계정 설정)

(1) 보험료   전월선급액 80,000원   당월지급액(현금) 500,000원
                     당월선급액 60,000원

(2) 당월보험료 발생액 520,000원(이중 제조부 400,000원, 본사 영업부 120,000원)

(3) 보험료 발생액 중 제조부 소비액을 제조간접비 계정에 대체한다.

(4) 보험료 소비액 중 본사 부담액 120,000원을 월차손익 계정에 대체하다.

No.	구 분	차 변 과 목	금 액	대 변 과 목	금 액
(1)	지 급 액 분 개				
(2)	발 생 액 분 개				
(3)	제조경비소비액분개				
(4)	월차손익대체분개				

보 험 료		제 조 경 비	
		제 조 간 접 비	
		월 차 손 익	

회 계 ▷ 충전소

▶ 보험료 발생액 분개에서 본사 영업부 부담액 120,000원은 보험료 계정에 남겨두었다가 월말에 월차손익 계정에 대체하여야 한다.

4. 다음 경비에 관한 사항을 분개하고, 아래 계정에 기입하시오.

(1) 임 차 료 　　전월선급액 30,000원 　　　　당월 지급액(현금) 150,000원
　　　　　　　　당월선급액 20,000원

(2) 당월 임차료 소비액 160,000원(이 중 제조부 140,000원, 본사영업부 20,000원)

(3) 임차료 소비액 중 본사 부담액 20,000원을 월차손익 계정에 대체한다.

No.	구　분	차 변 과 목	금　액	대 변 과 목	금　액
(1)	지 급 액 분 개				
(2)	소 비 액 분 개				
(3)	월차손익대체분개				

```
            임  차  료                           제 조 간 접 비
_____|_____       _____|_____
                |                                       |
_____|_____       _____|_____
                |                                월 차 손 익
_____|_____       _____|_____
                |                                       |
```

5. 다음 제조간접비와 재공품 계정에 관한 사항을 분개하고, 아래 계정에 기입마감하시오.

(1) 간 접 재 료 비 　150,000원, 　　간 접 노 무 비 　250,000원
　　간 접 제 조 경 비 　200,000원,

(2) 월초재공품재고액 　100,000원, 　　월말재공품재고액 　150,000원

(3) 직 접 재 료 비 　500,000원, 　　직 접 노 무 비 　300,000원

```
          제 조 간 접 비                          재  공  품
_____|_____       _____|_____
                |                                       |
_____|_____       _____|_____
                |                                       |
_____|_____       _____|_____
                |                                       |
```

No.	구　분	차 변 과 목	금　액	대 변 과 목	금　액
(1)	제조간접비배부분개				
(2)	완성품제조원가분개				

6. 다음 제품에 관한 사항을 분개하고, 아래 계정에 기입 마감하시오.

	제 품	
(1) 월 초 제 품 재 고 액 200,000원		
(2) 당월완성품제조원가 1,500,000원		
(3) 월 말 제 품 재 고 액 300,000원		

구 분	차 변 과 목	금 액	대 변 과 목	금 액
매 출 원 가 분 개				

7. 다음 월차손익에 관한 사항을 분개하고, 아래 계정에 기입 마감하시오.

(1) 당 월 제 품 매 출 액 (외상)   2,000,000원
(2) 당 월 매출제품제조원가   1,200,000원
(3) 각 종 경비항목중 본사 부담분   150,000원

제 품 매 출		월 차 손 익	
제 품 매 출 원 가			

No.	구 분	차 변 과 목	금 액	대 변 과 목	금 액
(1)	매 출 액 분 개				
(2)	매출원가월차손익대체				
(3)	각종경비항목월차손익대체				
(4)	매출액월차손익대체				
(5)	영업이익 연차손익대체				

회 계 충전소

▶ 각종 경비 항목의 본사부담분 150,000원의 발생은 앞에서 설명한 내용이므로 여기서는 계정기입을 생략하였다.

8. 서울공업사의 다음 원가자료에 의하여 분개를 하고, 각 계정에 기입하여 마감하시오.

(1) 재료 1,200,000원을 매입하고, 대금은 외상으로 하다.

(2) 임금 800,000원을 수표를 발행하여 지급하다.

(3) 임차료 300,000원을 현금으로 지급하다.

(4) 재료 1,250,000원을 공장에 출고하다.

(5) 당월 임금 발생액 850,000원을 노무비 계정에 대체하다.

(6) 재료비 소비액 : 직접재료비 1,000,000원, 간접재료비 250,000원

(7) 노무비 소비액 : 직접노무비 700,000원, 간접노무비 150,000원

(8) 임차료 소비액 : 간접제조경비 200,000원, 잔액은 70,000원은 본사 사무실 부담액이다.

(9) 제조간접비를 전액 제품제조에 배부하다.

(10) 완성품 제조원가 2,350,000원을 제품 계정에 대체하다.

(11) 제품 2,500,000원(제조원가 2,200,000원)을 외상으로 매출하다.

(12) 매출액, 매출원가, 임차료 소비액 중 본사부담액을 월차손익 계정에 대체하다.

(13) 당월의 영업이익을 연차손익 계정에 대체하다.

No.	구 분	차 변 과 목	금 액	대 변 과 목	금 액
(1)	재 료 매 입 시				
(2)	임 금 지 급 시				
(3)	임 차 료 지 급 시				
(4)	재 료 출 고 시				
(5)	임 금 발 생 시				
(6)	재 료 의 소 비				
(7)	노 무 비 의 소 비				
(8)	임 차 료 의 소 비				
(9)	제조간접비제품에배부				
(10)	완 성 품 원 가 분 개				
(11)	제 품 외 상 매 출				
(12)	월차손익계정대체				
(13)	영 업 이 익 의 대 체				

재	료
전월이월 250,000	

재	료	비

노	무	비

급	여
	전월이월 150,000

재	공	품
전월이월 200,000		

임	차	료
전월이월 50,000		

제	품
전월이월 100,000	

제 조 간 접 비	

월 차 손 익	

제 품 매 출 원 가	

제 품 매 출	

9. 다음 자료에 의하여 원가요소 계정으로부터 월차손익 계정에 이르기까지 필요한 분개를 하고, 각 계정에 전기하여 마감하시오.

【자 료 Ⅰ】월초·월말 재고액

구 분	재 료	재 공 품	제 품
월 초	80,000원	120,000원	168,000원
월 말	160,000원	280,000원	288,000원

【자 료 Ⅱ】월 중의 거래

(1) 재료 800,000원을 매입하고, 대금은 외상으로 하다.

(2) 임금 480,000원을 수표를 발행하여 지급하다.

(3) 각종경비항목 160,000원을 현금으로 지급하다.

(4) 재료 720,000원을 작업현장에 출고하다.

(5) 임금 당월 발생액은 420,000원이다.

(6) 각종경비항목 발생액은 140,000원으로 이 중 공장분 100,000원, 잔액은 본사분이다.

(7) 재료 소비액 : 직접재료비 600,000원, 잔액은 간접재료비

(8) 노무비 소비액 : 직접노무비 280,000원, 잔액은 간접노무비

(9) 제조경비 소비액 : 전액 간접소비액이다.

(10) 제조간접비를 제품제조에 배부하다.

(11) 완성품의 제조원가를 제품 계정에 대체하다.

(12) 당월 제품 1,200,000원(제조원가 각자계산)을 외상으로 매출하다.

(13) 당월의 매출액, 매출원가, 각종 경비항목 발생액 중 본사 부담분을 월차손익 계정에 대체하다.

No.	구 분	차 변 과 목	금 액	대 변 과 목	금 액
(1)	재 료 매 입 시				
(2)	임 금 지 급 시				
(3)	각종경비지급시				
(4)	재 료 의 출 고 시				
(5)	임 금 발 생 시				
(6)	각종경비발생액				
(7)	재 료 비 의 소 비				
(8)	노 무 비 의 소 비				
(9)	제조경비의 소비				
(10)	제조간접비제품에배부				
(11)	완성품원가분개				
(12)	제 품 외 상 매 출				

No.	구 분	차 변 과 목	금 액	대 변 과 목	금 액
(13)	월차손익 계정대체				

재 료

급 여

	전월이월　80,000

각 종 경 비

전월이월　20,000	

제 조 간 접 비

제 품

재 료 비

노 무 비

제 조 경 비

재 공 품

제 품 매 출 원 가

제 품 매 출

월 차 손 익

③ 요소별 원가계산

01. 재료비

① 재료비(material costs)의 뜻과 분류

(1) 재료비의 뜻 : 기업이 제품을 생산하는 데 사용할 목적으로 외부로부터 매입한 물품을 재료라 하고, 이에 대하여 재료비는 제품의 제조과정에서 소비된 재료의 가치를 말하는 것으로 재료비는 재고자산인 재료와는 구별되는 개념이다.

(2) 재료비의 분류

(가) 제조활동에 사용되는 형태에 따른 분류

① **주요재료비** : 가구제조회사의 목재, 자동차제조업의 철판, 제과회사의 밀가루 등과 같이 제품의 주요 부분을 구성하는 재료를 소비함으로써 발생하는 원가요소

② **부품비** : 자동차제조업의 타이어 등과 같이 제품에 그대로 부착하여 그 제품의 구성 부분이 되는 물품을 소비함으로써 발생하는 원가요소

③ **보조재료비** : 가구제조회사의 못, 의복제조회사의 실과 단추 등과 같이 제조과정에서 보조적으로만 사용되는 재료를 소비함으로써 발생하는 원가요소

④ **소모공구기구비품비** : 제조기업에서 사용하는 망치, 드라이버 등과 같이 내용연수가 1년 이상이라 하더라도 그 가액이 크지 않은 소모성공구기구비품을 사용함으로써 발생하는 원가요소

(나) 추적가능성에 따른 분류

① **직접재료비** : 특정제품의 제조에서만 소비된 재료비(주요재료비, 부품비)

② **간접재료비** : 여러 종류의 제품을 제조하기 위하여 공통적으로 소비된 재료비 (보조재료비, 소모공구기구비품비)

【 재 료 비 의 분 류 】

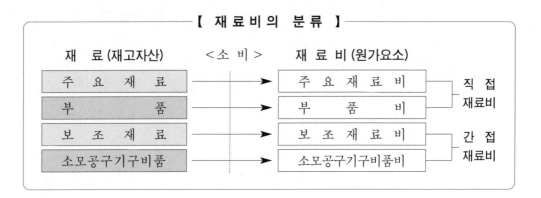

② 재료의 매입(입고)과 출고

재료의 매입(입고)과 출고는 총계정원장에 재료계정을 두고, 상세한 거래내용은 보조부를 두어 기장하는 방법과, 총계정 원장에 주요재료계정, 부품계정, 보조재료계정, 소모공구기구비품계정 등 재료의 종류별로 계정을 설정하여 기장하는 방법이 있다.

(1) 재료의 매입

제품생산에 필요한 재료를 적정수준으로 매입하여 보관해 두었다가, 생산부서의 요구가 있을때 즉시 공급할 수 있어야 한다.

① 재료 매입 시(재료 계정만을 두는 경우)

(차) 재　　　　　　료	×××	(대) 외 상 매 입 금	×××

② 재료 매입 시(재료의 종류별로 계정을 설정하는 경우)

(차)	주 요 재 료	×××	(대) 외 상 매 입 금	×××
	부　　　　품	×××		
	보 조 재 료	×××		
	소모공구기구비품	×××		

(2) 재료의 출고

재료는 생산부서의 요구에 따라 출고 되는데, 재료의 출고에는 재료출고전표 또는 재료출고청구서를 사용한다.

【 직접 소비액인 경우 】

재료 출고 전표
20×1년 5월 20일

제조지시서번호　#1
사용부문

품 명	규 격	수 량	단 가	금 액
주요재료		500	80	40,000

【 간접 소비액인 경우 】

재료 출고 전표
20×1년 5월 23일

제조지시서번호
사용부문 : 수선부문

품 명	규 격	수 량	단 가	금 액
보조재료		100	20	2,000

▶ 재료가 특정제품의 제조를 위하여 출고되는 경우에는 재료출고전표의 제조지시서 번호란에 제조지시서 번호를 기록하여 직접재료 소비액으로 처리하고, 특정 제품제조에 소비하기 위한 것이 아닌 경우에는 재료출고전표의 사용부문란에 재료를 사용하는 부서 또는 부문명을 기록하여 간접재료소비액으로 처리한다.

① 재료의 출고 시 분개

(차) 재 료 비 ×××	(대)	주 요 재 료 ×××
		부 품 ×××
		보 조 재 료 ×××
		소모공구기구비품 ×××

② 재료의 소비 시 분개

(차) 재 공 품 ×××	(대) 재 료 비 ×××
제 조 간 접 비 ×××	

(3) 재료 감모 손실

재료의 장부재고수량과 실지재고수량은 반드시 일치하여야 한다. 그러나 보관 중에 파손, 도난, 부패, 증발 등의 원인으로 장부재고수량보다 실지재고수량이 부족한 경우에 재료감모손실 계정으로 처리한다.

① 재료의 감모를 발견한 경우(장부재고액 > 실제재고액)

(차) 재료감모손실 ×××	(대) 재 료 ×××

② 재료감모손실의 원인이 제품제조와 관련되면(정상발생으로 인식, 원가성 있음)

(차) 제 조 간 접 비 ×××	(대) 재료감모손실 ×××

③ 재료감모손실의 원인이 제품제조와 관련이 없으면(당기비용으로 인식)

(차) 손 익 ×××	(대) 재료감모손실 ×××

③ 재료비의 계산

재료비는 재료의 소비량에 소비단가를 곱하여 계산한다.

재 료 비 = 재료의 소비량 × 재료의 소비단가

(1) 재료소비량의 결정

(가) 계속기록법 : 재료의 입고와 출고가 이루어질 때마다 장부에 계속적으로 그 사실을 기록함으로써 장부기록에 의해 당월의 재료소비량을 파악하는 방법이다. 이 방법에 의하면 당월의 재료 소비량 외에 당월말 재고량까지도 알 수 있다.

당월 소 비 량 = 장부상 출고란에 기록된 수량의 합계

(나) 실지재고조사법 : 재료의 출고시 장부에 기입을 하지 않고 월말에 실제로 창고에 들어가 재고조사를 실시하여 실지재고수량을 파악한 다음, 전월이월량과 당월매입량을 합계하여 실지재고수량을 차감함으로써 당월의 재료소비량을 파악하는 방법으로 재료의 출고가 빈번히 이루어지는 경우 적절한 방법이다.

당월소비량 = (전월이월수량+당월매입수량) – 당월말 실지 재고수량

회계 충전소

1. 계속기록법은 주요재료, 부품의 입·출고시 많이 사용하고, 실지재고조사법은 보조재료, 소모공구기구비품의 출고시 많이 사용한다.
2. 계속기록법과 실지재고조사법을 병행하여 사용하면 장부상의 월말재고수량과 창고속의 실제재고수량이 모두 파악되므로 보관중에 발생한 재료감모수량을 쉽게 계산할 수 있다.

재료감모수량 = 장부상의 재고수량 – 창고 속의 실제 재고수량

(2) 재료 소비단가의 결정

실제매입원가를 이용하여 재료의 소비단가를 결정하는 방법에는 개별법, 선입선출법, 후입선출법, 이동평균법, 총평균법 등이 있다.

회계 충전소

▶ 개별법은 출고되는 개별원재료 각각에 대하여 매입단가를 적용하므로 원가흐름과 실물흐름이 일치하므로 수익과 비용이 정확이 대응된다. 재료원장의 작성방법은 상기업의 상품재고장 작성 방법과 동일하다.

기본 연습 문제

1. 다음 자료에 의하여 필요한 분개를 표시하고, 아래 계정에 기입마감하시오.

(1) 당월 재료 외상매입액 800,000원
(2) 재료 출고액 950,000원 중 직접비는 700,000원이고, 잔액은 간접소비액이다.
(3) 월말재료재고액 : 장부재고액 100,000원   실제재고액 70,000원
(4) 재료감모손실 중 20,000원은 원가성이 있고, 나머지는 당기비용으로 처리한다.

① 재료 매입 시의 분개

(차)		(대)	

② 재료 출고 시의 분개

(차)		(대)	

③ 재료 소비 시의 분개

(차)		(대)	

④ 재료감모손실 발생 시의 분개

(차)		(대)	

⑤ 재료감모손실의 처리 시의 분개

(차)		(대)	

재 료			재 료 비	
전월이월 250,000				
			재료감모손실	

02. 노 무 비

1 노무비(labor costs)의 뜻과 분류

(1) 노무비의 뜻

노무비란 제품의 제조를 위하여 인간의 노동력을 소비함으로써 발생하는 원가요소를 말한다. 따라서 본사의 임·직원이나 영업부의 영업사원 등에 대한 보수는 노무비로 분류하지 않고 판매비와관리비로 분류한다.

(2) 노무비의 분류

(가) 지급형태에 따른 분류

① **종업원임금** : 작업현장에 직접 종사하는 생산직 근로자에게 지급하는 보수 (시간외 작업수당, 야간작업수당, 위험수당 포함)

② **종업원급여** : 주로 정신적 노동을 하는 공장장 등의 감독자나 공장 사무원에게 지급하는 보수

③ **종업원잡급** : 정규 직원이 아닌 임시로 고용된 공장의 노무자에게 지급하는 보수

④ **종업원 상여수당** : 작업과는 직접적인 관련없이 공장종업원에게 정규적으로 지급되는 상여금과 수당(연말상여금, 명절상여금, 가족수당, 통근수당 등)

(나) 제품과의 관련성에 따른 분류

No.	구 분	내 용
①	직접노무비	특정 제품 제조에 직접 종사하는 작업자의 임금
②	간접노무비	수리공, 운반공 등과 같이 여러 제품 제조에 노동력을 제공하거나 공장장, 감독자, 공장 사무원 급여, 청소원, 경비원 등과 같이 제품 제조에 간접적인 참여를 하는 종업원의 임금과 초과근무수당, 임시 고용자 급여, 각종 수당과 상여금, 유휴 시간급 등

> **회계 충전소**
>
> ▶ 유휴시간급이란 기계고장이나 재료부족, 정전 등으로 인한 비생산시간에 대하여 지급하는 임금을 말하며, 각종수당이란 정근수당이나 휴가수당을 포함한다.

2 노무비의 계산

개인별 임금총액은 기본임금과 할증급 그 밖의 수당 등으로 구성된다.

개인별 임금 총액 = 기본 임금 + 할증급 + 각종수당

할증급과 각종 수당은 기본임금을 기초로 하여 산정하는 것이 일반적인데 기본 임금의 계산 방법은 기본적으로 시간급제와 성과급제로 크게 나눌 수 있다.

(1) 시간급제에 의한 노무비 계산 : 작업시간에 비례하여 기본 임금을 결정하는 제도

$$기본임금 = 작업시간 수 × 작업 1시간당 임률$$

(가) 작업시간의 계산 : 출근부 또는 현장의 작업시간 보고서의 의하여 계산하며, 이것에 의하여 작업자가 수행한 작업 시간은 직접 작업시간과 간접 작업시간으로 구분할 수 있다.

(나) 임률의 결정 : 임률은 각 개인의 근무연수, 숙련정도 등에 따라 결정되는 개별 임률이 있으나 많이 사용하지 않고, 원가계산기간의 임금총액을 동 기간의 총작업시간 수로 나누어 구하는 평균임률을 많이 사용하고 있다.

$$평 \ 균 \ 임 \ 률 \ = \ \frac{1개월간의 \ 임금총액}{동 \ 기간의 \ 총 \ 작업시간 \ 수}$$

 **충전소**

【지급임률과 소비임률】

1. **지급임률** : 각 종업원의 성별, 연령, 능력, 근속연수 등에 따라 차이가 있으며, 주로 기본임금액을 계산하는 데 사용되는 것으로 각 종업원의 실제작업시간에 곱해서 지급액이 결정된다.지급임률은 일상업무와 초과작업(잔업)에 따라 달리 책정된다.

2. **소비임률** : 특정 작업에 직접 종사한 종업원의 작업시간에 곱하여 소비임금액을 결정하는 데 사용되는 것으로 개별임률과 평균임률이 있다. 개별임률은 각 종업원의 성별, 연령, 능력, 근속연수 등에 따라 달라지기 때문에 계산이 복잡해서 많이 사용하지 않고 평균임률을 많이 사용하고 있다. 평균임률이란 원가계산기간(통상 1개월)의 임금총액에 동 기간의 총 작업시간으로 나누어 구한다.

작 업 시 간 보 고 서　　　　　　No. 10
20×1년 6월 10일

번 호	1	소 속	제 1 제 조 부		이 름	박 보 검		
제조 지시서 또는 작업 종류				금 액	임 률	작업수행 시간 수	작 업 시 간 착 수	종 결
지　시　서　#　1				400	50	8	08:00	17:00
합 계	정 규 시 간 내 작 업			10,000	50	200		
	정 규 시 간 외 작 업			2,250	75	30		

공장장　피노키오　인

(2) 성과급제에 의한 노무비 계산 : 작업량에 따라 기본임금을 결정하는 제도로 능률급제라고도 한다.

$$기\ 본\ 임\ 금\ =\ 생산량\ \times\ 제품\ 1단위당\ 임률$$

(가) 생산량의 계산 : 종업원 개인별로 작업량 보고서를 작성하여 계산한다.

(나) 임률의 결정 : 시간급제와 같이 개별임률과 평균임률이 있으며, 평균임률은 다음과 같이 계산한다.

$$평\ 균\ 임\ 률\ =\ \frac{1개월간의\ 총\ 임금액}{동\ 기간의\ 총\ 생산량}$$

작 업 량 보 고 서
No. 31

20×1년 6월 10일

번 호 __15__
이 름 유재석

제조지시서 또는 작업 종류	작 업 량			임 률	금 액	시 간
	총수량	불합격	합 격			
지 시 서 # 1	100	5	95	100	9,500	8

공장장 강 호 동 인

---

① 임금, 급료 등 지급 시

(차) 급 여 ×××	(대) 현 금 ×××

② 노무비의 발생 시

(차) 노 무 비 ×××	(대) 급 여 ×××

③ 노무비의 소비 시

(차) 재 공 품 ××× 제 조 간 접 비 ×××	(대) 노 무 비 ×××

1. 서울공업사의 노무비에 관한 자료에 의하여 분개를 하고, 아래 계정에 전기하시오.

---

(1) 당월분 임금계산 내용은 다음과 같다.

당월분 임금지급 총액		2,000,000원
차 감 액 : 소 득 세	60,000원	
의료보험료	40,000원	100,000원
차 감 현 금 지 급 액		1,900,000원

(2) 당월분 노무비 발생액 2,300,000원

(3) 노무비 발생액 중 1,800,000원은 직접노무비이고, 잔액은 간접노무비이다.

---

① 노무비 지급액

(차)		(대)	

② 노무비 발생액

(차)		(대)	

③ 노무비 소비액

(차)		(대)	

급　　　여		노　무　비	
	전월이월 100,000		
		재　공　품	
		제 조 간 접 비	

2. 다음 자료에 의하여 아래 물음에 답하시오. 단, 임률은 평균 임률에 의한다.

【 자 료 】

(1) 한라공업사의 6월중 임금총액은 5,000,000원이고, 동 기간의 총 작업시간 수는 2,500시간이며, A제품을 제조하는데 400시간을 사용하였다.

(2) 설악공업사의 9월 중 임금총액은 1,200,000원이고, 동 기간의 총 생산량은 3,000개이며, 갑 제품 생산량은 800개이다.

(1)	평 균 임 률	
	A제품 노무비 계산	

(2)	평 균 임 률	
	갑제품 노무비 계산	

3. 다음 노무비에 관한 내용 중 옳은 것은 ○표, 틀린 것은 ×표를 ( )안에 표기하시오.

(1) 파업기간의 임금 등은 제조원가에 포함하지 않는다. (   )

(2) 주로 정신적인 노동을 하는 공장장, 제조부문의 과장, 계장, 주임 등의 감독자나 공장 사무원에게 지급하는 임금은 작업과는 관련이 없으므로 판매비와관리비로 처리한다. (   )

(3) 종업원 상여수당은 기본임금 외에 별도로 지급되는 보수라는 점에서 할증급과 같으나, 작업과 관련없이 지급된다는 점에서 구별되며, 연말상여, 명절상여, 정근수당, 가족수당, 통근수당이 있다. (   )

(4) 임금은 발생시점과 지급시점의 차이로 인하여 잔액이 보통 차변에 생긴다. (   )

(5) 종업원급여(임금)계정의 대변잔액은 당월 미지급액을 의미한다. (   )

(6) 제품의 제조와 관련 없는 본사의 사장이나 영업소의 판매사원의 보수는 노무비로 분류하지 않고 판매비와관리비로 분류한다. (   )

(7) 기계고장이나 재료부족, 정전 등으로 인한 비생산시간에 대하여 지급하는 임금을 유휴시간급이라 하고, 간접노무비로 분류한다. (   )

4. 다음 자료에 의하여 분개를 표시한 후, 아래 계정에 기입하시오. 단, 임금의 순지급액은 현금이며, 임률은 실제평균 임률에 의하고, 임금의 전월과 당월 미지급액은 없다.

No.	성 명	제조지시서번호 및 작업장소	작업시간수	지급임률	공 제 액		
					소 득 세	의료보험료	계
(1)	강호동	지시서 #1	350시간	@2,000원	30,000원	15,000원	45,000원
		수 선 부	200시간				
(2)	유재석	지시서 #1	300시간	@3,000원	40,000원	25,000원	65,000원
		동 력 부	150시간				

회 계 충전소

1. 평균 임률 : 2,450,000÷1,000시간 = 2,450
2. 직접노무비 : 650×2,450 = 1,592,500, 간접노무비 : 350×2,450 = 857,500

① 노무비 지급액

(차)		(대)	

② 노무비 발생액

(차)		(대)	

③ 노무비 소비액

(차)		(대)	

```
          급        여                        재   공   품
  ───────────────┬───────────        ───────────────┬───────────
                 │                                   │

          노     무     비                    제 조 간 접 비
  ───────────────┬───────────        ───────────────┬───────────
                 │                                   │
```

03. 제 조 경 비

1 제조경비(amifactiromg expenses)의 뜻과 분류

(1) 제조경비의 뜻

제품의 제조를 위하여 소비되는 원가 중에서 재료비와 노무비를 제외한 기타의 모든 원가요소를 말하며, 제조활동와 관련없는 본사 건물의 감가상각비나 임차료 등은 제조경비가 될 수 없다.

(2) 제조경비의 분류

(가) 발생형태에 따른 분류

전력비, 가스수도비, 감가상각비, 임차료, 보험료, 세금과공과, 소모품비, 통신비 등

(나) 제품과의 관련성에 따른 분류

① **직접제조경비** : 특정제품제조에 직접적으로 소비되는 특허권사용료, 외주가공비, 설계비 등

② **간접제조경비** : 여러제품의 제조에 공통적으로 소비되는 대부분의 제조경비를 말한다. (전력비, 가스수도비 등)

(다) 제조원가에 산입하는 방법에 따른 분류

월할제조경비, 측정제조경비, 지급제조경비, 발생제조경비로 분류된다.

2 제조경비의 계산

(1) 월할제조경비 : 월할제조경비란 보험료, 임차료, 감가상각비, 세금과공과, 특허권사용료 등과 같이 1년 또는 일정기간분을 총괄하여 일시에 지급하는 제조경비를 말한다. 월할제조경비는 일괄 지급된 제조경비중 월별 할당액을 계산하고, 이 금액을 소비액으로 계상하여 제조원가에 산입한다.

$$당월소비액 \ = \ 발생금액 \ \div \ 해당개월수$$

(2) 측정제조경비 : 측정제조경비란 전력비, 가스 수도비 등과 같이 계량기에 의해 소비액을 측정 할 수 있는 제조경비를 말한다. 측정제조경비는 계량기의 검침일과 지급일, 원가계산일이 다르기 때문에 원가계산 기간에 맞추어 계량기에 의한 당월의 소비액을 계산한다.

$$당월소비액 \ = \ 당월사용량(검침량) \ \times \ 단위당가격$$

(3) **지급제조경비** : 지급제조경비란 수선비, 운반비, 잡비, 외주가공비 등과 같이 매월의 소비액을 그달에 지급하는 제조경비를 말한다. 그러나 때로는 전월 선급액이나 당월 미지급액이 있을수 있는데, 이 때에는 다음의 식을 이용하여 계산한 금액을 당월의 소비액으로 계상하여야 한다.

> 당월 소비액 = 당월지급액 + (전월선급액 + 당월 미지급액)
> − (당월선급액 + 전월미지급액)

(4) **발생제조경비** : 발생제조경비란 재료감모손실 등과 같이 현금의 지출이 없이 발생하는 제조경비를 말한다.

> 재료감모손실 = 재료장부재고액 − 재료실제재고액

회계 충전소

▶ 재료감모손실이 원가성이 있는 경우는 제조간접비 계정 차변에, 원가성이 없는 경우에는 기타비용으로서 손익 계정 차변에 대체한다.

③ 제조경비 소비액의 분개

월할제조경비, 측정제조경비, 지급제조경비, 발생제조경비 등 제조경비의 종류별로 그 소비액을 계산한 다음, 특정 제품에 추적할 수 있는 직접제조경비는 재공품 계정에, 특정 제품에 추적 불가능한 간접제조경비는 제조간접비 계정에 각각 대체한다.

▶ 제조경비 소비액

(차)	재 공 품 ××× 제 조 간 접 비 ×××	(대)	특 허 권 사 용 료 ××× 감 가 상 각 비 ××× 전 력 비 ××× 가 스 수 도 비 ××× 재 료 감 모 손 실 ×××

회계 충전소

▶ 전체 제조경비 중에서 직접제조경비가 차지하는 비중은 발생횟수나 금액면에서 매우 낮기 때문에 대부분의 제조경비는 간접제조경비이다. 그러므로 제조경비 계정을 별도로 설정하지 않고, 각종 경비항목의 발생액을 바로 재공품, 제조간접비 계정에 대체하여 기장 업무의 단순화를 도모하다.

1. 다음 제조경비를 원가에 산입하는 방법에 따라 분류하시오.

> (1) 차 량 유 지 비   (2) 전 력 비
> (3) 특 허 권 사 용 료   (4) 복 리 후 생 비
> (5) 가 스 수 도 비   (6) 수 선 비
> (7) 재 료 감 모 손 실   (8) 외 주 가 공 비
> (9) 보 험 료   (10) 감 가 상 각 비
> (11) 세 금 과 공 과   (12) 잡 비

월 할 제 조 경 비	
측 정 제 조 경 비	
지 급 제 조 경 비	
발 생 제 조 경 비	

2. 희망공업사의 제조경비에 관한 자료는 다음과 같다. 당월의 제조경비 소비액을 계산하시오. 단, 원가계산기간은 1개월이며, 1회계기간은 6개월이다.

> (1) 화 재 보 험 료 : 1년분 지급액 600,000원
> (2) 임 차 료 : 6개월간 계약금액 720,000원, 당월지급액 360,000원
> (3) 감 가 상 각 비 : 당 회계연도 계상액 480,000원
> (4) 전 력 비 : 전월검침량 850kwh 당월검침량 1,250kwh
> 　　　　　　　　단위당가격 300원
> (5) 가 스 수 도 비 : 당월지급액 240,000원 당월측정액 300,000원
> (6) 외 주 가 공 비 : 당월지급액 500,000원 전월선급액 40.000원
> 　　　　　　　　당월선급액 60,000원
> (7) 운 반 비 : 당월지급액 120,000원 전월미지급액 15,000원
> 　　　　　　　　당월선급액 20,000원
> (8) 재 료 감 모 손 실 : 장부재고액 350,000원 실제재고액 300,000원 (정상발생분)

(1)	원	(2)	원	(3)	원	(4)	원
(5)	원	(6)	원	(7)	원	(8)	원

3. 강원산업(주)의 제조경비에 관한 자료는 다음과 같다. 당월의 제조경비 소비액을 계산하고, 필요한 분개를 하시오. 단, 원가계산 기간은 1개월이며, 특허권사용료, 외주가공비를 제외한 모든 제조경비는 공장에 60%, 본사에 40%의 비율로 할당한다.

(1) 외주가공비 : 당월지급액 200,000원   전월미지급액 50,000원   당월미지급액 30,000원
(2) 감가상각비 : 12개월분   240,000원
(3) 전 력 비 : 당월지급액 150,000원   당월측정액 120,000원
(4) 운 반 비 : 당월지급액 50,000원   전월미지급액 10,000원   당월선급액 5,000원
(5) 특허권사용료 : 1년분지급액120,000원
(6) 재료감모손실 : 장부재고액 100,000원, 실지재고액 80,000원(정상)

제조 경비 항목	총 액	공 장	본 사
외 주 가 공 비	원	원	원
감 가 상 각 비			
전 력 비			
운 반 비			
특 허 권 사 용 료			
재 료 감 모 손 실			
총 계			

【 합계 분개 】

차 변 과 목	금 액	대 변 과 목	금 액

4. 소망공업사의 제조경비에 관한 다음 자료를 보고 제조경비소비액을 계산하시오. 단, 1회계연도는 6개월, 1원가계산기간은 1개월이다.

> (1) 임　차　료 : 당월지급액　220,000원
>
> 　　　　　　　　당월월할액　240,000원　(제조부 60%, 영업부 40%)
>
> (2) 감가상각비 : 건물취득원가　3,600,000원
>
> 　　　　　　　　내용연수 10년, 잔존가치는 0원(정액법) (제조부 90%, 영업부 10%)
>
> (3) 특허권사용료 : 1년분계약분　1,800,000원　(전액　제조부)
>
> (4) 가스수도비 : 당월지급액　180,000원　당월측정액　200,000원
>
> 　　　　　　　　　　　　　　　　　　　　(제조부 80%, 영업부 20%)
>
> (5) 전　력　비 : 당월지급액　200,000원　당월측정액　170,000원
>
> 　　　　　　　　　　　　　　　　　　　　(제조부 90%, 영업부 10%)
>
> (6) 외주가공비 : 당월지급액　200,000원　전월미지급액　30,000원
>
> 　　　　　　　　당월미지급액　40,000원　(전액 제조부)
>
> (7) 보　관　료 : 당월지급액　100,000원　전월선급액　20,000원
>
> 　　　　　　　　당월미지급액　30,000원　(제조부 80%, 영업부 20%)
>
> (8) 잡　　　비 : 당월지급액　30,000원　전월미지급액　10,000원
>
> 　　　　　　　　당월미지급액　20,000원　(제조부 50%, 영업부 50%)
>
> (9) 재료감모손실 : 장부재고액　840,000원　실제재고액　800,000원(정상적)

제조 경비 항목	총　　액	제　조　부		영 업 부
		직접제조경비	간접제조경비	
임　차　료				
감 가 상 각 비				
특 허 권 사 용 료				
가 스 수 도 비				
전　력　비				
외 주 가 공 비				
보　관　료				
잡　　　비				
재 료 감 모 손 실				
합　　계				

4 원가의 배부

01. 원가배부의 기초

1 원가배부의 의의

원가의 배부란, 제품의 생산을 위하여 소비된 공통원가를 집계하여 가장 합리적인 배부 기준에 따라 제품 또는 제조부문, 보조부문 등의 원가 대상에 배부하는 과정을 말한다.

회계 충전소

1. 추적가능원가인 직접비는 특정제품에 직접 추적, 집계되므로 원가배부대상이 되는 원가는 추적이 불가 능한 제조간접비이다.
2. 원가대상 : 원가요소별로 발생한 원가를 집계하여 그 집계된 원가가 흘러가서 원가를 부담하는 객체를 말하며, 제조부문, 보조부문, 전력부문, 수선부문 등이 원가대상(cost object)이다.

---

2 원가배부의 목적

(1) 경제적 의사결정을 합리적으로 수행
(2) 경영자에 대한 올바른 성과평가와 동기 부여
(3) 외부보고를 위한 재고자산의 평가와 이익의 측정
(4) 계약금액(판매가격) 결정

3 원가배부의 과정

(1) 원가를 배부할 원가배부대상을 선택한다.
(2) 원가를 집계한다.
(3) 원가배부 방법을 선택하여 집계된 원가를 각 원가배부대상에 배부한다.

4 공동원가의 배부기준

공동원가배부기준이란, 집계된 공통원가를 각 원가배부대상에 대응시키는 기준을 말한다.

(1) 인과관계기준 : 특정활동과 관련하여 발생한 원가와 원가대상 사이의 인과관계에 입각 하여 원가배부를 하는 것으로서 가장 이상적이고, 합리적인 원가배부기준이다. **예** 전력 비(결과)의 발생원인은 전력의 사용(원인)이므로 전력비는 전력소비량을 기준으로 배 부한다.

(2) 수혜기준(수익자부담기준)

원가발생액으로 인하여 원가배부 대상이 공통원가로부터 제공받은 경제적 효익의 크기(매출액의 증가분)에 비례하여 원가를 배부하는 기준이다. **예** 회사전체의 광고선전을 통하여 여러 제품들의 매출액이 증가된 경우 특정제품이 광고선전으로 인한 영향을 얼마나 받았는지 정확히 알 수 없으므로 광고전과 광고후의 매출액의 증가분을 기준으로 광고선전비를 각 제품에 배부한다.

(3) 부담능력기준

원가발생액과 원가배부대상간의 인과관계를 파악할 수 없는 경우에 하나의 대안으로서 집계된 원가를 배부대상이 부담할 수 있는 능력에 비례하여 원가를 배부하는 기준이다. 일반적으로 부담능력을 평가하는 지표로 매출액이 많이 사용되고 있다. **예** 불우이웃돕기 성금을 각 부서에 부담시키는 경우 수익성(매출액)을 기준으로 배부하는 것

(4) 공정성과 공평성기준(원칙)

본 기준은 원가배부기준이라기 보다는 원가배부를 통하여 달성하고자 하는 목표를 나타내는 것으로서 집계된 원가를 여러 원가배부 대상에 배분할 때 그 원가배부는 공정하고 공평하게 이루어져야 한다는 기준이다.

(5) 증분기준

이 기준은 최초의 사용자를 주된 사용자로, 두 번째 사용자를 추가적인 사용자로 간주하여 최초의 사용자 혼자만이 사용할 때 발생한 원가를 최초의 사용자에게 배부하고 그 이후 추가적인 사용자로 인하여 증가된 공통원가를 그 추가적인 사용자에게 배부하는 기준으로 추가적인 사용자에게 가장 유리한 배부기준이 된다.

---

⑤ **원가동인**(cost drivers)

원가동인이란 원가대상의 총원가에 변화를 일으키는 모든 요소를 말하며, 원가요인 또는 원가유발요인이라고도 한다.

원가대상	원 가 동 인
제 품	생산량, 작업시간, 부품의 수, 작업준비 횟수 등
구 매 부 문	구매주문서의 수, 공급자의 수, 협상시간 등
여 객 수 송	운송수단, 거리, 속도, 교통량, 무게 등
제 품 설 계	부품의 수, 설계변경 요구의 수, 설계시간 등

02. 제조간접비의 배부

1 제조간접비란? (manufacturing overhead costs)

간접재료비, 간접노무비, 간접제조경비 등과 같이 두 종류이상의 제품을 제조하기 위하여 공통적으로 발생하는 원가요소를 말한다. 제조간접비는 각 제품별로 추적하여 부과할 수 없기 때문에 일정한 배부기준에 따라 집계된 제조간접비를 여러 제품에 배부하여야 한다.

> **회계 충전소**
>
> ▶ 제조간접비의 배부 목적? : 일반적인 원가배부의 목적인 경영의사결정의 수행, 원가통제 및 가장 중요한 목적인 제품단위당 원가를 결정하는 것이다.

2 제조간접비의 배부 방법

(1) 실제배부법

원가계산 기말에 실제로 발생한 제조간접비를 각 제품에 배부하는 방법

(가) 가액법 : 각 제품 제조에 소비된 직접비를 기준으로 배부하는 방법

① **직접재료비법** : 각 제품에 소비된 직접재료비를 기준으로 배부하는 방법

$$\bullet \text{제조간접비 배부율} = \frac{\text{1개월간의 제조간접비 총액}}{\text{동 기간의 직접재료비 총액}}$$

• 제조간접비 배부액 = 특정 제품의 직접재료비 × 배부율

② **직접노무비법** : 각 제품에 소비된 직접노무비를 기준으로 배부하는 방법

$$\bullet \text{제조간접비 배부율} = \frac{\text{1개월간의 제조간접비 총액}}{\text{동 기간의 직접노무비 총액}}$$

• 제조간접비 배부액 = 특정 제품의 직접노무비 × 배부율

③ **직접원가법** : 각 제품에 소비된 직접원가를 기준으로 배부하는 방법

$$\bullet \text{제조간접비 배부율} = \frac{\text{1개월간의 제조간접비 총액}}{\text{동 기간의 직접원가 총액}}$$

• 제조간접비 배부액 = 특정 제품의 직접비(직접원가) × 배부율

(나) 시간법 : 각 제품의 제조에 소비된 작업시간을 기준으로 배부하는 방법

① **직접노동시간법** : 각 제품 제조에 투입된 직접노동시간을 기준으로 배부하는 방법이다.

$$\bullet\ 제조간접비\ 배부율 = \frac{1개월간의\ 제조간접비\ 총액}{동\ 기간의\ 직접노동\ 총\ 시간수}$$

• 제조간접비 배부액 = 특정 제품의 직접노동시간 수 × 배부율

② **기계작업시간법** : 각 제품 제조에 투입된 기계운전시간을 기준으로 배부하는 방법이다.

$$\bullet\ 제조간접비\ 배부율 = \frac{1개월간의\ 제조간접비\ 총액}{동\ 기간의\ 기계작업시간\ 총\ 시간\ 수}$$

• 제조간접비 배부액 = 특정 제품의 기계작업시간 수 × 배부율

(2) 예정배부법

계절별로 제품의 생산량에 큰 차이를 보이는 냉·난방기, 청량음료 등의 제품을 제조하는회사에서는 제조간접비의 실제배부법의 적용시 많은 문제점이 있으므로, 연초에 미리 제조간접비 예정배부율을 산정해 두었다가 제품의 완성시 그 제품의 제조에 실제로 발생한 직접재료비나 직접노동시간을 파악하여 이에 예정배부율을 곱함으로써 그 제품에의 제조간접비를 즉시 계산할 수 있다.

$$\bullet\ 제조간접비\ 예정배부율 = \frac{제조간접비\ 연간\ 예상액}{배부기준의\ 연간\ 예상액}$$

• 제조간접비 예정배부액
  = 제품별 배부기준의 실제발생액 × 제조간접비 예정배부율

회계 충전소

❖ **제조간접비 실제배부법의 문제점**
  1. 제조간접비의 실제발생총액은 월말에 집계되므로 월중에 제품이 완성되면 월말까지 기다려야만 그 제품의 제조원가를 계산할 수 있어 원가계산 시점이 지연된다.
  2. 제조간접비에는 생산량에 관계없이 일정하게 발생하는 고정비(보험료, 임차료 등)가 많기 때문에 계절별로 제품의 생산량이 큰 차이가 있는 회사에서는 제품 단위당 배부액이 엄청난 차이가 생기게 된다.

▶ 제조간접비 배부차이의 처리 절차 ◀

과소 배부의 경우

제 조 간 접 비

② 실제발생액 (원가요소계정에서)	① 예정배부액 (재공품계정에)
	③ 과 소 배 부

과대 배부의 경우

제 조 간 접 비

② 실제발생액 (원가요소계정에서)	① 예정배부액 (재공품계정에)
③ 과 대 배 부	

제조간접비배부차이

과소배부의 차이	과대배부의 차이

매 출 원 가

매 출 제 품 원 가 (제품계정에서)	차감 : 과대배부차이
가산 : 과소배부차이	

——— 선 : 월말에 대체   ············· 선 : 회계기간말에 대체

(1) 제조간접비 예정 배부 시

(차)	재 공 품	5,000	(대)	제 조 간 접 비	5,000

(2) 제조간접비 실제 발생액

(차)	제 조 간 접 비	5,200	(대)	재 료 비 노 무 비 제 조 경 비	2,000 1,800 1,400

(3) 제조간접비 실제 발생액 > 예정 배부액 (과소 배부)

(차)	제조간접비배부차이	200	(대)	제 조 간 접 비	200

(4) 제조간접비 실제 발생액 < 예정 배부액 (과대 배부)

(차)	제 조 간 접 비	×××	(대)	제조간접비배부차이	×××

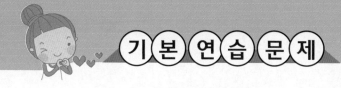

1. 희망공업사의 다음 자료에 의하여 A제품의 제조간접비 배부액을 직접재료비법으로 계산 하시오.

> (1) 1개월간의 제조간접비 총액 :   240,000원
> (2) 동 기간의 직접재료비 총액 :   800,000원
> (3) A 제 품 의 직 접 재 료 비 :   500,000원

① 배부율 계산 : _____

② 배부액 계산 : _____

2. 서울공업사의 다음 자료에 의하여 A제품의 제조간접비 배부액을 직접노무비법으로 계산 하시오.

> (1) 1개월간의 제조간접비 총액 :   520,000원
> (2) 동 기간의 직접노무비 총액 :   400,000원
> (3) A 제 품 의 직 접 노 무 비 :   150,000원

① 배부율 계산 : _____

② 배부액 계산 : _____

3. 한강공업사의 다음 자료로 직접원가법에 의하여 A제품의 제조간접비 배부액과 제조원가 를 계산하시오.

> (1) 1개월간의 제조간접비 총액 : 600,000원
> (2) 동 기간의 직접재료비 : 1,200,000원,   직접노무비 : 800,000원
> (3) A 제품의 직접재료비 : 500,000원,   직접노무비 : 300,000원

① 배 부 율 계산 : _____

② 배 부 액 계산 : _____

③ 제조원가 계산 : _____

4. 설악공업사의 다음 자료에 의하여 갑제품의 제조간접비 배부액을 직접노동시간법으로 계산하시오.

> (1) 1개월간의 제조간접비 총액 : 2,000,000원
> (2) 동 기간의 직접노동시간 수 : 5,000시간
> (3) 갑제품의 직접노동시간 수 : 2,000시간

① 배부율 계산 : _____
② 배부액 계산 : _____

5. 소망공업사의 다음 자료에 의하여 갑제품의 제조간접비 배부액을 기계작업시간법으로 계산하시오.

> (1) 1개월간의 제조간접비 총액 : 1,000,000원
> (2) 동 기간의 기계 작업시간 수 : 4,000시간
> (3) 갑 제품의 기계 작업시간 수 : 1,200시간

① 배부율 계산 : _____
② 배부액 계산 : _____

6. 다음 거래를 분개하시오.

(1) 제조간접비 예정배부 합계액은 800,000원이다.

(2) 제조간접비의 실제발생액은 다음과 같다.

   간접재료비 350,000원   간접노무비 230,000원   간접제조경비 250,000원

(3) 제조간접비배부차이를 대체하다.

No.	차 변 과 목	금 액	대 변 과 목	금 액
(1)				
(2)				
(3)				

7. 한국공업사의 다음 거래를 분개하여 각 계정에 전기하고 마감하시오.

(1) 당월 제조간접비 예정배부액은 5,000,000원이다.

(2) 월말에 집계한 제조간접비 실제발생액은 다음과 같다.

　재 료 비 2,500,000원　　노 무 비 1,200,000원　　제 조 경 비　1,280,000원

(3) 예정배부액과 실제발생액과의 차이를 제조간접비배부차이 계정에 대체하다.

(4) 제조간접비배부차이를 매출원가 계정에 대체하다.

No.	차 변 과 목	금 액	대 변 과 목	금 액
(1)				
(2)				
(3)				
(4)				

제 조 간 접 비

제조간접비배부차이

매 출 원 가

8. 대한공업사의 다음 거래를 분개하여 각 계정에 전기하고 마감하시오.

(1) 당월 제조간접비 예정배부액은 3,000,000원이다.

(2) 월말에 집계한 제조간접비 실제발생액은 다음과 같다.

　재 료 비　1,300,000원　　노 무 비　900,000원　　제조경비　850,000원

(3) 예정배부액과 실제발생액과의 차이를 제조간접비배부차이 계정에 대체하다.

(4) 제조간접비배부차이를 매출원가 계정에 대체하다.

No.	차 변 과 목	금 액	대 변 과 목	금 액
(1)				
(2)				
(3)				
(4)				

제 조 간 접 비

제조간접비배부차이

매 출 원 가

5 부문별 원가계산

1 부문별 원가계산의 기초(departments costing)

(1) 부문별 원가계산의 뜻

부문별원가계산이란 제품의 원가를 산정함에 있어 제조간접비(부문비)를 각 제품에 보다 더 엄격하게 배부하기 위해 우선적으로 그 발생 장소인 부문별로 분류, 집계하는 절차를 말한다.

> **회계 충전소**
>
> ❍ **부문별 원가계산의 장점**
> 1. 원가의 관리 및 통제에 필요한 자료를 얻는데에서 유용하다.
> 2. 특정 원가부문에서 불필요한 원가의 낭비나 비능률의 발생을 용이하게 파악할 수 있다.

(2) 원가부문의 설정

원가가 발생하는 장소를 원가부문이라 하며, 원가부문은 제조부문과 보조부문으로 나누어진다.

(가) 제조부문 : 제품의 제조활동을 직접 담당하는 부문으로 제조단계에 따라 절단부문, 조립부문, 또는 선반부문, 주조부문 등이 있다.

(나) 보조부문 : 제품의 제조에는 직접 참여하지 않고, 다만 제조부문의 제조활동을 돕기 위해 여러가지 용역(service)을 제공하는 부문으로 동력부문, 수선부문, 공장사무부문 등이 있다.

2 부문별 원가계산의 절차

제조부문과 보조부문이 있는 제조기업에서 부문별 원가계산을 하는 절차는 다음과 같다.

> ① 제1단계 : 부문개별비를 각 부문에 부과
> ② 제2단계 : 부문공통비를 각 부문에 배부
> ③ 제3단계 : 보조부문비를 제조부문에 배부
> ④ 제4단계 : 제조부문비를 각 제품에 배부

(1) 부문개별비의 부과

특정부문 책임자의 급여와 특정부문에만 사용되는 기계감가상각비등과 같이 특정
부문에 개별적으로 발생하는 원가로서, 그 부문에 직접 부과되는 원가요소이다.

(2) 부문공통비의 배부

공장장의 급여, 여러부문이 공동으로 사용하는 건물감가상각비 등과 같이 각 부문
에 직접 추적할 수 없는 제조간접비로서 일정한 기준에 따라 인위적으로 제조부문과
보조부문에 배부하여야 한다.

❖ 부문공통비의 배부기준 ❖

부 문 공 통 비	배 부 기 준
간 접 재 료 비	각 부문의 직접재료비
간 접 노 무 비	각 부문의 직접노무비, 종업원 수, 직접노동시간
감 가 상 각 비	기계 : 기계사용시간, 건물 : 면적
전 력 비	각 부문의 전력소비량 또는 마력 × 운전시간
수 선 비	각 부문의 수선 횟수 또는 시간
가 스 수 도 비	각 부문의 가스 수도 사용량
운 반 비	각 부문의 운반물품의 무게, 운반거리, 운반횟수
복 리 후 생 비	각 부문의 종업원 수
임차료, 재산세, 화재보험료	각 부문의 차지하는 면적 또는 기계의 가격
중 앙 난 방 비	각 부문의 차지하는 면적

❖ 원가요소의 부문별 집계 ❖

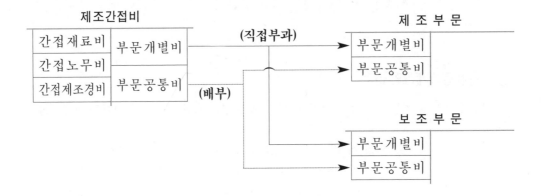

③ 보조부문비의 배부

보조부문은 직접제품의 생산활동을 수행하는 것이 아니라, 다만 제조부문의 생산활동을 도와주는 역할을 하기 때문에 제품과의 직접적인 관련성을 확인할 수 없으므로 간접제조원가로 분류하여 제조부문에 배부하여야 한다.

(1) 보조부문비의 배부 이유

① 정확한 원가를 산정하기 위함
② 보조부문에서도 원가가 발생하는 것을 제조부문 경영자에게 인식시키는 것
③ 보조부문에 대한 통제를 통하여 원가절감에 도움

(2) 보조부문비의 배부 목적

① 부문간의 상호통제 및 관리
② 외부보고 목적을 위한 재고자산평가와 매출원가의 결정
③ 경제적 의사결정을 위한 최적의 자원 배분

❖ **부문별 원가계산의 절차** ❖

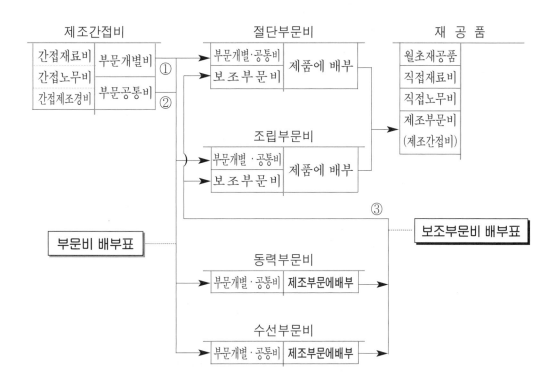

㉠ 부문개별비, 부문공통비를 각 부문에 배부 시 분개(부문비 배부표 분개)

(차)	절 단 부 문 비	500	(대)	제 조 간 접 비	1,000
	조 립 부 문 비	300			
	동 력 부 문 비	100			
	수 선 부 문 비	100			

㉡ 보조부문비를 제조부문에 배부 시 분개(보조부문비 배부표 분개)

(차)	절 단 부 문 비	120	(대)	동 력 부 문 비	100
	조 립 부 문 비	80		수 선 부 문 비	100

㉢ 제조부문비를 각 제품에 배부 시 분개

(차)	재　공　품	1,000	(대)	절 단 부 문 비	620
				조 립 부 문 비	380

④ 보조부문비의 배부 방법

　보조부문비를 제조부문에 배부할 때 고려할 점은 보조부문은 주로 제조부문에만 용역을 제공하지만, 때로는 다른 보조부문에도 용역을 제공하기도 한다. 즉, 보조부문 상호간에 보조용역을 주고 받는 경우가 있다.

　이러한 보조부문간의 용역제공 비율을 어느 정도 고려하느냐에 따라 직접배부법, 단계배부법, 상호배부법으로 나누어지며, 어느 방법에 의하더라도 배부 전이나 배부 후의 제조간접비 총액은 변함이 없다. 단, 각 제조부문에 집계되는 제조간접비는 달라진다.

(1) 직접배부법

　보조부문 상호간에 용역을 주고 받는 관계를 완전히 무시하고, 각 제조부문이 사용한 보조용역의 비율에 따라 보조부문비를 제조부문에만 직접 배부하는 방법으로, 그 배부절차가 매우 간단하며, 보조부문 상호간의 용역수수 정도가 중요하지 않은 경우는 적절한 방법이다.

(2) 단계배부법

　보조부문 상호간에 용역수수관계를 부분적으로 인식하여 보조부문들 간에 일정한 배부순서(용역을 제공하는 수 또는 금액이 큰 보조부문)를 정한 후, 그 배부순서에 따라 보조부문비를 단계적으로 다른 보조부문에 배부하는 방법이다.

(3) 상호배부법

보조부문 상호간에 용역수수관계를 완전하게 인식하여 보조부문비를 제조부문뿐만 아니라, 보조부문 상호간에도 배부하는 방법으로 보조부문 상호간의 용역수수를 완전히 인식하는 가장 정확한 방법이다.

▶ 배부 과정

① 특정보조부문비의 총원가를 연립방정식 형태로 표시한다.

> ▶특정보조부문의 총원가 = 자체 발생 보조부문비 + 타 보조부문의 배부액

② 각 보조부문비를 용역제공 비율에 따라 다른 보조부문과 제조부문에 배부한다.

회계 충전소

1. 단일배부율법과 이중배부율법

우리가 지금까지 보조부문의 원가를 고정비와 변동비로 구분하지 않고 모든 원가를 하나의 배부기준을 사용하여 제조부문에 배부를 하였는데 이를 단일배부율법이라고 한다. 이중배부율법은 각 제조부문이나 보조부문에서 발생되는 제조간접비를 변동비와 고정비로 구분한 후 이들을 각각 별개의 배부기준을 사용하여 배부하는 것을 말한다. 이중배부율법은 보조부문원가를 제조부문에 배부할 때 고정비는 보조부문이 제공하는 용역의 최대사용가능량을 기준으로 하고 변동비는 각 부문의 실제사용량을 기준으로 배부하는 방법이다.

예를 들어 회계학원을 생각해보면 선생님의 급여는 직접노무비, 전기료는 변동간접비, 임차료나 경비아저씨의 급여는 고정간접비, 강의실은 제조부문, 경비실이나 보일러실은 보조부문이라고 볼 수 있다. 수강생이 향후 많이 올 것으로 가정하고 3개층을 임차하여 실제로는 2개층을 사용하고 있다면 전기료와 같은 변동비는 실제강의시간과 같은 실제용역사용량과 비례하여 발생하므로 실제사용량을 기준으로 배부하고, 경비아저씨나 보일러공의 급여, 임차료와 같은 고정비는 이들이 제공하는 용역이 최대사용가능량(실제로는 3개 층을 다 사용하지 않는다 해도 향후 3개 층을 다 사용할 경우에 충분한 용역을 공급할 수 있도록 3개 층에 용역을 제공하고 있으므로)과 관계되기 때문에 최대용역사용량을 기준으로 배부하는 것이다.

단일배부율법과 이중배부율법은 둘 다 직접배부법, 단계배부법, 상호배부법을 사용할 수 있다.

2.

【 보조부문비의 배부기준 】

보 조 부 문	배 부 기 준
구 매 부 문	주문 횟수, 주문비용
식 당 부 문	종업원 수
창 고 부 문	재료의 출고청구 회수, 취급품목 수
건물관리부문(청소부문)	점유 면적
수선유지부문	수선유지 횟수, 작업시간
전 력 부 문	전력 소비량(KWh)
공장인사관리부문	종업원 수
자재관리부문	근무시간, 취급품목 수
원가계산부문	근무시간
품질검사부문	검사수량, 검사인원, 검사시간

기본연습문제

1. 다음 (   )안에 알맞은 용어를 써 넣으시오.

(1) 제품의 원가를 보다 정확하게 계산하기 위해서는, 공장 전체를 기준으로 제조 간접비를 배부하기보다는 (   )별로 제조간접비를 배부하는 것이 바람직하다.

(2) 원재료를 직접 가공하여 제품을 생산하는 부문을 제조부문이라 하고, 이러한 제조부문의 제품제조 활동을 지원하는 부문을 (   )이라 한다.

(3) 부문비에는 각 부문에 직접 부과할 수 있는 부문직접비와 각 부문에 공통적으로 발생하여 직접 부과 할 수 없는 (   )가 있다.

(4) 제조간접비를 합리적으로 제품에 부과하기 위해서는, 제조간접비를 부문직접비와 (   )로 구분하여, 1단계로 (   )를 각 부문에 부과하고, 2단계로 부문간접비를 각 부문에 배부하며, 3단계로 (   )를 제조 부문에 배부한 후 제 4단계로 (   )를 각 제품에 배부한다.

2. 8월 중에 발생한 다음의 원가자료를 이용하여 부문비배부표를 작성하고, 필요한 분개를 표시하시오.

【자 료 Ⅰ】 부문개별비

비 목	제 조 부 문		보 조 부 문		
	절단부문	조립부문	동력부문	수선부문	공장사무부문
간 접 재 료 비	60,000원	56,000원	26,000원	18,000원	—
간 접 노 무 비	90,000원	60,000원	40,000원	10,000원	10,000원
기계감가상각비	60,000원	30,000원	14,000원	3,000원	—

【자 료 Ⅱ】 부문공통비

건물감가상각비   50,000원   기계화재보험료   120,000원

【 자 료Ⅲ 】 부문공통비 배부 기준

비 목	배부기준	제 조 부 문		보 조 부 문		
		절단부문	조립부문	동력부문	수선부문	공장사무부문
건물감가상각비	면 적	80평	60평	30평	20평	10평
기계보험료	기 계 가 액	700,000원	800,000원	500,000원	400,000원	—

부 문 비 배 부 표
20×1년 8월 31일

원가요소	배부기준	제 조 부 문		보 조 부 문			합 계
		절단부문	조립부문	동력부문	수선부문	공장사무부문	
부 문 개 별 비							
간접재료비							
간접노무비							
기계감가상각비							
합 계							
부 문 공 통 비							
건물감가상각비	면 적						
기계보험료	기계가액						
합 계							
총 계							

【 부문비 배부표 분개 】

차 변 과 목	금 액	대 변 과 목	금 액

3. (주)서울공업사의 제조간접비 발생액과 보조부문의 용역제공량은 다음과 같다. 보조부문비배부표를 직접배부법에 의하여 작성하고, 필요한 분개를 표시하시오.

비 목	제 조 부 문		보 조 부 문		합 계
	절단부문	조립부문	동력부문	수선부문	
자기부문발생액	400,000원	350,000원	140,000원	200,000원	1,090,000원
제 공 한 용 역					
동력부문(Kw/h)	5,000원	3,000원	–	2,000원	10,000Kwh
수선부문(시간)	1,600원	1,600원	800원	–	4,000시간

보 조 부 문 비 배 부 표

비 목	배부기준	금 액	제 조 부 문		보 조 부 문	
			절단부문	조립부문	동력부문	수선부문
자기부문발생액						
보조부문비배부						
동 력 부 문 비	Kw/h					
수 선 부 문 비	시 간					
보조부문비배부액						
제조부문비합계						

【 보조부문비 배부 분개 】

차 변 과 목	금 액	대 변 과 목	금 액

4. (문제3)의 자료에 의하여 보조부문비배부표를 단계배부법에 의하여 작성하고 필요한 분개를 하시오. 단, 동력부문비를 먼저 배부하는 것으로 한다.

보 조 부 문 비 배 부 표

비 목	배부기준	제 조 부 문		보 조 부 문	
		절단부문	조립부문	수선부문	동력부문
자기부문발생액					
보조부문비배부					
동 력 부 문 비					
수 선 부 문 비					
제조부문비합계					

【 보조부문비 배부 분개 】

차 변 과 목	금 액	대 변 과 목	금 액

5. (문제3)의 자료에 의하여 보조부문비배부표를 상호배부법에 의하여 작성하고 필요한 분개를 하시오.

보 조 부 문 비 배 부 표

비 목	제 조 부 문		보 조 부 문	
	절 단 부 문	조 립 부 문	동 력 부 문	수 선 부 문
자기부문발생액				
보조부문비배부				
동 력 부 문 비				
수 선 부 문 비				
제조부문비합계				

【 보조부문비 배부 분개 】

차 변 과 목	금 액	대 변 과 목	금 액

6 개별원가계산

01. 개별원가계산

1 개별원가계산(job-order costing)의 뜻

(1) 개별원가계산의 뜻

성능, 규격, 품질 등이 서로 다른 여러 종류의 제품을 주로 고객의 주문에 의하여 소량씩 개별적으로 생산하는 건설업, 항공기제조업, 가구 및 기계제작업 등에서 각 개별, 작업별로 원가를 집계하여 제품별 원가계산을 하는 방법이다.

❖ 개별원가계산의 절차 ❖

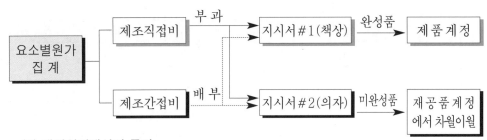

(2) 개별원가계산의 특징

① 언제라도 원가계산을 할 수 있다.
② 제조직접비와 제조간접비의 구분이 중요한 의미를 갖는다.
③ 인위적인 월말재공품의 평가문제가 생기지 않는다.
④ 특정제조지시서에 따라 원가계산표가 작성된다.

2 제조지시서와 원가계산표

(1) 제조지시서(production order 또는 job order)

고객이 주문한 특정제품의 규격, 수량, 인도기일 등을 작업 현장에 지시하는 문서를 말한다.

(가) 특정 제조지시서 : 개별제품 또는 개별작업에 대해 개별적으로 발행되는 지시서로 지시된 특정제품의 생산이 완료되면 그 효력이 상실된다.

(나) 계속 제조지시서 : 한 종류의 제품을 대량으로 계속 생산하는 경우에 발행되는 지시서로 그 효력이 일정기간 지속되며 제조수량을 기재하지 않는 것이 관례이다.

❖ 제조지시서의 발행 절차 ❖

(2) 원가계산표(cost sheet)와 원가원장(cost ledger)

(가) 원가계산표

각 제품의 제조과정에서 발생하는 제조원가를 집계하기 위한 명세서로서 직접재료비, 직접노무비, 제조간접비가 상세히 기록되며, 각 제조지시서마다 한장씩 작성되기 때문에, 지시서별 원가계산표라고도 한다.

(나) 원가원장

제조과정에 있는 각 제조지시서별 원가계산표를 철해놓은 장부를 말하는 것으로서 특정시점에서 제조기업의 원가원장을 보면, 그 시점의 재공품 내역을 각 제품별로 상세히 알 수 있다.(재공품계정에 대한 보조원장)

③ 개별원가계산의 원가흐름

(1) 직접재료비 - 재료출고 청구서로 파악

① 재료 매입시

(차) 원 재 료	×××	(대) 외상매입금	×××

② 재료출고 소비시

(차) 재 공 품 제조간접비	××× ×××	(대) 원 재 료	×××

(2) 직접노무비 - 작업시간보고서로 파악

① 노무비 발생시

(차) 노 무 비	×××	(대) 현 금 미지급노무비	××× ×××

② 노무비 소비시

(차) 재 공 품 제조간접비	××× ×××	(대) 노 무 비	×××

(3) 제조간접비 - 제조간접비 배부율을 이용하여 배부

제조간접비는 직접재료비나 직접노무비와 달리 특정작업과의 관계가 불확실하므로 논리적으로 타당하고 인과관계가 있으며, 쉽게 적용할 수 있는 배부기준을 선택하여 제조간접비 배부율에 의하여 개별제품에 배부하여야 한다.

$$\text{제조간접비 배부율} \quad = \quad \frac{\text{실제제조간접비 발생액}}{\text{배부기준(실제조업도)}}$$

① 제조간접비 발생 시

(차)	임 차 료	×××	(대)	현 금	×××
	수 선 비	×××		미지급수선비	×××

② 제조간접비 소비 시

(차) 제조간접비	×××	(대)	임 차 료	×××
			수 선 비	×××

(4) 공장전체와 부문별배부율에 의한 제조간접비 배부

제조기업이 2개이상의 제조부문이 있을 경우 제조간접비를 제품에 배부하는 방법은 다음의 두가지가 있다.

① **공장전체 제조간접비배부율**

공장내의 모든 제조부문에 동일한 제조간접비배부율을 적용하여 제조간접비를 배부하는 방법이다.

$$\text{공장전체 제조간접비 배부율} \quad = \quad \frac{\text{공장전체 제조간접비}}{\text{공장전체 배부기준 합계}}$$

② **부문별 제조간접비배부율**

각 제조부문별로 서로 다른 부문별 제조간접비배부율을 적용하여 개별적인 배부율에 의하여 제조간접비를 배부하는 방법이다.

$$\text{부문별 제조간접비배부율} \quad = \quad \frac{\text{제조부문별 제조간접비}}{\text{제조부문별 배부기준 합계}}$$

(5) 당기제품제조원가

특정 제품이 제조과정을 통하여 완성되면 재공품 계정에서 제품 계정으로 대체된다. 제품 계정에 대체되는 당기제품제조원가는 다음과 같이 계산된다.

> 당기 제품 제조원가 = 기초재공품원가 + 당기총제조비용(직접재료비
> + 직접노무비 + 제조간접비) − 기말재공품원가

▶ 제품의 완성

(차) 제 품	×××	(대) 재 공 품	×××

(6) 매출원가

당기에 판매된 제품의 원가 즉, 매출원가를 제품 계정에서 제품매출원가 계정으로 대체한다.

> 매출원가 = 기초제품재고액 + 당기제품제조원가 − 기말제품재고액

▶ 제품의 판매

(차) 외 상 매 출 금	×××	(대) 제 품 매 출	×××
제품매출원가	×××	제 품	×××

02. 작업폐물과 공손품

① 작업폐물(scraps)

(1) 작업폐물의 뜻

작업폐물이란 제품의 제조과정에서 발생하는 원재료의 부스러기를 말한다. 예를들면 가구제조업의 나무토막이나 톱밥, 기계제작업에서의 철판조각이나 쇳가루, 의류제조업의 천조각 등이 이에 속한다.

(2) 작업폐물의 회계처리

작업폐물이 제품 제조과정에서 발생한 경우에는 작업폐물의 평가액만큼 제조원가에서 차감해야 하는데, 그 발생액이 큰 경우와 적은 경우에 따라 아래와 같이 회계처리한다.

(가) 작업폐물의 금액이 큰 경우

① 특정 제품의 제조과정에서 발생한 경우

(차) 작 업 폐 물	10,000	(대) 재 공 품	10,000

② 여러 제품의 제조과정에서 발생한 경우

(차) 작 업 폐 물	10,000	(대) 제 조 간 접 비	10,000

③ 현금받고 처분한 경우

(차) 현 금	12,000	(대) 작 업 폐 물	10,000
		작업폐물처분이익	2,000

(나) 작업폐물의 금액이 적은 경우

작업폐물의 평가액이 적은 경우에는 발생시 아무런 회계처리를 하지 않고 있다가 매각처분하는 경우 잡이익으로 처리한다.

① 제조과정에서 소액발생한 경우

(차) 분 개 하 지 않 음	(대)

② 현금받고 처분한 경우

(차) 현 금	3,000	(대) 잡 이 익	3,000

회 계 충전소

1. 감손 : 제품의 제조과정 중에 원재료의 증발, 기화 등으로 투입된 원재료의 일부분이 감소되어 완성품이 되지 못한 것을 말하며 감손은 물리적 실체가 없는 증발을 의미하므로 처분가치가 없다.
2. 수율(yield) : 원재료의 투입량과 완성된 산출량의 비율이다. 예를들어 큰 콩(大豆) 1,000kg을 투입하여 식용유 900kg를 완성한 경우 산출량 900 / 투입량 1,000 = 90%가 수율이라고 한다.

② 공손품(spoiled units)

(1) 공손품의 뜻

공손품이란 제품을 제조하는 과정에서 작업자의 부주의, 원재료의 불량, 기계설비의 결함 등으로 인하여 품질 및 규격이 표준에 미달한 불합격품을 말한다.

(2) 정상공손과 비정상공손

일반적으로 제조기업에서는 공손품의 발생한도 허용범위를 정해두고 있으며 양질의 제품을 얻기 위하여 제조과정에서 불가피하게 발생하는 공손은 정상공손(normal spoilage)이라하고 그 발생원가를 재공품이나 완성품에 포함시켜야 한다. 이와 반대로 비정상공손(abnormal spoilage)은 효율적인 작업환경하에서는 발생하지 않는 공손으로 작업자의 부주의, 생산계획의 미비, 기계설비의 결함 등의 이유로 발생하며 이는 작업환경과 제조활동을 효율적으로 수행하면 예방할 수 있는 공손으로 제품이나 재공품의 원가가 아닌 기간비용인 기타비용(영업외비용)으로 처리한다.

(3) 공손비

공손품이 발생하면 공손정도에 따라 그 정도가 적으면 추가로 가공하여 합격품으로 완성하거나 그 정도가 큰 경우에는 대체품을 제조하기도 하는데 이 때 추가로 발생하는 원가를 공손비라 한다.

회 계 충전소

▶ 공손비는 다음에 따라 계산하여 당해 제품의 제조원가에 부과하거나 원가발생부문의 간접비용으로 한다. 다만, 비정상적인 공손비는 기타비용(영업외비용)으로 한다.
1. 공손이 보수에 의하여 회복될 경우 공손비는 그 보수비용으로 한다.
2. 공손이 보수로서 회복되지 않고 그 전부를 다시 생산할 경우 공손비는 기발생된 공손품 제조원가에서 공손품의 평가액을 차감한 가액으로 한다.
3. 공손이 보수로서 완전 회복되지 않고 그 일부를 다시 생산할 경우 공손비는 추가적으로 발생하는 제조원가에서 공손품의 평가액을 차감한 금액으로 한다.

(4) 공손비의 회계처리

(가) 당월 제조과정에서 공손품이 발생하여 재료비 15,000원과 노무비 10,000원을 투입하여 완성하다.

(차) 공 손 비	25,000	(대) 재 료 비	15,000
		노 무 비	10,000

(나) 위 공손비 중 20,000원은 정상공손으로 처리하기로 하다.

① 특정 개별작업과 관련이 있는 경우

(차) 재 공 품	20,000	(대) 공 손 비	20,000

② 여러 제품의 작업과 관련이 있는 경우

(차) 제 조 간 접 비	20,000	(대) 공 손 비	20,000

(다) 나머지는 비정상공손이므로 손익 계정에 대체하다.

(차) 손 익	5,000	(대) 공 손 비	5,000

회계 충전소

▶ 원가계산준칙에서 규정하고 있는 작업폐물과 공손품의 평가는 다음과 같다. (부산물 평가 포함)

1. 그대로 외부에 매각할 수 있는 경우 – 추정매각가격에서 판매비와관리비 및 정상이윤을 차감한 금액으로 한다.
2. 추가 가공후 매각하는 경우 – 가공제품의 추정 매각가격에서 추가가공비와 판매비와관리비 및 정상이윤을 차감한 금액으로 한다.
3. 그대로 자가 소비하는 경우 – 그 추정매입가격으로 한다.
4. 추가 가공후 자가소비하는 경우 – 그 추정매입가격에서 추가가공비를 차감한 금액으로 한다.

1. 다음 원가계산표에 의하여 재공품 계정과 제품 계정에 기입하시오. 단, 제조지시서 #1, #2, #3은 완성품이고, 제조지시서 #4는 미완성이다.

원 가 계 산 표

비 목	제조지시서#1	제조지시서#2	제조지시서#3	제조지시서#4
월 초 재 공 품	48,000	36,000	24,000	—
직 접 재 료 비	252,000	238,000	216,000	152,000
직 접 노 무 비	180,000	150,000	120,000	80,000
제 조 간 접 비	90,000	75,000	60,000	40,000
합 계	570,000	499,000	420,000	272,000

재 공 품

제 품

전 월 이 월 200,000		
	차 월 이 월 350,000	

2. 다음 원가자료에 의하여 원가계산표를 작성하고 재공품 계정과 제품 계정에 기입마감하시오. 단, 제조지시서 #3, #4는 미완성이다.

(1) 월초재공품   지시서 #1   30,000원   지시서 #2   40,000원
                지시서 #3   50,000원

(2) 직접재료비 내용

         제조지시서 #1   420,000원   제조지시서#2   250,000원
         제조지시서 #3   200,000원   제조지시서#4   180,000원

(3) 직접노무비 내용

         제조지시서 #1   350,000원   제조지시서#2   200,000원
         제조지시서 #3   150,000원   제조지시서#4   100,000원

(4) 제조간접비 당월 발생액 240,000원은 직접노무비법에 의하여 각 제조지시서에 배부한다.

원 가 계 산 표

비 목	제조지시서#1	제조지시서#2	제조지시서#3	제조지시서#4
월 초 재 공 품				
직 접 재 료 비				
직 접 노 무 비				
제 조 간 접 비				
합 계				

재 공 품

제 품

전 월 이 월	150,000		
		차 월 이 월	300,000

3. 부산공업사의 10월 중 제조원가에 관한 자료에 따라 원가계산표를 완성하고, 아래 계정에 기입하시오. 단, 제조간접비의 배부는 직접재료비법에 따르고, 당월 완성제품은 #1이며, #2는 미완성이다.

(1) 재 료 비 전 월 이 월 액 80,000원 ※재료소비액 중
　　　　　　 당월외상매입액 840,000원 ┌제조지시서 #1 400,000원
　　　　　　 월 말 재 고 액 370,000원 └제조지시서 #2 100,000원

(2) 노 무 비 전 월 미 지 급 액 60,000원 ※노무비소비액 중
　　　　　　 당월현금지급액 720,000원 ┌제조지시서 #1 500,000원
　　　　　　 당 월 미 지 급 액 48,000원 └제조지시서 #2 178,000원

(3) 제조경비 전 월 선 급 액 10,000원 ※제조경비소비액 중
　　　　　　 당월현금지급액 150,000원 ┌제조지시서 #1 30,000원
　　　　　　 당 월 선 급 액 60,000원 └나머지는 간접비임

원 가 계 산 표

비　　목	제조지시서#1	제조지시서#2	합　　계
직 접 재 료 비			
직 접 노 무 비			
직 접 제 조 경 비			
제 조 간 접 비			
합　　　　계			

재　　　　　료	

노　　무　　비	

제　조　경　비	

재　공　품	

7 종합원가계산

01. 종합원가계산의 기초

1 종합원가계산의 의의

(1) 종합원가계산의 뜻

서로 다른 제품을 주문에 의하여 생산하는 경우에는 개별 제품별로 원가를 계산하는 개별원가계산을 사용해야 한다. 그러나 정유업, 제분업, 제지업 등과 같이 성능, 규격 등이 동일한 종류의 제품을 연속적으로 대량생산하는 경우에는 원가계산의 대상이 되는 제품이 한 종류이므로 종합원가계산을 사용하는 것이다.

(2) 개별원가계산과 종합원가계산의 원가분류

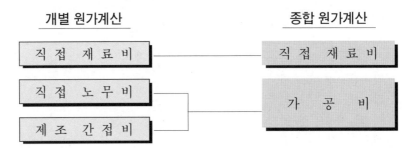

2 종합원가계산의 절차

(1) 일정기간 동안 발생한 총제조 비용을 집계한다.

(2) 당월 총제조 비용에 월초재공품원가를 가산하고, 이 합계액에서 월말재공품 원가를 차감하여 당월 제품제조원가를 산출한다.

> 당월제품제조원가 = (당월 총제조비용 + 월초재공품원가) − 월말재공품원가

(3) 당월제품제조원가를 당월 완성품수량으로 나누어 제품의 단위당원가를 계산한다.

$$제품의\ 단위당원가\ =\ \frac{당월제품제조원가}{당월완성품수량}$$

③ 개별원가계산과 종합원가계산의 비교

구 분	개별원가계산	종합원가계산
① 생산형태	개별제품의 주문생산	동종제품의 연속대량생산
② 적용대상산업	건설업, 조선업, 항공업, 기계공업, 주문인쇄업, 주문가구제작업	정유업, 제분업, 철강업, 식품가공업, 제지업, 제화업, 화학공업, 양조업
③ 생산수량	주문에 의한 소량생산	생산계획에 따른 연속대량생산
④ 제조지시서 종류	특정제조지시서	계속제조지시서
⑤ 원가의 분류	직접비와 간접비의 구분이 중요하다.	직접재료비와 가공비의 구분이 중요하다.
⑥ 기말재공품의 평가	미완성된 작업의 작업원가표에 집계된 원가로 자동계산됨.	완성품과 기말재공품에 배분하는 절차가 필요하다.
⑦ 단위당 원가계산	완성된 작업의 작업원가표에 집계된 원가를 완성수량으로 나누어 계산한다.	일정기간(보통 1개월)동안의 완성품제조원가를 완성품수량으로 나누어 계산한다.

④ 개별원가계산과 종합원가계산의 장점과 단점

구 분	개별원가계산	종합원가계산
장 점	• 보다 정확한 원가계산이 가능 • 제품별로 손익분석 및 계산이 용이하다. • 제품별 작업원가표에 의해 효율성을 통제할 수 있고, 미래작업을 평가할 수 있다.	• 원가기록업무가 비교적 단순하여 경제적이다. • 전체적인 원가통제와 책임회계의 적용이 용이하다. • 제품별 회계기록에 소요되는 비용이 비교적 적다.
단 점	• 상세한 기록이 필요하므로 시간과 비용이 많이 소요된다. • 작업원가의 기록이 복잡하므로 오류가 발생할 가능성이 있다.	• 원가가 비교적 부정확하다. • 제품별로 손익비교가 어렵다. • 제품별로 제공하는 정보량이 적다.

5 **완성품 환산량**(equiv alent units)

(1) **완 성 도** : 완성도란 공정에 투입되어 현재 생산 진행 중에 있는 제품이 어느 정도 완성되었는가를 나타내는 수치로서 50% 또는 80%와 같은 형태로 표현된다.

(2) **완성품 환산량** : 완성품 환산량이란 생산 활동에 투입한 모든 노력을 제품을 완성하는 데에만 투입하였더라면 완성되었을 완성품 수량으로 환산한 것을 말한다. 즉, 각 공정이나 부문에서 수행한 작업량을 기준으로 변형한 가상적인 수치를 말한다.

> 월초재공품 완성품환산량 = 월초재공품수량 × 완성도
> 월말재공품 완성품환산량 = 월말재공품수량 × 완성도

예 제

▶ 당월 중 처음으로 생산을 시작한 (주)설악의 다음 자료로 완성품 환산수량을 계산하시오.

1. 당월 제조착수 수량 10,000개   2. 당월 완성품 수량   8,000개
3. 월말재공품 수량   2,000개 (완성도 : 직접재료비 100%, 가공비 60%)

【 해설 】 (1) 직접재료비 완성품환산수량 : 8,000+(2,000×100%) = 10,000개
         (2) 가공비 완성품환산수량 : 8,000+(2,000×60%) = 9,200개

6 **월말재공품의 평가 방법**

(1) **선입선출법**(first-in first-out method, FIFO) : 당월 이전에 이미 착수되어 가공중인 월초재공품을 당월 착수량보다 먼저 가공하여 완성시킨 후 당월 착수량을 가공하여 일부를 완성하고 나머지 일부는 월말재공품으로 만든다는 방법이다. 즉,월초재공품원가와 당월 발생원가를 명확히 구분하여 당월완성품원가는 월초재공품원가 전부와 당월발생원가 중 일부로 구성되고 월말재공품원가는 당월발생원가로만 구성되어 있다고 가정하는 방법이다.

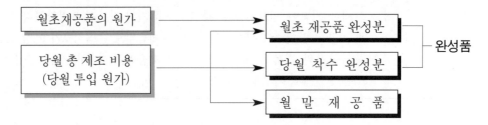

▶ **당월 완성품환산량** : 당월 완성품수량 − 월초재공품의 완성품환산량 + 월말재공품의 완성품환산량

※ **선입선출법을 사용하여 월말재공품 원가를 구하는 등식은 다음과 같다.**

월말재공품 원가 = 월말재공품 직접재료비 ① + 월말재공품 가공비 ②

(가) 직접재료비의 완성품 환산량 단위당 원가 = $\dfrac{\text{당월 투입 직접 재료비}}{\text{직접재료비의 당월 완성품환산량}}$

(나) 가공비의 완성품 환산량 단위당 원가 = $\dfrac{\text{당월 투입 가공비}}{\text{가공비의 당월 완성품 환산량}}$

① 월말재공품 직접재료비 = 월말재공품의 직접재료비 완성품 환산량
　　　　　　　　　　　　 × 직접재료비의 완성품 환산량 단위당 원가

② 월말재공품 가공비 = 월말재공품의 가공비 완성품 환산량
　　　　　　　　　　　 × 가공비의 완성품 환산량 단위당 원가

(2) **평균법**(average method) : 월초재공품이 당월 이전에 이미 가공 중임에도 불구하고 당월에 착수한 것으로 가정하는 것으로 월초재공품의 완성도를 무시하고 당월에 착수된 물량과 동일하게 간주하는 방법이다. 따라서 완성품환산량의 계산은 월초재공품수량과 당기 착수수량을 별도로 구분하지 않고 동일하게 취급하여 합하므로 이에따른 월초재공품 원가와 당월발생원가가 합계하여 완성품환산량 단위당 원가를 구하는 방법이다.

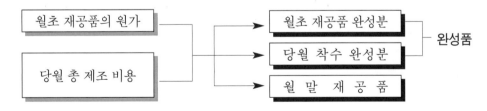

▶ **완성품 환산량** : 당월 완성품수량 + 월말재공품 완성품환산량

※ 평균법을 사용하여 월말재공품 원가를 구하는 등식은 다음과 같다.

월말재공품 원가 = 월말재공품 직접재료비 ① + 월말재공품 가공비 ②

(가) 직접재료비의 완성품 환산량 단위당 원가

$$= \frac{월초재공품\ 직접재료비 + 당월\ 직접재료비\ 투입액}{직접재료비의\ 완성품\ 환산량}$$

(나) 가공비의 완성품 환산량 단위당 원가

$$= \frac{월초재공품\ 가공비 + 당월\ 가공비\ 투입액}{가공비의\ 완성품\ 환산량}$$

① 월말재공품 직접재료비 = 월말재공품의 직접재료비 완성품 환산량
　　　　　　　　　　　　× 직접재료비의 완성품 환산량 단위당 원가

② 월말재공품 가공비 = 월말재공품의 가공비 완성품 환산량
　　　　　　　　　　　× 가공비의 완성품 환산량 단위당 원가

(3) 선입선출법과 평균법의 비교

구 분	선 입 선 출 법	평 균 법
원가계산 목적상	• 월초재공품과 당월 투입량을 명확하게 구분한다.	• 월초재공품을 당월 초에 투입한 것으로 인식한다.
완성품 환산수량	• 당월 완성품수량 －월초재공품 완성품환산량 ＋월말재공품 완성품환산량	• 당월 완성품수량 ＋ 월말재공품 완성품환산량
원가배분대상	• 월초재공품원가는 전액 완성품원가에 포함되므로 당월 투입원가를 배분한다.	• 월초재공품과 당월 투입원가를 합한 총원가를 배분한다.
월말재공품의 구성	• 당월 투입원가로만 구성	• 당월총원가 중 일부로 구성

▶ 월초재공품이 없다면 평균법과 선입선출법의 완성품환산량은 같지만, 월초재공품이 있다면 평균법에 의한 완성품환산량은 선입선출법에 의한 완성품환산량보다 월초재공품의 환산량만큼 항상 크다.

예 제

▶ 다음 자료에 의하여 선입선출법 및 평균법에 의하여 월말재공품 원가를 계산하시오. 단, 재료는 제조착수 시에 전부 투입되고, 가공비는 제조진행에 따라 발생한다.

(1) 월초재공품
　　수량 3,000개(완성도 20%)
　　원가 242,400원(직접 재료비 192,000원, 가공비 50,400원)

(2) 당월 제조비용
　　직접 재료비 720,000원, 노무비 872,000원, 제조경비 352,000원

(3) 당월 작업보고 내용
　　완성품 수량 10,000개, 월말재공품 수량 2,000개(완성도 40%)

【 선입선출법 】

(1) 완성품 환산량의 계산
　① 직접재료비 : 10,000 − (3,000×100%) + (2,000개×100%) = 9,000개
　② 가　공　비 : 10,000 − (3,000×20%) + (2,000개×40%) = 10,200개

(2) 완성품 환산량 단위당 원가

　① 직접 재료비 : $\dfrac{720,000}{9,000개}$ = 80원,　　② 가공비 : $\dfrac{1,224,000}{10,200개}$ = 120원

(3) 월말 재공품 원가의 계산 (160,000 + 96,000 = 256,000)
　① 직접재료비 : 2,000개 × 80 = 160,000
　② 가　공　비 : 800개 × 120 = 96,000

【 평균법 】

(1) 완성품 환산량의 계산
　① 직접재료비 : 10,000개 + (2,000×100%) = 12,000개
　② 가　공　비 : 10,000개 + (2,000× 40%) = 10,800개

(2) 완성품 환산량 단위당 원가

　① 직접 재료비 : $\dfrac{192,000+720,000}{12,000개}$ = 76원,　② 가공비 : $\dfrac{50,400+1,224,000}{10,800개}$ = 118원

(3) 월말 재공품 원가의 계산 (152,000 + 94,400 = 246,400)
　① 직접재료비 : 2,000개 × 76 = 152,000
　② 가　공　비 : 800개 × 118 = 94,400

1. 다음 ( ) 안에 알맞은 용어를 써 넣으시오.

(1) 한 종류의 제품을 대량 생산하는 기업에서 단위당 원가를 계산하기 위하여 사용하는 원가계산방법을 (   )이라 한다.

(2) 공정에 투입되어 현재 생산 진행중에 있는 제품의 완성 정도를 나타내는 수치를 (   )라 하며, 이는 원가 요소별로 (   )와 (   )로 나누어 파악한다.

(3) 완성품(   )이란, 생산활동에 투입한 모든 노력을 제품을 완성하는 데에만 투입하였더라면 완성 가능한 완성품 수량으로 환산한 것이다.

(4) (   )은 먼저 제조에 착수된 것이 먼저 완성된다는 가정하에 월말재공품의 원가와 제품의 원가를 계산하는 방법이다.

(5) (   )은 당월 중에 완성된 제품은 그것이 월초재공품 완성분이든 당월 착수 완성분이든 구분하지 않고, 모두 당월에 착수되어 당월에 완성된 것으로 가정하여 원가계산을 하는 방법이다.

2. 서울공업사의 다음 자료에 의하여 물음에 답하시오. 단, 선입선출법에 의하며, 직접재료비는 제조착수 시 전부 투입되고, 가공비는 제조진행에 따라 소비된다.

(1) 월 초 재 공 품 : 직접재료비 180,000원   가 공 비 68,000원
　　　　　　　　　: 수량 600개(완성도 20%)
(2) 당월완성품수량 : 3,100개
(3) 월말재공품수량 : 500개(완성도 40%)
(4) 당 월 제 조 비 용 : 직접재료비 1,050,000원   가 공 비 1,590,000원

구 분		계　산　과　정	답　란	
완성품환산량 의 계 산	직접재료비			개
	가 공 비			개
완성품환산량 단위원가계산	직접재료비		@	원
	가 공 비		@	원
월 말 재 공 품 원 가 의 계 산	직접재료비			원
	가 공 비			원
	합 계			원
완 성 품 원 가				원

3. 다음 자료에 의하여 월말재공품원가를 평균법에 의하여 계산하시오. 단, 직접재료비는 제조착수 시에 전부 투입되고, 가공비는 제조진행에 따라 균등하게 소비된다.

(1) 월 초 재 공 품 : 직접재료비 72,000원 가 공 비 48,000원
(2) 당 월 소 비 액 : 직접재료비 288,000원 가 공 비 240,000원
(3) 당월완성품 수량 : 3,000개
(4) 월말재공품 수량 : 1,000개(완성도 60%)

구 분		계 산 과 정	답 란	
완성품환산량 의 계 산	직접재료비			개
	가 공 비			개
완성품환산량 단위원가계산	직접재료비		@	원
	가 공 비		@	원
월 말 재 공 품 원 가 의 계 산	직접재료비			원
	가 공 비			원
	합 계			원
완 성 품 원 가				원
단 위 당 원 가			@	원

회 계 충전소

1. 선입선출법은 월초재공품원가와 당월발생원가, 월초재공품환산량과 당월착수분환산량을 따로 구분하여 계산하므로 계산과정이 평균법보다 복잡하지만, 전월의 환산량단위당원가와 당월의 환산량 단위당원가가 서로 구분되므로 전월과 당월의 성과 평가시 유용한 정보를 제공하고 실제물량흐름과도 일치한다.
2. 평균법은 월초재공품원가와 당월발생원가를 따로 구분하지 않고 합산해 버리므로 선입선출법보다 계산은 간편하나 전월과 당월의 원가와 환산량을 혼합해 버리므로 원가계산의 정확성이 떨어지고 실제 물량흐름과도 다르다.
3. 이론적으로는 선입선출법이 평균법보다 우수한 방법이라고 할 수 있다.

02. 단일종합원가계산

1 단일종합원가계산(single process costing)

얼음제조업, 소금제조업, 기와제조업 등과 같이 단 하나의 제조공정만을 가지고 있는 기업에서 사용하는 원가계산방법이다.

2 원가계산 방법

(1) 일정 기간동안 발생한 원가 총액을 집계한다.

(2) 당월 총 제조비용에 월초재공품원가를 가산하고, 이 합계액에서 월말재공품원가를 차감하여 당월 제품제조원가를 산출한다.

(3) 당월 제품 제조원가를 당월 완성품 수량으로 나누어 제품의 단위당 원가를 계산한다.

> (당월 총제조비용 + 월초재공품 원가) – 월말재공품 원가 = 당월 제품제조원가
> 당월 제품제조원가 ÷ 당월 완성품 수량 = 제품의 단위당 원가

3 단일종합원가계산의 원가 흐름

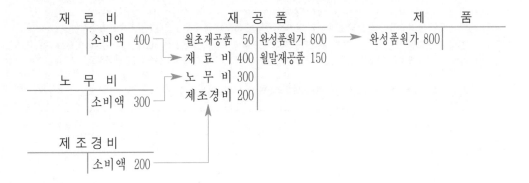

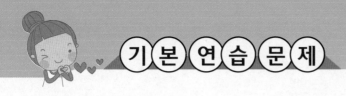

1. 다음 원가자료에 의하여 단일종합원가계산표를 작성하고 아래의 계산 과정을 표시하시오.

【원가자료】

(1) 당월완성품 수량 : 800개
(2) 월말재공품 수량 : 400개(완성도 50%)
(3) 직접재료비는 제조착수 시에 전부 투입되며 가공비는 제조진행에 따라 소비된다.
(4) 월말재공품의 평가는 평균법에 의한다.

단 일 종 합 원 가 계 산 표

적 요	직접재료비	가 공 비	합 계
재 료 비	2,150,000		( )
노 무 비		1,200,000	( )
제 조 경 비		365,000	( )
당 월 총 제 조 비 용	( )	( )	( )
월 초 재 공 품 원 가	250,000	130,000	380,000
합 계	( )	( )	( )
월 말 재 공 품 원 가	( )	( )	( )
당 월 제 품 제 조 원 가	( )	( )	( )
당 월 완 성 품 수 량	개	개	개
단 위 당 원 가	@ 원	@ 원	@ 원

구 분		계 산 과 정	답 란
완성품환산	직접재료비		개
량 의 계 산	가 공 비		개
완성품환산량	직접재료비		@ 원
단위원가계산	가 공 비		@ 원
월 말 재 공 품	직접재료비		원
원 가 의 계 산	가 공 비		원
	합 계		원

2. 다음 원가자료에 의하여 단일종합원가계산표를 작성하시오.

【 원가자료 】

(1) 월초재공품 수량 : 1,000개(완성도 40%)

(2) 월말재공품 수량 : 500개(완성도 40%)

(3) 월말재공품의 평가는 선입선출법에 의하며, 직접재료비는 제조착수시에 전부 투입된다.

단 일 종 합 원 가 계 산 표

적 요	직 접 재 료 비	가 공 비	합 계
재 료 비	1,400,000		( )
노 무 비		491,000	( )
제 조 경 비		1,105,000	( )
당 월 총 제 조 비 용	( )	( )	( )
월 초 재 공 품 원 가	120,000	80,000	200,000
합 계	( )	( )	( )
월 말 재 공 품 원 가	( )	( )	( )
당 월 제 품 제 조 원 가	( )	( )	( )
당 월 완 성 품 수 량	4,000개	4,000개	4,000개
단위당원가 { 월 초 분	(@ 원)	(@ 원)	(@ 원)
당월착수분	(@ 원)	(@ 원)	(@ 원)

구 분		계 산 과 정	답 란
완성품환산량 의 계 산	직접재료비		개
	가 공 비		개
완성품환산량 단위원가계산	직접재료비		@ 원
	가 공 비		@ 원
월 말 재 공 품 원 가 의 계 산	직접재료비		원
	가 공 비		원
	합 계		원
완 성 품 원 가			원
단 위 당 원 가	월 초 분		@ 원
	당월착수분		@ 원

03. 공정별 종합원가계산

① 공정별 종합원가계산(sequential process costing)

　화학공업, 제지공업, 제당공업 등과 같이 여러 단계의 제조공정을 가지고 있는 기업에서 각 공정별로 종합원가계산을 하는데, 이러한 방법을 공정별 종합원가계산이라고 한다.

② 공정별 종합원가계산의 원가 흐름

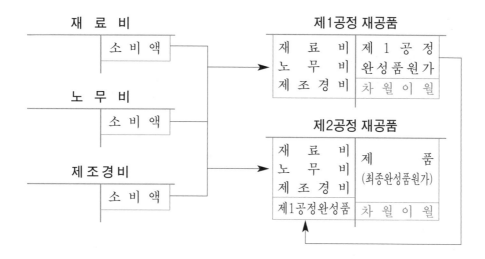

(1) 제1공정 완성품 원가

(차)	제2공정재공품	×××	(대)	제1공정재공품	×××

(2) 제2공정(최종공정) 완성품원가

(차)	제 품	×××	(대)	제2공정재공품	×××

③ 반제품이 있는 경우의 원가 흐름

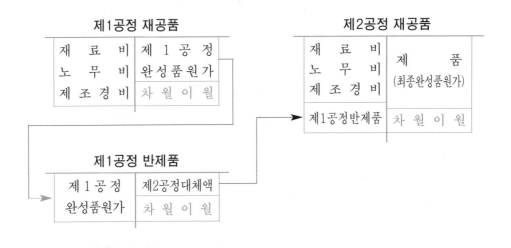

(1) 제1공정완성품을 제1공정반제품 계정에 대체

(차)	제1공정반제품	×××	(대)	제1공정재공품	×××

(2) 제1공정반제품 중 일부를 제2공정에 대체

(차)	제2공정재공품	×××	(대)	제1공정반제품	×××

(3) 제2공정완성품을 제품 계정에 대체

(차)	제　　　품	×××	(대)	제2공정재공품	×××

1. 다음 자료에 의하여 공정별 종합원가계산표를 작성하시오. 단, 재공품 평가는 평균법에 의하고, 모든 원가요소는 제조진행에 따라 소비된다.

(1) 당월의 작업 상황

적 요	제 1 공 정	제 2 공 정
직 접 재 료 비	175,000원	235,000원
가 공 비	90,000원	115,000원
완 성 품 수 량	800개	1,000개
월말재공품 수량 및 원가	400개	75,000원
완 성 도	50%	

(2) 월초재공품

적 요	제 1 공 정	제 2 공 정
직 접 재 료 비	30,000원	25,000원
가 공 비	10,000원	17,500원
전 공 정 비	—	20,000원

(3) 제1공정 완성품은 즉시 제2공정에 대체한다.

공 정 별 종 합 원 가 계 산 표

적 요	제 1 공 정	제 2 공 정	합 계
당 월 재 료 비			
당 월 가 공 비			
전 공 정 비			
당 월 총 제 조 비 용			
월 초 재 공 품 원 가			
합 계			
월 말 재 공 품 원 가			
당 월 제 품 제 조 원 가			
당 월 완 성 품 수 량	개	개	
단 위 당 원 가	@ 원	@ 원	

2. 다음 자료에 의하여 공정별 종합원가계산표를 작성하시오. 단, 월말재공품의 평가는 평균법에 의하고, 원재료는 각 공정 제조 착수 시에 전부 투입된다.

(1) 당월의 작업 상황

적 요	제 1 공 정	제 2 공 정
직 접 재 료 비	122,400원	140,000원
가 공 비	104,000원	152,000원
완 성 품 수 량	3,600개	4,000개
월 말 재 공 품 수 량	800개	1,000개
완 성 도	50%	60%

(2) 월초재공품

적 요	제 1 공 정	제 2 공 정
직 접 재 료 비	9,600원	20,000원
가 공 비	16,000원	32,000원
전 공 정 비	—	24,000원

회 계 충전소

1. 본 문제는 차공정에 대체된 생산품의 원가계산에 대한 연습이다.
2. 전공정비는 공정착수 시점에 전부 투입되는 직접재료비와 동일하게 인식하여 계산한다.

공 정 별 종 합 원 가 계 산 표

적 요	제 1 공 정	제 2 공 정	합 계
재 료 비			
가 공 비			
전 공 정 비			
당 월 총 제 조 비 용			
월 초 재 공 품 원 가			
합 계			
월 말 재 공 품 원 가			
당 월 제 품 제 조 원 가			
당 월 완 성 품 수 량	개	개	
단 위 당 원 가	@ 원	@ 원	

04. 공정별 종합원가계산

① 조별 종합원가계산 (class costing)

식료품 제조업, 제과업, 통조림 제조업, 직물업 등과 같이 종류가 다른 제품을 연속적으로 대량생산하는 기업에서는 제품의 종류별로 조 또는 반을 설정하여 각 조별로 종합원가계산을 하는데, 이러한 방법을 조별(반별, 제품별)종합원가계산이라고 한다.

② 조별 종합원가계산의 절차

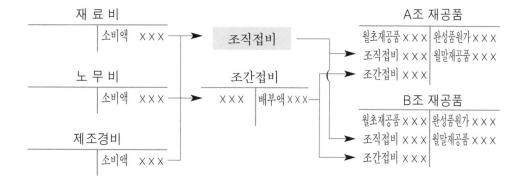

(1) 조간접비의 배부

(차)	A 조 재 공 품	×××	(대)	조 간 접 비	×××
	B 조 재 공 품	×××			

(2) 각 조의 제품이 완성되면

(차)	A 조 제 품	×××	(대)	A 조 재 공 품	×××
	B 조 제 품	×××		B 조 재 공 품	×××

 기본연습문제

01 다음 자료에 의하여 조별종합원가계산표를 완성하시오.

【자료】

(1) 조직접비

원 가 요 소	A 조	B 조	합 계
직 접 재 료 비	₩ 500,000	₩ 300,000	₩ 800,000
가 공 비	850,000	500,000	1,350,000

(2) 조간접비는 ₩400,000이며, 직접재료비법으로 배부한다.

(3) 월초재공품 : A조 ₩150,000　　　B조 ₩80,000

(4) 월말재공품 : A조 　180,000　　　B조 　130,000

(5) 완성품수량 : A조 　1,000개　　　B조 　900개

조 별 종 합 원 가 계 산 표

적 요	A 조	B 조	합 계
조 직 접 비			
직 접 재 료 비			
가 공 비			
조 간 접 비 배 부 액			
당 월 총 제 조 비 용			
월 초 재 공 품 원 가			
합 계			
월 말 재 공 품 원 가			
당 월 제 품 제 조 원 가			
당 월 완 성 품 수 량	개	개	
단 위 당 원 가	@₩	@₩	

다음 원가자료에 의하여 조별종합원가계산표를 작성하고, 아래 계정에 기입한 후 완성품 분개를 하시오. 단, 조간접비는 ₩1,200,000으로 직접재료비를 기준으로 배부하며, 재공품의 평가는 평균법에 의한다.

【 자 료 】

적 요	A 조	B 조
조 직 접 비		
직 접 재 료 비	₩ 1,050,000	₩ 1,350,000
가 공 비	375,000	330,000
월 초 재 공 품 원 가		
직 접 재 료 비	₩ 255,000	₩ 210,000
가 공 비	195,000	195,000
월 말 재 공 품 원 가		
직 접 재 료 비	₩ 231,000	₩ 236,000
수 량	1,200개	1,000개
완 성 도	50%	50%
완 성 품 수 량	5,400개	3,500개

조 별 종 합 원 가 계 산 표

적 요	A 조	B 조	합 계
조 직 접 비			
재 료 비	( )	( )	( )
가 공 비	( )	( )	( )
조 간 접 비 배 부 액	( )	( )	( )
당 월 총 제 조 비 용	( )	( )	( )
월 초 재 공 품			
재 료 비	( )	( )	( )
가 공 비	( )	( )	( )
합 계	( )	( )	( )
월 말 재 공 품			
재 료 비	( )	( )	( )
가 공 비	( )	( )	( )
당 월 제 품 제 조 원 가	( )	( )	( )
당 월 완 성 품 수 량	개	개	
단 위 당 원 가	@₩	@₩	

A 조 재 공 품

A 조 제 품

B 조 재 공 품

B 조 제 품

【 완성품 원가분개 】

(차)		(대)	

05. 등급별 종합원가계산

① 등급별 종합원가계산(grade costing)

제분업, 제화업, 양조업, 화학약품업 등과 같이 동일한 공정에서 동일한 재료를 사용하여 계속적으로 생산되는 동일한 종류의 제품으로 품질, 모양, 크기, 무게 등이 서로 다른 제품(등급품)을 생산하는 기업에서 등급품별로 종합원가계산을 하는데, 이러한 방법을 등급별 종합원가계산이라 한다.

② 등급별 종합원가계산의 절차

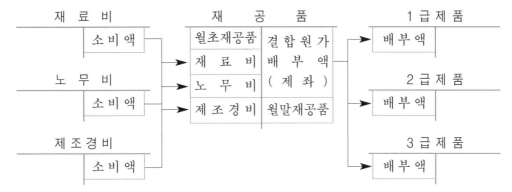

(1) 완성품 전체의 제조원가를 계산, 집계한다.
(2) 등가계수를 결정한다.
(3) 각 등급품의 완성품환산량을 계산하여 등가계수를 곱한다.
(4) 각 등급품의 제조원가와 단위당 제조원가를 계산한다.

③ 결합(종합) 원가 배부 시

 회계충전소

▶ 등급품 중에서 생산량이나 가치면에서 다른 제품들에 비하여 중요성이 크게 떨어지는 제품이 있을 수 있는데, 이러한 제품을 부산물(By-Product)이라고 하고, 중요성이 큰 제품들을 주산물(Main Products)이라 한다. 예를 들어 정미업의 경우 쌀이 주산물이고, 쌀겨는 부산물이다. 부산물은 부차적으로 생산된다는 점에서 작업폐물과 유사하지만, 작업폐물은 원재료와 동질적인 파생물인데 비하여, 부산물은 이질적인 파생물이라는 점이 다르다.

01 다음 자료를 이용하여 판매가치법에 의한 등급별종합원가계산표를 작성하시오. 단, 등급품의 결합원가는 ₩5,200,000이다.

제 품 명	생 산 량	판매단가	합 계
1 급 제 품	2,000개	₩2,000	
2 급 제 품	1,000개	₩1,500	₩5,200,000
3 급 제 품	1,000개	₩1,000	

등 급 별 종 합 원 가 계 산 표

등 급	판매단가	생산량	총판매가치	배부율	결합원가배부액	단위당원가
1급제품						@₩
2급제품						@₩
3급제품						@₩

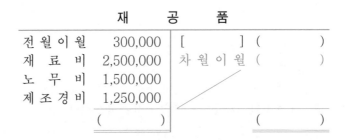

```
                     재    공    품
전 월 이 월    300,000    [        ] (         )
재 료 비    2,500,000    차 월 이 월 (         )
노 무 비    1,500,000
제 조 경 비  1,250,000
          (         )              (         )
```

```
              1  급  제  품
[        ] (         ) │
```

```
              2  급  제  품
[        ] (         ) │
```

```
              3  급  제  품
[        ] (         ) │
```

다음 등급별 종합원가계산표와 각 계정을 완성하시오.

등 급 별 종 합 원 가 계 산 표

등 급	판매단가	생산량	총판매가치	배부율	결합원가배부액	단위당원가
A급제품	@₩200	300개	( )	( )	( )	( )
B급제품	( )	400개	64,000	( )	( )	( )
C급제품	120	( )	( )	( )	36,000	@₩180
			( )		( )	

재 공 품

전 월 이 월	30,000	( )	( )	
재 료 비	85,000	차 월 이 월	( )	
노 무 비	80,00			
제 조 경 비	52,000			
	( )		( )	

A 급 제 품

전 월 이 월	30,000	( )	( )	
( )	( )	차 월 이 월	25,000	
	( )		( )	

 다음 등급별 종합원가계산표를 완성하시오.

등 급 별 종 합 원 가 계 산 표

등 급	판매단가	생산량	총판매가치	배부율	결합원가배부액	단위당원가
1급제품	@₩2,400	200개	( )	( )	( )	( )
2급제품	( )	( )	480,000	( )	360,000	@₩1,200
3급제품	800	500개	( )	( )	( )	( )
			( )		( )	

06. 결합(연산품)원가계산

1 결합(연산품)원가계산의 개념

(1) 동일한 공정에서 동일한 재료를 사용하여 두 종류 이상의 서로 다른 제품을 생산하는 경우에 이들 제품을 총칭하여 연산품 또는 결합제품이라 한다. 연산품의 예로는 정유업에서의 휘발유, 등유, 경유 등과 정육업에서의 뼈와 고기, 가죽 등이다.

(2) 연산품 중에서 생산량이나 가치면에서 중요성이 큰 제품은 주산물이라 하고, 중요성이 낮은 제품은 부산물이라 하는데, 정미업의 경우 쌀이 주산물이고, 쌀겨는 부산물이다. 부산물은 순실현가치(판매가격－추가가공원가)로 평가하여 주산물제조원가에서 차감할 수 있다.

(3) 연산품은 일정한 생산 단계에 도달하기 전에는 개별제품으로 식별되지 않으며, 분리점(split-off point)이후에야 비로소 개별제품으로 식별할 수 있다.

(4) 분리점에 도달하기 전까지 연산품을 생산하는 과정에서 발생한 모든 원가를 결합원가(joint costs)라 하며, 분리점 이후의 추가 가공과정에서 발생하는 원가를 추가가공비 또는 분리원가라 한다.

2 결합원가의 배부

연산품이 개별제품으로 분리되기 전까지의 결합원가를 집계하여 인위적인 방법인 판매가치법과 물량기준법에 의하여 결합원가를 배부한다.

(1) 판매가치법

연산품의 분리점에서의 판매가치를 기준으로 결합원가를 배부하는 방법이다.

① 상대적 판매가치법 : 분리점에서 판매가치를 알 수 있는 경우는 분리점에서 개별연산품을 판매할 수 있으므로 단위당 판매가치를 신뢰성있게 측정 가능하므로 단위당 판매가격에 생산수량을 곱한 것이 배부기준이 된다.

② 순실현가치법 : 분리점 이후에 추가가공을 해야만 하는 연산품인 경우(즉, 분리점에서 판매가치를 모르는 경우)에는 판매가치를 추정하여야 하는데 이 때 추정판매가치는 순실현가능치라 하고, 이것은 개별제품의 최종판매가치에서 추가가공원가와 판매비를 차감한 금액을 결합원가의 배부기준으로 사용한다.

(2) 물량기준법

연산품의 분리점에서의 수량, 중량, 부피, 크기, 면적 등을 기준으로 결합원가를 배부하는 방법이다.

01 다음은 SK정유회사의 연산품에 관한 자료이다. 연산품원가계산표를 작성하시오.

연 산 품 원 가 계 산 표

등 급	판매단가	생산량	총판매가치	배부율	결합원가배부액	단위당원가
휘 발 유	200	3,000 ℓ				@₩
등 유	120	4,000				@₩
경 유	80	5,000				@₩
					1,184,000	

02 다음은 연산품 A. B. C를 생산하는 희망제약회사의 원가자료이다. 판매가치법에 의하여 연산품원가계산표를 작성하시오. 단, 연산품의 결합원가는 ₩1,250,0000이다.

제 품	생 산 량	추가가공후 최종판매단가	추가가공비
A 제 품	3,000개	₩400	₩240,000
B 제 품	4,000개	₩210	₩200,000
C 제 품	5,000개	₩110	₩150,000

연 산 품 원 가 계 산 표

제 품	추가 가공 후 최종판매가치 ①	추가가공비 ②	분리점에서의 판매가치 추정값 ③ = ① - ②	배부율 ④
제 품 A				
제 품 B				
제 품 C				
합 계				

결합원가 배부액 ⑤ = ₩1,250,000×④	총제조원가 ⑥ = ⑤ + ②	생 산 량 ⑦	단위당원가 ⑧ = ⑥ ÷ ⑦
			@₩
			@₩
			@₩

8 재무제표

1 재무제표(financial statement)

제조기업의 재무제표에는 상기업과 다를 바 없이 ① 재무상태표, ② 손익계산서, ③ 현금흐름표, ④ 자본변동표, ⑤ 주석이 있으며, 다만 다른 점은 제조과정의 기록때문에 손익계산서의 부속명세서로서 제조원가명세서가 있다.

2 제조원가명세서(statement of cost of goods manufactured)

제조원가명세서는 완성된 제품의 제조원가를 상세히 나타내기 위한 손익계산서의 부속명세서로서, 재무상태표와 손익계산서의 작성에 필요한 원가정보를 제공한다. 즉, 제조원가명세서는 손익계산서에 표시되는 매출원가와 재무상태표에 표시되는 재료, 재공품, 제품 등의 재고자산 금액을 결정하기 위한 원가정보를 제공한다.

3 제조원가명세서 양식

제 조 원 가 명 세 서

과 목	금	액
재 료 비		
기 초 재 료 재 고 액	1,000	
당 기 재 료 매 입 액	5,000	
계	6,000	
기 말 재 료 재 고 액	1,500	4,500
노 무 비		
급 여	2,000	
퇴 직 급 여	1,000	3,000
경 비		
전 력 비	500	
가 스 수 도 비	800	
감 가 상 각 비	700	
수 선 비	400	
보 험 료	1,100	3,500
당 기 총 제 조 비 용		11,000
기 초 재 공 품 원 가		1,500
합 계		12,500
기 말 재 공 품 원 가		2,000
당 기 제 품 제 조 원 가		10,500

④ 제조원가명세서 작성 시 주의사항

(1) 개별원가계산 제도를 채택하는 경우에 당기 총제조비용은 직접재료비, 직접노무비, 제조
간접비로 구분하여 기입할 수 있다.

(2) 급여에는 임금, 급료, 상여수당 등의 제조부에 속하는 금액을 합산하여 기입한다.

(3) 제조경비는 제조원가명세서에 경비의 항목으로 표시하고, 그 세부항목을 기재한다.

⑤ 재무상태표(statement of financial position)

상기업의 재무상태표에는 재고자산은 상품이지만, 제조기업의 경우에는 재료, 재공품,
제품 등 다양한 형태의 재고자산이 존재하며, 그 금액도 원가계산을 통하여 계산된다.

⑥ 손익계산서 (income statement : I/S 또는 profit & loss statement : P/L)

손익계산서를 작성하는 경우에 상기업의 매출원가는 외부에서 매입한 상품의 매입원가
에서 계산되지만, 제조기업의 매출원가는 제품의 제조원가에서 산출된다. 또 상기업에서
상품, 당기상품매입액 등의 용어는 각각 제품, 당기제품제조원가 등으로 용어상의 차이가
있다.

상기업과 제조기업의 손익계산서(기능별) 1구분 비교

손 익 계 산 서		(상기업)	손 익 계 산 서		(제조기업)
과 목	금	액	과 목	금	액
매 출 액		6,000	매 출 액		6,000
매 출 원 가		(3,500)	매 출 원 가		(3,500)
기초상품재고액	1,000		기초제품재고액	1,000	
당 기 매 입 액	4,000		당기제품제조원가	4,000	
기말상품재고액	(1,500)		기말제품재고액	(1,500)	
매 출 총 이 익		2,500	매 출 총 이 익		2,500

1. 희망공업사의 다음 자료에 의하여 제조원가명세서를 작성하시오.

【자 료】

(1) 재　　료 : 기초재료재고액　150,000원　당기재료매입액　1,500,000원
　　　　　　　기말재료재고액　200,000원

(2) 노 무 비 : 임금 및 제수당　650,000원
　　　　　　　급　　　　료　200,000원 (전액 제조부)
　　　　　　　퇴 직 급 여　170,000원 (전액 제조부)

(3) 제조경비 : 전　력　비　　80,000원　감 가 상 각 비　60,000원
　　　　　　　수　선　비　　50,000원　보　험　료　　70,000원
　　　　　　　가 스 수 도 비　30,000원　외 주 가 공 비　130,000원

(4) 재 공 품 : 기 초 재 고 액　250,000원　기 말 재 고 액　350,000원

제 조 원 가 명 세 서

과　　　　　　목	금	액
재　　　료　　　비		
기 초 재 료 재 고 액		
당 기 재 료 매 입 액		
계		
기 말 재 료 재 고 액	(　　　　)	
노　　　무　　　비		
급　　　　　　여		
퇴　직　급　여		
경　　　　　　비		
[　　　　　　　]		
[　　　　　　　]		
[　　　　　　　]		
[　　　　　　　]		
[　　　　　　　]		
[　　　　　　　]		
당 기 총 제 조 비 용		
기 초 재 공 품 원 가		
합　　　계		
기 말 재 공 품 원 가	(　　　　)	
당 기 제 품 제 조 원 가		

2. 서울공업사의 다음 자료에 의하여 제조원가명세서와 손익계산서(2구분)를 작성하시오.

【 자료 1 】 당기 작업 현황

(1) 기초 및 기말재고액

구 분	기 초	기 말
재 료	140,000원	100,000원
재 공 품	200,000원	수량 400개(완성도 50%)
제 품	240,000원	250,000원

(2) 당기 완성품 수량 800개

(3) 기말재공품의 평가는 평균법에 의하고, 모든 원가요소는 제조진행에 따라 소비된다.

【 자료 2 】 당기 중 거래 내역

제품매출액 1,300,000원	재료매입액 400,000원	임금지급액 240,000원
제조경비 60,000원	판매비와관리비 300,000원	배당금수익 120,000원
이자비용 15,000원	기부금 5,000원	유형자산처분손실 10,000원
당기임금미지급액 65,000원	제조경비선급액 5,000원	

제 조 원 가 명 세 서

과 목	금 액

손 익 계 산 서

영역별 객관식 문제

01 원가회계를 설명한 것으로 가장 옳은 것은?

① 상기업과 제조기업에서 일어나는 모든 거래를 회계처리하는 것
② 제품 또는 용역을 생산하기 위하여 소비된 원가를 기록, 계산, 집계하여 원가에 대한 정보를 제공하는 것
③ 재료와 제경비를 투자하여 생산된 제품을 판매하는 과정을 회계처리하는 것
④ 판매한 상품의 매출총이익을 계산하는 과정

02 원가회계의 주요 목적으로 가장 거리가 먼 것은?

① 재무제표 작성에 필요한 제품제조원가의 계산
② 원가절감에 대한 유용한 정보 제공
③ 투자자에게 합리적인 의사결정에 유용한 정보의 제공
④ 경영자들의 각종 의사결정과 계획수립 및 통제에 필요한 자료의 제공

03 재무회계와 관리회계와의 차이점에 관한 내용들이다. 그 내용이 맞지 않은 것은?

① 재무회계는 목적적합성을 강조하고, 관리회계는 검증가능성을 강조한다.
② 재무회계는 외부보고 목적을 강조한 반면, 관리회계는 내부 보고 목적을 강조한다.
③ 재무회계는 기업 전반에 초점을 맞춘 반면, 관리회계는 조직의 부문에 초점을둔다.
④ 재무회계는 과거지향적이며, 관리회계는 미래지향적이다.

04 원가회계에서 구매과정에 해당하는 것으로 옳은 것은?

① 제품 ₩80,000을 현금을 받고 매출하다.
② 제품제조를 위하여 재료 ₩20,000을 공장에 출고하다.
③ 외상으로 매출한 제품 ₩1,000이 반품되어 오다.
④ 종업원임금 ₩60,000을 현금으로 지급하다.

05 경영진은 실제로 발생한 원가와 생산하기 전 예정원가와 비교함으로써 절약과 낭비, 능률과 비능률이 어느 부서에서 발생하였는지 알게 되고 나아갈 개선책을 마련한다. 다음 중 이와 가장 밀접한 관계가 있는 것은?

① 원가통제   ② 포괄손익계산서 작성
③ 재무상태표 작성   ④ 신용의사 결정

06 원가의 특성이라고 볼 수 없는 것은?

① 제조과정에서 소비된 것 중 경제적 가치가 있는 요소만이 원가가 될 수 있다.
② 경영 목적인 제품의 제조 및 판매와 직접 관련되어 발생한 것이어야 원가가 될 수 있다.
③ 제조과정에서 정상적으로 발생한 재료 감모손실이나 공장경비원의 급여 등도 원가에 포함된다.
④ 기업의 수익획득 활동에 필요한 공장용 토지나 서비스를 단순히 구입하는 것만으로 원가가 된다.

07 제조원가에 속하지 않는 항목이 포함된 것은?

① 공장 일용근로자 인건비, 공장 감독자에 대한 급여
② 재료비, 기계감가상각비
③ 전기 사용료, 공장 소모품비, 공장근로자의 국민연금 회사부담분
④ 광고선전비, 사장에게 지급되는 급여, 공장장의 접대비

08 원가항목에 속하는 것은?

① 파업기간의 임금   ② 화재로 인한 제품손실
③ 기계고장기간의 임금   ④ 기계감가상각비

09 다음 자료에서 기초원가와 가공비(가공원가) 양쪽 모두에 해당하는 금액은 얼마인가?

• 직접재료비	300,000원	• 직접노무비	400,000원
• 변동제조간접비	200,000원	• 고정제조간접비	150,000원

① 350,000원   ② 400,000원   ③ 450,000원   ④ 500,000원

10 원가의 분류 중 옳지 않은 것은?

① 원가의 형태별 분류 : 재료비, 노무비, 제조경비
② 원가의 행태별 분류 : 변동비, 고정비
③ 원가의 추적가능성에 따른 분류 : 통제가능원가, 통제불능원가
④ 원가의 자산화에 따른 분류 : 제품원가(재고가능원가), 기간원가(비용)

11 장난감 제조회사의 판매 부서에서 사용하고 있는 컴퓨터에 대한 감가상각비의 분류 방법으로 타당한 것은?

① 고정비이며 제품 원가
② 고정비이며 기간 비용
③ 컴퓨터를 교환할 때를 대비하여 자금을 모아두는 자산 계정
④ 컴퓨터를 교환할 때 이루어질 자금 지출을 대비한 부채 계정

12 다음 원가에 대한 설명 중 옳은 것을 모두 고른 것은?

> 가. 혼합원가는 직접원가와 간접원가가 혼합된 형태의 원가이다.
> 나. 고정원가는 관련범위내 조업도가 증가할 때 증가하지 않는다.
> 다. 기본원가는 직접재료비와 직접노무비를 말한다.
> 라. 가공원가는 직접노무비와 간접노무비를 말한다.

① 가, 다   ② 나, 라   ③ 가, 라   ④ 나, 다

13 조업도가 증가함에 따라 변동원가와 고정원가의 형태를 바르게 나타낸 항목은?

	단위당원가	총원가			단위당원가	총원가
① 변동원가	불 변	증 가		② 변동원가	감 소	불 변
③ 고정원가	불 변	불 변		④ 고정원가	불 변	감 소

14 다음은 서울회사의 1월 중 발생한 원가에 대한 자료이다. 이 자료를 이용하여 1월 중의 직접원가와 총제조원가를 계산하면?

• 직 접 재 료 비	₩ 60,000	• 기계장치감가상각비	₩ 30,000
• 직 접 노 무 비	20,000	• 공장건물감가상각비	15,000
• 공 장 감 독 자 급 료	30,000	• 공장건물화재보험료	5,000
• 판 매 비	10,000		

① 직접원가 ₩80,000   총제조원가 ₩170,000
② 직접원가 ₩80,000   총제조원가 ₩ 80,000
③ 직접원가 ₩90,000   총제조원가 ₩ 80,000
④ 직접원가 ₩80,000   총제조원가 ₩160,000

15 다음의 자료에서 제조간접비는 얼마인가?

- 직접재료비   ₩ 300,000 　　• 직접노무비   ₩ 200,000
- 제조간접비   ₩   ?
- 제조원가는 직접재료비, 직접노무비, 제조간접비로 구성되어 있다.
- 판매비와관리비는 제조원가의 20%이다.
- 판매이익은 판매원가의 20%이다.
- 판매가격은 ₩1,152,000이다.

① ₩960,000　　② ₩800,000　　③ ₩300,000　　④ ₩460,000

16 원가행태를 나타낸 표로 올바른 것은?

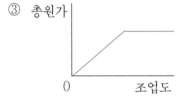

17 원가에 관한 설명이다. 그 내용이 옳지 않은 것은?

① 관련원가(relevant cost)는 고려중인 대체안 간에 차이가 있는 미래의 원가로서 특정 의사결정과 관련된 원가를 의미한다.

② 비관련원가(irrelevant cost)는 대체안 간에 차이가 없는 원가이거나 과거의 원가로서 특정 의사결정과 관련이 없는 원가를 의미한다.

③ 기회원가(opportunity cost)는 자원을 현재 사용하는 용도가 아닌 대체적인 다른 용도에 사용하였을 때 실현할 수 있는 최대금액 또는 차선의 대체안을 포기함으로써 상실한 효익을 의미한다.

④ 매몰원가(sunk cost)는 기발생원가라고도 하며 과거 의사결정의 결과 이미 발생한 원가로 미래의 의사결정과 밀접하게 관련되는 원가이다.

18 (주)서울은 기계장치 1대를 매월 100,000원에 임차하여 사용하고 있으며, 기계장치의 월 최대 생산량은 1,000단위이다. 당월 수주물량이 1,500단위여서 추가로 1대의 기계장치를 임차하기로 하였다. 이 기계장치에 대한 임차료의 원가행태는 무엇인가?

① 고정원가　　　　　　　　　　② 준고정원가
③ 변동원가　　　　　　　　　　④ 준변동원가

19 다음은 원가개념에 대한 설명이다. 물리치료사 수험서 구입비 25,000원은 어떤 원가를 의미하는가?

> 물리치료사 자격시험을 위해 관련수험서를 25,000원에 구입하여 공부하다가 진로를 세무회계 분야로 변경하면서 전산세무·회계 자격증 대비 P사 출간 수험서를 새로 구입하였다.

① 대체원가　　　　　　　　　　② 매몰원가
③ 통제불능원가　　　　　　　　④ 전환원가

20 (주)상공은 제품A를 생산 판매하고 있다. 20×1년 1월의 생산 활동은 다음과 같다. 1월의 생산량이 10개였는데, 2월에는 20개로 추정된다. 2월의 제품단위당 원가는 얼마로 예상되는가? 단, 생산량 10개와 20개는 관련 범위 내에 있으며, 재공품은 없다.

가. 생 산 량	10개	나. 변동제조간접비	₩3,000
다. 직 접 재 료 비	₩10,000	라. 고정제조간접비	6,000
마. 직 접 노 무 비	5,000		

① ₩2,000　　　　　　　　　　② ₩2,100
③ ₩2,200　　　　　　　　　　④ ₩2,300

21 다음과 같이 원가를 파악할 수 있는 계정과목으로 옳은 것은? ★

> • 당월에 완성된 제품의 제조원가와 월말재공품원가를 파악할 수 있는 계정이다.
> • 월초재공품원가와 당월 재료비, 노무비, 경비를 파악할 수 있는 계정이다.

① 재료비 계정　　　　　　　　② 노무비 계정
③ 경비 계정　　　　　　　　　④ 재공품 계정

22 원가의 집계를 위한 원가흐름이 옳은 것은?

① 재료비 – 재공품 – 제품 – 매출원가   ② 재료비 – 재공품 – 매출원가 – 제품
③ 노무비 – 제품 – 재공품 – 매출원가   ④ 재료비 – 제품 – 재공품 – 매출원가

23 다음 자료에 의하여 원재료 소비액은 얼마인가?

㉠ 월초 원재료재고액	₩20,000	㉡ 월말 원재료재고액	₩40,000
㉢ 당월 원재료매입액	₩420,000		

① ₩440,000   ② ₩460,000   ③ ₩400,000   ④ ₩480,000

24 다음 자료에 의하여 노무비 소비액은 얼마인가?

㉠ 노무비 전월 미지급액	₩80,000	㉡ 노무비 당월 지급액	₩620,000
㉢ 노무비 당월 미지급액	₩105,000		

① ₩645,000   ② ₩595,000   ③ ₩725,000   ④ ₩700,000

25 다음은 4월 말 경비에 대한 자료이다. 제조비용에 포함될 4월의 경비 소비액은 얼마인가?

㉠ 전월 선급액	₩30,000	㉡ 당월 지급액	₩270,000
㉢ 당월 선급액	₩50,000		

① ₩320,000   ② ₩300,000   ③ ₩290,000   ④ ₩250,000

26 다음은 이번 달의 재공품 계정에 관한 자료이다. 이 달의 제품 제조 원가는 얼마인가?

직접재료비	₩50,000	직접노무비	₩12,000	제조간접비	₩18,000
기초재공품	₩16,000	기말재공품	₩24,000		

① ₩96,000   ② ₩80,000   ③ ₩88,000   ④ ₩72,000

27 다음 자료를 이용하여 매출원가를 구하면 얼마인가? ★★★

• 기초재공품원가	₩ 20,000	• 기말재공품원가	₩ 21,000
• 기초제품재고액	30,000	• 기말제품재고액	25,000
• 당기총제조비용	100,000		

① ₩104,000　　　② ₩99,000　　　③ ₩94,000　　　④ ₩124,000

28 광주공업사의 당기 매출총이익률은 20%이다. 당기총제조비용은 ₩60,000이며, 기말재공품원가는 기초재공품원가보다 ₩5,000 증가했고, 기말제품원가는 기초제품원가보다 ₩3,000 감소했다. 당기의 매출액은 얼마인가?

① ₩68,500　　　② ₩72,500　　　③ ₩78,000　　　④ ₩81,500

29 다음 자료에 의하여 당월 완성 제품의 제조단가를 계산하면 얼마인가?

ㄱ 당월의 총제조비용은 ₩184,000이다.
ㄴ 월초재공품 원가는 ₩25,600이고, 수량은 40개이다.
ㄷ 월말재공품 원가는 ₩32,000이고, 수량은 50개이다.
ㄹ 당월 제품제조 착수 수량은 130개이다.

① @₩1,480　　　② @₩1,380　　　③ @₩1,400　　　④ @₩2,200

30 재료비에 관한 설명 중 알맞은 것은?

① 출고된 재료의 소비된 내용을 기입하는 보조부를 재료비 계정이라 한다.
② 출고된 재료 중 제조지시서 번호가 매겨져 있는 것은 제조간접비 계정에 기입하고, 그렇지 않은 것은 재공품 계정에 기입한다.
③ 재료의 소비액은 재료비 계정 차변에 기입한다.
④ 재료의 소비액 중 직접재료비는 재공품 계정에, 간접재료비는 제조간접비 계정에 기입한다.

31 당기 재료소비액이 일부 누락된 경우 당기에 미치는 영향으로 틀린 것은? 단, 재공품과 제품계정의 기말재고금액에는 영향을 미치지 않는다.

① 당기총제조원가 감소　　　　② 당기제품제조원가 감소
③ 당기순이익 감소　　　　　　④ 제품매출원가 감소

32 재료의 소비량을 파악하는 방법에는 계속기록법과 실지재고조사법이 있다. 다음 중 재료의 감모수량을 파악할 수 있는 방법은?

① 실지재고조사법과 계속기록법을 병행할 경우
② 계속기록법
③ 실지재고조사법
④ 실지재고조사법과 계속기록법 각각에서 모두 파악할 수 있다.

33 직접노무원가의 중요도가 가장 높게 나타나는 공장은 어느 것인가?

① 기계와 설비 등에 집중 투자를 한 공장
② 자동화가 거의 이루어지지 않은 공장
③ 고객서비스를 중시하는 공장
④ 생산 제품의 종류가 매우 다양한 공장

34 생산부장의 급여와 인사부장의 급여에 관한 설명 중 가장 옳은 것은?

① 생산부장의 급여는 제조원가이고, 인사부장의 급여는 판매(물류)관리비이다.
② 생산부장의 급여는 직접노무비이고, 인사부장의 급여는 간접노무비이다.
③ 생산부장의 급여는 기초원가이고, 인사부장의 급여는 가공비이다.
④ 생산부장의 급여는 제조원가이고, 인사부장의 급여는 기타비용이다.

35 (주)대한에 근무하는 나성공씨는 8월 첫째 주 동안 48시간의 작업을 하였다. (주)대한은 주당 40시간을 초과하는 작업시간에 대해서 정상임금의 1.5배를 지급하고 있다. (주)대한의 시간당 정상임률은 ₩5,000이다. 8월 첫째주 나성공씨와 관련하여 발생한 총노무비는 얼마인가?

① ₩240,000   ② ₩260,000   ③ ₩300,000   ④ ₩360,000

36 제조경비에 대한 설명 중 맞는 것은?

① 측정제조경비란 보험료, 임차료, 감가상각비, 세금과공과 등과 같이 1년 또는 일정기간 분을 총괄하여 일시에 지급하는 제조경비를 말한다.
② 발생제조경비란 재료감모손실 등과 같이 현금의 지출이 없이 발생하는 제조경비를 말한다.
③ 월할제조경비란 수선비, 운반비, 잡비 등과 같이 매월의 소비액을 그 달에 지급하는 제조경비를 말한다.
④ 지급제조경비란 전기료, 수도료 등과 같이 계량기에 의해 소비액을 측정할 수 있는 제조경비를 말한다.

37 다음 자료에 의한 10월 중의 제조경비 발생액은 얼마인가?

> (1) 10월 중에 수선비 ₩40,000을 지급하였다. 수선비 전월 미지급액은 ₩20,000이며, 당월 미지급액은 ₩40,000이다.
>
> (2) 연초에 공장기계에 대한 1년치 화재보험료 ₩360,000을 지급하였으며, 화재보험료는 월별로 균등하게 배분한다.
>
> (3) 10월초의 전기 계량기 검침량은 1,200kW/h 이었고, 10월말의 검침량은 2,000kW/h 이었다. 1kW/h당 전기사용료는 ₩100이다.
>
> (4) 10월 중에 재료감모손실 ₩4,000이 발생하였는데, 이 중에서 정상적인 요인으로 ₩3,000, 비정상적인 요인으로 ₩1,000이 발생한 것으로 판명되었다. 정상적인 감모손실은 제조경비에 포함되며, 비정상적 감모손실은 기타(영업외)비용으로 처리된다.

① ₩173,000   ② ₩170,000   ③ ₩503,000   ④ ₩500,000

38 특정 제품에 관련되는 원가를 정확하게 파악하려면 다음 중 어떤 원가배분기준을 선택하는 것이 가장 바람직한가?

① 부담능력을 고려한 원가배분기준   ② 변동원가만을 고려한 원가배분기준
③ 고정원가만을 고려한 원가배분기준   ④ 인과관계를 고려한 원가배분기준

39 원가배부의 일반적인 목적을 설명한 것 중 옳지 않은 것은?

① 재고자산 평가와 이익 측정을 위한 매출원가를 계산하기 위해 관련된 원가를 재고자산과 매출원가에 배부하여야 한다.
② 개별 제품과 직접적인 인과관계가 없는 원가는 제품에 배부하면 안된다.
③ 부문경영자나 종업원들의 합리적인 행동을 하도록 하기 위해서는 각 부문이나 활동별로 원가를 배부한다.
④ 내부이해관계자에게 원가에 관한 적정한 보고를 하는 데 있다.

40 제조간접비 항목이 아닌 것은?

① 공장내 의무실에 근무하는 의사의 급여
② 공장 감독자의 공휴일 작업에 대한 초과시간급
③ A/S(After Service)센터에 근무하는 전자 제품 수리공의 임금
④ 공장사무실 컴퓨터의 감가상각비

41 자동차 생산기업의 제조간접원가에 포함되는 항목은?

① 특정 자동차 생산라인에서 일하는 생산직의 급여
② 타이어 생산업체에서 구입한 타이어
③ 판매관리직의 인건비
④ 생산을 지원하는 구매부나 자재관리부 직원의 급여

42 다음 자료에 의하여 직접재료비법에 의한 A제품의 제조간접비 배부액은 얼마인가? 단, 당월 제조간접비 실제 발생액은 ₩72,000이다.

제 품	직접재료비	직접노무비
A 제 품	₩ 60,000	₩ 40,000
B 제 품	20,000	60,000

① ₩54,000　　　② ₩28,800　　　③ ₩43,200　　　④ ₩24,000

43 다음 자료에 의하여 A제품의 제조간접비배부액을 직접노무비법으로 계산하면?

• 제조간접비합계	₩ 188,000	• 직접재료비합계	₩ 150,000
• 직접노무비합계	376,000	• A제품의직접재료비	30,000
• A제품의직접노무비	40,000		

① ₩20,000　　　② ₩24,000　　　③ ₩16,000　　　④ ₩28,000

44 다음 자료에 의하여 제품A, B를 제조하는 기업의 제품A에 대한 제조간접원가 배부액을 직접원가법으로 계산하면 얼마인가? 단, 제조간접원가 발생액은 ₩30,000이다.

	제품A	제품B
직접재료원가	₩15,000	₩25,000
직접노무원가	₩ 5,000	₩15,000

① ₩5,000　　　② ₩10,000　　　③ ₩20,000　　　④ ₩40,000

45 다음 자료를 기초로 직접노동시간을 기준으로 제조지시서 No.5에 배부될 제조간접비를 계산한 금액으로 옳은 것은?

가. 당기 직접재료비 총액	₩	80,000
나. 당기 직접노무비 총액		100,000
다. 당기 제조간접비 총액		20,000
라. 당기 직접 노동시간		500시간
마. 제조지시서 No.5		

　　직접재료비 ₩2,000　　직접노무비 ₩2,600
　　직접노동시간 50시간

① ₩1,200　　　　② ₩1,600　　　　③ ₩2,000　　　　④ ₩2,600

46 다음 자료에 의하여 갑, 을 제품을 제조하는 기업의 을제품에 대한 제조간접비 배부액을 기계작업시간법에 의하여 계산하면 얼마인가?

〈 자 료 〉 4월의 제조간접비 실제 발생액 ₩810,000

4월의 제조활동에 관한 자료

제 품	완 성 일	직접노동시간	기계작업시간
갑 제 품	11월 20일	500시간	400시간
을 제 품	11월 28일	400시간	200시간

① ₩270,000　　　② ₩450,000　　　③ ₩360,000　　　④ ₩540,000

47 다음 자료에 의할 때 제조지시서 #1의 제조원가는 얼마인가? 단, 제조간접비는 직접노무비법을 이용하여 구한다.

분 류	제조지시서 #1	총 원 가
직접재료비	₩20,000	₩200,000
직접노무비	18,000	108,000
제조간접비	( )	180,000

① ₩30,000　　　② ₩68,000　　　③ ₩56,000　　　④ ₩38,000

48 다음은 제조간접비에 대한 자료이다. 제조간접비 예정배부율(시간당)과 예정배부액은 각각 얼마인가?

가. 예상 제조간접비	₩360,000	나. 예상 직접노동시간	7,200시간
다. 실제 제조간접비	₩270,000	라. 실제 직접노동시간	6,000시간

① 예정배부율 : ₩50　예정배부액 : ₩300,000
② 예정배부율 : ₩50　예정배부액 : ₩360,000
③ 예정배부율 : ₩60　예정배부액 : ₩300,000
④ 예정배부율 : ₩60　예정배부액 : ₩360,000

49 제조간접비를 예정배부하기 위한 배부액 계산방법을 나타낸 식으로 바른 것은?

① 제품별 배부기준의 실제발생액 × 예정배부율
② 제품별 배부기준의 예정소비액 × 예정배부율
③ 제품별 배부기준의 실제발생액 × 실제배부율
④ 제품별 배부기준의 예정소비액 × 실제배부율

50 제조간접비 예정배부율을 산정하면서 간접노무원가를 실수로 누락시켰을 때 초래될 수 있는 결과는 다음 중 어느 것인가?

① 제조간접비가 과대 배부된다.
② 당기 제조제품원가가 과소 계상된다.
③ 제조간접비 계정의 차변 기입액이 과소 계상된다.
④ 재공품 계정의 기말 잔액이 과대 계상된다.

51 부문별 원가계산에 대한 설명이다. 옳지 않은 것은?

① 원가부문은 원가요소를 분류집계하는 계산상의 구분으로서 제조부문과 보조부문으로 구분한다.
② 보조부문은 직접 생산활동을 수행하지 아니하고 제조부문을 지원·보조하는 부문으로서 그 수행하는 내용에 따라 세부할 수 있다.
③ 원가의 부문별 계산은 원가요소를 제조부문과 보조부문에 배부하고 보조부문비는 직접배부법·단계배부법 또는 상호배부법 등을 적용하여 각 제조부문에 합리적으로 배부한다.
④ 부문공통비는 원가발생액을 당해 발생부문에 직접 배부하고, 부문개별비는 인과관계 또는 효익관계 등을 감안한 합리적인 배부기준에 의하여 관련부문에 부과한다.

52 부문별원가계산의 절차이다. 바르게 나열한 것은?

> ㉠ 부문개별비를 각 부문에 부과 ㉡ 보조부문비를 제조부문에 배부
> ㉢ 제조부문비를 각 제품에의 배부 ㉣ 부문공통비를 각 부문에 배부

① ㉠ - ㉡ - ㉢ - ㉣　　　　　② ㉠ - ㉣ - ㉡ - ㉢
③ ㉣ - ㉠ - ㉢ - ㉡　　　　　④ ㉠ - ㉣ - ㉢ - ㉡

53 (주)서울은 각 보조부문의 원가를 제조부문에 배부하기 위하여 각 보조부문의 원가를 배부하기 위한 기준을 선택하고 있다. 다음 중 각 보조부문의 원가를 배부하기 위한 기준으로 가장 옳지 않은 것은?

① 전력부문 : 각 제조부문의 종업원 수
② 수선부문 : 수선유지횟수 또는 수선작업시간
③ 품질검사 : 검사수량, 검사인원 또는 검사시간
④ 공장관리부문 : 각 제조부문이 차지하고 있는 점유면적

54 보조부문비를 배분하는 목적으로 옳지 않은 것은?

① 부문 상호간에 원가 통제를 위해
② 제조직접비를 각 부문별로 집계하기 위해
③ 외부 보고를 위한 재고자산 및 이익 측정을 위해
④ 경제적 의사결정을 위한 최적의 자원 배분을 위해

55 부문별원가계산에서 보조부문의 원가를 제조부문에 배부하는 방법이 아닌 것은?

① 직접배부법　　　　　　　② 간접배부법
③ 단계배부법　　　　　　　④ 상호배부법

56 보조부문비의 배부 방법 중 직접배부법에 관한 설명으로 옳은 것은?

① 보조부문비를 제조부문 뿐만 아니라 보조부문 상호간에도 배부하는 방법이다.
② 다른 배부법보다 계산과정이 다소 복잡하지만 원가배부가 정확하다.
③ 보조부문 상호간에 용역 수수관계가 많은 경우 배부 결과의 부정확성이 크다는 단점이 있다.
④ 일단 특정 보조부문비가 다른 보조부문에 배부된 다음에는 다시 배부되지 않는다.

57 단계 배부법에 대한 설명으로 올바른 것은?

① 보조부문비를 직접재료부문에 재부하는 방법이다.
② 보조부문 상호간의 용역수수 관계를 완전히 인식하는 방법이다.
③ 보조부문간에 일정한 배부순서를 정한 다음 그에 따라 제조부문과 보조부문에 배부하는 방법이다.
④ 보조부문 상호간의 용역수수가 없는 경우에 적절한 배부방법이다.

58 보조부문비를 제조부문에 배부하는 방법 중 상호배부법을 올바르게 설명한 것은?

① 보조부문 상호간의 용역수수를 무시하고 제조부문에만 배부하는 방법이다.
② 보조부문간의 일정한 배부순서를 정한 다음 그에 따라 제조부문과 보조부문에 배부하는 방법이다.
③ 보조부문비를 직접 각 제품에 배부하는 방법이다.
④ 보조부문 상호간의 용역수수를 고려하여 보조부문과 제조부문에 배부하는 방법이다.

59 다음 보조부문의 원가를 직접배부법을 사용하여 제조부문에 배부할 경우 제조부문 중 절단부문에 배부되는 보조부문의 원가는 얼마인가?

	제 조 부 문		보 조 부 문	
	절단부문	조립부문	동력부문	수선부문
자기부문발생액	₩72,000	₩68,000	₩30,000	₩14,000
동력부문(kW/h)	600	400	–	500
수선부문(횟수)	40	60	50	–

① ₩18,000   ② ₩5,600   ③ ₩23,600   ④ ₩34,000

60 (주)한우물은 단계배부법을 이용하여 보조부문 제조간접비를 제조부문에 배부하고자 한다. 각 부문별 원가발생액과 보조부문의 용역공급이 다음과 같을 경우 수선부문에서 절단부문으로 배부될 제조간접비는 얼마인가?(단, 전력부문부터 배부한다고 가정함)

구 분	제 조 부 문		보 조 부 문	
	조립부문	절단부문	전력부문	수선부문
자기부문 제조간접비	200,000원	400,000원	200,000원	360,000원
전력부문 동력공급(kw)	300	100	–	100
수선부문 수선공급(시간)	10	40	50	–

① 160,000원   ② 200,000원   ③ 244,000원   ④ 320,000원

61 (주)인천의 당년도 6월 중에 생산한 보조용역의 사용비율은 다음과 같다.

구 분	갑제조부문	을제조부문	동력부문	수선부문
동 력 부 문	20%	40%	–	40%
수 선 부 문	40%	40%	20%	–

당월에 발생한 동력부문비와 수선부문비는 각각 ₩200,000과 ₩380,000이다. (주)인천은 보조부문비의 배부에 상호배부법을 사용한다. 갑제조부문에 배부되는 총보조부문비는 얼마인가?

① ₩300,000　　　② ₩500,000　　　③ ₩320,000　　　④ ₩260,000

62 보조부문과 배부기준의 대응이 가장 적절하지 않은 것은?

	보조부문	배부기준
①	건물관리부분	점유면적
②	수선유지부문	작업시간
③	식당부문	배식시간
④	동력부문	전력소비량

63 개별원가계산에 대한 설명 중 옳지 않은 것은?

① 제조간접비가 발생하지 않는다.
② 조선업, 출판업, 건축업 등의 업종에 적합하다.
③ 개별 작업별 원가는 원가계산표에 의하여 관리된다.
④ 다양한 제품을 주문에 의해 소량으로 생산하는 기업에 적합하다.

64 일반적인 개별원가계산의 절차를 올바르게 나열한 것은?

> ㉠ 직접원가를 계산하여 개별작업에 직접 부과한다.
> ㉡ 간접원가를 배부율을 계산하여 개별작업에 배부한다.
> ㉢ 공장별 혹은 부서별로 간접원가를 집계한다.
> ㉣ 원가집적대상이 되는 개별작업을 파악한다.
> ㉤ 간접원가의 배부기준을 설정한다.

① ㉣-㉤-㉢-㉡-㉠　　　② ㉤-㉣-㉠-㉢-㉡
③ ㉤-㉢-㉡-㉣-㉠　　　④ ㉣-㉠-㉢-㉤-㉡

65 다음은 개별원가계산을 시행하고 있는 (주)서울공업의 7월 말 현재의 원가계산표이다. 제품 계정과 관련된 분개로 옳은 것은?

제조지시서	#201	#202	#203
전 월 이 월	₩ 3,000	–	–
직 접 재 료 비	₩ 4,400	₩ 6,400	₩ 4,800
직 접 노 무 비	₩ 2,600	₩ 3,800	₩ 2,500
제 조 간 접 비	₩ 1,400	₩ 3,500	₩ 4,300
계	₩11,400	₩13,700	₩11,600
기 말 현 황	완성	미완성	미완성

① (차) 재　　공　　품　　11,400　　(대) 제　　　　　품　　11,400
② (차) 제　　　　　품　　25,300　　(대) 재　　공　　품　　25,300
③ (차) 제　　　　　품　　11,400　　(대) 재　　공　　품　　11,400
④ (차) 재　　공　　품　　25,300　　(대) 제　　　　　품　　25,300

66 큰나라 주식회사는 제조간접비를 기계시간에 근거한 예정배부율을 이용하여 개별작업에 배부하고 있다. 작은 마을 회사가 주문한 작업에 대한 자료는 다음과 같다. 이 작업의 총원 가는 얼마인가?

• 직접재료비 소비액　₩ 4,200,000	• 직접노무시간　　　300시간
• 시간당 직접노무임율　₩ 8,000	• 기계시간　　　　　200시간
• 기계시간당 예정배부율　₩ 15,000	

① ₩9,600,000　　② ₩8,000,000　　③ ₩10,300,000　　④ ₩11,100,000

67 제품의 제조과정에서 발생하는 원재료의 부스러기를 무엇이라 하는가?

① 작업폐물　　　　② 감손품　　　　③ 재작업품　　　　④ 공손품

68 제조과정에서 불량, 작업기술의 미숙, 기계공구의 정비불량 등의 원인에 의하여 표준규격 및 품질에 미치지 못한 불합격품이 발생한 경우, 즉 작업을 제대로 완성하지 못한 불완전 한 생산물을 무엇이라 하는가?

① 공손품　　　　② 감손품　　　　③ 연산품　　　　④ 작업폐물

69 종합원가계산 방법과 개별원가계산 방법에 대한 내용으로 올바르게 연결된 것은?

	구 분	종합원가계산방법	개별원가계산방법
①	핵심과제	제조간접비 배분	완성품환산량 계산
②	업 종	조선업	통조림제조업
③	원가집계	공정 및 부문별 집계	개별작업별 집계
④	장 점	정확한 원가계산	경제성 및 편리함

70 종합원가계산에 적합한 기업들을 모두 고르면?

> 가. 도로 및 항만을 건설하는 기업
> 나. 선박을 주문생산하는 기업
> 다. 개인주택 건설에 사용되는 붉은 벽돌을 생산하는 기업
> 라. 건축을 위한 설계를 실시하는 기업

① 가   ② 다   ③ 가, 다, 라   ④ 가, 나, 라

71 다음은 (주)상공의 제품 제조와 관련된 자료이다. 기말재공품 평가를 평균법, 선입선출법에 의할 경우 가공비의 완성품 환산량을 계산한 것으로 옳은 것은?

> 가. 기초재공품 수량   200개(완성도 40%)
> 나. 당기 착수량   1,200개
> 다. 기말재공품 수량   300개(완성도 30%)
> ※ 재료비는 작업시작 시점에서 일시에 투입하고, 가공비는 제조진행에 따라 투입된다.

	평균법	선입선출법		평균법	선입선출법
①	1,190	1,070	②	1,190	1,110
③	1,310	1,070	④	1,310	1,230

72 종합원가계산의 재공품 평가에서 선입선출법과 평균법에 의한 완성품 환산량이 동일하게 계산되는 경우는?

① 기말재공품이 없는 경우   ② 기초재공품이 없는 경우
③ 기말제품이 없는 경우   ④ 기초제품이 없는 경우

73 다음 자료로 당월에 완성된 제품의 제조원가를 구하면 얼마인가?

- 월초재공품 : 재료비 ₩12,000   가공비 ₩6,000
- 월말재공품 : 100개(50% 완성)
- 당월완성품 수량 : 500개
- 당월총제조비용 : 재료비 ₩24,000 가공비 ₩49,000
- 재료는 공정초기에 모두 투입됨.
- 재공품 평가는 평균법에 의함.

① ₩11,000   ② ₩30,000   ③ ₩50,000   ④ ₩80,000

74 다음 자료에 의해 선입선출법에 따라 당기제품제조원가를 계산하면 얼마인가? (단, 재료는 제조 착수 시에 전량 투입되고 가공비는 공정 진행에 따라 소비한다.)

	수 량	재료비	가공비
기초재공품	50개(완성도 50%)	₩ 2,600	₩ 2,400
당기제조원가 및 완성량	150개	₩14,400	₩14,500
기말재공품	50개(완성도 40%)		

① ₩9,600   ② ₩9,870   ③ ₩27,100   ④ ₩29,850

75 다음은 무엇을 설명한 것인가?

- 한 종류의 제품을 한 공정에서 대량으로 제조하는 경우의 원가계산
- 얼음 제조업, 기와 제조업, 소금 제조업 등에서 사용

① 단일(단순) 종합원가계산   ② 공정별 종합원가계산
③ 개별원가계산   ④ 부문별원가계산

76 다음은 종합원가계산에서 원가를 기말재공품과 완성품에 배부하기 위한 절차이다. 순서를 올바르게 나열한 것은?

가. 완성품 환산량 단위당 원가의 계산   나. 배부될 원가의 요약
다. 완성품과 기말재공품으로 원가 배분   라. 물량 흐름의 파악
마. 완성품 환산량의 계산

① 가－나－다－라－마   ② 라－마－나－가－다
③ 가－나－라－마－다   ④ 나－라－마－가－다

77 다음은 무엇을 설명한 것인가?

> • 일정한 제품이 연속된 여러 공정을 통하여 대량 연속 생산하는 경우의 원가계산
> • 화학공업, 펄프제지업, 제당업 등에서 사용

① 공정별 종합원가계산 　　　　　② 가공비 공정별 종합원가계산
③ 부문별 원가계산 　　　　　　　④ 요소별 원가계산

78 공정별 종합원가계산에 있어서 원가를 각 공정별로 파악하는 목적이 아닌 것은?

① 보다 정확한 원가계산 　　　　　② 효율적인 원가관리
③ 부문관리자의 업적평가 　　　　④ 노무비와 제조간접비의 구분파악 용이

79 다음 (　　)안에 알맞은 것은?

> 제품생산이 복수의 공정에 의하여 이루어지는 공정별원가계산에서 1공정에서 2공정으로 투입되는 완성품을 (　　　　　) (이)라고 한다.

① 1공정 완성품 　　　　　　　　② 2공정 완성품
③ 전공정 대체품 　　　　　　　　④ 차공정 대체품

80 다음과 같은 특징에 적합한 원가계산 유형은?

> (가) 종류가 다른 제품을 연속적으로 대량 생산
> (나) 제과업, 통조림 제조업, 식품 제조업에 적용되는 원가계산

① 단일 종합원가계산 　　　　　　② 공정별 종합원가계산
③ 조별 종합원가계산 　　　　　　④ 등급별 종합원가계산

81 조별 종합원가계산의 의의, 절차 및 기장방법에 대한 내용이다. 옳지 않은 것은?

① 제품의 종류마다 조를 설정하고, 각 조별로 재료비·노무비·경비의 각 원가요소의 소비액을 집계한다. 이때 각 원가요소를 특정 조에서만 고유하게 발생하는 조직접비와 여러 조에서 공통적으로 발생하는 조간접비로 나눈다.

② 조간접비는 각 원가요소계정에 직접 각 조별 제조계정으로 대체기입하지만, 조직접비는 조별 배부를 위하여 일시적으로 집계하고, 적절한 배부기준에 의하여 배부된 금액을 조별 제조계정으로 대체한다.

③ 각 조별로 단순 종합원가계산방법(완성품원가＝기초재공품원가＋당기총제조비용－기말재공품원가)을 이용하여 완성품의 제조원가를 산출한다.

④ 완성품의 제조원가를 완성품 수량으로 나누어 조별 제품의 단위당 원가를 산출한다.

82 다음은 무엇을 설명한 것인가?

> • 동일한 공정에서 여러 종류의 유사품이 제조되는 경우 이 제품들에 대한 원가계산
> • 제분업에서 품질이 다른 밀가루, 제화업에서 모양, 크기 등이 다른 구두
> • 양조업에서 순도가 다른 같은 종류의 술, 화학공업에서 순도가 다른 화학약품 등

① 등급별 종합원가계산　　　　　　　② 공정별 종합원가계산
③ 가공비 공정별 종합원가계산　　　　④ 조별 종합원가계산

83 다음은 등급별 종합원가계산의 절차를 요약한 것이다. (가)에 해당하는 내용으로 옳은 것은?

> • 1단계 : 완성품 전체의 제조원가를 계산한다.
> • 2단계 : 　(가) 를 결정한다.
> • 3단계 : 완성품환산량을 계산하여 　(가) 를 곱한다.
> • 4단계 : 각 등급품의 제조원가를 계산한다.
> • 5단계 : 각 등급품의 단위당 제조원가를 계산한다.

① 등가계수　　　　② 결합원가　　　　③ 간접원가　　　　④ 요소별원가

84 다음 자료를 이용하여 물량기준법에 의한 등급별 종합원가계산을 할 때, 1급품의 원가를 계산하면? 단, 등급품의 결합 원가는 ₩120,000이다.

등급	무게	kg당 판매단가
1급품	4,000kg	₩800
2급품	5,000kg	₩400
3급품	6,000kg	₩200

① ₩32,000　　　　② ₩40,000　　　　③ ₩48,000　　　　④ ₩52,000

85 다음은 무엇을 설명한 것인가?

> • 동일한 공정에서 동일한 재료를 사용하여 두 종류 이상의 다른 제품을 생산하는 경우의 원가계산
> • 낙농업의 경우 생우유로 버터, 치즈, 생크림 등 생산
> • 정육업에서 돼지로 베이컨, 햄, 돼지갈비 등 생산
> • 석유산업에서 원유를 휘발유, 등유, 경유, 중유 등 생산

① 연산품종합원가계산　　　　　　② 조별종합원가계산
③ 공정별종합원가계산　　　　　　④ 부문별원가계산

86 다음 문장의 (A)와 (B)에 들어갈 말로 알맞은 것은?

> 연산품원가계산에서 연산품이 개별제품으로 식별될 수 있는 일정한 생산단계를 (A)(이)라 하고, (A)에 도달하기 전까지 연산품을 제조하는 과정에서 발생한 제조원가를 (B)(이)라 한다.

① (A) 분리점, (B) 추가가공원가
② (A) 분리점, (B) 결합원가
③ (A) 생산점, (B) 추가가공원가
④ (A) 생산점, (B) 결합원가

87 (주)경기화학은 100㎏의 원료에 ₩10,000을 투입하여 1차 가공한 후 각기 다른 세 공정에서 2차 가공하여 각각 A, B, C 세 제품을 생산하고 있다.

제 품	2차 가공비	㎏당 판매가	생산량(㎏)
A	₩10,000	₩ 500	40
B	₩ 5,000	₩1,000	25
C	₩18,000	₩ 800	35

1차 가공비를 제품의 순실현가치를 기준으로 배분한다면, B제품의 ㎏ 단위당 생산원가는 얼마인가?

① ₩200　　　　　② ₩250　　　　　③ ₩300　　　　　④ ₩400

88 제조기업의 제조원가명세서에 대한 설명으로 옳지 않은 것은?

① 당기총제조원가는 직접재료비, 직접노무비, 제조간접비의 합계액을 의미한다.
② 당기의 제품제조원가의 내용을 상세히 알기 위해 작성하는 명세서를 말한다.
③ 재무상태표에 표시되는 재료, 재공품, 제품 등의 재고자산 가격을 결정하기 위한 원가
　정보를 제공한다.
④ 당기총제조원가는 기능별포괄손익계산서의 매출원가를 산정하는데 필요한 당기제품
　제조원가와 항상 일치한다.

89 다음의 (　　)안에 알맞은 말은 무엇인가?

> 　제품의 제조에 따라 발생하는 재료비, 노무비, 제조경비 등의 원가는 제품이 판매되
> 기 전까지는 재공품 또는 제품 등 (　가　)이 되며, 판매되면 매출원가로서 (　나　)이
> 된다.

① (가) 비용　　　　　(나) 재고자산
② (가) 비유동자산　　(나) 유동자산
③ (가) 재고자산　　　(나) 비용
④ (가) 재고자산　　　(나) 자산

90 제조원가명세서와 포괄손익계산서 및 재무상태표와의 관계에 대한 설명이다. 다음 중 설
명이 틀린 것은?

① 제조원가명세서의 기말원재료재고액은 재무상태표의 원재료 계정에 계상된다.
② 제조원가명세서의 기말재공품의 원가는 재무상태표의 재공품 계정으로 계상된다.
③ 제조원가명세서의 당기제품제조원가는 포괄손익계산서의 매출원가에 계상된다.
④ 포괄손익계산서의 기말제품재고액은 재무상태표의 제품 계정 금액과 같다.

원가회계 해답편

1장 · 원가회계의 기초 개념

01 원가회계의 기초

1. ① 원재료 ② 노동력 ③ 제 품 ④ 구매과정
   ⑤ 제조과정 ⑥ 판매과정

2. (1) [구 매] (외 부) (2) [구 매] (외 부)
   (3) [제 조] (내 부) (4) [제 조] (내 부)
   (5) [구 매] (외 부) (6) [제 조] (내 부)
   (7) [구 매] (외 부) (8) [제 조] (내 부)
   (9) [제 조] (내 부) (10) [판 매] (외 부)
   (11) [판 매] (외 부)

3. (1) × (2) ○ (3) × (4) ○ (5) ×

02 원가의 개념과 분류

1. (1) h (2) e (3) b (4) h (5) i, g
   (6) o (7) p (8) a, d (9) f (10) l
   (11) o

2. (1) ○ (2) × (3) ○ (4) ○ (5) ×
   (6) ○

3. (1) ○ (2) ○ (3) × (4) × (5) ×
   (6) × (7) ○ (8) × (9) × (10) ○
   (11) ○ (12) × (13) × (14) × (15) ○
   (16) ○

4. (1) F (2) V (3) M (4) V (5) F
   (6) M (7) F (8) S

5. (1) 400,000 + 500,000 = 900,000
   (6) 500,000 + 150,000 + 300,000 = 950,000

6. (1) 직접재료비, 직접노무비, 직접제조경비
   (2) 제조간접비 (3) 판매비와관리비
   (4) 이익

7. (1) 1,700,000원 (2) 774,000원
   (3) 2,474,000원 (4) 2,829,000원

[해설]
(1) 500,000 + 1,150,000 + 50,000 = 1,700,000
(2) 200,000 + 74,000 + 200,000 + 300,000 = 774,000
(3) 1,700,000 + 774,000 = 2,474,000
(4) 2,474,000 + 150,000 + 55,000 + 120,000 + 30,000
    = 2,829,000

8.

직접재료비 (500,000)	직접원가 (1,000,000)	제조원가 1,600,000	판매원가 (2,000,000)	판매가격 (2,400,000)
직접노무비 (300,000)				
직접제조경비 (200,000)				
제조간접비 (600,000)				
판매비와관리비 (400,000)				
이익 (400,000)				

9.

직접재료비 (820,000)	직접원가 (1,650,000)	제조원가 2,000,000	판매원가 (2,400,000)	판매가격 (3,000,000)
직접노무비 (500,000)				
직접제조경비 (330,000)				
제조간접비 (350,000)				
판매비와관리비 (400,000)				
이익 (600,000)				

[해설]
① 3,000,000 ÷ (1+0.25) = 2,400,000(판매원가)
② 2,400,000 ÷ (1+0.2) = 2,000,000(제조원가)

10. (1) 700,000원 (2) 300,000원 (3) 1,000,000원
    (4) 250,000원 (5) 1,250,000원 (6) 250,000원

[해설]
① 1,500,000 ÷ (1+0.2) = 1,250,000(판매원가)
② 1,250,000 ÷ (1+0.25) = 1,000,000(제조원가)
③ 1,000,000 − 700,000 = 300,000(제조간접비)

11.

	5,000개 생산 시			10,000개 생산 시	
(1)	직접재료비	50,000	(2)	50,000×2	100,000
	직접노무비	70,000		70,000×2	140,000
	변동간접비	80,000		80,000×2	160,000
	총변동원가	200,000			400,000
	총고정원가	100,000			100,000
	총제조원가	300,000			500,000
	생 산 량	÷5,000개			÷10,000개
	단위당원가	₩60			₩50

2장 · 원가의 흐름

 01 원가의 흐름과 기장

1.

No.	구 분	차변과목	금 액	대변과목	금 액
(1)	매입액분개	재 료	850,000	외상매입금	850,000
(2)	출고액분개	재 료 비	800,000	재 료	800,000
(3)	소비액분개	재 공 품 제조간접비	650,000 150,000	재 료 비	800,000

재   료

전월이월	150,000	재료비	800,000
외상매입금	850,000	차월이월	200,000
	1,000,000		1,000,000

재   료   비

재 료	800,000	제 좌	800,000

2.

No.	구 분	차변과목	금 액	대변과목	금 액
(1)	지급액분개	급 여	600,000	현 금	600,000
(2)	발생액분개	노 무 비	630,000	급 여	630,000
(3)	소비액분개	재 공 품 제조간접비	480,000 150,000	노 무 비	630,000

급   여

현 금	600,000	전월이월	50,000
차월이월	80,000	노무비	630,000
	680,000		680,000

노   무   비

급 여	630,000	제 좌	630,000

3.

No.	구 분	차변과목	금 액	대변과목	금 액
(1)	지급액분개	보 험 료	500,000	현 금	500,000
(2)	발생액분개	제 조 경 비	400,000	보 험 료	400,000
(3)	소비액분개	제조간접비	400,000	제 조 경 비	400,000
(4)	월차손익대체분개	월 차 손 익	120,000	보 험 료	120,000

보   험   료

전월이월	80,000	제조경비	400,000
현 금	500,000	월차손익	120,000
		차월이월	60,000
	580,000		580,000

제 조 경 비

보험료	400,000	제조간접비	400,000

제 조 간 접 비

제조경비	400,000		

월 차 손 익

보험료	120,000		

4.

No.	구 분	차변과목	금 액	대변과목	금 액
(1)	지급액분개	임 차 료	150,000	현 금	150,000
(2)	소비액분개	제조간접비	140,000	임 차 료	140,000
(3)	월차손익분개	월 차 손 익	20,000	임 차 료	20,000

임   차   료

전월이월	30,000	제조간접비	140,000
현 금	150,000	월차손익	20,000
		차기이월	20,000
	180,000		180,000

제 조 간 접 비

임차료	140,000		

월 차 손 익

임차료	20,000		

5.

제 조 간 접 비

재료비	150,000	재공품	600,000
노무비	250,000		
제조경비	200,000		
	600,000		600,000

재   공   품

전월이월	100,000	제 품	1,350,000
재료비	500,000	차월이월	150,000
노무비	300,000		
제조간접비	600,000		
	1,500,000		1,500,000

No.	구 분	차변과목	금 액	대변과목	금 액
(1)	제조간접비배부분개	재 공 품	600,000	제조간접비	600,000
(2)	완성품제조원가분개	제 품	1,350,000	재 공 품	1,350,000

6.

제   품

전월이월	200,000	제품매출원가	1,400,000
재 공 품	1,500,000	차월이월	300,000
	1,700,000		1,700,000

No.	구 분	차변과목	금 액	대변과목	금 액
(1)	매출원가분개	제품매출원가	1,400,000	제 품	1,400,000

7.

제 품 매 출

월차손익	2,000,000	외상매출금	2,000,000

제 품 매 출 원 가

제 품	1,200,000	월차손익	1,200,000

월 차 손 익

제품매출원가	1,200,000	제품매출	2,000,000
각종경비항목	150,000		
연 차 손 익	650,000		
	2,000,000		2,000,000

월 차 손 익

제품매출원가 2,200,000	제품매출 2,500,000
임 차 료 70,000	
연차손익 230,000	
2,500,000	2,500,000

No.	구 분	차변과목	금 액	대변과목	금 액
(1)	매출액분개	외상매출금	2,000,000	제품매출	2,000,000
(2)	매출원가월차손익	월차손익	1,200,000	제품매출원가	1,200,000
(3)	각종경비항목월차손익대체	월차손익	150,000	각종경비항목	150,000
(4)	매출액월차손익대체	제품매출	2,000,000	월차손익	2,000,000
(5)	영업이익연차손익대체	월차손익	650,000	연차손익	650,000

8.

No.	차변과목	금 액	대변과목	금 액
(1)	재 료	1,200,000	외상매입금	1,200,000
(2)	급 여	800,000	당좌예금	800,000
(3)	임 차 료	300,000	현 금	300,000
(4)	재 료 비	1,250,000	재 료	1,250,000
(5)	노 무 비	850,000	급 여	850,000
(6)	재 공 품 / 제 조 간 접 비	1,000,000 / 250,000	재 료 비	1,250,000
(7)	재 공 품 / 제 조 간 접 비	700,000 / 150,000	노 무 비	850,000
(8)	제 조 간 접 비	200,000	임 차 료	200,000
(9)	재 공 품	600,000	제 조 간 접 비	600,000
(10)	제 품	2,350,000	재 공 품	2,350,000
(11)	외상매출금 / 제품매출원가	2,500,000 / 2,200,000	제 품 매 출 / 제 품	2,500,000 / 2,200,000
(12)	제 품 매 출 / 월 차 손 익	2,500,000 / 2,270,000	월 차 손 익 / 제품매출원가 / 임 차 료	2,500,000 / 2,200,000 / 70,000
(13)	월 차 손 익	230,000	연 차 손 익	230,000

재 료

전월이월 250,000	재 료 비 1,250,000
외상매입금 1,200,000	차월이월 200,000
1,450,000	1,450,000

재 료 비

재 료 1,250,000	제 좌 1,250,000

급 여

당좌예금 800,000	전월이월 150,000
차월이월 200,000	노무비 850,000
1,000,000	1,000,000

노 무 비

급 여 850,000	제 좌 850,000

임 차 료

전월이월 50,000	제조간접비 200,000
현 금 300,000	월차손익 70,000
	차월이월 80,000
350,000	350,000

제 조 간 접 비

재 료 비 250,000	재공품 600,000
노 무 비 150,000	
임 차 료 200,000	
600,000	600,000

재 공 품

전월이월 200,000	제 품 2,350,000
재 료 비 1,000,000	차월이월 150,000
노 무 비 700,000	
제조간접비 600,000	
2,500,000	2,500,000

제 품

전월이월 100,000	제품매출원가 2,200,000
재 공 품 2,350,000	차월이월 250,000
2,450,000	2,450,000

제품매출원가

제 품 2,200,000	월차손익 2,200,000

제 품 매 출

월차손익 2,500,000	외상매출금 2,500,000

9.

No.	차변과목	금 액	대변과목	금 액
(1)	재 료	800,000	외 상 매 입 금	800,000
(2)	급 여	480,000	당 좌 예 금	480,000
(3)	각 종 경 비	160,000	현 금	160,000
(4)	재 료 비	720,000	재 료	720,000
(5)	노 무 비	420,000	급 여	420,000
(6)	제 조 경 비	100,000	각 종 경 비	100,000
(7)	재 공 품 / 제 조 간 접 비	600,000 / 120,000	재 료 비	720,000
(8)	재 공 품 / 제 조 간 접 비	280,000 / 140,000	노 무 비	420,000
(9)	제 조 간 접 비	100,000	제 조 경 비	100,000
(10)	재 공 품	360,000	제 조 간 접 비	360,000
(11)	제 품	1,080,000	재 공 품	1,080,000
(12)	외상매출금 / 제품매출원가	1,200,000 / 960,000	제 품 매 출 / 제 품	1,200,000 / 960,000
(13)	제 품 매 출 / 월 차 손 익	1,200,000 / 1,000,000	월 차 손 익 / 제품매출원가 / 각 종 경 비	1,200,000 / 960,000 / 40,000

재 료

전월이월 80,000	재료비 720,000
외상매입금 800,000	차월이월 160,000
880,000	880,000

재 료 비

재 료 720,000	제 좌 720,000

노 무 비

급 여 420,000	제 좌 420,000

급 여

당좌예금 480,000	전월이월 80,000
차월이월 20,000	노무비 420,000
500,000	500,000

제 조 경 비

각종경비 100,000	제조간접비 100,000

각 종 경 비

전월이월 20,000	제조경비 100,000
현 금 160,000	월차손익 40,000
	차월이월 40,000
180,000	180,000

재 공 품

전월이월 120,000	제 품 1,080,000
재 료 비 600,000	차월이월 280,000
노 무 비 280,000	
제조간접비 360,000	
1,360,000	1,360,000

제 조 간 접 비

재 료 비 120,000	재공품 360,000
노 무 비 140,000	
제 조 경 비 100,000	
360,000	360,000

제 품

전월이월 168,000	제품매출원가 960,000
재 공 품 1,080,000	차월이월 288,000
1,248,000	1,248,000

제품매출원가

제 품 960,000	월차손익 960,000

제 품 매 출

월차손익 1,200,000	외상매출금 1,200,000

월 차 손 익

제품매출원가 960,000	제품매출 1,200,000
각종경비 40,000	
연차손익 200,000	
1,200,000	1,200,000

3장 · 요소별 원가계산

01 재료비

1.

No.	구 분	차변과목	금 액	대변과목	금 액
(1)	재료매입시	재 료	800,000	외상매입금	800,000
(2)	재료출고시	재 료 비	950,000	재 료	950,000
(3)	재료소비시	재 공 품 제조간접비	700,000 250,000	재 료 비	950,000
(4)	재료감모손실발생	재료감모손실	30,000	재 료	30,000
(5)	재료감모손실처리	제조간접비 손 익	20,000 10,000	재료감모손실	30,000

재   료

전월이월	250,000	재 료 비	950,000
외상매입금	800,000	재료감모손실	30,000
		차월이월	70,000
	1,050,000		1,050,000

재 료 비

재 료	950,000	제 좌	950,000

재료감모손실

재 료	30,000	제 좌	30,000

02 노 무 비

1.

No.	차변과목	금 액	대변과목	금 액
(1)	급 여	2,000,000	소득세예수금 의료보험료예수금 현 금	60,000 40,000 1,900,000
(2)	노 무 비	2,300,000	급 여	2,300,000
(3)	재 공 품 제 조 간 접 비	1,800,000 500,000	노 무 비	2,300,000

급   여

제 좌	2,000,000	전월이월	100,000
차월이월	400,000	노무비	2,300,000
	2,400,000		2,400,000

노 무 비

급 여	2,300,000	제 좌	2,300,000

재 공 품

노무비	1,800,000	

제 조 간 접 비

노무비	500,000	

2.

No.	평 균 임 률	노 무 비 계 산
(1)	5,000,000÷2,500시간= 2,000	400시간×2,000=800,000
(2)	1,200,000÷3,000개=400	800개×400=320,000

3. (1) ○   (2) ×   (3) ○
(4) ×   (5) ○   (6) ○   (7) ○

4.

No.	구 분	차변과목	금 액	대변과목	금 액
(1)	노무비지급액	급 여	2,450,000	소득세예수금 의료보험료예수금 현 금	70,000 40,000 2,340,000
(2)	노무비발생액	노 무 비	2,450,000	급 여	2,450,000
(3)	노무비소비액	재 공 품 제조간접비	1,592,500 857,500	노 무 비	2,450,000

급   여

제 좌	2,450,000	노무비	2,450,000

노 무 비

급 여	2,450,000	제 좌	2,450,000

재 공 품

노무비	1,592,500	

제 조 간 접 비

노무비	857,500	

03 제조경비

1.

월할제조경비	측정제조경비	지급제조경비	발생제조경비
(3) (9) (10) (11)	(2) (5)	(1) (4) (6) (8) (12)	(7)

2.

(1)	₩50,000	(2)	₩120,000	(3)	₩80,000	(4)	120,000
(5)	₩300,000	(6)	₩480,000	(7)	₩85,000	(8)	₩50,000

[해설]

(1) $600,000 ÷ 12 = 50,000$

(2) $720,000 ÷ 6 = 120,000$

(3) $480,000 ÷ 6 = 80,000$

(4) $(1,250 - 850) × 300 = 120,000$

(5) 당월 측정액 = 소비액

(6) $500,000 + 40,000 - 60,000 = 480,000$

(7) $120,000 - 15,000 - 20,000 = 85,000$

(8) $350,000 - 300,000 = 50,000$

3.

제조경비항목	총 액	공 장	본 사
외 주 가 공 비	₩ 180,000	₩ 180,000	–
감 가 상 각 비	20,000	12,000	₩ 8,000
전 력 비	120,000	72,000	48,000
운 반 비	35,000	21,000	14,000
특허권사용료	10,000	10,000	–
재료감모손실	20,000	20,000	–
총 계	385,000	315,000	70,000

【 합계 분개 】

차 변 과 목	금 액	대 변 과 목	금 액
재 공 품 제 조 간 접 비 월 차 손 익	190,000 125,000 70,000	외 주 가 공 비 감 가 상 각 비 전 력 비 운 반 비 특 허 권 사 용 료 재 료 감 모 손 실	180,000 20,000 120,000 35,000 10,000 20,000

4.

제조경비항목	총 액	제조부 직접제조경비	제조부 간접제조경비	영업부
임 차 료	240,000		144,000	96,000
감 가 상 각 비	30,000		27,000	3,000
특 허 권 사 용 료	150,000	150,000		
가 스 수 도 비	200,000		160,000	40,000
전 력 비	170,000		153,000	17,000
외 주 가 공 비	210,000	210,000		
보 관 료	150,000		120,000	30,000
잡 비	40,000		20,000	20,000
재 료 감 모 손 실	40,000		40,000	
합 계	1,230,000	360,000	664,000	206,000

4장 · 원가의 배부

02 제조간접비의 배부

1. ① 240,000÷800,000=0.3 ② 500,000×0.3=150,000

2. ① 520,000÷400,000=1.3 ② 150,000×1.3=195,000

3. ① 600,000÷2,000,000=0.3 ② 800,000×0.3=240,000
    ③ 500,000+300,000+240,000=1,040,000

4. ① 2,000,000÷5,000=400 ② 2,00400=800,000

5. ① 1,000,000÷4,000=250 ② 1,200×250=300,000

6.

No.	차 변 과 목	금 액	대 변 과 목	금 액
(1)	재 공 품	800,000	제 조 간 접 비	800,000
(2)	제 조 간 접 비	830,000	재 료 비 노 무 비 제 조 경 비	350,000 230,000 250,000
(3)	제조간접비배부차이	30,000	제 조 간 접 비	30,000

7.

No.	차 변 과 목	금 액	대 변 과 목	금 액
(1)	재 공 품	5,000,000	제 조 간 접 비	5,000,000
(2)	제 조 간 접 비	4,980,000	재 료 비 노 무 비 제 조 경 비	2,500,000 1,200,000 1,280,000
(3)	제 조 간 접 비	20,000	제조간접비배부차이	20,000
(4)	제조간접비배부차이	20,000	매 출 원 가	20,000

제 조 간 접 비

재 료 비 2,500,000	재 공 품 5,000,000
노 무 비 1,200,000	
제 조 경 비 1,280,000	
제조간접비배부차이 20,000	
5,000,000	5,000,000

제조간접비배부차이

매출원가 20,000	제조간접비 20,000

매 출 원 가

	제조간접비배부차이 20,000

8.

No.	차 변 과 목	금 액	대 변 과 목	금 액
(1)	재 공 품	3,000,000	제 조 간 접 비	3,000,000
(2)	제 조 간 접 비	3,050,000	재 료 비 노 무 비 제 조 경 비	1,300,000 900,000 850,000
(3)	제조간접비배부차이	50,000	제 조 간 접 비	50,000
(4)	매 출 원 가	50,000	제조간접비배부차이	50,000

제 조 간 접 비

재 료 비 1,300,000	재 공 품 3,000,000
노 무 비 900,000	제조간접비배부차이 50,000
제 조 경 비 850,000	
3,050,000	3,050,000

제조간접비배부차이

제조간접비 50,000	매출원가 50,000

매 출 원 가

제조간접비배부차이 50,000	

5장 · 부문별 원가계산

1. (1) 부문 (2) 보조부문 (3) 부문간접비
    (4) 부문간접비, 부문직접비, 보조부문비, 제조부문비

2.

부 문 비 배 부 표

원가요소	배부기준	제조부문 절단부문	제조부문 조립부문	보조부문 동력부문	보조부문 수선부문	보조부문 공장사무부문	합 계
부문직접비							
간접재료비		60,000	56,000	26,000	18,000	—	160,000
간접노무비		90,000	60,000	40,000	10,000	10,000	210,000
기계감가상각비		60,000	30,000	14,000	3,000	—	107,000
합 계		210,000	146,000	80,000	31,000	10,000	477,000
부문간접비							
건물감가상각비	면 적	20,000	15,000	7,500	5,000	2,500	50,000
기계화재보험료	기계가액	35,000	40,000	25,000	20,000	—	120,000
합 계		55,000	55,000	32,500	25,000	2,500	170,000
총 계		265,000	201,000	112,500	56,000	12,500	647,000

구　　분	차변과목	금　액	대변과목	금　액
부문비배부분개	절단부문비	265,000	제조간접비	647,000
	조립부문비	201,000		
	동력부문비	112,500		
	수선부문비	56,000		
	공장사무부문비	12,500		

3.

보 조 부 문 비 배 부 표

비　목	배부기준	금　액	제 조 부 문		보 조 부 문	
			절단부문	조립부문	동력부문	수선부문
자기부문발생액		1,090,000	400,000	350,000	140,000	200,000
보조부문비배부						
동력부문비	Kw/h	140,000	87,500	52,500		
수선부문비	수선횟수	200,000	100,000	100,000		
보조부문비배부액		340,000	187,500	152,500		
제조부문비합계		1,090,000	587,500	502,500		

차 변 과 목	금　액	대 변 과 목	금　액
절 단 부 문 비	187,500	동 력 부 문 비	140,000
조 립 부 문 비	152,500	수 선 부 문 비	200,000

4.

보 조 부 문 비 배 부 표

비　목	배부기준	제 조 부 문		보 조 부 문	
		절단부문	조립부문	수선부문	동력부문
자기부문발생액		400,000	350,000	200,000	140,000
보조부문비배부					
동력부문비	Kw/h	70,000	42,000	28,000	
수선부문비	수선횟수	114,000	114,000	228,000	
제조부문비합계		584,000	506,000		

차 변 과 목	금　액	대 변 과 목	금　액
절 단 부 문 비	184,000	수 선 부 문 비	200,000
조 립 부 문 비	156,000	동 력 부 문 비	140,000

5.

보 조 부 문 비 배 부 표

비　목	제 조 부 문		보 조 부 문	
	절단부문	조립부문	동력부문	수선부문
자기부문발생액	400,000	350,000	140,000	200,000
보조부문비배부				
동력부문비	93,750	56,250	(187,500)	37,500
수선부문비	95,000	95,000	47,500	237,500
제조부문비합계	588,750	501,250	0	0

차 변 과 목	금　액	대 변 과 목	금　액
절 단 부 문 비	188,750	동 력 부 문 비	140,000
조 립 부 문 비	151,250	수 선 부 문 비	200,000

[해설]

1. 동력부문은 수선부문이 생산한 용역의 800/4,000(20%)를 제공받고, 수선부문 역시 동력부문이 생산한 용역의 2,000/10,000 (20%)를 제공받았다.

2. 보조부문의 총원가식
 (동력부문의 총원가 : X,　수선부문의 총원가 : Y)
 $X = 140,000 + 0.2Y$
 $Y = 200,000 + 0.2X$ $\Big\}$ 연립방정식을 세워야 한다.

3. $X = 140,000 + 0.2(200,000 + 0.2X)$

6장 · 개별 원가계산

1.

재 공 품

전월이월	108,000	제　품	1,489,000
재료비	858,000	차월이월	272,000
노무비	530,000		
제조간접비	265,000		
	1,761,000		1,761,000

제　품

전월이월	200,000	매출원가	1,339,000
재공품	1,489,000	차월이월	350,000
	1,689,000		1,689,000

2.

원 가 계 산 표

비　목	지시서#1	지시서#2	지시서#3	지시서#4
월초재공품	30,000	40,000	50,000	－
직접재료비	420,000	250,000	200,000	180,000
직접노무비	350,000	200,000	150,000	100,000
제조간접비	105,000	60,000	45,000	30,000
합　계	905,000	550,000	445,000	310,000

재 공 품

전월이월	120,000	제　품	1,455,000
재료비	1,050,000	차월이월	755,000
노무비	800,000		
제조간접비	240,000		
	2,210,000		2,210,000

제　품

전월이월	150,000	매출원가	1,305,000
재공품	1,455,000	차월이월	300,000
	1,605,000		1,605,000

3.

원 가 계 산 표

비　목	지시서#1	지시서#2	합　계
직접재료비	400,000	100,000	500,000
직접노무비	500,000	178,000	678,000
직접경비	30,000	－	30,000
제조간접비	120,000	30,000	150,000
합　계	1,050,000	308,000	1,358,000

재　료

전월이월	80,000	재료비	550,000
외상매입금	840,000	차월이월	370,000
	920,000		920,000

노 무 비

현　금	720,000	전월이월	60,000
차월이월	48,000	제　좌	708,000
	768,000		768,000

제 조 경 비			재 공 품		
전월이월 10,000	제 좌 100,000	재료비 500,000	제 품 1,050,000
현 금 150,000	차월이월 60,000	노무비 678,000	차월이월 308,000
160,000	160,000	제조경비 30,000	
		제조간접비 150,000	
		1,358,000	1,358,000

[해설]

▶ 제조간접비의 계산은? 각 원가요소 계정 대변의 소비액에서 직접 소비액인 지시서 #1, #2의 소비액을 차감한 나머지를 간접비로 계산한다.

1. 간접재료비 : 550,000 − (400,000+100,000) = 50,000
2. 간접노무비 : 708,000 − (500,000+178,000) = 30,000
3. 간 접 경 비 : 100,000 − 30,000 = 70,000

7장 · 종합원가계산

01 종합원가계산의 기초

1. (1) 종합원가계산   (2) 완성도, 직접재료비, 가공비
   (3) 환산수량   (4) 선입선출법
   (5) 평균법

2.

구 분		계 산 과 정	답
완성품환산량의 계 산	직접재료비	3,100−(600×100%)+(500×100%)	3,000개
	가 공 비	3,100−(600×20%)+(500×40%)	3,180개
완성품환산량 단 위 원 가	직접재료비	1,050,000÷3,000개	@350원
	가 공 비	1,590,000÷3,180개	@500원
월말재공품 원가의계산	직접재료비	500×350	175,000원
	가 공 비	200×500	100,000원
	합 계	175,000+100,000	275,000원
완 성 품 원 가		248,000+2,640,000−275,000	2,613,000원

3.

구 분		계 산 과 정	답
완성품환산량의 계 산	직접재료비	3,000+(1,000×100%)	4,000개
	가 공 비	3,000+(1,000×60%)	3,600개
완성품환산량 단 위 원 가	직접재료비	(72,000+288,000)÷4,000개	@90원
	가 공 비	(48,000+240,000)÷3,600개	@80원
월말재공품 원가의계산	직접재료비	1,000×90	90,000원
	가 공 비	600×80	48,000원
	합 계	90,000+48,000	138,000원
완 성 품 원 가		120,000+528,000−138,000	510,000원
단 위 당 원 가		510,000÷3,000개	@170원

---

02 단일종합원가계산

1.

단 일 종 합 원 가 계 산 표			
적 요	직접재료비	가 공 비	합 계
재 료 비	2,150,000		(2,150,000)
노 무 비		1,200,000	(1,200,000)
제 조 경 비		365,000	(365,000)
당월총제조비용	(2,150,000)	(1,565,000)	(3,715,000)
월초재공품원가	250,000	130,000	380,000
합 계	(2,400,000)	(1,695,000)	(4,095,000)
월말재공품원가	(800,000)	(339,000)	(1,139,000)
당월제품제조원가	(1,600,000)	(1,356,000)	(2,956,000)
당월완성품수량	800개	800개	800개
단 위 당 원 가	@2,000원	@1,695원	@3,695원

구 분		계 산 과 정	답 란
완성품환산량 의 계 산	직접재료비	800+(400×100%)	1,200개
	가 공 비	800+(400×50%)	1,000개
완성품환산량 단 위 원 가	직접재료비	(250,000+2,150,000)÷1,200개	@2,000원
	가 공 비	(130,000+1,565,000)÷1,000개	@1,695원
월 말 재 공 품 원 가 의 계 산	직접재료비	400×2,000	800,000원
	가 공 비	200×1,695	339,000원
	합 계	800,000+339,000	1,139,000원
완 성 품 원 가		380,000+3,715,000−1,139,000	2,956,000원
단 위 당 원 가		2,956,000÷800개	@3,695원

2.

단일종합원가계산표			
적 요	직접재료비	가 공 비	합 계
재 료 비	1,400,000	−	1,400,000
노 무 비	−	491,000	491,000
제 조 경 비	−	1,105,000	1,105,000
당월총재조비용	1,400,000	1,596,000	2,996,000
월초재공품원가	120,000	80,000	200,000
합 계	1,520,000	1,676,000	3,196,000
월말재공품원가	200,000	84,000	284,000
당월제품재조원가	1,320,000	1,592,000	2,912,000
당월완성품수량	4,000개	4,000개	4,000개
단위당원가 { 월 초 분	@120원	@332원	@452원
당월착수분	@400원	@420원	@820원

구 분		계 산 과 정	답 란
완성품환산량 의 계 산	직접재료비	4,000 − 1,000 + 500	3,500개
	가 공 비	4,000 − (1,000×0.4) + (500×0.4)	3,800개
완성품환산량 단 위 원 가	직접재료비	1,400,000÷3,500개	@400원
	가 공 비	1,596,000÷3,800개	@420원
월 말 재 공 품 원 가 의 계 산	직접재료비	500개×400	200,000원
	가 공 비	200개×420	84,000원
	합 계	200,000+84,000	284,000원
완 성 품 원 가		200,000+3,076,000−284,000	2,992,000원
단위당원가	월 초 분	(120,000÷1,000개)+[{80,000+(600×420)}÷1,000개]	@452원
	당월착수분	400+420	@820원

[해설]

▶ 월초재공품의 단위당원가를 산출하는 것은 월초재공품 자체가 지난달에서 작업하던 것이고, 이번 달에 이월되어 최종 완성하였으므로 월초재공품을 만들때 소비된 1개당의 가치를 알아보자는 것이다. 이것은 선입선출법인 경우에만 계산하는 것이다.

먼저, 월초재공품 재료비 단위당원가는 재료가 제조착수시 투입되었으므로 100%이다. 월초재공품재료비가 120,000원인데 이것은 지난달에 전부100% 투입된 재료비이므로 120,000/월초재공품수량 1,00000개로 나누면 120원이다.

월초재공품 가공비 단위당원가는 가공비가 언제나 제조진행에 따라 투입되므로 월초가공비 80,000원은 지난달에 40%작업할 때까지 투입된 가공비이고, 이번달에 추가로 작업할때 투입된 가공비를 구해야 한다.

계산은 먼저 월초재공품환산수량을 구하는데 1,000개×(1-0.4)=600개(이번 달에 작업한 월초재공품을 완성품으로 환산한 것이다)계산된 600개×당월완성품환산량 단위당원가(420원)를 하면 252,000원이 당월에 월초재공품을 완성하는데 있어 소비된 추가가공비이다. 그러므로 지난달에 투입된 80,000원과 당월에 투입된 252,000원을 더한 332,000원을 1,000개로 나누면 332원이 나온다.

 03 공정별종합원가계산

1.

공정별종합원가계산표

적 요	제 1공정	제 2공정	합 계
재 료 비	175,000	235,000	410,000
당 월 가 공 비	90,000	115,000	205,000
전 공 정 비	－	244,000	－
당 월 총 제 조 비 용	265,000	594,000	615,000
월 초 재 공 품 원 가	40,000	62,500	102,500
합 계	305,000	656,500	717,500
월 말 재 공 품 원 가	61,000	75,000	136,000
당 월 제 조 원 가	244,000	581,500	581,500
당 월 완 성 품 수 량	800개	1,000개	
단 위 당 원 가	@305원	@581.50원	

▶ 305,000×200/1,000 = 61,000(월말재공품)

2.

공정별종합원가계산표

적 요	제 1공정	제 2공정	합 계
재 료 비	122,400	140,000	262,400
가 공 비	104,000	152,000	256,000
전 공 정 비	－	216,000	－
당 월 총 제 조 비 용	226,400	508,000	518,400
월 초 재 공 품 원 가	25,600	76,000	101,600
합 계	252,000	584,000	620,000
월 말 재 공 품 원 가	36,000	104,000	140,000
당 월 제 조 원 가	216,000	480,000	480,000
당 월 완 성 품 수 량	3,600개	4,000개	
단 위 당 원 가	@60원	@120원	

[해설]

① 제1공정 월말재공품 계산

㉠ $(9,600+122,400) \times \dfrac{800}{3,600+800} = 24,000$

㉡ $(16,000+104,000) \times \dfrac{800 \times 0.5}{3,600+(800 \times 0.5)} = 12,000$

② 제2공정 월말재공품 계산

㉠ $(20,000+140,000) \times \dfrac{1,000}{4,000+1,000} = 32,000$

㉡ $(32,000+152,000) \times \dfrac{600}{4,000+600} = 24,000$

㉢ $(24,000+216,000) \times \dfrac{1,000}{4,000+1,000} = 48,000$

▶ 전공정비의 월말재공품원가 계산시 월말재공품 환산수량은 공정시점에 투입하는 것으로 보고 100%로 계산한다.

04 조별종합원가계산

1.

조별종합원가계산표

적 요	A조	B조	합 계
조 직 접 비			
재 료 비	500,000	300,000	800,000
가 공 비	850,000	500,000	1,350,000
조 간 접 비 배 부 액	250,000	150,000	400,000
당 월 총 제 조 비 용	1,600,000	950,000	2,550,000
월 초 재 공 품 원 가	150,000	80,000	230,000
합 계	1,750,000	1,030,000	2,780,000
월 말 재 공 품 원 가	180,000	130,000	310,000
당 월 제 품 제 조 원 가	1,570,000	900,000	2,470,000
당 월 완 성 품 수 량	1,000개	900개	
단 위 당 원 가	@₩1,570	@₩1,000	

2.

조별종합원가계산표

적 요	A조	B조	합 계
조 직 접 비			
재 료 비	1,050,000	1,350,000	2,400,000
가 공 비	375,000	330,000	705,000
조 간 접 비 배 부 액	525,000	675,000	1,200,000
당 월 총 제 조 비 용	1,950,000	2,355,000	4,305,000
월 초 재 공 품 원 가			
재 료 비	255,000	210,000	465,500
가 공 비	195,000	195,000	390,000
합 계	2,400,000	2,760,000	5,160,000
월 말 재 공 품 원 가			
재 료 비	231,000	236,000	467,000
가 공 비	109,500	150,000	259,500
당 월 제 품 제 조 원 가	2,059,500	2,374,000	4,433,500
당 월 완 성 품 수 량	5,4000개	3,500개	
단 위 당 원 가	@₩ 381.39	@₩ 678.29	

▶A조 : (195,000 + 375,000 + 525,000) × 600/6,000
= 109,500 (월말재공품 가공비 원가)

▶B조 : (195,000 + 330,000 + 675,000) × 500/4,000
= 150,000 (월말재공품 가공비 원가)

A 조 재 공 품			
전월이월	450,000	A조제품	2,059500
재 료 비	1,050,000	차월이월	340,500
가 공 비	375,000		
조간접비	525,000		
	2,400,000		2,400,000

B 조 재 공 품			
전월이월	405,000	B조제품	2,374,000
재 료 비	1,350,000	차월이월	386,000
가 공 비	330,000		
조 간 접 비	675,000		
	2,760,000		2,760,000

A 조 제 품			
A조재공품	2,059,500		

B 조 제 품			
B조재공품	2,374,000		

차 변 과 목	금액	대 변 과 목	금액
A 조 제 품	2,059,500	A 조 재 공 품	2,059,500
B 조 제 품	2,374,000	B 조 재 공 품	2,374,000

---

05 등급별종합원가계산

1.
등급별종합원가계산표

등급	판매단가	생산량	총판매가치	배부율	결합원가배부액	단위당원가
1급제품	2,000	2,000	4,000,000	40/65	3,200,000	@₩1,600
2급제품	1,500	1,000	1,500,000	15/65	1,200,000	@₩1,200
3급제품	1,000	1,000	1,000,000	10/65	800,000	@₩ 800
			6,500,000		5,200,000	

차변과목	금액	대변과목	금액
1 급 제 품	3,200,000		
2 급 제 품	1,200,000	재 공 품	5,200,000
3 급 제 품	800,000		

재 공 품			
전월이월	300,000	(제 좌)	(5,200,000)
재 료 비	2,500,000	차월이월	350,000
가 공 비	1,500,000		
제조경비	1,250,000		
	(5,550,000)		(5,550,000)

1 급 제 품			
재 공 품	3,200,000		

2 급 제 품			
재 공 품	1,200,000		

3 급 제 품			
재 공 품	800,000		

2.
등급별종합원가계산표

등급	판매단가	생산량	총판매가치	배부율	결합원가배부액	단위당원가
A급제품	200	300	(60,000)	(60/148)	(90,000)	(@₩300)
B급제품	(160)	400	64,000	(64/148)	(96,000)	(@₩240)
C급제품	120	(200)	(24,000)	(24/148)	36,000	@₩180
			(148,000)		(222,000)	

재 공 품			
전월이월	30,000	[제 좌]	(222,000)
재 료 비	85,000	차월이월	(27,000)
노 무 비	80,000		
제조경비	52,000		
	(247,000)		(247,000)

A급제품			
전월이월	30,000	(매출원가)	95,000
(재공품)	90,000	차월이월	25,000
	120,000		120,000

3.
등급별종합원가계산표

등급	판매단가	생산량	총판매가치	배부율	결합원가배부액	단위당원가
1급제품	2,400	200	(480,000)	(48/136)	(360,000)	(@₩1,800)
2급제품	(1,600)	(300)	480,000	(48/136)	360,000	@₩1,200
3급제품	800	500	(400,000)	(40/136)	(300,000)	@₩ 600
			(1,360,000)		(1,020,000)	

---

06 결합원가계산

1.
연산품원가계산표

등급	판매단가	생산량	총판매가치	배부율	결합원가배부액	단위당원가
휘 발 유	200	3,000	600,000	60 / 148	480,000	@₩ 160
등 유	120	4,000	480,000	48 / 148	384,000	@₩ 96
경 유	80	5,000	400,000	40 / 148	320,000	@₩ 64
			1,480,000		1,184,000	

2.
연산품원가계산표

제 품	추가 가공 후 최종판매가치 ①	추가 가공비 ②	분리점에서의 판매 가치 추정값③=①-②	배부율 ④
제 품 A	1,200,000	240,000	960,000	48%
제 품 B	840,000	200,000	640,000	32%
제 품 C	550,000	150,000	400,000	20%
합 계	2,590,000	590,000	2,000,000	100%

결합원가배부액 ⑤ =₩1,250,000×④	총제조원가 ⑥ = ⑤ + ②	생산량 ⑦	단위당원가 ⑧ = ⑥ ÷ ⑦
600,000	840,000	3,000	@₩ 280
400,000	600,000	4,000	@₩ 150
250,000	400,000	5,000	@₩ 80
1,250,000	1,840,000		

8장 · 재 무 제 표

1.

제 조 원 가 명 세 서

과 목	금	액
재 료 비		
기 초 재 료 재 고 액	150,000	
당 기 재 료 매 입 액	1,500,000	
계	1,650,000	
기 말 재 료 재 고 액	(200,000)	1,450,000
노 무 비		
급 여	850,000	
퇴 직 급 여 원 가	170,000	1,020,000
경 비		
전 력 비	80,000	
감 가 상 각 비	60,000	
수 선 비	50,000	
보 험 료	70,000	
가 스 수 도 비	30,000	
외 주 가 공 비	130,000	420,000
당 기 총 제 조 비 용		2,890,000
기 초 재 공 품 재 고 액		250,000
합 계		3,140,000
기 말 재 공 품 재 고 액		(350,000)
당 기 제 품 제 조 원 가		2,790,000

2.

제 조 원 가 명 세 서

과 목	금	액
재 료 비		
기 초 재 료 재 고 액	140,000	
당 기 재 료 매 입 액	400,000	
계	540,000	
기 말 재 료 재 고 액	100,000	440,000
노 무 비		
급 여	305,000	305,000
경 비		
제 조 경 비	55,000	55,000
당 기 총 제 조 비 용		800,000
기 초 재 공 품 재 고 액		200,000
합 계		1,000,000
기 말 재 공 품 재 고 액		200,000
당 기 제 품 제 조 원 가		800,000

포 괄 손 익 계 산 서

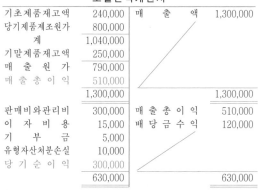

기초제품재고액	240,000	매 출 액	1,300,000
당기제품제조원가	800,000		
계	1,040,000		
기말제품재고액	250,000		
매 출 원 가	790,000		
매 출 총 이 익	510,000		
	1,300,000		1,300,000
판매비와관리비	300,000	매 출 총 이 익	510,000
이 자 비 용	15,000	배 당 금 수 익	120,000
기 부 금	5,000		
유형자산처분손실	10,000		
당 기 순 이 익	300,000		
	630,000		630,000

▶ 기말재공품 : (200,000+800,000) × 200/800+200 = 200,000

원가회계 해답편

1. ②	2. ③	3. ①	4. ④	5. ①
6. ④	7. ①	8. ①	9. ②	10. ③
11. ②	12. ④	13. ①	14. ④	15. ③
16. ④	17. ①	18. ①	19. ②	20. ②
21. ②	22. ①	23. ①	24. ②	25. ②
26. ④	27. ①	28. ②	29. ①	30. ④
31. ③	32. ①	33. ②	34. ①	35. ②
36. ①	37. ①	38. ①	39. ①	40. ①
41. ①	42. ①	43. ①	44. ②	45. ②
46. ①	47. ②	48. ①	49. ①	50. ①
51. ④	52. ①	53. ①	54. ②	55. ②
56. ①	57. ③	58. ①	59. ③	60. ①
61. ①	62. ③	63. ①	64. ④	65. ①
66. ①	67. ①	68. ①	69. ①	70. ①
71. ①	72. ②	73. ④	74. ③	75. ①
76. ①	77. ①	78. ①	79. ③	80. ①
81. ②	82. ①	83. ①	84. ①	85. ①
86. ①	87. ②	88. ①	89. ①	90. ③

<해설>

01 원가회계는 제품또는 용역의 생산을 위하여 소비된 원가를 기록, 계산, 집계하여 원가에 대한 정보를 제공하는 것이다.

02 보기3번은 재무회계의 목적이다.

03 재무회계는 검증가능성을 강조하고, 관리회계는 목적적합성을 강조한다.

04 보기1, 3번은 판매과정이고, 보기2번은 제조과정이다. 임금을 지급하는 것은 노동력이 투입된 대가로 지급하는 구매과정이다.

05 경영진은 예정원가와 실제원가를 비교함으로 원가통제를 실행할 수 있다.

06 공장용 토지 등을 단순히 구입한 것은 자산의 증가로 처리하고 원가로 볼 수 없다.

07 광고선전비, 사장에게 지급되는 급여, 공장장의 접대비는 판매비와 관리비에 속한다.

08 공장에서 제품을 제조하는데 사용함으로써 발생하는 기계감가상각비는 제조원가에 포함시킨다.

09 직접노무비는 기초원가와 가공비(가공원가) 양쪽 모두에 해당된다.

10 추적가능성에 따른 분류는 직접비와 간접비이다.

11 감가상각비는 고정비에 속하고, 제조부이면 제조원가이고, 판매부이면 기간비용으로 처리한다.

12 혼합원가는 고정비 + 변동비이고, 가공원가는 제조비용 중 직접재료원가를 제외한 나머지 제조비용을 말한다.

13

구 분	고 정 비	변 동 비
원가발생총액	일정하다	조업도의 변동에 비례하여 증감
단위당 원가	조업도의 증감에 반대방향으로 증감	일정하다

14 ㉠ 본 문제에서 총제조원가는 총원가(판매원가)를 뜻하는 것이 아니고, 제조원가를 뜻한다.
㉡ 60,000 + 20,000 = 80,000
㉢ 80,000 + 30,000 + 15,000 + 30,000 + 5,000 = 160,000

15 ㉠ 1,152,000 ÷ (1+0.2) = 960,000(판매원가)
㉡ 960,000 ÷ (1+0.2) = 800,000(제조원가)
㉢ 800,000 - 300,000 - 200,000 = 300,000

16 • 보기1번은 고정원가를 나타내고, 2번은 변동원가, 3번은 문제와 관련 없다.
• 준변동원가는 조업도에 따라 총원가가 비례적으로 증가하다가 일정조업도 이후에는 단위당 변동비가 달라지므로 비율을 달리하여 총원가가 비례적으로 증가한다.
• 준고정원가는 조업도와 무관하게 총원가가 일정하게 유지되다가 일정조업도 이후 총원가가 증가한 후에 다시 일정하게 유지된다.

17 매몰원가는 과거 의사결정의 결과 이미 발생한 원가로 현재 또는 미래의 의사결정에는 아무런 영향을 미치지 못하는 원가를 말한다.

18 준고정원가란 특정범위의 조업도구간(관련범위)에서는 원가발생 변동없이 일정한 금액으로 고정되어 있으나, 조업도 수준이 그 관련범위를 벗어나면 일정액만큼 증가 또는 감소하는 원가로서 투입요소의 불가분성 때문에 계단형의 원가행태를 지니므로 계단원가라고도 한다. 생산량에 따른 설비자산의 구입가격 또는 임차료, 생산감독자의 급여 등이 이에 해당한다.

19 과거의 의사결정에 의해 이미 발생된 원가로서 현재 이후 어떤 의사결정을 하더라도 회수할 수 없는 원가를 매몰원가라 한다.

20 본 문제는 생산량 10개에서의 단가와 생산량이 20개일 때의 단가의 변화되는 모습을 파악하는 내용이다.
㉠ 박스 안의 직접재료비와 직접노무비, 변동제조간접비는 1월의 생산수량 10개에서 발생한 변동원가이다. 2월의 생산량은 20개로 추정하므로 1월의 발생액보다 2배가 증가한다고 보아야 한다.
㉡ (1월의 직접재료비+1월의 직접노무비+1월의 변동제조간접비)×2배=36,000(2월의 20개를 생산하였을 때의 변동원가)
㉢ 36,000+고정제조간접비 6,000 = 42,000(총제조원가)
㉣ 42,000÷20개(2월의 생산수량) = 2,100원

21 당월에 완성된 제품의 제조원가를 파악할 수 있는 계정은 재공품 계정이다.

23 20,000+420,000-40,000 = 400,000

24 620,000+105,000-80,000 = 645,000

25 30,000+270,000-50,000 = 250,000

26 16,000+50,000+12,000+18,000-24,000 = 72,000

27 ㉠ 20,000+100,000-21,000 = 99,000
㉡ 30,000+99,000-25,000 = 104,000

28 ㉠ 완성품 원가를 산출하기 위하여 기초재공품원가를 임의금액으로 대입한다.
㉡

재 공 품	
기초재공품 10,000	(55,000)
당기제조비용 60,000	기말재공품 15,000

㉢ 매출원가를 산출하기 위하여 기초제품원가를 임의금액으로 대입한다.
㉣

제 품	
기초제품 10,000	(58,000)
완성품원가 55,000	기말제품 7,000

㉤ 매출총이익률이란 매출액(100%)에 대한 매출총이익의 비율이므로 58,000 ÷ (1-0.2) = 72,500

29 ㉠ 184,000+25,600-32,000 = 177,600(제조원가)
㉡ 40+130-50 = 120개, ㉢ 177,600÷120 = 1,480

30 ① 출고된 재료의 소비된 내용을 기입하는 보조부는 재료원장에 기록된다.
② 출고된 재료 중 제조지시서 번호가 매겨져 있는 것은 재공품 계정에 기입하고, 그렇지 않은 것은 제조간접비 계정에 기입한다.
③ 재료의 당월 발생액을 재료비 계정 차변에 기입한다.

31 재료소비액 일부 누락(재료의 기말재고금액 과다)→ 재공품 계정 : 당기총제조원가 감소 → 제품계정 : 당기제품제조원가 감소 → 제품매출원가 감소 → 당기순이익 증가

32 계속기록법으로 기록한 장부상의 재고수량과 실지재고조사법에 의해 파악된 실제재고수량과의 차이를 발견하여 재료감모수량을 알 수 있는 것이다.

33 제품 제조 시 제조 과정에 자동화가 거의 이루어지지 않은 공장은 직접 노동자의 인력이 많이 필요하게 되므로 직접노무원가의 중요성이 높아지게 되는 것이다.

35 (40시간×5,000) + [8×(5,000×1.5)] = 260,000

36 보기 1번은 월할경비, 3번은 지급경비, 4번은 측정경비이다.

37 ㉠ 수선비 : 40,000-20,000+40,000 = 60,000
㉡ 보험료 : 360,000÷12 = 30,000
㉢ 전력비 : (2,000-1,200)×100 = 80,000
㉣ 재료감모손실 : 3,000
㉤ 60,000+30,000+80,000+3,000 = 173,000

38 원가배분기준에서 가장 이상적이고 합리적인 원가배분기준은 인과관계기준이다.

39 인과관계가 없는 원가도 제품에 배부해야 한다.

40 A/S센터는 판매된 제품에 이상이 있는 경우 무상 수리를 해 주는 곳이므로 수리공 임금은 판매비와관리비에 속한다.

41 보기1번 : 직접노무비, 2번 : 직접재료비(부품비), 3번 : 판매비와관리비에 속한다. 4번 : 생산을 지원하는 부서 직원의 급여는 제품생산을 위한 공통비이다.

42 72,000 × 60,000/80,000 = 54,000

43 188,000 ÷ 376,000 = 0.5 × 40,000 = 20,000

44 30,000×(15,000+5,000)/(15,000+5,000+25,000+15,000)=10,000

45 20,000×50시간/500시간 = 2,000

46 810,000×200/600 = 270,000

47 ㉠ 제조간접비 배부 : 180,000×18,000/108,000 = 30,000
㉡ #1 제조원가 : 20,000+18,000+30,000 = 68,000

48 예정배부율 = 예정 제조간접비÷예상 직접노동시간 = 50
예정배부액 = 실제 직접노동시간×예정배부율 = 300,000

50 제조간접비 예정배부액으로써 당기 제품제조원가가 계산되므로 간접노무원가를 누락시킨만큼 제조간접비가 과소배부되고, 당기 제품제조원가도 과소 계상된다.

51 부문공통비는 원가발생액을 합리적인 배부기준에 따라 각 부문에 배부하여야 한다.

53 전력부문－전력소비량(kwh), 공장관리부문도 최적의 배부기준은 종업원수이지만 각 부문의 면적은 차선의 배부기준일 수 있다.

54 보기2번은 보조부문비 배부의 목적이 아니다.

56 직접배부법은 보조부문 상호간의 용역수수를 완전 무시하기 때문에 부정확하다.

59 ㉠ 30,000×600/1,000 = 18,000
㉡ 14,000×40/100 = 5,600

60 전력부문(제조간접비 200,000원)－제조부문 및 수선부문에 1차 배부하므로 수선부문은 200,000×100kw/(300+100+100)kw = 40,000원을 합산한 400,000원(360,000+ 40,000)을 조립부문 및 절단부문에 수선시간을 기준으로 배부한다.
∴ 절단부문의 제조간접비 배부액＝400,000원×40시간/(10+40)시간 = 320,000원

61 ㉠ 동력부문비의 총원가 : X, 수선부문비의 총원가 Y
㉡ X = 200,000 + 0.2Y   Y = 380,000 + 0.4X
㉢ X = 200,000 + 0.2(380,000+0.4X)
㉣ X = 300,000,   Y = 500,000
㉤ (300,000×0.2) + (500,000×0.4) = 260,000

62 식당부문의 배부기준은 종업원 수이다.

63 개별원가계산에서는 제조간접비의 발생이 많다.

64 개별원가계산에서는 직접비와 간접비의 구분이 반드시 필요하다. 우선 직접비는 개별작업에 직접 부과되므로 ㉣ 원가직접대상이 되는 개별작업을 파악하여 ㉠ 직접원가를 계산한 후 개별작업에 부과하고 그 이후에 ㉡ 간접비를 파악하여 합리적인 ㉤ 배부기준을 설정하여 ㉢ 개별작업에 배부한다.

65 #201이 완성된 것이므로 ₩11,400이 제품계정으로 대체된다.

66 4,200,000 + (300×8,000) + (200×15,000) = 9,600,000

67 제품의 제조과정에서 발생하는 원재료의 부스러기를 작업폐물이라고 하고, 감손품은 작업중에 증발·기화되는 것으로 예를들면, 콩으로 식용유를 만들때 작업중간에 증발·기화되어 착수량은 1,000kg인데 생산량이 980kg인 경우 20kg의 원재료가 감손품으로 인식하는 것이고 공손품은 파손품이라고도 하는 것으로 제품 중 불합격품을 말한다.

69

구 분	종합원가계산	개별원가계산
핵심과제	완성품환산량 계산	제조간접비 배분
업 종	통조림제조업	조선업
원가집계	공정 및 부문별 집계	개별작업별 집계
장 점	경제성 및 편리함	정확한 원가계산

70 (가), (라)는 건설업, (나)는 조선업으로서 개별원가계산이고, (다)는 벽돌제조업으로 종합원가계산이다.

71 완성품수량 : 200+1,200－300 = 1,100개
평균법 : 1,100+(300×30%) = 1,190개
선입선출법 : 1,100－(200×40%)+(300×30%) = 1,110개

72 기초재공품이 없으면 평균법과 선입선출법의 완성품 환산량과 단위당원가의 계산 결과는 동일하다.

73 ㉠ $\dfrac{36,000}{600}×100 = 6,000$(재료비)
㉡ $\dfrac{55,000}{550}×50 = 5,000$(가공비)

재 공 품	
18,000	(80,000)
24,000	11,000
49,000	

74 • 먼저 기말재공품을 계산한다.
• 재료비 : 14,400×50/150－50+50 = 4,800
• 가공비 : 14,500×20/150－25+20 = 2,000
• 당기제품제조원가 : (2,600+2,400) + (14,400+14,500) － (4,800+2,000) = 27,100

78 종합원가에서는 노무비와 간접비의 구분이 필요 없다.

81 조간접비는 적절한 배부기준에 의하여 각 조별로 배부하여야 하고, 조직접비는 각 원가요소 계정에서 직접 각 조별 제조 계정으로 대체기입 한다. (보기의 설명이 조직접비와 조간접비가 바뀌어야 한다.)

83 등급별종합원가계산에서는 먼저 등가계수를 정한다.

84 120,000×4,000/4,000+5,000+6,000 = 32,000원

87 본 문제는 결합원가(여기서 1차가공비)의 배분을 판매가치법(순실현가능가치법)으로 하는 것이다. 각 제품의 순실현가치는 판매가치(판매가×생산량)에서 2차가공비를 차감한 금액이다.
㉠ A제품 : 500×40－10,000 = 10,000
㉡ B제품 : 1,000×25=25,000－5,000 = 20,000
㉢ C제품 : 800×35=28,000－18,000 = 10,000
㉣ 순실현가치의 합계 : 10,000+20,000+10,000 = 40,000
㉤ B제품의 1차가공비 배부액 : 10,000×20,000/40,000 = 5,000
㉥ B제품 단위당 생산원가 : (1차가공비+2차가공비배부액) ÷ 생산량, 그러므로 (5,000+5,000)÷25kg = 400원

88 당기총제조원가란 당기에 소비된 재료비+노무비+제조경비의 합계액으로 기초재공품과 기말재공품의 계산이 포함되지 않은 금액을 말한다.

90 당기제품제조원가는 포괄손익계산서에서 직접적으로 매출원가로 구성되지 않고 기초제품재고액을 가산하고 기말제품재고액을 차감하여야 매출원가로 구성된다.

Memo

Chapter 03 부가가치세 신고

1 부가가치세의 기본 개념

1 부가가치세(value added tax. VAT)의 개념

부가가치세는 재화 또는 용역이 생산·유통되는 모든 단계에서 기업이 창출한 가치인 부가가치(value added)에 대하여 과세하는 조세를 말한다. 과세 유형별로는 일정기간 기업의 총매출액에서 다른 기업으로부터 매입한 중간재와 자본재 매입액을 공제하여 과세하는 소비형 부가가치세 제도를 채택하고 있으며, 과세방법으로는 당해 과세기간 중의 매출액에 소정의 세율을 적용하여 계산한 세액에서 전단계매입액에 포함된 부가가치세액을 공제하는 금액을 바로 납부세액으로 하는 전단계세액공제법을 채택하고 있다.

> **세 무 충전소**
>
> 1. 중간재와 자본재는 전 단계 사업자가 창출한 부가가치이므로 이중계산을 막기 위해서 매출액에서 공제하는 것이다.
> 2. 우리나라의 부가가치세 제도는 1976. 12. 22 법률 제2934호로 제정되어 1977. 7. 1부터 시행되었다. 우리나라의 부가가치세 세율은 10%의 단일세율이다. 단, 수출품에 대해서는 "0"의 세율(영세율)을 적용한다.
> 3. 간접세란 실지로 세금을 부담하는 사람과 국가에 납부하는 사람이 다른 세금을 말하며, 부가가치세가 대표적인 세금이다.

2 부가가치세의 특징

(1) 부가가치세는 국가가 부과하는 국세이다.

(2) 법률상 부가가치세의 납세의무를 지는 자는 재화나 용역을 제공하는 사업자이지만, 그 세액은 다음 거래 단계로 전가되어 그 세(稅)부담은 최종소비자가 지는 간접세이다.

(3) 부가가치세는 모든 재화와 용역의 소비지출에 대하여 과세하는 일반소비세이다.

(4) 부가가치세는 재화가 생산되어 최종소비자에게 도달하는 모든 거래단계에 과세하는 다단계거래세이다.

(5) 부가가치세는 납세의무자인 사업자의 부양가족수, 의료비, 교육비 등의 인적사항을 고려하지 않는 물세(物稅)이다.

(6) 우리나라는 과세유형으로 소비형 부가가치세제를 채택하고 있다.

(7) 사업자의 매출액에 세율을 곱하여 매출세액을 계산한 다음, 매입액에 세율을 곱하여 계산된 매입세액(전단계세액, 前段階稅額)을 매출세액에서 차감하는 전단계세액공제법(前段階稅額控除法 invoice method)을 채택하고 있다.

(8) 우리나라는 국경세조정제도로서 소비지국 과세원칙을 채택하고 있다.

세 무 충전소

1. **국경세 조정**(border tax adjustments) : 재화가 국가 간에 이동되는 경우에 재화에 부과된 간접세를 조정하는 것을 말하며 생산지국(원산지국)과세원칙과 소비지국(행선지국)과세원칙이 있다.
2. **소비지국과세원칙**(destination principle of taxation) : 수출국(생산지국)에서 외국으로 재화를 수출할 때는 부가가치세를 과세하지 않고 수입국(소비지국)에서 재화를 수입할 때는 내국산 물품과 동일하게 부가가치세를 과세하는 방법으로 『관세 및 무역에 관한 일반협정(GATT)』을 채택하고 있다.

③ 납세의무자

(1) 납세의무자의 범위

① 사업자 : 사업목적이 영리이든 비영리이든 관계없이 사업상 독립적으로 재화 또는 용역을 공급하는 자를 '사업자'라고 하고 부가가치세의 납세의무를 진다. 비영리를 목적으로 하는 경우에도 납세의무를 지므로 국가나 지방자치단체도 부가가치세 납세의무자가 될 수 있다.

② 재화를 수입하는 자 : 재화를 수입하는 자는 사업자 여부 및 수입목적에 관계없이 수입재화에 대한 부가가치세의 납세의무를 진다.

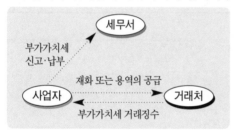
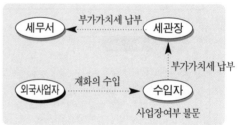

(2) 납세의무자의 요건

① **재화 또는 용역의 공급** : 부가가치세의 과세대상은 재화 또는 용역의 공급이므로 그러한 거래가 귀속된 자, 즉 재화 또는 용역을 공급하는 자가 납세의무를 진다.

② **영리목적불문** : 영리목적의 유무와는 관계가 없으므로 개인, 법인, 법인격 없는 사단·재단, 국가, 지방자치단체, 지방자치단체조합도 납세의무를 진다.

③ **독립성** : 사업상 독립적이어야 하므로, 독립성 없이 고용계약에 의해 사업자의 지시를 받는 종업원은 납세의무를 지지 않는다.

④ **사업성** : 부가가치를 창출해 낼 수 있는 정도의 사업형태를 갖추고 계속·반복적으로 과세대상의 재화와 용역을 공급하는 사업자만 부가가치세의 납세의무를 진다.

(3) 사업자의 분류

사업자는 부가가치세가 과세되는 재화 또는 용역을 공급하는 경우에는 부가가치세의 거래징수 여부에 불구하고 해당 공급분에 대하여 사업자는 기장·세금계산서 발급과 수취·신고·납부 등 부가가치세법이 정한 의무를 이행해야 하는데 사업자는 부가가치세법상 모든 의무를 이행하는 일반과세자와 사업규모가 영세하기 때문에 간편한 절차로 납세의무를 이행하는 간이과세자로 나누어진다.

【 사업자의 분류 】

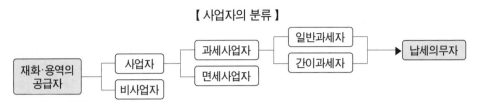

4 과세기간

과세기간이란 세법에 의하여 국세의 과세표준 계산에 기초가 되는 일정한 기간으로서 과세의 시간적 단위를 말한다.

(1) 원칙적인 과세기간

No	구 분	제 1 기	제 2 기
①	일반과세자	1월 1일 ~ 6월 30일	7월 1일 ~ 12월 31일
②	간이과세자	1월 1일 ~ 12월 31일	
③	신규사업자	사업개시일 ~ 6월 30일	사업개시일 ~ 12월 31일
④	폐 업 자	1월 1일 ~ 폐업일	7월 1일 ~ 폐업일

세 무 충전소

1. **과세표준** : 세법에 따라 직접적으로 세액산출의 기초가 되는 과세대상의 수량 또는 가액을 말한다.
2. **신규사업자의 사업 개시일**
   ① 제조업 – 제조장별로 재화의 제조를 시작하는 날
   ② 광업 – 사업장별로 광물의 채취, 채광을 시작하는 날
   ③ 그 밖의 사업 – 재화나 용역의 공급을 시작하는 날
   ④ 면세사업에서 과세사업으로 전환하는 경우 – 과세사업으로 전환하는 날

---

(2) 예외적인 과세기간

① 사업개시 전에 사업자등록을 한 사업자가 사실상 사업을 시작하지 아니하게 된 경우
   : 사업개시 전에 사업자등록을 한 사업자가 폐업(사업자등록일로부터 6개월이 되는 날까지 재화와 용역의 공급실적이 없는 경우에는 그 6개월이 되는 날을 폐업일로 본다.)한 것으로 의제 되는 경우에는 사업자등록일로부터 폐업의제일까지를 하나의 과세기간으로 본다.

▶ 5월 8일에 사업개시 전 등록을 하고 11월 8일까지 사업을 하지 않은 경우

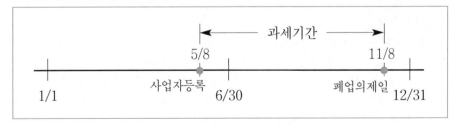

② 간이과세를 포기하여 일반과세자로 되는 경우에는 다음의 기간을 각각 1 과세기간으로 한다.

⊙ 그 과세기간 개시일 ~ 포기신고일이 속하는 달의 말일

⊙ 포기신고일이 속하는 달의 다음달 1일 ~ 그 과세기간 종료일

▶ 9월 30일에 간이과세 포기신고를 한 경우 1월 1일 ~ 9월 30일과 10월 1일 ~ 12월 31일의 기간이 각각 과세기간이 된다.

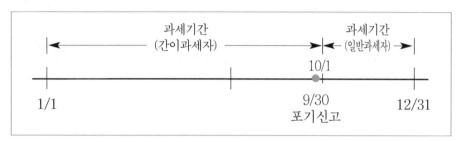

③ 일반과세자가 간이과세자로 변경되거나 간이과세자가 일반과세자로 변경되는 경우에는 그 변경되는 해에 간이과세자에 관한 규정이 적용되는 과세기간은 다음 기간으로 한다.

구 분	간이과세자 적용되는 과세기간
⊙ 간이과세자가 일반과세자로 변경되는 경우	그 변경 이전 1월 1일 ~ 6월 30일
⊙ 일반과세자가 간이과세자로 변경되는 경우	그 변경 이후 7월 1일 ~ 12월 31일

⊙ 간이과세자가 일반과세자로 변경되는 경우(2020년 공급대가 6천만 원으로 가정)

⊙ 일반과세자가 간이과세자로 변경되는 경우(2020년 공급대가 4천만 원으로 가정)

④ 사업자는 이러한 각 과세기간의 과세표준과 납부세액을 그 과세기간이 끝난 후 25일 이내에 관할 세무서장에게 신고·납부해야 하는데, 이것을 '확정신고납부' 라고 한다.

(3) 예정신고기간

부가가치세는 과세기간을 6개월로 하나, 납세의무자의 일시 납부에 따른 자금 부담을 덜어주기 위해 각 과세기간의 개시일부터 3개월의 기간을 예정신고기간으로 설정하여 그 예정신고기간에 대한 과세표준과 세액을 그 예정신고기간 종료일로부터 25일 이내에 신고 납부해야 하는데, 이것을 '예정신고납부' 라고 한다.

① 법인사업자

No	구 분	예정신고기간
㉠	계속사업자의 경우	제1기 : 1월 1일 ~ 3월 31일(신고 · 납부기한 4월 25일까지) 제2기 : 7월 1일 ~ 9월 30일(신고 · 납부기한 10월 25일까지)
㉡	신규사업자의 경우	사업개시일 ~ 그 예정신고기간의 종료일 사업개시 전 등록을 신청한 경우 : 신청일 ~ 그 예정신고기간의 종료일

② 개인사업자와 영세 법인사업자 ...... 【2019. 12. 31. 개정】

㉠ **예정고지납부** : 개인사업자와 직전 과세기간 공급가액이 1억 5천만 원 미만인 법인사업자(영세 법인사업자)에 대하여는 각 예정신고기간마다 직전 과세기간의 납부세액의 50%(1천 원 미만의 단수금액은 버린다)로 결정하여 해당 예정신고기간이 끝난 후 25일까지 징수한다. 다만 징수할 금액이 30만 원 미만이거나 간이과세자에서 해당 과세기간 개시일 현재 일반과세자로 변경된 경우에는 징수하지 아니한다.

㉡ **예정신고의 선택** : 개인사업자와 영세 법인사업자라 하더라도 각 예정신고기간분에 대하여 조기환급을 받으려는 자와 휴업 또는 사업부진 등으로 인하여 각 예정신고기간의 공급가액 또는 납부세액이 직전 과세기간의 공급가액 또는 납부세액의 1/3에 미달하는 자는 예정신고를 하고 예정신고기간의 납부세액을 납부할 수 있다.

㉢ **전자고지세액공제** ...... 【2020.12.29. 신설, 2021.7.1.부터 시행】 : 납세자가 전자송달의 방법으로 납부고지서의 송달을 신청한 경우 신청한 달의 다음다음 달 이후 송달분부터 부가가치세 납부세액에서 납부고지서 1건당 1천 원을 공제한다. 단, 전자고지세액공제 최저한도는 1만 원이다.

5 납세지

(1) 납세지의 개념 : 납세의무자가 납세의무를 이행하고, 과세관청이 부과·징수권을 행사하는 기준이 되는 장소를 '납세지' 라고 한다. 부가가치세는 사업장 소재지를 납세지로 한다.

예 회사가 서울 중구 충무로에 있고, 대표자의 자택이 서울 마포구 공덕동에 있는 경우의 부가가치세(物稅)신고납세지는 중부세무서이고, 소득세(人稅)신고납세지는 마포세무서이다.

(2) 사업장의 개념과 판정기준

① **사업장의 개념** : 사업장이란 사업자가 사업을 하기 위하여 거래의 전부 또는 일부를 행하는 고정된 장소를 말한다.

② **사업 종류별 사업장**

No	구 분	사 업 장
㉠	광업	광업사무소의 소재지
㉡	제조업	최종 제품을 완성하는 장소(따로 제품의 포장만을 하거나 용기에 충전만을 하는 장소와 개별소비세법에 따른 저유소는 제외)
㉢	건설업·운수업과 부동산매매업	법인 : 법인의 등기부상의 소재지(등기부상의 지점 소재지 포함) 개인 : 사업에 관한 업무를 총괄하는 장소
㉣	부동산임대업	그 부동산의 등기부상의 소재지(부동산상의 권리만 대여하는 경우에는 업무를 총괄하는 장소)
㉤	무인자동판매기에 의한 사업	사업에 관한 업무를 총괄하는 장소
㉥	다단계 판매원이 재화 또는 용역을 공급하는 사업	다단계 판매원이 '방문판매 등에 관한 법률'에 따라 등록한 다단계 판매업자의 주된 사업장 소재지. 다만, 다단계 판매원이 상시 주재하여 거래의 전부 또는 일부를 하는 별도의 장소가 있는 경우에는 그 장소
㉦	비거주자 또는 외국법인의 경우	비거주자 또는 외국법인의 국내사업장
㉧	사업장을 설치하지 아니하고 사업자등록도 하지 아니한 경우	과세표준 및 세액을 결정할 당시의 사업자의 주소 또는 거소
㉨	기타	위의 사업장 이외의 장소도 사업자의 신청에 따라 추가로 사업장으로 등록할 수 있다.(다만, ㉤의 무인자동판매기에 의한 사업은 그러하지 아니한다.)

▶ **임시사업장** : 기존 사업장이 있는 사업자가 그 사업장 이외에 각종 경기대회, 박람회 등 행사가 개최되는 장소에서 임시로 사업장을 개설 신고하는 경우에는 그 임시사업장은 기존 사업장에 포함되는 것으로 한다. 그러나 임시사업장 개설신고를 하지 아니하면 임시사업장을 독립된 사업장으로 본다. 개설신고는 해당 임시사업장의 사업개시일부터 10일 이내 관할 세무서에 하고, 다만 임시사업장의 설치기간이 10일 이내인 경우 개설신고를 하지 아니할 수 있다.

(3) 직매장과 하치장

No	구 분	직 매 장	하 치 장
①	개념	재화를 직접 판매하기 위하여 특별히 판매시설을 갖춘 장소	재화를 보관하고 관리할 수 있는 시설만 갖춘 장소로서 판매활동을 하지 않는 곳
②	사업장 여부	사업장으로 본다.	사업장으로 보지 아니한다.
③	설치 시 의무	사업자등록	하치장 설치 신고

(4) 주사업장 총괄납부

① **주사업장 총괄납부제도** : 부가가치세는 사업장마다 과세를 하고 있으므로 둘 이상의 사업장을 가지고 있는 사업자의 경우에는 각 사업장 단위별로 신고·납부하는 것이 원칙이다. 예외적으로 한 사업자가 둘 이상의 사업장을 가지고 있는 경우 사업자의 신청에 의하여 각 사업장의 납부(환급)세액을 통산하여 주된 사업장에서 총괄하여 납부할 수 있는데 이를 '주사업장 총괄납부' 라고 한다.

> **세 무 충전소**
>
> 1. 총괄납부사업자라도 세금계산서 발급과 수취, 신고, 세금계산서합계표 제출, 결정과 경정은 사업장별로 한다. 또한 예정·확정신고와 조기 환급신고 등 정기신고분에 대한 납부와 환급만을 총괄하고 수정신고 또는 경정신고는 그 사유가 발생한 사업장별로 한다.
> 2. **주사업장총괄납부의 효과** : 총괄납부제도는 어느 사업장에는 납부할 세액이 발생하고, 다른 사업장에서는 환급세액이 발생한 경우에 사업장간 통산하여 납부·환급받는 제도로서 사업자의 납세편의를 도모하고, 세무행정상의 능률도 제고된다. 특히 납부를 먼저하고, 환급은 뒤늦게 받아야 하는 경우 발생하는 사업장의 운영자금 압박을 덜어주는 효과가 크다.

② **주사업장의 범위**

No	구 분	주 된 사 업 장
㉠	법인사업자	본점(주사무소 포함) 또는 지점(분사무소 포함) 중 선택 가능
㉡	개인사업자	주사무소만 가능

③ **신청기한**

   ㉠ 계속사업자 : 총괄납부하고자 하는 과세기간 개시 20일 전까지

   ㉡ 신규사업자 : 주사업장의 사업자등록증을 받은 날로부터 20일 이내

   ㉢ 사업장이 하나이나 추가로 사업장을 개설하는 자 : 추가 사업장의 사업 개시일부터 20일(추가 사업장의 사업 개시일이 속하는 과세기간 이내로 한정)

(5) 사업자 단위과세 제도

▶ **제도의 취지** : 최근 전산시스템의 발달로 사업자가 각 사업장의 물류흐름 및 재고관리·원가관리와 회계관리·세무관리 등의 자원을 통합관리(전사적 기업자원 관리설비, ERP)하는 것이 가능함에도 불구하고 각 사업장별로 부가가치세를 신고·납부하는 것은 세무업무의 중복 및 비효율을 초래하였다. 이러한 점을 고려하여 사업자단위로 과세하는 사업자단위과세 제도를 도입하여 납세편의를 도모하기 위한 제도임.

(6) 사업자 단위과세 제도 적용 대상

둘 이상의 사업장이 있는 사업자는 사업자 단위과세 제도를 적용할 수 있다. 일반과세자와 간이과세자는 물론, 공동사업자도 사업자 단위과세 제도를 적용할 수 있다.

No	구 분	주사업장총괄납부제도	사업자단위과세제도
㉠	주사업장(사업자단위 과세 적용사업장)	본점(주사무소)으로 하되, 법인은 지점(분사무소)도 가능	본점(주사무소)만 가능
㉡	사업자등록과 세금계산서 발급과 수취	사업장별로 사업자등록을 하고 그 등록번호로 세금계산서 발급·수취	본점(주사무소)에서 사업자등록을 하고 그 등록번호로 세금계산서 발급·수취
㉢	신고 및 납세지	신고는 사업장별로 하되, 정기신고에 대한 납부(또는 환급)는 주사업장에서 총괄	사업자단위과세 적용 사업장에서 신고·납부
㉣	과세표준 및 세액산정	사업장 단위	사업자 단위

※ 2010. 1. 1 이후 전산시스템(ERP) 설치 여부와 관계없이 신청가능

(7) 사업자단위과세 등록

① 사업자단위 등록 : 둘 이상의 사업장이 있는 사업자는 사업자단위로 해당 사업자의 본점 또는 주사무소 관할 세무서장에게 등록할 수 있다.

② 사업자단위과세 사업자로 변경 등록 : 사업장단위로 등록한 사업자가 사업자단위과세 사업자로 변경하려면 사업자단위과세 사업자로 적용받으려는 과세기간 개시 20일 전까지 사업자의 본점 또는 주사무소 관할 세무서장에게 변경등록을 신청하여야 한다.

(8) 사업자단위과세 제도의 효과

사업자단위과세 제도를 적용받으면 본점 또는 주사무소에서 사업자단위로 부가가치세의 모든 업무를 처리한다.

① 사업자등록번호 : 사업자단위로 등록신청을 한 경우에는 사업자단위과세 적용 사업장에 한 개의 등록번호를 부여한다.

② 세금계산서 교부와 수취 : 본점 또는 주사무소의 등록번호를 기재하여 세금계산서를 발급하고 수취하며, 세금계산서 비고란에는 실제 재화와 용역을 공급하거나 공급받는 종된 사업장의 상호와 소재지를 기재해야 한다.

③ 신고와 납부 : 예정신고, 확정신고, 조기환급신고, 수정신고 및 경정청구 등 부가가치세의 모든 신고·납부 업무는 본점이나 주사무소에서 처리한다.

④ 결정 및 경정 : 본점 또는 주사무소 관할 세무서장이 결정·경정한다.

(9) 사업자단위과세의 포기

사업자단위과세 사업자가 각 사업장별로 신고·납부하거나 주사업장 총괄납부를 하려는 경우에는 그 납부하려는 과세기간 개시 20일 전에 사업자단위 과세 포기신고서를 사업자단위과세 적용 사업장 관할 세무서장에게 제출하여야 하며, 그 포기한 날이 속하는 과세기간의 다음 과세기간부터 각 사업장별로 신고·납부하거나 주사업장 총괄 납부를 하여야 한다.

⑥ 사업자등록(事業者登錄)

(1) **개념** : 사업자등록이란 사업을 새로 개시하는 사업자의 인적사항과 사업사실 등 과세자료를 파악하는 데 필요한 사항을 관할 세무서에 신고하는 절차를 말한다. 신청을 받은 관할 세무서장은 거부사유가 없는 한 사업자등록증을 발급해야 하며, 사업자는 사업자등록번호가 적힌 세금계산서를 발급·수취하여야 한다.

(2) **사업자등록의 목적** : 사업자등록은 과세관청으로 하여금 납세의무자와 그 사업내용 및 과세자료의 파악을 용이하게 하여 근거과세와 세수확보 등 과세행정의 편의를 도모하고 나아가 공평과세를 구현하려는 데에 그 목적이 있다.

(3) **사업자등록의 신청** : 사업자는 사업장마다 사업개시일부터 20일 이내에 사업자등록신청서를 작성하여 사업장 관할 세무서장에게 사업자등록을 신청하여야 한다. 다만, 신규로 사업을 시작하려는 자는 사업 개시일 이전이라도 등록을 신청할 수 있다. 사업자는 사업자등록 신청을 사업장 관할 세무서장이 아닌 다른 세무서장에게도 할 수 있다. 이 경우 사업장 관할 세무서장에게 사업자 등록을 신청한 것으로 본다.

세무 충전소

1. 부가가치세의 과세사업과 면세사업을 겸업하는 사업자는 부가가치세법 제8조에 따른 사업자등록증을 발급받아야 한다. 이 경우 소득세법이나 법인세법에 따른 사업자등록을 별도로 하지 아니한다.
2. 면세사업자가 추가로 과세사업을 겸영하려는 경우는 사업자등록 정정신고서를 제출하면 등록신청을 한 것으로 본다.
3. 면세사업자가 과세사업자로 업종변경을 할 경우에는 사업자등록 정정사유가 아니고 면세사업에 대하여는 폐업을 한 후 신규로 과세사업에 대하여 사업자등록을 하여야 한다.

---

(4) 사업자등록증의 발급

사업자등록 신청을 받은 사업장 관할 세무서장은 신청일부터 2일【2020. 2. 11. 개정】이내(토요일·공휴일 또는 근로자의 날은 산정에서 제외한다.)에 등록번호가 부여된 사업자등록증을 신청자에게 발급하여야 한다. 다만, 사업장시설이나 현황을 확인하기 위하여 국세청장이 필요하다고 인정하는 경우에는 발급기한을 5일 이내에서 연장하고 조사한 사실에 따라 사업자등록증을 발급할 수 있다.

한편, 관할 세무서장은 등록신청의 내용을 보정(補正)할 필요가 있는 때에는 10일 이내의 기간을 정하여 보정을 요구할 수 있다. 보정기간은 등록증 발급기간에 산입하지 아니한다.

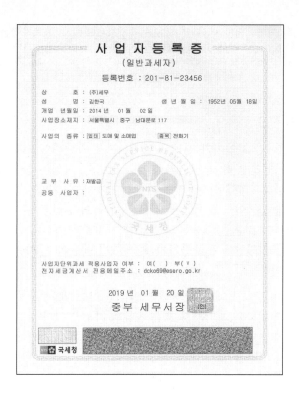

(5) 사업자등록 사항의 변경

사업자등록을 한 사업자는 다음 중 어느 하나에 해당하는 경우에는 지체없이 사업자
등록 정정신고서에 사업자등록증을 첨부하여 관할 세무서장에 제출하여야 하며 정정신
고를 받은 세무서장은 그 내용을 확인하고 사업자등록증을 정정하여 다음 기한 이내에
재발급하여야 한다.

No	사업자등록 정정사유	재교부기한
①	상호를 변경하는 경우	신청일 당일
②	통신판매업자가 사이버몰의 명칭이나 인터넷 도메인 이름을 변경하는 경우	
③	사업자단위과세 적용 사업장을 변경하는 경우	
④	사업자단위과세 사업자가 종된 사업장을 신설하거나 이전하는 경우와 종된 사업장의 사업을 휴업하거나 폐업하는 경우	
⑤	임대인, 임대차목적물·그 면적, 보증금, 임대료 또는 임대차 기간의 변경이 있거나 새로 상가건물을 임차한 경우	
⑥	「법인 또는 법인으로 보는 단체」 외의 단체의 대표자를 변경하는 경우	신청일로부터 3일 이내
⑦	사업의 종류에 변경이 있는 경우	
⑧	상속으로 사업자의 명의가 변경되는 경우	
⑨	공동사업자의 구성원 또는 출자지분이 변경되는 경우	
⑩	사업장(사업자단위과세 사업자의 경우에는 사업자단위과세 적용사업장을 말한다.)을 이전하는 경우	

▶ 사업장과 주소지가 동일한 사업자가 사업자등록 신청서 또는 사업자등록 정정신고서를 제출하면서 「주민등록법」에 따른 주소가 변경되면 사업장의 주소도 변경되는 것에 동의한 경우에는 사업자가 「주민등록법」에 따른 전입신고를 하면 사업자등록 정정신고서를 제출한 것으로 본다. 【2020. 2. 11. 신설 】

(6) 휴업·폐업의 신고

① **휴업** : 휴업이란 사업자가 사업을 일시적으로 중단하였으나 장래에 영업활동을 재개하려고 사업장을 유지·관리하는 것을 말한다. 사업자가 휴업한 때에는 지체없이 관할 세무서장에게 휴업신고서를 제출하여야 하며, 휴업기간 중에 자산을 처분하는 것은 재화의 공급이므로 세금계산서를 발급하여야 하고, 휴업기간에 사업장의 유지관리를 위하여 비용을 지출하고 발급받은 세금계산서의 매입세액은 매출세액에서 공제한다. 휴업기간에도 부가가치세 등 제반 세금의 신고기한이 도래하면 신고·납부를 해야 한다.

② **폐업** : 폐업이란 사업자가 사업을 그만두는 것을 말한다. 한 사업장에서 여러 종류의 사업을 영위하는 사업자가 모든 종류의 사업을 그만 두는 것은 폐업이므로 폐업신고를 해야 하나, 그 중 일부 사업을 폐지하는 것은 사업 종류의 변동이므로 사업자등록 정정 신고를 해야 한다.

③ **폐업신고** : 사업자등록을 한 사업자가 폐업하거나 폐업한 것으로 의제되는 때에는 지체없이 폐업신고서에 사업자등록증과 폐업신고확인서(법령에 따라 허가를 받거나 등록 또는 신고를 하여야 하는 사업만 해당)를 첨부하여 관할 세무서장에게 제출하여야 한다. 다만, 사업자가 부가가치세 확정신고서에 폐업연월일 및 사유를 적고 사업자등록증과 폐업신고확인서를 첨부하여 제출하는 경우에는 폐업신고서를 제출한 것으로 본다.

(7) 미등록에 대한 제재

① **미등록가산세** : 사업개시일로부터 20일 이내에 사업자등록 신청을 하지 아니한 경우에는 사업 개시일로부터 등록을 신청한 날의 직전일까지의 공급가액 합계액의 1%를 가산세로 한다. 한편 사업자가 타인(단, 배우자와 피상속인은 제외)의 명의로 사업자등록을 이용하여 자기 사업을 하는 것으로 확인되는 경우에는 그 타인 명의의 사업개시일부터 실제사업을 하는 것으로 확인되는 날의 직전일까지의 공급가액 합계액의 1%를 가산세로 한다.

② **등록 전 매입세액불공제** : 사업자등록을 신청하기 전의 거래에 대한 매입세액은 매출세액에서 공제하지 아니한다. 다만, 공급시기가 속하는 과세기간이 지난 후 20일 이내에 등록을 신청한 경우 등록신청일부터 공급시기가 속하는 과세기간 기산일(1월 1일 또는 7월 1일)까지 역산한 기간 이내의 매입세액은 공제한다.

② 과세거래

부가가치세의 과세대상은 각 거래단계에서 창출한 부가가치이다. 하지만 현행 부가가치세 법은 부가가치세의 과세대상은 재화 또는 용역의 공급과 재화의 수입이다. 그러나 재화 또는 용역 그 자체가 과세대상이 아니고 공급과 수입이라는 거래행위가 있어야 하는데 이들을 총 칭하여 '과세거래'라고 한다.

(1) 과세대상

No.	구 분	내 용
(1)	재화의 공급	사업자가 공급하는 것에 한함
(2)	용역의 공급	사업자가 공급하는 것에 한함(유상공급에 한함)
(3)	재화의 수입	사업자 여부 및 수입 용도와 관계없이 과세

(2) 재화의 범위 : 재화란 재산 가치가 있는 물건 및 권리를 말하므로 물, 흙, 퇴비 등은 재화의 범위에 포함하며, 재산가치가 없는 것은 재화의 범위에 포함하지 아니한다.

① 물건 : 상품, 제품, 원료, 기계, 건물 등 모든 유형적 물건(유체물)과 전기, 가스, 열 등 관리할 수 있는 자연력

② 권리 : 광업권, 특허권, 저작권 등 위 ①번의 물건 외에 재산적 가치가 있는 모든 것

> **세 무 충전소**
>
> ▶ 화폐·수표·어음 등 화폐대용증권 및 상품권과 주식·사채 등의 유가증권은 소비의 대상이 되지 않으므로 과세 대상이 아니나, 화물상환증·선하증권·창고증권 등의 물품증권은 재화의 소유권을 나타내므로 과세대상이다. 또한 외상매출금, 대여금과 같은 금전채권을 양도한 경우에도 과세대상이 아니다.

(3) 용역의 범위 : 용역이란 재화 외에 재산 가치가 있는 모든 역무(役務, service)와 그 밖의 행위를 말하는 것으로 건설업, 숙박 및 음식점업, 운수업, 방송통신 및 정보서비스업, 금융 및 보험업, 부동산업 및 임대업과 교육서비스업, 전문, 과학 및 기술 서비스업과 사업시설 관리 및 사업지원 서비스업, 공공행정, 국방 및 사회보장행정, 보건 및 사회복지 서비스업, 예술, 스포츠 및 여가관련 서비스업, 협회 및 단체, 수리 및 기타 개인서비스업, 가구내 고용활동 및 달리 분류되지 않은 자가소비 생산활동, 국제 및 외국기관의 사업 등이 포함된다.

① 재화의 공급

재화의 공급이란 계약상 또는 법률상의 모든 원인에 따라 재화를 인도하거나 양도하는 것을 말하며, 재화의 공급은 실질공급(일반적인 공급=유상공급)과 간주공급(공급특례=무상공급)으로 구분한다.

(1) 재화의 실질적 공급

No	구 분	내 용
①	매 매 거 래	현금판매, 외상판매, 할부판매, 장기할부판매, 조건부 및 기한부 판매, 위탁판매와 그 밖의 매매계약에 따라 재화를 인도하거나 양도하는 것
②	가 공 거 래	자기가 주요자재의 전부 또는 일부를 부담하고 상대방으로부터 인도받은 재화를 가공하여 새로운 재화를 만드는 가공계약에 따라 재화를 인도하는 것 (주요자재를 전혀 부담하지 않은 경우는 용역의 공급으로 본다.)
③	교 환 거 래	재화의 인도대가로서 다른 재화를 인도 받거나 용역을 제공받는 교환계약에 따라 재화를 인도하거나 양도하는 것
④	기 타 거 래	경매(법에 따른 경매는 재화의 공급이 아님), 수용, 대물변제, 현물출자와 그 밖의 계약상 또는 법률상의 원인에 따라 재화를 인도하거나 양도하는 것

▶ 재화를 폐품처리하거나 수재·화재·도난·감모로 재화가 없어진 경우에는 재화의 공급이 아니다.

(2) 재화의 간주공급(재화 공급의 특례)

매입세액을 공제받은 재화를 보유하다가 매입세액이 불공제되는 용도(거래처 증정 등)로 전용하면 전용시 과세거래로 보는 데, 이를 간주공급(재화공급의 특례)이라고 한다.

① **자가 공급** : 자가공급이란 사업자가 자기의 과세사업과 관련하여 생산·취득한 재화를 자기의 사업을 위하여 사용·소비하는 것을 말한다. 이것은 어떤 거래상대방에게 재화를 인도 또는 양도하는 것이 아니므로 본래 재화의 공급에 해당하지 않아 과세하지 아니하나, 다음의 3가지 경우에는 재화의 공급으로 간주(의제)하여 예외적으로 과세한다.

No	구 분	내 용
①	면세전용	과세사업과 면세사업을 겸영하는 사업자가 자기의 과세사업과 관련하여 생산·취득한 재화(매입세액을 공제받은 재화, 수출 해당 영세율 적용 재화)를 자기의 면세사업을 위하여 직접 사용·소비하는 것(예 전세버스운송업과 시내버스운송업을 겸영하는 사업자가 전세버스운송업에서 사용하던 정비기계를 시내버스운송업에 사용하는 경우)
②	비영업용 소형승용자동차와 그 유지를 위한 재화	사업자가 자기생산·취득재화를 매입세액이 불공제되는 비영업용 소형승용자동차로 사용 또는 소비하거나 그 자동차의 유지를 위하여 사용 또는 소비하는 것과 운수업, 자동차판매업, 자동차임대업, 운전학원업, 기계경비업(출동차량에 한함) 그 밖에 이와 유사한 업종의 사업을 경영하는 사업자가 비영업용 소형승용자동차의 유지를 위한 재화를 해당 업종에 직접 영업으로 사용하지 아니하고 다른 용도로 사용하는 것
③	판매목적 타사업장 반출	사업장이 둘 이상인 사업자가 자기사업과 관련하여 생산 또는 취득한 재화를 판매할 목적으로 자기의 다른 사업장(직매장)에 반출하는 것

▶ **소형승용자동차의 범위**(비영업용 소형승용자동차는 개별소비세 과세대상승용차라고도 한다.)
  ① 승용자동차 : 정원 8인 이하의 자동차(배기량 1,000cc 이하 경차 제외)
  ② 이륜자동차 : 총배기량이 125cc를 초과하는 것에 한함
  ③ 캠핑용 자동차(캠핑용 트레일러 포함)   ④ 전기승용자동차(정원 8인 이하)

> **세 무 충전소 - 1**
>
> ▶ 다음 중 재화의 공급(자기공급)으로 보아 과세대상으로 보는 것은?
> ⓐ 매입세액 공제를 받은 원유를 정제해서 만든 휘발유를 비영업용 소형승용차의 연료로 사용하다.
> ⓑ 매입세액 공제를 받은 원유를 정제해서 만든 경유를 유류 운반용 화물차의 연료로 사용하다.
> ⓒ 매입세액 공제를 받은 원유를 정제해서 만든 등유를 동절기 난방용 연료로 사용하다.
> ⓓ 상품 홍보를 위한 진열 등의 목적으로 자기의 다른 사업장으로 반출한 재화
> ⓔ 자기의 다른 사업장에 제품 생산을 위한 원료 또는 자재로 사용하기 위해 반출한 재화
> ⓕ 판매를 목적으로 다른 사업장으로 반출한 재화
>
> 【해답】 ⓐ와 ⓕ는 과세, ⓑ, ⓒ, ⓓ, ⓔ는 비과세

② **개인적 공급** : 사업자가 자기생산·취득재화를 사업과 직접적인 관계없이 자기의 개인적인 목적이나 그 밖의 다른 목적을 위하여 사용·소비하거나 그 사용인 또는 그 밖의 자가 사용·소비하는 것으로서 사업자가 그 대가를 받지 아니하거나 시가보다 낮은 대가를 받는 경우는 재화의 공급으로 본다. 이 경우 사업자가 실비 변상적이거나 복리후생적인 목적으로 그 사용인에게 대가를 받지 아니하거나 시가보다 낮은 대가를 받고 제공하는 것[사업을 위해 착용하는 작업복, 작업모 및 작업화로 소비하거나 직장 연예 및 직장 문화와 관련된 재화를 제공하는 경우 및 경조사(설날·추석, 창립기념일 및 생일 등)와 관련된 재화로서 사용인 1명당 연간 10만 원 이하의 재화를 제공하는 경우]은 재화의 공급으로 보지 아니한다.(단, 연간 10만원 초과금액은 재화의 공급으로 본다.)【개정】

> **세 무 충전소 - 2**
>
> ▶ 다음 중 재화의 공급(개인적 공급)으로 보아 과세대상으로 보는 것은? 모든 재화는 매입세액 공제를 받은 것이다.
> ⓐ 추석을 맞이하여 종업원 1인 당 9만 원 상당의 제주흑돈 선물세트를 제공하다.
> ⓑ 창립기념 체육대회에서 종업원들에게 도시락과 음료수를 제공하다.
> ⓒ 체육대회를 위해 단체 체육복과 모자를 구입하여 종업원들에게 제공하다.
> ⓓ 체육대회를 종료하면서 경품을 추첨하여 당첨된 종업원에게 아이패드를 증정하다.
> ⓔ 창립기념일을 맞이하여 장기간 근속한 종업원에게 황금열쇠(100만 원 상당)를 증정하다.
> ⓕ 작업복, 작업모, 작업화를 구입하여 종업원들에게 증정하다.
>
> 【해답】 ⓓ와 ⓔ는 과세(단, 매입세액공제를 받지 않은 경우는 비과세), ⓐ, ⓑ, ⓒ, ⓕ는 비과세

③ **사업상 증여** : 사업자가 자기의 사업과 관련하여 생산하거나 취득한 재화를 자기의 고객이나 불특정 다수에게 증여하는 것은 재화의 공급으로 본다. 다만, 사업자가 사업을 위하여 증여하는 것으로서 다음은 재화의 공급으로 보지 아니한다.

ㄱ 매입세액이 불공제된 재화(단, 판매목적 타사업장 반출은 간주공급으로 본다.)
ㄴ 사업을 위하여 대가를 받지 아니하고 다른 사업자에게 인도하거나 양도하는 견본품
ㄷ 재난 및 안전관리기본법의 적용을 받아 특별재난지역에 공급하는 물품
ㄹ 광고선전용으로 불특정 다수인에게 무상으로 배포하는 재화
ㅁ 사업자가 고객에게 물품 구입 시 증정하는 기증품과 같은 부수재화
ㅂ 자기적립마일리지 등으로만 전부를 결제받고 공급하는 재화

세 무 충전소 - 3

▶ 다음 중 재화의 공급(사업상 증여)로 보아 과세대상으로 보는 것은? 모든 재화는 매입세액 공제를 받은 것이다.

ⓐ 바이러스에 감염된 00지역에 비말차단 마스크 10,000장을 기증하다.
ⓑ 회사 고객 중 추첨을 통하여 당첨된 자에게 노트북을 경품으로 제공하다.
ⓒ 판매 촉진을 위해 거래처에 판매장려금을 지급하다.
ⓓ 상품을 일정액 이상 많이 구입하는 고객에게 그 구입액의 비율에 따라 기증품을 제공하다.
ⓔ 회사명이 인쇄된 소모성 홍보물(물티슈 등)을 불특정다수인에게 증정하다.

【해답】 ⓑ와 ⓒ는 특정인에 대한 제공이므로 과세, ⓐ, ⓓ, ⓔ는 비과세

④ **폐업 시 잔존재화** : 사업자가 폐업(폐업의제 포함)하는 경우 사업장에 남아 있는 재화는 자기에게 공급하는 것으로 본다.

⑤ **신탁재산의 수탁자 명의로 매매** : 신탁재산을 수탁자의 명의로 매매할 때에는 위탁자가 직접 재화를 공급하는 것으로 본다. 다만, 위탁자의 채무이행을 위하여 수탁자가 신탁재산을 처분하는 경우에는 수탁자가 재화를 공급하는 것으로 본다.

(3) 재화의 공급으로 보지 아니하는 것

No	구 분	내 용
①	담보 제공	질권, 저당권 또는 양도담보의 목적으로 동산, 부동산 및 부동산상의 권리를 제공하는 것
②	사업 양도	사업장별로 그 사업에 관한 모든 권리와 의무를 포괄적으로 승계시키는 것
③	조세의 물납(物納)	상속세 및 증여세, 지방세와 종합부동산세 등을 금전 대신 유가증권이나 부동산 등으로 물납하는 것
④	신탁재산의 소유권 이전	위탁자로부터 수탁자에게 신탁재산을 이전하는 경우와 신탁의 종료로 인하여 수탁자로부터 위탁자에게 신탁재산을 이전하는 경우 및 수탁자가 변경되어 새로운 수탁자에게 신탁재산을 이전하는 경우

▶ 이외에 공매 및 강제집행에 따른 재화 공급, 수용된 재화의 대가를 받는 경우, 위탁가공을 위한 원자재의 국외 반출, 한국석유공사 비축용 석유를 외국법인에 소비대차로 공급하는 경우, 창고증권의 양도, 정비사업조합이 공급하는 토지 및 구축물은 재화의 공급으로 보지 아니한다.

② 용역의 공급

용역의 공급이란 계약상 또는 법률상의 모든 원인에 따라 역무(役務,service)를 제공하거나 시설물, 권리 등 재화를 사용하게 하는 것을 말한다.(유상공급만이 과세)

(1) 용역공급의 범위

① 건설업자가 건설자재의 전부 또는 일부를 부담하는 것
② 자기가 주요자재를 전혀 부담하지 아니하고 상대방으로부터 인도받은 재화를 단순히 가공만 해주는 것(배추를 제공받아 소금, 조미료, 고추 등을 부담하여 완성김치를 제공)
③ 산업상·상업상 또는 과학상의 지식·경험 또는 숙련에 관한 정보를 제공하는 것

(2) 용역 공급의 특례

① 사업자가 자신의 용역을 자기의 사업을 위하여 대가를 받지 아니하고 공급함으로써 다른 사업자와의 과세형평이 침해되는 경우에는 자기에게 용역을 공급하는 것으로 본다. 이 경우 그 용역의 범위는 대통령령으로 정한다.
② 사업자가 대가를 받지 아니하고 타인에게 용역을 공급하는 것은 용역의 공급으로 보지 아니한다. 단, 사업자가 특수관계인(법인세법과 소득세법의 특수관계인을 말한다.)에게 <u>사업용 부동산 임대용역을 무상으로 공급하는 것은 용역의 공급으로 본다.</u> 다만, 산학협력단과 대학 간 사업용부동산의 임대용역 및 공공주택특별법에 의한 부동산투자회사(국가, 지방자치단체, 한국토지주택공사 등) 간 사업용 부동산의 임대용역은 과세거래로 보지 아니한다.
③ 고용관계에 따라 근로를 제공하는 것은 용역의 공급으로 보지 아니한다.

③ 재화의 수입

재화의 수입이란 다음 어느 하나에 해당하는 물품을 국내에 반입하는 것(보세구역을 거치는 것은 보세구역에서 반입하는 것)으로 한다.

(1) 외국으로부터 국내에 도착한 물품(외국의 선박에 의하여 공해에서 채취되거나 잡힌 수산물을 포함한다.)으로서 수입신고가 수리되기 전의 것
(2) 수출신고가 수리(受理)된 것으로서 선적이 완료된 물품(선적되지 않은 물품을 보세구역으로부터 반입하는 경우는 제외)이 수출계약이 취소되어 국내로 반입되는 경우

④ 공급시기

공급시기는 재화 또는 용역의 공급이 어느 과세기간에 귀속하는지를 결정하는 시간적 기준으로서 공급시기를 잘못 판단할 경우에는 공급자 및 공급받는 자 모두에게 가산세 및 매입세액불공제 등의 불이익이 뒤따르므로 중요한 기준이다.

(1) 재화의 공급시기

(가) 일반적인 기준

No	구 분	공 급 시 기
①	재화의 이동이 필요한 경우	재화가 인도되는 때
②	재화의 이동이 필요하지 아니한 경우	재화가 이용 가능하게 되는 때
③	위 규정을 적용할 수 없는 경우	재화의 공급이 확정되는 때

(나) 거래형태별 재화의 공급시기

No	구 분		공 급 시 기
①	현금판매, 외상판매 및 할부판매		재화가 인도되거나 이용 가능하게 되는 때
②	상품권 등을 현금 또는 외상으로 판매하고 그 후 그 상품권 등이 현물과 교환되는 경우		재화가 실제로 인도되는 때
③	장기할부판매, 완성도기준지급, 중간지급조건부 또는 전력이나 그 밖에 공급단위를 구획할 수 없는 재화(도관에 의한 가스공급 등)를 계속적으로 공급하는 경우		대가의 각 부분을 받기로 한 때
④	반환조건부 판매, 동의조건부 판매, 그 밖의 조건부 판매 및 기한부 판매		그 조건이 성취되거나 기한이 지나 판매가 확정되는 때
⑤	위탁판매		수탁자의 공급을 기준으로 공급시기를 판단
⑥	재화의 공급으로 보는 가공의 경우		가공된 재화를 인도하는 때
⑦	면세전용, 비영업용 소형승용자동차와 그 유지를 위한 재화, 개인적 공급		재화가 사용·소비되는 때
⑧	판매목적 타사업장 반출		재화를 반출하는 때
⑨	사업상 증여		재화를 증여하는 때
⑩	폐업시 잔존재화 또는 폐업일 이후 공급시기가 도래하는 경우		폐업일
⑪	무인판매기에 의한 재화공급		무인판매기에서 현금을 꺼내는 때
⑫	수출재화	내국물품의 외국반출 및 중계무역방식의 수출	수출재화의 선(기)적일
		원양어업 및 위탁판매수출	수출재화의 공급가액이 확정되는 때
		위탁가공무역 방식의 수출 및 외국인도수출, 국외위탁가공원료의 반출	외국에서 재화가 인도되는 때
⑬	보세구역 내에서 보세구역 밖의 국내에 재화를 공급하는 경우		수입신고 수리일
⑭	리스자산		재화를 직접 공급받거나 수입하는 때

(2) 용역의 공급시기

(가) 일반적인 기준

용역의 공급시기는 역무의 제공이 완료되거나 시설물, 권리 등 재화가 사용되는 때로 한다.

(나) 거래형태별 용역의 공급시기

No	구　분	
①	통상적인 공급	역무의 제공이 완료되는 때
②	장기할부, 완성도기준지급, 중간지급 또는 그 밖의 조건부로 용역을 공급하거나 공급단위를 구획할 수 없는 용역을 계속적으로 공급하는 경우	대가의 각 부분을 받기로 한 때
③	부동산 임대용역	임대료를 받기로 한 날
④	간주임대료(임대보증금으로 계산한 이자상당액)	예정신고기간 또는 과세기간 종료일
⑤	둘 이상의 과세기간에 걸쳐 부동산임대용역을 공급하고 그 대가를 선불 또는 후불로 받는 경우에 월수로 안분계산한 임대료	예정신고기간 또는 과세기간 종료일
⑥	스포츠센터 등에서 선불로 받은 연회비 등	예정신고기간 또는 과세기간 종료일
⑦	BOT 방식을 준용하여 설치한 시설을 둘 이상의 과세기간에 걸쳐 이용하게 한 경우	예정신고기간 또는 과세기간 종료일
⑧	폐업 전에 공급한 용역의 공급시기가 폐업일 이후에 도래하는 경우	폐업일
⑨	역무의 제공이 완료되는 때 또는 대가를 받기로 한 때를 공급시기로 볼 수 없는 경우	역무의 제공이 완료되고 그 공급가액이 확정되는 때

세 무 충전소

1. 부동산 임대업자가 공급시기가 도래하기 전에 선불로 받은 대가에 대하여 임차인에게 세금계산서 또는 영수증을 발급하는 때에는 그 발급한 때를 공급시기로 본다.
2. **BOT**(Build-Operate-Transfer)**방식** : 사회기반시설의 준공 후 일정기간 동안 사업시행자에게 해당 시설의 소유권이 인정되나 그 기간이 만료되면 시설의 소유권이 국가 또는 지방자치단체에 귀속되는 방식(사회기반시설에 대한 민간투자법 제4조 : 민간투자사업의 추진 방식)

③ 영세율과 면세

① 영세율

(1) **개념** : 영세율이란 재화 또는 용역의 공급에 대한 매출세액을 '0(영)'으로 할 뿐만 아니라 그 거래의 전단계 매입세액을 공제하면 납부할 세액이 마이너스(−)가 되므로 결국 매입세액을 환급받게 되어 부가가치세 부담을 완전히 제거하는 완전면세제도를 말한다. 영세율은 국제거래에 대하여 적용되나, 외화획득의 장려 등 정책적 목적에서 국내거래에 적용하기도 한다.

(2) **영세율 적용 대상**

No	구 분	내 용
①	수출하는 재화	직수출·중계무역방식의 수출·위탁판매수출·외국인도수출·위탁가공무역방식의 수출(유·무상 불문, 견본품은 과세), 국외위탁가공 원료의 반출
		대행위탁수출(수출대행수수료는 과세)
		내국신용장 또는 구매확인서에 의한 수출(금지금 제외)
		수탁가공무역에 사용할 재화를 공급하는 경우
		한국국제협력단·한국국제보건의료재단 또는 대한적십자사에 공급하는 재화
②	국외제공 용역	대가의 수취방법이나 거래상대방에 관계없이 용역 제공 장소가 국외인 경우(예 : 해외건설용역)
③	외국항행 용역	선박 또는 항공기에 의하여 여객이나 화물을 국내에서 국외로, 국외에서 국내로 또는 국외에서 국외로 수송하는 것
④	기타 외화획득 재화·용역	국내에서 비거주자 또는 외국법인에게 공급하는 재화 또는 용역
		수출재화 임가공용역
		외국공관, 외교관, 외항선박 등에 공급하는 재화 또는 용역
		외국인 관광객에게 공급하는 관광알선 용역과 관광기념품
		외국인 전용판매장 및 유흥음식점을 영위하는 사업자
		병원 등 보건업이 해외제약사 등에 제공하는 임상시험용역

세 무 충전소

1. **신용장**(Letter of Credit L/C) : 무역거래의 대금지불 및 상품 수입의 원활을 기하기 위한 것으로, 국내거래에서 신용장개설의뢰인(수업업자)의 의뢰에 의하여 수입업자의 거래은행이 수출업자가 수입업자 앞으로 발행하는 환어음의 인수·지급을 보증하는 서류이다.
2. **내국신용장**(Local L/C) : 사업자가 국내에서 수출용 원자재, 수출용 완제품 또는 수출재화 임가공 용역을 공급받으려는 경우에 해당 사업자의 신청에 따라 외국환은행의 장이 재화나 용역의 공급시기가 속하는 과세기간이 끝난 후 25일(그 날이 공휴일 또는 토요일인 경우에는 바로 다음 영업일을 말한다.) 이내에 개설하는 신용장을 말한다.
3. **구매확인서** : 외국환은행의 장이나 전자무역기반사업자가 내국신용장에 준하여 재화나 용역의 공급시기가 속하는 과세기간이 끝난 후 25일(그 날이 공휴일 또는 토요일인 경우에는 바로 다음 영업일을 말한다.) 이내에 발급하는 확인서를 말한다.
4. **금지금**(金地金) : 금괴, 골드바 등 원재료로서 순도가 99.5% 이상인 금을 말한다.

② 면세

(1) 개념 : 면세란 국민복지의 증진, 문화소비의 촉진, 조세부담의 역진성 완화, 중복과세의 방지 등의 목적으로 특정 재화 또는 용역의 공급 및 재화의 수입에 대하여 부가가치세를 면제하는 것을 말한다. 이 경우 해당 거래의 매출세액이 존재하지 않으며, 이를 생산·취득하기 위하여 부담한 전단계의 매입세액은 환급하지 아니한다. 그러므로 면세사업자는 매입세액을 부대비용으로 처리해야 한다. 이와 같은 이유로 면세제도를 부분면세제도 또는 불완전면세제도라고 한다.

> **세 무 충전소**
>
> ▶ **역진성 완화** : 부가가치세는 모든 재화와 용역에 대해 과세하고 세율도 비례세율이므로 소득이 낮은 자가 소득이 높은 자보다 세부담이 많으므로 조세부담이 역진적이다. 따라서, 역진성을 완화하기 위하여 기초 생활 필수품 등은 부가가치세를 면제해주는 것이다.

(2) 면세 대상

No	구 분	내 용
①	기초생활 필수품·용역	㉠ 미가공 식료품(국내산, 외국산 포함, 가공된 식료품은 과세) ㉡ 국내 생산된 비식용 미가공 농·축·수·임산물(외국산 과세) ㉢ 수돗물(항구, 항만의 선박 등에 공급하는 물은 과세 또한 생수는 과세) ㉣ 연탄과 무연탄(유연탄·갈탄·착화탄·숯·톱밥·목탄 등은 과세) ㉤ 주택과 이에 부수되는 토지의 임대용역 ㉥ 여객운송용역[지하철, 시내버스, 시외일반고속버스 등] 단, 항공기, 시외 우등고속버스, 전세버스, 택시, 자동차대여사업, 특수자동차, 특종선박, 고속철도, 선박에 의한 여객운송용역(차도선형여객선 면세), 삭도(케이블카), 관광유람선, 관광순환버스, 관광궤도, 관광사업을 목적으로 하는 일반철도에 의한 여객운송용역은 과세【2020. 10. 7. 개정】 ㉦ 여성용 생리처리 위생용품
②	국민후생용역	㉠ 의료보건용역(성형수술과 단순의약품 판매는 과세)과 혈액 ㉡ 교육용역(무도학원과 자동차운전학원은 과세) ㉢ 우표(수집용 제외)·인지·증지·복권·공중전화 ㉣ 법 소정담배(20개비당 200원 이하인 것, 일반담배는 과세) ㉤ 공동주택 어린이집의 임대 용역
③	문화관련 재화·용역	㉠ 도서(도서대여용역 포함) 신문(인터넷신문 포함)·잡지·관보·뉴스통신 및 방송(광고는 과세) ㉡ 예술창작품(미술, 음악, 사진, 연극 또는 무용에 속하는 창작품. 단, 골동품은 제외)·예술행사·문화행사·아마추어 운동경기(영리를 목적으로 하지 아니하는 것) ㉢ 도서관·과학관·박물관·미술관·동물원·식물원(해양수족관 포함)·전쟁기념관에의 입장(단, 오락유흥시설은 제외)
④	부가가치구성 요소 용역	㉠ 토지의 공급(토지의 임대는 과세) ㉡ 법 소정 인적용역(저술가·작곡가 등이 직업상 제공하는 인적용역 등) 단, 변호사·회계사·세무사 등은 과세이나 국선변호·국선대리·법률구조·후견사무용역은 면세 ㉢ 금융·보험용역(종전 면세대상이던 보호예수, 금전신탁업, 투자일임업, 투자자문업, 보험 및 연금계리용역 등은 금융업 본래의 목적이 아니므로 과세)

No	구 분	내 용
⑤	기타 재화·용역	㉠ 종교, 자선, 학술, 구호 등의 공익목적 단체가 공급하는 재화·용역(그 연구와 관련하여 실비 또는 무상공급하는 재화 또는 용역 포함) ㉡ 국가·지방자치단체·지방자치단체조합이 공급하는 재화·용역 ㉢ 국가·지방자치단체·지방자치단체조합 또는 공익단체에 무상으로 공급하는 재화·용역 ㉣ 국민주택 및 그 주택의 건설용역(리모델링 용역 포함) 단, 국민주택규모 초과 주택의 공급은 과세 ㉤ 영유아용 기저귀 · 분유(액상형태의 분유 포함) ㉥ 온실가스배출권과 외부사업 온실가스 감축량 및 상쇄배출권 ㉦ 개인택시 운송사업용으로 간이과세자에게 공급하는 자동차 ㉧ 농업 · 임업 · 어업에 사용하는 석유류(면세류) 및 연안여객선박(관광목적 여객선박 과세)에 사용할 목적으로 한국해운조합에 직접 공급하는 석유류(면세류)

세 무 충전소

1. 면세되는 단순가공식료품은 김치, 단무지, 장아찌, 젓갈류, 게장, 두부, 메주, 간장, 된장, 고추장을 가르킨다.(단, 특수포장한 것은 과세)
2. 조미료, 향신료(고추, 후추 등)를 가미하여 가공처리한 식료품(맛김, 조미멸치 등의 어포류)에 대해서는 면세하지 않는다.
3. 미용성형수술에 대한 과세 확대 : 쌍꺼풀수술, 코성형수술, 유방확대 · 축소술(유방암 수술에 따른 유방 재건술은 면세), 지방흡인술, 주름살제거술, 안면윤곽술, 치아성형술, 여드름치료술, 탈모치료술 등
4. 종전에는 애완동물 진료용역도 면세였으나 인간의 질병치료에 한하여 면세하는 국제기준에 따라 2011. 7. 1부터 애완동물 진료용역을 과세로 전환하였다. 다만, 수급자가 기르는 동물의 진료용역은 종전과 같이 면세한다.
5. 과세되는 선박에 의한 여객운송용역에는 수중익선(쾌속정) · 에어쿠션선 · 자동차운송 겸용 여객선 · 항해시속 20노트 이상의 여객선을 말하며 면세되는 차도선형((車渡船型)여객선이란 자동차운송 겸용 여객선 중 차량탑재구역이 상시 개방되어 있고 주로 선수문(船首門)을 통하여 승객이 타고 내리거나 차량을 싣고 내리게 되어 있는 여객선을 말한다.
6. **면세포기대상** : 영세율 적용대상인 재화·용역과 학술연구단체나 기술연구단체가 학술연구나 기술연구와 관련하여 공급하는 재화·용역 / 한편 면세포기신고를 한 사업자는 신고한 날로부터 3년간은 부가가치세의 면제를 받지 못하며, 3년이 지난 후 면세 재적용은 다시 신청을 해야 한다.

③ 영세율과 면세의 차이

No	구 분		영 세 율	면 세
(1)	취지(목적)		소비지국 과세원칙의 구현	부가가치세의 역진성 완화
(2)	적용 범위		수출 등 외화획득거래	주로 기초생활필수품
(3)	면세 정도		완전면세제도	부분면세제도
(4)	매출세액과 매입세액	매출세액	매출세액 없음	매출세액 없음
		매입세액	환급됨	환급되지 않음
(5)	사업자 등록 의무		부가세법에 따라 등록	소득세법·법인세법에 따라 등록
(6)	거래 증빙서류 발급		세금계산서 발급	계산서 발급
(7)	부가세 신고·납부		의무 있음	의무 없음

4 과세표준과 납부세액

1 과세표준

(1) 일반적인 기준 : 재화 또는 용역의 공급에 대한 부가가치세의 과세표준은 해당 과세기간에 공급한 재화 또는 용역의 공급가액을 합한 금액으로 한다. 공급가액이란 대금, 요금, 수수료, 그 밖에 어떤 명목이든 상관없이 재화 또는 용역을 공급받는 자로부터 받는 금전적 가치가 있는 모든 것을 포함하되, 부가가치세는 포함하지 아니한다. 공급가액에 포함되는 것을 예시하면 다음과 같다.

① 할부판매 및 장기할부판매의 이자상당액
② 대가의 일부로 받는 운송비·포장비·하역비·운송보험료·산재보험료
③ 개별소비세, 주세 및 교통·에너지·환경세가 과세되는 재화 또는 용역에 대하여는 해당 개별소비세·주세·교통·에너지·환경세 및 그에 대하여 부과되는 교육세 및 농어촌특별세 상당액

No	구 분	내 용
㉮	금전으로 대가를 받는 경우	그 대가를 공급가액으로 한다.
㉯	금전 이외의 대가를 받는 경우	자기가 공급한 재화 또는 용역의 시가

세 무 충전소

1. 공급가액과 과세표준의 개념이 다르다 … 종전에는 공급가액과 과세표준을 혼용하여 사용하였으나 2013. 7. 1 개정으로 이를 구별한다. 즉, 개별거래의 대가를 공급가액이라 하고, 과세기간의 공급가액을 합한 금액을 과세표준이라 한다. (예) 사업자가 3월 6일에 2억원, 4월 3일에 3억원의 재화를 공급한 경우 개별거래 대가인 2억원과 3억원이 공급가액이고 제1기 과세기간의 공급가액을 합한 5억원을 과세표준이라 한다.

2. 공급가액과 공급대가의 구분

	구 분	부가가치세포함여부	과세표준
①	공급가액	포함되지 않은 금액	공급가액 그대로 과세표준 계산에 사용
②	공급대가	포함된 금액	공급대가에 100/110을 곱한 금액을 공급가액으로 함.

㉰ **부당행위계산의 부인** : 사업자가 특수관계인(법인사업자는 법인세법, 개인사업자는 소득세법상 특수관계인을 말한다.)에게 재화나 용역을 공급하고 부당하게 낮은 대가를 받거나 대가를 받지 않은 경우에는 다음과 같이 공급가액을 계산한다.

No	구 분	저가공급	무 상 공 급
㉠	재화의 공급	시 가	시 가
㉡	용역의 공급	시 가	과세하지 않음(단, 사업용 부동산의 무상임대는 시가)

(2) 공급가액에 포함되지 않는 금액(차감하는 항목)

① 부가가치세

② 매출에누리, 매출환입 및 매출할인

③ 공급받는 자에게 도달하기 전에 파손·훼손 또는 멸실된 재화의 가액

④ 국고보조금과 공공보조금

⑤ 반환 조건부 용기대금과 포장비용

⑥ 대가와 구분하여 기재한 종업원의 봉사료

⑦ 공급받는 자가 부담하는 원자재 등의 가액

⑧ 공급대가의 지급지연으로 인한 연체이자

(3) 과세표준에서 공제하지 않는 금액

① 채무자의 파산 등으로 인한 대손금(단, 일정한 요건을 구비한 경우에는 회수불능한 부가가치세를 매출세액에서 공제하는데, 이를 대손세액공제라고 한다.)

② 판매촉진을 위하여 거래수량 또는 거래금액에 따라 지급하는 장려금(단, 현물로 지급하는 경우에는 사업상 증여이므로 현물의 시가를 과세표준에 포함한다.)

③ 하자보증을 위하여 공급받는 자에게 보관시키는 하자보증금

(4) 거래형태별 공급가액

No	거 래 유 형	공 급 가 액
①	외상판매, 할부판매	공급한 재화의 총 가액
②	장기할부판매, 완성도기준지급조건부, 중간지급조건부 또는 계속적으로 재화나 용역을 공급하는 경우	계약에 따라 받기로 한 대가의 각 부분
③	기부채납과 공유수면매립용역	– 기부채납 : 기부채납된 가액 – 공유수면매립용역 : 매립공사에 소요된 총사업비
④	위탁가공무역에 의한 수출	완성된 제품의 인도가액
⑤	재화의 수입	관세의 과세가격과 관세·개별소비세·주세·교통·에너지·환경세·교육세 및 농어촌특별세의 합계액
⑥	사업자가 보세구역 내에 보관된 재화를 공급하고, 공급받은 자가 그 재화를 보세구역으로부터 반입하는 경우	해당 재화의 공급가액에서 세관장이 부가가치세를 징수하고 발급한 수입세금계산서에 적힌 공급가액을 뺀 금액(이중과세 방지)
⑦	외국통화로 대가를 받는 경우	– 공급시기가 되기 전에 원화로 환가한 경우 : 환가한 금액 – 공급시기 이후에 외국통화나 그 밖의 외국환의 상태로 보유하거나 지급받은 경우 : 공급시기의 기준환율 또는 재정환율에 따라 계산한 금액

② 부가가치세의 납부세액

납부세액이란 부가가치세의 공급가액의 신고와 함께 정부에 납부해야 할 세액을 말한다. 부가가치세법이 전단계세액공제 방법을 채택하고 있으므로 사업자가 납부해야 할 부가가치세액(납부세액)은 자기가 공급한 재화 또는 용역에 대한 매출세액(과세표준×세율)에서 자기의 사업을 위하여 사용되었거나 사용될 재화 또는 용역을 매입할 때 부담한 매입세액을 공제하여 계산한다. (이렇게 계산한 납부세액이 부(−)의 숫자가 되는 경우, 즉 매입세액이 매출세액을 초과하는 경우에는 그 초과하는 금액을 환급세액으로 한다.)

> 납부세액 = 매출세액(공급가액×세율) − 매입세액(매출세액 > 매입세액)

이렇게 계산된 납부세액이 그대로 정부에 납부할 세액이 되는 것이 아니라 이 납부세액에서 가산세 등을 가산하고 공제할 세액 등을 차감한 금액이 실제로 정부에 납부할 세액이 되는 것으로 다음과 같은 과정으로 계산된다.

$$
\begin{array}{r}
\text{매출세액} \\
(-)\,\text{매입세액} \\
\hline
\text{납부세액} \\
(+)\quad\text{가산세} \\
(-)\,\text{공제세액} \\
\hline
\text{차가감납부세액}
\end{array}
$$

③ 공제하지 아니하는 매입세액(매입세액 불공제)

사업자가 사업을 위하여 사용되었거나 사용될 재화 또는 용역을 공급받거나 재화를 수입할 때 세금계산서를 발급받은 매입세액은 매출세액에서 공제한다. 그러나 일정한 매입세액은 실제로 거래 징수당한 경우에도 매출세액에서 공제 될 수 없는데 그 내용은 다음과 같다.

No	구 분
①	사업과 직접 관련이 없는 지출에 대한 매입세액
②	사업자등록 신청 전 매입세액(다만, 공급시기가 속하는 과세기간이 끝난 후 20일 이내에 등록을 신청한 경우 등록 신청일부터 공급시기가 속하는 과세기간 기산일까지 역산한 기간 내의 것은 공제한다. ⓓ 20×1년 5월 중에 개업을 하여 사업을 영위하던 중 사업자등록 신청을 20×1년 7월 20일에 했을 때는 5월부터의 세금계산서 수취분은 매입세액 공제를 받을 수 있다.)
③	세금계산서의 미수취·부실기재 및 합계표의 미제출·부실기재(단, 공급가액이 사실과 다르게 적힌 경우에는 실제 공급가액과 사실과 다르게 적힌 금액의 차액에 해당하는 세액을 말한다. 【2020. 2. 11. 개정】
④	비영업용 소형승용자동차의 구입, 임차 및 유지에 관한 매입세액
⑤	토지관련 매입세액
⑥	면세사업 관련 매입세액
⑦	접대비 및 이와 유사한 비용에 대한 매입세액

④ 매입자발행세금계산서에 의한 매입세액 공제

매입자발행세금계산서란 세금계산서 발급 의무가 있는 재화 또는 용역의 공급자가 세금계산서를 발급하지 아니하는 경우(사업자의 부도·폐업 등으로 사업자가 수정세금계산서 또는 수정전자세금계산서를 발급하지 아니한 경우를 포함한다.) 세금계산서 거래 질서가 문란해지고 투명성을 저해할 우려가 크므로 재화 또는 용역을 공급받는 매입자가 관할 세무서장의 확인을 받아 세금계산서를 발급하는 제도이다.

매입자발행세금계산서를 발급한 신청인은 예정신고 및 확정신고 또는 경정청구 시 매입자발행세금계산서 합계표를 제출한 경우 매입자발행세금계산에 기재된 매입세액을 재화 또는 용역의 공급시기에 해당하는 과세 기간의 매출세액 또는 납부세액에서 매입세액으로 공제받을 수 있다. 단, 발행 대상은 거래 건당 공급대가 10만 원 이상이다.

한편, 매입자의 납세편의를 제고하기 위하여 재화 또는 용역의 공급시기부터 3개월 이내이던 거래확인신청서의 발급신청기한을 재화 또는 용역의 공급시기가 속하는 과세기간의 종료일부터 6개월 이내로 연장함.

⑤ 면세농산물 등 의제매입세액 공제특례

사업자가 면세농산물 등을 구입하여 이를 원재료로 제조·가공하여 과세재화나 과세용역을 창출하는 경우에 면세농산물 등의 매입가액에 일정한 율을 곱한 금액을 매입세액으로 공제하는 것을 의제매입세액 공제라고 한다.

(1) 의제매입세액 공제 요건과 공제 시기

① 의제매입세액 공제는 과세사업자를 대상으로 한다. 다만, 면세를 포기하고 영세율을 적용받는 경우는 의제매입세액 공제를 적용하지 아니한다.

② 과세재화 또는 과세용역의 원재료인 면세농산물·축산물·수산물·임산물과 소금을 공급받거나 수입한 경우이어야 한다.

③ 의제매입세액의 공제시기는 매입세액의 공제시기와 같으므로 공급받거나 수입한 날이 속하는 예정신고기간이나 과세기간에 공제한다.

(2) 의제매입세액 공제율 … 【2020. 2. 11. 개정】

구 분			공 제 율
음식점업	과세 유흥장소의 경영자		2/102
	과세유흥장소 이외의 음식점업을 경영하는 자	법인사업자	6/106
		개인사업자	8/108 (과세표준 2억 원 이하 영세업 2021. 12. 31. 까지 9/109)
위 외의 업종	제조업	과자점업, 도정업, 제분업, 떡방앗간을 운영하는 개인	6/106
		위 외의 개인, 중소기업	4/104
	위 외의 경우		2/102

(3) 의제매입세액 공제한도

의제매입세액을 과도하게 공제받는 것을 예방하기 위해 공제한도 규정을 제정하였다. 공제한도는 예정신고나 조기환급 시에는 적용하지 않고, 확정신고 시에 과세기간 전체의 한도액을 계산하여 예정신고나 조기환급 시의 의제매입세액 공제를 차감하여 계산한다.

> 한도액 = 해당 과세기간의 농산물 등 관련 과세표준 × 한도율 × 의제매입세액 공제율

【의제매입세액 공제한도】 … 2021. 12. 31. 까지 한시적으로 연장 적용한다. 【2020. 2. 11. 개정】

구 분	과세표준	2021년 12월 31일까지		2022년부터
		음식점업	그 외의 업종	
개인사업자	1억 원 이하	65%	55%	50%
	2억 원 이하	60%		
	2억 원 초과	50%	45%	40%
법인사업자(모든 업종)		40%		30%

⑥ 신용카드 등 사용에 따른 세액 공제

(1) 공제대상자와 세액공제금액

일반과세자 중 주로 소비자를 대상으로 하는 소매업, 음식점업, 숙박 및 미용, 욕탕 및 유사서비스업, 여객운송업 등의 사업자(법인사업자와 직전 연도 공급가액 10억 원 초과하는 개인사업자, 간이과세자 중 연간 공급대가가 4,800만원 미만이거나 신규사업자 제외)가 부가가치세가 과세되는 재화 또는 용역을 공급하고 세금계산서의 발급시기에 신용카드매출전표(또는 직불카드와 체크카드 영수증)를 발급하거나 전자적 결제수단에 의하여 대금을 결제받는 경우에는 발급금액 또는 결제금액의 1.3%(2021. 6. 30. 이전은 간이과세자 2.6%, 그외 사업자 1.3%, 단, 2022. 1. 1. 부터는 1%)에 상당하는 금액(연간 1천만 원을 한도로 한다. 2022. 1. 1. 부터는 500만 원)을 납부세액에서 공제한다.

(2) 매입세액공제

신용카드매출전표 및 현금영수증 등은 세금계산서가 아니고 영수증으로 보고 있으므로 이를 발급받아도 매입세액으로 공제되지 않는 것이 원칙이지만 사업자가 일반과세자(다만, 목욕,이발, 미용업, 여객운송업, 무도학원, 자동차운전학원, 과세되는 성형의료나 동물의 진료용역은 제외한다.)로부터 재화 또는 용역을 공급받고 부가가치세액이 별도로 구분 가능한 신용카드매출전표 및 현금영수증 등을 발급받은 경우에 그 부가가치세액은 공제할 수 있는 매입세액으로 본다.

5 거래징수와 세금계산서

① 거래징수의 개념

사업자가 재화 또는 용역을 공급하는 때에 공급가액에 부가가치세율(10%)을 곱하여 계산한 부가가치세를 공급받는 자로부터 징수하는 것을 거래징수라고 한다. 이 경우 사업자는 부가가치세 과세사업자만을 말하므로 면세사업자는 거래징수 의무가 없다.

② 세금계산서(稅金計算書, tax invoice)

(1) 개 념

세금계산서란 거래징수 의무자인 사업자가 부가가치세가 과세되는 재화 또는 용역을 공급하고 거래시기에 공급가액에 부가가치세율을 곱하여 계산한 부가가치세를 징수하고 이를 증명하기 위하여 공급받는 자에게 발급하는 서류이다.

(2) 세금계산서의 기능

① 공급자는 재화 또는 용역을 공급하는 때에 공급받는 자에게 세금계산서를 발급하고, 부가가치세를 거래징수하므로 이는 세금계산서에 의하여 공급자에게 부과되는 부가가치세를 거래상대방에게 전가시키는 것이다.
② 일반적 거래의 경우 송장(送狀)의 역할을 하거나, 외상거래인 경우에는 청구서의 역할, 현금거래인 경우는 영수증의 역할도 수행한다.
③ 납세의무자 측의 매입세액 공제자료로서의 의미가 있다.
④ 과세관청에게는 사업자나 거래상대방 사이의 과세거래의 포착 및 과세표준 파악을 위한 자료로서의 의미가 있다.
⑤ 장부기장에 있어서 기초적인 증빙자료가 됨은 물론이고, 간이과세자가 발급받았거나 발급한 세금계산서 또는 영수증을 보관한 경우에는 부가가치세법에 따른 기장 의무를 이행한 것으로 본다.

(3) 발급 의무자

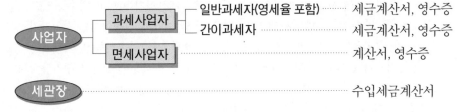

(4) 세금계산서 발급 대상

구 분			발 급 의 무
사 업 자	과세사업자	일반과세자	세금계산서
		간이과세자	영수증
	면세사업자		계산서
세관장(수입재화에 대하여 발급)			과세재화 : 수입세금계산서, 면세재화 : 수입계산서

세 무 충전소

1. 수입되는 재화에 대하여 부가가치세의 납부가 유예되는 때에는 수입세금계산서에 납부유예 표시를 하여 발급한다.
2. 발급의 의미 : 일반적으로 세금계산서의 발급과 발행을 동일하게 사용하고 있으나, 세법상 발행일자와 발급일자는 구분하고 있다. '발급'의 사전적 의미는 '내어줌'이다. 즉, 세금계산서의 발급이란 세금계산서를 발행하여 거래상대방에게 넘겨주는 것을 말한다. 따라서 공급자가 세금계산서를 발행하여 공급받는 자에게 주지 않는다면 발급하였다고 보지 않는다. 그러므로 공급자가 일방적으로 세금계산서를 발행하여 거래상대방에게 주지 아니하고 자기만 세금계산서를 세무서에 제출하였다면 정당한 세금계산서로 인정받지 못한다.

(5) 세금계산서 양식

과세사업자는 재화 또는 용역을 공급할 때 세금계산서는 공급자 보관용(매출세금계산서)과 공급받는자 보관용(매입세금계산서)으로 각 2매를 작성하여 1매를 공급받는 자에게 발급하고 1매는 보관한다. 사업자가 세금계산서 또는 수입세금계산서를 발급하거나 발급받은 경우 예정신고나 확정신고 시 공급자는 그 세금계산서에 대한 합계표를 제출하여야 한다.

① **종이세금계산서** : 우편으로 또는 직접 거래 상대방에게 전달

세 금 계 산 서	(공급받는자)(보 관 용)			책 번 호	권	호		
				일련번호	1 5 - 2 0 8 0			

공급자	등록번호	1 1 7 - 1 2 - 2 5 8 6 4	공급받는자	등록번호	1 0 4 - 8 1 - 0 9 2 5 8
	상 호(법인명)	우리상사 / 성명(대표자) 정태수 ㊞		상 호(법인명)	(주)초석상사 / 성명(대표자) 정두령 ㊞
	사 업 장 주 소	수원시 팔달구 대교동 105-5번지		사 업 장 주 소	서울시 중구 남대문 200
	업 태	제조 / 종목 전자부품		업 태	제조, 도매 / 종목 전자기기

작 성			공 급 가 액	세 액	비 고
년 월 일	공란수	백 십 억 천 백 십 만 천 백 십 일	십 억 천 백 십 만 천 백 십 일		
21 11 09	3	2 0 0 0 0 0 0 0	2 0 0 0 0 0 0		

월	일	품 목	규 격	수 량	단 가	공 급 가 액	세 액	비 고
11	09	갑 제 품	5G	1,000	20,000	20,000,000	2,000,000	

합계금액	현 금	수 표	어 음	외상미수금	이 금액을 영수 함 청구
22,000,000		22,000,000			

② **전자세금계산서 : E-mail로 거래 상대방에게 전달**

전자세금계산서 (공급자보관용)						승인번호	×1×1×1×1-41000000-95842153			
						관리번호				

<table>
<tr><td rowspan="5">공급자</td><td>등록
번호</td><td>605-83-32159</td><td>종사업
장번호</td><td></td><td rowspan="5">공급받는자</td><td>등록
번호</td><td>215-81-74516</td><td>종사업
장번호</td><td></td></tr>
<tr><td>상호
(법인명)</td><td>(주)부산무역</td><td>성 명
(대표자)</td><td>이정재(인)</td><td>상호
(법인명)</td><td>(주)반석상사</td><td>성 명
(대표자)</td><td>한반석(인)</td></tr>
<tr><td>사업장
주소</td><td colspan="3">부산시 영도구 영선동 206번지</td><td>사업장
주소</td><td colspan="3">서울시 송파구 거여동 100-4</td></tr>
<tr><td>업 태</td><td>제조</td><td>종 목</td><td>의류</td><td>업 태</td><td>제조</td><td>종 목</td><td>의류</td></tr>
<tr><td>E-mail</td><td colspan="3">kiyoul0909@hanmail.net</td><td>E-mail</td><td colspan="3">kildong@hanmail.net</td></tr>
</table>

작성			공 급 가 액										세 액										수정사유
년	월	일	천	백	십	억	천	백	십	만	천	백	십	일	십	억	천	백	십	만	천	백	십	일
20×1	10	14					1	5	0	0	0	0	0	0				1	5	0	0	0	0	0

비고	

월	일	품 목	규 격	수 량	단 가	공 급 가 액	세 액	비 고
10	14	원재료		15,000	1,000	15,000,000	1,500,000	

합계금액	현 금	수 표	어 음	외상미수금	이 금액을 (영수 / 청구) 함
16,500,000				16,500,000	

(가) 세금계산서의 필요적 기재사항

필요적 기재사항의 전부 또는 일부가 기재되지 않거나 사실과 다른 경우 공급자에게는 가산세(1%)가 부과되고, 공급받는 자에게는 매입세액을 공제하지 아니한다. 단, 고의가 아닌 일부 착오인 경우로 확인되는 경우에는 사실과 다른 것으로 보지 아니한다.

① 공급하는 자의 사업자등록번호와 성명 또는 명칭
② 공급받는 자의 사업자등록번호
③ 작성연월일
④ 공급가액과 부가가치세액

(나) 세금계산서의 임의적 기재사항

① 공급하는 자의 주소   ② 공급받는 자의 상호 및 성명과 주소
③ 공급품목   ④ 단가와 수량
⑤ 공급연월일(공급시기)   ⑥ 업태와 종목

(6) 세금계산서의 발급시기

사업자는 원칙적으로 대가수령에 관계없이 재화 또는 용역의 공급시기에 세금계산서를 발급하여야 한다.

(가) 세금계산서 발급 특례

다음 중 어느 하나에 해당하는 경우에는 공급일이 속하는 다음 달의 10일(그 날이 공휴일 또는 토요일인 경우에는 바로 그 다음 영업일)까지 세금계산서를 발급할 수 있다.

No	구 분	내 용
①		관계증명서류 등에 따라 실제거래사실이 확인되는 경우로서 해당 거래일을 작성연월일로 하여 세금계산서를 발급하는 경우
②	합계액에 의해 세금계산서를 교부하는 경우	거래처별로 1역월의 공급가액을 합하여 해당 달의 말일을 작성연월일로 하여 세금계산서를 발급하는 경우
		거래처별로 1역월 이내에서 사업자가 임의로 정한 기간의 공급가액을 합하여 그 기간의 종료일을 작성연월일로 하여 세금계산서를 발급하는 경우

▶ **1역월이란?** 달력에 따른 1개월을 말하는 것으로 10월 1일부터 10월 31일까지처럼 그 해당월의 1일부터 말일까지를 1역월이라 하고, 10월 13일부터 11월12일까지는 30일은 맞지만 1역월이 아니다.

(나) 공급시기 전에 세금계산서를 발급하는 경우

재화나 용역의 공급시기 전에 미리 발급된 세금계산서는 사실과 다른 세금계산서로 보므로 공급자에게는 가산세를 부과하고 공급받는 자에게는 매입세액을 공제하지 아니한다. 다만, 다음의 경우에는 공급시기 전에 발급한 세금계산서를 적법한 것으로 보며, 세금계산서를 발급하는 때를 그 재화 또는 용역의 공급시기로 한다.

① 대가를 받고 발급하는 경우
② 세금계산서를 발급하고 그 세금계산서 발급일부터 7일 이내에 대가를 받은 경우
③ 거래당사자 간에 계약서·약정서 등에 대금청구시기와 지급시기를 따로 적고 대금청구시기와 지급시기 사이의 기간이 30일 이내인 경우
④ 장기할부판매로 재화를 공급하거나 장기할부조건부로 용역을 공급하는 경우
⑤ 전력이나 통신 등 그 밖에 공급단위를 구획할 수 없는 재화 또는 용역을 계속적으로 공급하는 경우

(다) 세금계산서 미발급(미수취) 등에 대한 제재

구 분	지연발급(지연수취)	부실기재	미발급(미수취)
공급자	가산세 1%	가산세 1%	가산세 2%
공급받는자	가산세 1% (매입세액 공제)	가산세 없음 (매입세액 불공제)	가산세 없음 (매입세액 불공제)

▶ 가산세는 공급가액에 곱한다.

(7) 수정 세금계산서의 발급 사유 및 절차

사업자가 부가가치세가 과세되는 재화나 용역을 공급하고 발급한 후 다음의 각 항목의 사유가 발생한 경우에는 수정 세금계산서를 처음에 발급한 세금계산서의 내용대로 붉은색 글씨로 쓰거나 '-' 음(陰)의 표시를 하여 검은색 글씨로 작성하여 발급하여야 한다.

① 처음 공급한 재화가 환입(還入)된 경우

② 계약의 해제로 재화 또는 용역이 공급되지 아니한 경우

③ 계약의 해지 등에 따라 공급가액에 추가되거나 차감되는 금액이 발생한 경우

④ 재화 또는 용역을 공급한 후 공급시기가 속하는 과세기간 종료 후 25일(과세기간 종료 후 25일이 되는 날이 공휴일 또는 토요일인 경우에는 바로 다음 영업일을 말한다) 이내에 내국신용장이 개설되었거나 구매확인서가 발급된 경우

⑤ 필요적 기재사항 등이 착오로 잘못 적힌 경우(다만, 과세표준 또는 세액을 경정할 것을 미리 알고 있는 경우는 제외)

⑥ 필요적 기재사항 등이 착오 외의 사유로 잘못 적힌 경우(과세표준 또는 세액을 경정할 것을 미리 알고 있는 경우는 제외)

⑦ 착오로 전자세금계산서를 이중으로 발급한 경우

⑧ 면세 등 발급대상이 아닌 거래 등에 대하여 발급한 경우

⑨ 세율을 잘못 적용하여 발급한 경우(과세표준 또는 세액을 경정할 것을 미리 알고 있는 경우는 제외)

⑩ 일반과세자에서 간이과세자로 과세유형이 전환된 후 과세유형 전환 전에 공급한 재화 또는 용역에 위의 ①번 ~ ⑨번 사유가 발생한 경우

세 무 충전소

▶ 대손세액공제

(1) 대손세액공제의 개념

사업자는 부가가치세가 과세되는 재화 또는 용역을 공급하고 외상매출금이나 그 밖의 매출채권(부가가치세를 포함한 것을 말한다)의 전부 또는 일부가 공급을 받은 자의 파산·강제집행 등의 사유로 대손되어 회수할 수 없는 경우에는 다음의 계산식에 따라 계산한 금액(이하 "대손세액"이라 한다)을 그 대손이 확정된 날이 속하는 과세기간의 매출세액에서 뺄 수 있다. 다만, 그 사업자가 대손세액의 전부 또는 일부를 회수한 경우에는 회수한 대손금액에 관련된 대손세액을 회수한 날이 속하는 과세기간의 매출세액에 더한다.

$$\text{대손세액} = \text{대손금액(부가가치세 포함)} \times 10/110$$

(2) 대손이 확정된 채권의 범위 [2020. 2. 11. 개정]

대손세액공제 대상 채권은 사업자가 부가가치세가 과세되는 재화 또는 용역을 공급한 후 그 공급일로부터 10년이 지난 날이 속하는 과세기간에 대한 확정신고 기한까지 확정되는 대손세액(결정 또는 경정으로 증가된 과세표준에 대하여 부가가치세액을 납부한 경우 해당 대손세액 포함)으로 한다.

(8) 전자세금계산서

종이세금계산서는 그 발급과 수령, 신고에 많은 비용이 들고 보관에 어려움이 있으며, 사실과 다른 허위 세금계산서를 색출하기 위해 정부는 막대한 행정력을 투입해야 하는 문제점이 있었다. 따라서 정부는 거래의 투명성 제고 및 납세 행정 비용 절감을 위해 전자세금계산서 제도를 도입한 것이다.

(가) 전자세금계산서 의무발급사업자

법인은 전자세금계산서 의무 발급대상이다. 그러나 개인사업자는 직전 연도의 사업장별 공급가액의 합계액이 3억 원【면세공급가액을 포함한다.】이상인 경우 당해 연도 제2기부터 그 다음해 제1기까지 전자세금계산서 의무발급 대상이다. 전자세금계산서 의무발급 대상이 아닌 개인사업자는 종이세금계산서와 전자세금계산서 중 본인이 선택하여 세금계산서를 발급할 수 있다.

(나) 전자세금계산서의 발급명세 전송

전자세금계산서를 발급하였을 때에는 전자세금계산서 발급일의 다음 날(공휴일, 토요일 또는 근로자의 날의 다음 날)까지 전자세금계산서 발급명세를 국세청장에게 전송하여야 한다.

① 전자세금계산서 지연전송 가산세

전자세금계산서 전송일(발급일 다음 날을 말한다.)이 지난 후 그 과세기간에 대한 확정신고 기한까지 발급명세를 전송한 경우 그 공급가액에 대하여 0.3%를 곱한 금액을 납부세액에 더하거나 환급세액에서 뺀다.

② 전자세금계산서 미전송 가산세

전자세금계산서 전송일(발급일 다음 날을 말한다.)이 지난 후 그 과세기간에 대한 확정신고 기한까지 발급명세를 전송하지 아니한 경우 그 공급가액에 대하여 0.5%를 곱한 금액을 납부세액에 더하거나 환급세액에서 뺀다.

▶ 전자세금계산서를 발급하거나 발급받고 전자세금계산서 발급명세를 지연 전송기간까지 전송한 경우에는 해당 예정신고 또는 확정신고(개인사업자에게 예정고지한 경우에는 해당 과세기간의 확정신고) 시 매출·매입처별 세금계산서합계표를 제출하지 아니할 수 있다.

▶ 전자세금계산서 발급 관련 가산세

구 분	내 용	공급자	공급받는자
전자세금계산서 미발급	전자세금계산서를 발급하지 않은 경우	가산세 2%	매입세액 불공제
종이세금계산서 발급	전자세금계산서 의무발급 대상자가 종이세금계산서를 발급한 경우	가산세 1%	매입세액 공제
전자세금계산서 지연발급	공급시기가 속하는 달의 다음 달 10일이 지난 후 해당 과세기간 내(발급특례 포함)에 발급한 경우	가산세 1%	매입세액 공제 가산세 1%

(다) 전자 신고 세액 공제

납세자가 직접 전자신고방법으로 부가가치세 확정신고를 하는 경우에는 해당 납부세액에서 1만 원을 공제하거나 환급세액에 가산한다. 단, 예정신고 시에는 세액공제가 없다.

▶ 전자신고세액공제 1만 원을 받은 기업은 잡이익으로 회계처리한다.

(9) 세금계산서 발급의무 면제

No	구 분	내 용
①	최종소비자 대상업종	– 택시운송·노점·행상·무인판매기를 이용하여 재화를 공급하는 자 – 소매업 또는 목욕·이발·미용업 및 유사 서비스업을 영위하는 자가 공급하는 재화 또는 용역(단, 소매업은 공급받는 자가 세금계산서의 발급을 요구하지 않는 경우에 한함) – 전력이나 도시가스를 실제 소비하는 자(사업자가 아닌 자)를 위하여 전기사업자 또는 도시가스사업자로 부터 전력이나 도시가스를 공급받는 명의자 – 도로 및 관련시설 운영용역을 공급하는 자. 다만, 공급받는 자로부터 세금계산서 발급을 요구받은 경우는 제외 – 전자서명법에 따른 공인인증기관이 공인인증서를 발급하는 용역. 다만, 공급받는 자가 사업자로서 세금계산서 발급을 요구하는 경우는 제외 – 간편 사업자등록을 한 사업자가 국내에 공급하는 전자적용역
②	간 주 공 급	– 자가 공급·개인적 공급·사업상 증여·폐업시 잔존재화. 다만, 판매목적사업장 반출(직매장 공급)은 세금계산서 발급대상
③	간 주 임 대 료	– 부동산 임대 용역 중 간주임대료에 대해서는 임대인·임차인 중 어느 편이 세부담을 했는가를 불구하고 세금계산서 발급 금지. ※간주임대료에 대한 부가가치세는 부담한 자의 손금(필요경비)으로 인정
④	영 세 율 대 상	– 수출하는 재화　　　– 국외 제공 용역 – 외국항행 용역　　　– 기타 외화획득 거래(수출재화 임가공 용역 제외)
⑤	이중공제방지	– 사업자가 신용카드매출전표·직불카드영수증·기명식선불카드영수증·현금영수증을 발급한 경우에는 세금계산서를 발급할 수 없음

③ 부가가치세의 환급

(1) 환급의 개념

환급이란 납세의무자가 납부한 조세 중 납부하여야 할 금액을 초과하여 납부한 금액을 돌려주는 것을 말하는 것으로 부가가치세 신고 시 납부세액이 음수인 경우이다. 환급 방법에는 일반환급, 조기환급 및 경정 시 환급으로 나누어진다.

(2) 환급의 종류

(가) 일반 환급 : 일반 환급은 각 과세 기간에 대한 환급 세액을 그 확정 신고 기한이 경과 후 30일 이내에 환급한다. 과세기간 단위로 환급하므로 예정신고기간의 환급 세액은 환급하지 아니하고 확정 신고 시 납부 세액에서 차감하며 잔액이 있을 경우 환급한다.

(나) 조기 환급 : 환급 세액은 각 과세 기간별로 환급하는 것이 원칙이지만 예외적으로 수출과 투자에 관련된 매입 세액이 매출 세액을 초과하여 환급 세액이 발생하는 경우에는 이를 신속하게 환급해 주어 사업자의 자금 부담을 덜어주기 위한 것이 조기 환급의 목적이다. 조기 환급은 각 과세 기간별, 예정 신고 기간별 또는 조기 환급 기간별로 환급 세액을 그 해당 신고 기한 경과 후 15일 이내로 환급하는 것을 말한다.

구 분	내 용
조기환급 대상	① 사업자가 영의 세율을 적용받는 경우 ② 사업자가 사업설비(감가상각자산)를 신설, 취득, 확장, 증축하는 경우 ③ 법원의 인가 결정을 받은 회생계획 또는 기업개선계획의 이행을 위한 약정 등을 이행 중인 사업자 【2017. 2. 7. 신설】
환급세액 계산	조기환급세액은 영세율 적용, 시설 투자, 국내 공급분에 대한 매입세액을 구분하지 아니하고 사업장별로 매출세액에서 매입세액을 공제하여 계산한다.
조기환급 기간	예정신고기간 중 또는 과세기간 최종 3개월 중 매월 또는 매 2월을 영세율 등 조기환급기간으로 할 수 있다.
조기환급 신고기한	조기환급기간의 종료일로부터 25일 이내 과세표준과 환급세액 신고

(다) 경정에 의한 환급

관할 세무서장은 결정·경정에 의하여 추가로 발생한 환급 세액이 있는 경우에는 지체없이 사업자에게 환급하여야 한다.

세무충전소

구 분	환급 기한	환급 단위
일반환급	30일 이내 환급	확정 신고
조기환급	15일 이내 환급	확정 신고, 예정 신고, 조기 환급 신고
결정·경정시 환급	지체없이 환급	–

④ 영수증

(1) 영수증의 개념

영수증이란 세금계산서의 필요적 기재사항 중 공급받는 자와 부가가치세액을 따로 기재하지 않는 약식 세금계산서를 말하며, 금전등록기계산서, 열차승차권, 항공권 등이 있다. 영수증에는 공급가액과 세액 등이 기재되지 아니하므로 영수증을 발급받은 사업자는 자기의 매출세액에서 매입세액으로 공제받지 못한다.

(2) 영수증 발급대상자

모든 간이과세자와 다음의 사업을 하는 일반과세자는 영수증을 발급하여야 한다.

① 소매업, 음식점업(다과점업 포함), 숙박업

② 간이과세가 배제되는 전문직사업자와 행정사업(사업자에게 공급하는 경우 제외)

③ 우정사업조직이 소포우편물을 방문접수하여 배달하는 용역

④ 인증기관이 인증서를 발급하는 용역

⑤ 미용, 욕탕 및 유사서비스업

⑥ 여객운송업

⑦ 입장권을 발행하여 경영하는 사업

⑧ 과세되는 미용성형 등의 의료용역과 과세되는 수의사의 동물진료용역

⑨ 무도학원과 자동차운전학원의 용역

⑩ 주로 사업자가 아닌 소비자에게 재화 또는 용역을 공급하는 법 소정 사업(도정업, 떡방앗간, 양복점업, 양장점업 및 양화점업, 주거용 건물공급업, 운수업과 주차장 운영업, 부동산 중개업, 사회서비스업과 개인서비스업, 가사서비스업, 도로 및 관련시설운영업, 자동차 제조업 및 자동차 판매업, 주거용 건물의 수리·보수 및 개량업 등)

⑪ 간편 사업자등록을 한 사업자가 국내에 전자적용역을 공급하는 사업

(3) 상대방 요구 시 세금계산서 발급 : 영수증 발급 배제

영수증을 발급하는 위의 사업자로부터 공급받는 사업자가 사업자등록증을 제시하고 세금계산서의 발급을 요구하는 때에는 영수증발급대상 규정을 적용하지 아니하므로 세금계산서를 발급하여야 한다.

(4) 영수증은 다음 각 호의 어느 하나에 해당하는 방법으로 발급할 수 있다. 【 2020. 2. 11. 신설 】

① 신용카드단말기 또는 현금영수증 발급장치 등을 통해 신용카드매출전표 등을 출력하여 공급받는 자에게 발급하는 방법

② 공급자의 등록번호 · 상호 · 대표자의 성명 · 공급 대가 · 작성연월일 등의 결제내역을 「전자문서 및 전자거래 기본법」에 따른 전자문서의 형태로 공급받는 자에게 송신하는 방법(공급받는 자가 동의한 경우에 한정한다). 이 경우 전자적 방법으로 생성 · 저장된 결제내역을 정보통신망 등을 통하여 확인할 수 있는 경우에는 공급받는 자에게 송신한 것으로 본다.

5 간이과세

(1) 개념

일반적으로 부가가치세법상 사업자는 매 거래시마다 부가가치세를 징수하여 세금계산서를 교부하고 납부세액에 대한 사항을 기장하여야 한다. 그러나 사업규모가 일정규모 이하인 영세사업자는 세법에 대한 지식이나 기장능력이 없기 때문에 부가가치세법상의 의무사항을 이행하는데 있어 번거로움이 있다. 그러한 어려움을 덜어주고 영세사업자가 간편한 방법으로 납세의무를 이행할 수 있도록 도입한 제도가 간이과세제도이다.

(2) 간이과세의 적용 대상자

간이과세자는 직전 연도의 공급대가(공급가액+부가가치세액)가 8,000만 원에 미달하는 개인사업자를 말한다. 단, 부동산임대업과 과세유흥업은 4,800만 원 기준을 유지함. 【2020. 7. 1. 개정】

(3) 간이과세 배제 대상

① 광업
② 제조업(과자점업·도정업·제분업·떡방앗간·양복점업·양장점업·양화점업 제외)
③ 도매업(재생용 재료 수집 및 판매업 제외)
④ 부동산매매업
⑤ 부동산임대업으로서 기획재정부령이 정하는 것
⑥ 일정한 기준에 해당하는 과세유흥장소 영위사업
⑦ 전문직(변호사 등), 과학 및 기술서비스업과 사업시설 관리, 사업지원 및 임대서비스업
⑧ 간이과세가 적용되지 아니하는 다른 사업장을 보유하고 있는 사업자(단, 개인택시운송업, 이용업, 미용업은 간이과세 적용)
⑨ 재화의 공급으로 보지 않는 사업양도에 따라 일반과세자로부터 양수한 사업
⑩ 소득세법상 복식부기의무자(전전년도 기준 복식부기 의무자)가 경영하는 사업
⑪ 둘 이상의 사업장이 있는 사업자가 경영하는 사업으로서 그 둘 이상의 사업장의 공급대가의 합계액이 8,000만 원 이상인 경우
⑫ 상품중개업 【2021. 7. 1. 부터 시행】
⑬ 전기·가스·증기 및 수도사업 【2021. 7. 1. 부터 시행】
⑭ 건설업(다만, 주로 최종소비자에게 직접 재화 또는 용역을 공급하는 사업으로서 기획재정부령으로 정하는 것은 제외) 【2021. 7. 1. 부터 시행】

(4) 납부세액

$$\text{납부세액 = 과세표준} \times \text{업종별 부가가치율} \times 10\%$$

간이과세자는 부가가치세를 포함한 공급대가를 과세표준으로 하고, 부가가치율이란 직전 3년간 신고된 업종별 평균 부가가치율을 감안하여 시행령에 정한 부가가치율(2021.6.30. 이전까지는 5%~30%, 2021.7.1. 부터는 5%~40%)을 말한다. 단, 해당 과세기간의 공급대가의 합계액이 4,800만 원 미만이면 납부의무를 면제하며, 직전 과세기간에 대한 납부세액의 50%를 예정부과기간(1/1~6/30)까지의 납부세액으로 결정하여 예정부과기간이 끝난 후 25일 이내까지 징수한다. 다만 징수할 금액이 30만 원 미만인 경우 이를 징수하지 아니한다. 【개정】

(5) 세금계산서의 발급 .....【 2020. 12. 22. 개정 】

간이과세자도 세금계산서를 발급해야 하며, 부가가치세 신고 시 매출처·매입처별 세금계산서 합계표를 함께 제출해야 한다. 다만 간이과세자 중 신규사업자, 직전연도 공급대가 합계액이 4,800만 원 미달하는 사업자, 소매업, 음식점업, 숙박, 미용, 욕탕 등 주로 소비자에게 재화·용역을 공급하는 사업자의 경우에는 세금계산서 발급의무를 면제하며 대신 영수증을 발급해야 한다.

(6) 간이과세자에 관한 부가가치세 개정 내용 비교

구 분	개정 전	개정 후
간이과세 적용기준	직전 연도 공급대가 4,800만 원 미만	직전 연도 공급대가 8,000만 원 미만
부가가치세 납부의무 면제 기준금액	당해 연도 공급대가 3,000만 원 미만	당해 연도 공급대가 4,800만 원 미만
세금계산서 발급	발급불가능	의무발급(일정한 간이과세자 제외)
직전연도 공급대가 합계액이 4,800만 원 미만인자와 신규사업자	1.3% (음식점 · 숙박업은 2.6%)	1.3% (2022. 1. 1. 부터는 1%)
간이과세자로부터 신용카드 매출전표를 발급받은 사업자의 경우 매입세액 공제 가능 여부	매입세액 공제 불가능	일정 요건의 간이과세자로부터 발급받은 경우 매입세액 공제 가능
간이과세자가 세금계산서 등을 발급받은 경우 세액공제율	매입세액 × 부가가치율	공급대가 × 0.5%
세금계산서 발급관련 가산세	세금계산서를 발급할 수 없으므로 세금계산서 발급의무 관련 가산세 적용하지 않음	일반과세자에게 적용되는 세금계산서 발급 관련 가산세 준용하여 적용(세금계산서를 미수취할 경우 0.5% 가산세)
의제매입세액 공제	1. 음식점업 중 과세유흥장소를 경영하는 사업자 : 4/104 2. 위 외의 음식점을 경영하는 사업자 : 8/108(과세표준 4억원 이하인 경우에는 2019년 12월 31일까지 9/109)	2021. 7. 1. 부터 삭제 됨.

Chapter One

알고 갑시다-1 ● 부가가치세 관련 가산세

No.	구 분	요 건	가산세액
1	사업자등록	등록기한까지 신청을 하지 않은 경우	사업개시일 ~ 등록신청일의 전날까지 공급가액 × 1%
		타인 명의로 등록하거나 타인 명의의 사업자등록을 이용하여 자기 사업을 하는 경우	사업개시일 ~ 그 사실 확인일의 전날까지 공급가액 × 1%
2	세금계산서	세금계산서 지연발급	공급가액 × 1%
		세금계산서 미발급	공급가액 × 2%
		세금계산서 공급없이 가공발급 및 수취	세금계산서에 기재된 금액 × 3%
		둘 이상의 사업장을 가진 사업자가 자신의 다른 사업장 명의로 세금계산서를 발급한 경우【2021. 2. 11. 개정】	공급가액 × 1%
		세금계산서 매입없이 위장 수취	공급가액 × 2%
		세금계산서 부실기재 발급	공급가액 × 1%
		전자세금계산서 의무발급 사업자가 종이세금계산서를 발급	공급가액 × 1%
3	전자세금계산서	발급명세 지연전송	공급가액 × 0.3%
		발급명세 미전송	공급가액 × 0.5%
4	매출처별세금계산서 합계표	합계표 미제출, 합계표 부실기재	공급가액 × 0.5%
		합계표 지연제출	공급가액 × 0.3%
5	매입처별세금계산서 합계표	지연 수취, 경정 시 공제	공제받은 매입세액에 대한 공급가액 × 0.5%
		과다기재	공급가액 × 0.5%
6	신용카드매출전표	경정 시 공제	공급가액 × 0.5%
7	현금매출명세서 및 부동산임대공급가액명세서 등	미제출 또는 과소제출	미제출 또는 과소 제출한 수입금액 × 1%

알고 갑시다-2 ● 부가가치세 신고 시 제출 서류

No.	사업자 구분	제출 대상 서류
1	일반과세자	1. 일반과세자 부가가치세 확정신고서 2. 매출처·매입처별 세금계산서합계표 **[아래 항목은 해당하는 경우에만 제출]** 3. 영세율매출명세서 및 첨부서류(영세율 해당자) 4. 대손세액공제신고서 5. 공제받지 못할 매입세액 명세서 및 계산근거 6. 매출처·매입처별 계산서합계표 7. 신용카드 매출전표 등 수령명세서 8. 전자화폐결제명세서 9. 부동산임대공급가액명세서 10. 건물관리명세서(부동산 관리업) 11. 사업장현황명세서(음식, 숙박업자 및 그 밖의 서비스업) 12. 현금매출명세서(전문직, 예식장, 부동산중개업, 보건업 등) 13. 동물진료용역 매출명세서 14. 사업양도신고서(사업양도 시) 15. 주사업장 총괄납부를 하는 경우 사업장별 부가가치세 과세표준 및 납부세액(환급세액)신고명세서 16. 사업자단위과세를 적용받는 사업자의 경우에는 사업자단위과세의 사업장별 부가가치세 과세표준 및 납부세액(환급세액)신고명세서 17. 건물 등 감가상각자산 취득명세서 18. 의제매입세액공제신고서 19. 재활용폐자원 및 중고자동차 매입세액 공제신고서
2	간이과세자	1. 간이과세자 부가가치세 신고서 2. 매출처·매입처별 세금계산서합계표 **[아래 항목은 해당하는 경우에만 제출]** 3. 매입자발행세금계산서합계표 4. 영세율 첨부서류(영세율 해당자) 5. 부동산임대공급가액명세서 6. 사업장현황명세서(음식, 숙박업자 및 그 밖의 서비스업) 7. 의제매입세액공제신고서

Chapter Five

영역별 객관식 문제

01 다음 중 선생님의 질문에 올바르게 설명한 학생들을 모두 고른 것은?

> · 선생님 : 오늘은 부가가치세의 특징에 대해 설명해 보기로 하겠습니다.
> · 요　한 : 지방세에 속하고, 직접세에 해당됩니다.
> · 철　수 : 납부세액은 "매출세액 − 매입세액"입니다.
> · 하　늘 : 국가 간의 이중과세를 조정하기 위하여 소비지국과세원칙을 채택하고 있습니다.
> · 호　동 : 모든 재화·용역의 소비행위에 대해 과세하는 개별소비세입니다.

① 요한, 철수　　　② 철수, 하늘　　　③ 하늘, 호동　　　④ 호동, 철수

02 현행 부가가치세법에 대한 설명으로 가장 잘못된 것은?

① 원칙적으로 재화·용역의 소비행위에 대하여 과세하는 일반소비세이다.
② 각 거래 단계에서 발생하는 부가가치에 과세하는 다단계거래세이다.
③ 납세자와 담세자가 일치하지 않는 간접세이다.
④ 전단계에서 거래된 매입세액을 매출세액에서 공제하여 부가가치세를 계산하는 전단계거래액공제법을 채택하고 있다.

03 우리나라 부가가치세의 특징으로 옳은 것은?

① 전단계세액공제법　　　　　　② 직접세
③ 생산지국과세원칙　　　　　　④ 개별소비세

04 다음 (　)에 들어갈 내용으로 알맞은 것은?

> 부가가치세의 납세의무자는 사업자이고 부가가치세의 실제 부담은 (　　)가 진다.

① 일반과세자　　　　　　　　② 간이과세자
③ 최종소비자　　　　　　　　④ 면세사업자

05 부가가치세법상 납세의무자에 해당하지 않는 것은?

① 영리법인　　　　　　　　　② 일반과세자(법인)
③ 지방자치단체　　　　　　　④ 소비자

06 부가가치세법상 부가가치세의 납세의무자인 사업자의 요건으로 적절하지 않은 것은?

① 사업성이어야 한다.　　　　　　　② 독립적이어야 한다.
③ 계속 · 반복적이어야 한다.　　　　④ 영리 목적이어야 한다.

07 부가가치세법상 과세기간에 대한 설명으로 옳지 않은 것은?

① 일반과세자의 경우 2기분 과세기간은 7월 1일부터 12월 31일까지이다.
② 신규사업자의 최초 과세기간은 사업 개시일부터 그 날이 속하는 과세기간종료일까지이다.
③ 폐업자의 최종과세기간은 과세기간 개시일부터 폐업일이 속하는 달의 말일까지이다.
④ 간이과세자의 과세기간은 1월 1일부터 12월 31일까지이다.

08 제조업을 경영하는 홍길동 씨는 20×1년 4월 1일에 일반과세자로 사업자등록을 하고 사업을 시작하였다. 홍길동 씨가 최초로 신고, 납부하여야 하는 부가가치세 과세기간은?

① 20×1년 1월 1일 ~ 3월 31일　　　② 20×1년 4월 1일 ~ 6월 30일
③ 20×1년 1월 1일 ~ 6월 30일　　　④ 20×1년 4월 1일 ~ 12월 31일

09 다음 자료에 따라 부가가치세법상 폐업한 사업자의 부가가치세 확정신고기한은 언제인가?

> 가. 20×1년 2월 1일 사업개시한 개인사업자(일반과세자)이다.
> 나. 20×5년 7월 25일 1기 부가가치세 확정신고를 하다.
> 다. 20×5년 8월 23일 사업 부진을 이유로 사업을 폐업하였다.

① 20×5년 8월 25일　　　　　　　② 20×5년 9월 25일
③ 20×5년 10월 25일　　　　　　　④ 20×6년 1월 25일

10 부가가치세법상 사업개시일의 기준에 대한 설명이다. 옳지 않은 것은?

① 제조업 : 제조장별로 재화의 제조를 시작하는 날
② 재화의 공급 : 사업 목적으로 사무실을 임차한 날
③ 광업 : 사업장별로 광물의 채취 · 채광을 시작하는 날
④ 용역의 공급 : 용역의 공급을 시작하는 날

11 부가가치세 신고와 관련하여 옳은 것은? 【개정】

① 모든 개인사업자는 예정신고를 하여야 한다.

② 내국법인과 외국법인 모두 그 과세기간 종료 후 20일 이내에 사업장 관할 세무서장에게 신고하여야 한다.

③ 개인사업자와 직전 과세기간 공급가액이 1억 5천만 원 미만인 법인사업자에 대해서는 각 예정신고기간마다 직전 과세기간 납부세액의 50%에 상당하는 금액을 결정·고지하여 해당 예정신고기한까지 징수함을 원칙으로 한다.

④ 개인사업자의 경우 예정고지하여 징수하여야 할 금액이 50만 원 미만인 경우에는 이를 고지·징수하지 아니한다.

12 다음 중 부가가치세법상 납세지에 대한 설명으로 틀린 것은?

① 부가가치세 납세지는 각 사업장의 소재지로 한다.

② 재화를 보관하고 관리할 수 있는 시설만 갖춘 장소로서 하치장으로 신고된 장소는 사업장으로 본다.

③ 사업장은 사업자가 사업을 하기 위하여 거래의 전부 또는 일부를 하는 고정된 장소로 한다.

④ 박람회 행사가 개최되는 장소에 개설한 임시사업장으로서 법이 정하는 바에 따라 신고된 장소는 사업장으로 보지 않는다.

13 부가가치세법상 납세지에 대한 설명으로 틀린 것은?

① 광업 : 광업사무소 소재지

② 제조업 : 최종 제품을 완성하는 장소

③ 재화를 수입하는 경우 : 수입자의 사업장소재지로 한다.

④ 일반적인 경우 : 각 사업장 소재지

14 부가가치세법상 사업별 사업장으로 옳은 것을 고른 것은?

ㄱ. 건설업(법인) : 사업상 업무총괄 장소
ㄴ. 부동산임대업 : 해당 부동산의 등기부상 소재지
ㄷ. 제조업 : 최종 제품을 완성하는 장소
ㄹ. 외국법인 : 대표이사의 주소 또는 거소

① ㄱ, ㄴ   ② ㄱ, ㄹ   ③ ㄴ, ㄷ   ④ ㄷ, ㄹ

15 부가가치세법상 주사업장 총괄납부제도에 대한 설명으로 옳은 것은?

① 사업자의 본점 또는 주사무소에서 부가가치세를 총괄하여 신고·납부할 수 있다.

② 사업자등록 번호를 본점 또는 주사무소의 등록번호로 단일화할 수 있다.

③ 주사업장 총괄납부를 적용 받는 경우에도 세금계산서는 각 사업장별로 발급하여야 한다.

④ 총괄납부 신청은 총괄납부하고자 하는 과세기간 개시 25일 전에 주사업장 관할 세무서장에게 한다.

16 부가가치세법상 사업자단위과세제도에 대한 설명으로 틀린 것은?

① 개인의 경우 주사무소나 분사무소 중 선택해서 주사업장을 지정할 수 있다.

② 사업자단위과세사업자로 사업자등록신청을 하며 모든 의무를 총괄한다.

③ 둘 이상의 사업장이 있는 경우 사업장이 아닌 사업자 단위로 모든 납세의무를 이행하는 제도를 말한다.

④ 법인의 경우는 본점만 주사업장으로 선택 할 수 있다.

17 부가가치세법상 사업자등록에 대한 설명으로 틀린것은?

① 사업자는 사업장마다 사업 개시일부터 20일 이내에 사업장 관할 세무서장에게 사업자등록을 신청하여야 한다.

② 사업자는 사업자등록의 신청을 반드시 사업장 관할 세무서장에게만 해야 한다.

③ 부가가치세법상 사업자등록은 원칙적으로 사업장별로 하여야 한다.

④ 사업자는 휴업 또는 폐업을 하거나 등록사항이 변경되면 지체없이 사업장 관할 세무서장에게 신고하여야 한다.

18 다음 중 부가가치세법상 사업자등록 정정사유에 해당하는 것을 모두 고른 것은?

ㄱ. 대표자의 주소가 변동되는 때   ㄴ. 사업장을 이전하는 때
ㄷ. 상호를 변경하는 때   ㄹ. 개인사업자가 대표자를 변경하는 때

① ㄷ, ㄹ   ② ㄱ, ㄹ   ③ ㄱ, ㄴ   ④ ㄴ, ㄷ

19 사업자등록증상에 표기되는 사항이 아닌 것은?

① 주민등록번호   ② 상호   ③ 대표자성명   ④ 개업년월일

20 부가가치세법상 사업자가 법정기한까지 사업자 등록을 신청하지 아니한 경우 적용되는 미등록가산세율은 얼마인가?

① 1%   ② 2%   ③ 3%   ④ 4%

21 다음 중 부가가치세법상 용어의 정의가 잘못된 것을 고르면?

> 가. 재화란 재산 가치가 있는 물건 및 권리를 말한다.
> 나. 용역이란 재화 외에 재산 가치가 있는 모든 역무(役務)와 그 밖의 행위를 말한다.
> 다. 과세대상은 재화 또는 용역의 공급과 재화의 수입이다.
> 라. 면세사업이란 부가가치세가 과세되는 재화 또는 용역을 공급하는 사업을 말한다.

① 가   ② 나   ③ 다   ④ 라

22 다음 중 부가가치세법상 과세거래가 아닌 것은?

① 용역의 수입   ② 재화의 공급
③ 용역의 공급   ④ 재화의 수입

23 다음 중 부가가치세 과세대상 거래에 해당되는 것을 모두 고르면?

> 가. 재화의 수입   나. 재산적 가치가 있는 권리의 양도
> 다. (특수관계 없는 자에게)부동산임대용역의 무상공급
> 라. 국가 등에 무상으로 공급하는 재화

① 가   ② 가, 나
③ 가, 나, 라   ④ 가, 나, 다, 라

24 부가가치세법상 재화 공급에 관한 설명으로 옳은 것은?

① 자기생산·취득재화를 면세에 전용하는 경우에는 재화의 공급이 아니다.
② 개인적 공급은 매입세액공제 여부와 관련없이 재화의 공급으로 본다.
③ 사업자가 폐업할 때 자기생산 재화 중 남아 있는 재화는 자기에게 공급하는 것으로 본다.
④ 재화를 저당권의 담보로 제공하는 것은 재화의 공급으로 본다.

25 부가가치세법상 재화의 공급의제에 해당하지 않는 것은?

① 자가공급   ② 개인적공급   ③ 사업상증여   ④ 조세의 물납

26 부가가치세법상 일정한 대가를 받지 않고 재화를 공급하거나, 재화의 이동이 없을 때에도 일정한 경우에 해당하면 재화의 공급으로 간주하는 재화의 공급의제에 해당하는 것은?

① 조세의 물납   ② 사업의 양도
③ 법률에 의한 경매 · 공매   ④ 폐업시 잔존재화

27 부가가치세법상 재화의 공급시기에 대한 설명으로 틀린 것은?

① 공급시기는 세금계산서의 발급, 부가가치세의 거래징수 및 신고납부의 기준이 된다.
② 원칙적으로 대가를 받았을 때 공급된 것으로 본다.
③ 재화의 이동이 불필요한 경우 재화를 이용 가능할 때를 공급시기로 본다.
④ 재화의 이동이 필요할 때는 재화가 인도된 때를 공급시기로 본다.

28 다음 중 부가가치세법상 재화와 용역의 공급시기에 대한 연결이 옳지 않은 것은?

① 개인적 공급 : 재화가 사용 또는 소비되는 때
② 용역의 공급시기가 폐업일 이후에 도래하는 경우 : 그 폐업일 이후 도래하는 때
③ 수출재화 : 수출재화의 선(기)적일
④ 무인판매기에 의한 공급의 경우 : 무인판매기에서 현금을 인취하는 때

29 부가가치세법상 용역의 범위에 해당하지 않는 것은?

① 도 · 소매업   ② 숙박 및 음식점업
③ 교육서비스업   ④ 운수업

30 부가가치세법상 일반적인 용역의 공급에 대한 설명으로 틀린 것은?

① 시설물 권리 등의 재화를 사용하게 하는 것은 용역의 공급으로 본다.
② 고용관계에 따른 근로제공은 용역의 공급이다.
③ 대가를 받지 않고 특수관계자가 아닌 타인에게 용역을 공급 시 이는 용역의 공급으로 보지 않는다.
④ 용역이란 재화 외에 재산 가치가 있는 모든 역무와 그 밖의 행위를 말한다.

31 부가가치세법상 부가가치세가 과세되는 재화 · 용역의 공급이 아닌 것은?

① 상가건물의 임대용역　　　　　　　② 사업용 고정자산과 별도로 양도하는 영업권
③ 상품권의 판매　　　　　　　　　　④ 운전학원 용역

32 부가가치세법상 간주공급 중 사업상증여에 해당하는 것은?

① 불특정다수인 광고선전물
② 무상견본품
③ 과세사업용 취득재화를 거래처 직원에게 선물로 제공한 경우
④ 증여되는 재화가 주된거래의 대가에 포함된 경우

33 부가가치세법상 영세율에 관한 설명 중 올바른 것은?

① 부가가치세의 부담을 완전히 제거하지 못하는 불완전면세제도이다
② 영세율은 소비지국과세원칙 구현과 아울러 수출촉진으로 인한 외화획득에도 목적이
　있다.
③ 영세율제도는 부가가치세의 역진성을 완화시키기 위한 제도이다.
④ 영세율적용대상자는 반드시 세금계산서를 발행, 교부하여야 한다.

34 부가가치세법상 영세율 적용 대상에 해당하는 것은?

| ㄱ. 국내에서 수출대행업자의 대행수수료　　ㄴ. 항공기에 의한 국내 항행용역 |
| ㄷ. 선박 · 항공기의 외국항행용역　　　　　ㄹ. 직수출하는 재화 |

① ㄱ, ㄴ　　　　　② ㄱ, ㄹ　　　　　③ ㄴ, ㄷ　　　　　④ ㄷ, ㄹ

35 현행 부가가치세법상 소비지국 과세원칙을 구현하기 위한 특징으로 가장 적절한 것은?

① 다단계 거래세　　　　　　　　　　② 면세제도
③ 영세율 적용　　　　　　　　　　　④ 전단계 세액공제법

36 현행 부가가치세법상 부가가치세의 역진성을 완화하기 위한 특징으로 가장 적절한 것은?

① 거래징수제도　　　　　　　　　　② 면세제도
③ 영세율 적용　　　　　　　　　　　④ 소비형 부가가치세

37 부가가치세법상 면세제도와 가장 관련이 없는 것은?

① 면세사업자의 세부담 경감제도   ② 부가가치세법상 사업자등록 의무 없음
③ 조세부담의 역진성완화   ④ 불완전면세제도

38 부가가치세법상 면세제도에 관한 설명으로 옳은 것은?

① 면세의 목적은 소비지국 과세 원칙을 구현하는데 있다.
② 주택과 이에 부수되는 토지의 임대용역은 과세대상이다
③ 면세사업자는 매입한 재화 또는 용역에 대해 부담한 매입세액을 공제 받을 수 없다.
④ 면세는 모든 부가가치에 대하여 과세가 되지 않는 완전면세의 성격을 갖는다.

39 다음 중 부가가치세법상 면세 적용 대상에 해당하는 것을 고른 것은?

ㄱ. 가공되지 아니한 식료품	ㄴ. 박물관, 미술관에의 입장
ㄷ. 국외에서 제공하는 용역	ㄹ. 내국물품을 외국으로 반출하는 것

① ㄱ, ㄴ   ② ㄱ, ㄹ   ③ ㄴ, ㄷ   ④ ㄷ, ㄹ

40 다음 중 부가가치세법상 면세대상에 해당하는 것은 모두 몇 개인가?

ㄱ. 도서, 신문, 잡지	ㄴ. 연탄과 무연탄	ㄷ. 건물의 임대
ㄹ. 수돗물	ㅁ. 시내버스 운송용역	ㅂ. 맛김, 조미멸치

① 3개   ② 4개   ③ 5개   ④ 6개

41 부가가치세법은 미가공 식료품에 대하여 면세로 규정하고 있다. 이러한 미가공 식료품에 해당되지 않는 것은?

① 조미한 양념육과 맥반석 구운 오징어 · 발효 숙성한 치즈나 요구르트
② 원생산물 본래의 성질이 변하지 아니하는 정도의 1차 가공을 거치는 탈곡 · 정미 · 정맥 · 제분 등의 과정에서 필수적으로 발생하는 부산물
③ 김치, 간장, 된장, 두부 등 단순가공식료품
④ 미가공 식료품을 단순히 혼합한 것

42 부가가치세법상 영세율과 면세에 관한 비교 내용 중 잘못된 것은?

	영세율	면세
① 목　　　적 :	역진성 완화	소비지국과세원칙의 구현
② 적용범위 :	수출 등 외화획득거래	주로 기초생활필수품
③ 매입세액 :	환급됨	환급되지 않음
④ 면세정도 :	완전면세제도	부분면세제도

43 부가가치세법상 영세율사업자와 면세사업자가 공통으로 적용받는 경우는?

① 납세의무
② 세금계산서 발행
③ 매입세액 불공제(환급)
④ 매입세금계산서합계표 제출의무

44 부가가치세법상 면세포기에 대한 설명 중 옳지 않은 것은?

① 영세율의 적용대상이 되는 경우와, 학술 · 기술의 연구 · 발표를 주된 목적으로 하는 단체가 그 연구와 관련하여 실비 또는 무상으로 공급하는 재화 또는 용역에 대해서만 면세포기가 가능하다.
② 면세포기 하면 3년간 면세를 적용 받을 수 없다
③ 면세 포기를 신고한 사업자가 신고한 날부터 3년이 지나면 자동으로 면세가 다시 적용된다.
④ 면세포기를 하고자 하는 사업자는 면세포기신고서를 관할 세무서장에게 제출하고 지체 없이 사업자등록을 하여야 한다.

45 다음 (　　)안에 들어갈 용어로 올바른 것은?

> 부가가치세법 15조에 따르면 사업자가 재화 또는 용역을 공급하고 부가가치세법에 따른 과세표준에 세율을 적용하여 계산한 부가가치세를 그 공급받는 자로부터 징수하는 것을 (　　　　　)라 한다.

① 원천징수
② 거래징수
③ 납세징수
④ 통합징수

46 부가가치세법상 과세표준에 대한 설명으로 옳지 않은 것은?

① 재화의 수입에 대한 과세표준은 관세 과세가격과 관세, 개별소비세등 기타 세액의 합계액으로 한다.
② 국고보조금 및 공공보조금은 포함하지 않는다.
③ 공급받는 자에게 도달 전 파손된 가액은 공급이 이루어졌으므로 과세표준에 포함한다.
④ 재화를 공급 후 그 공급가액에 대한 장려금은 과세표준에서 공제하지 않는다.

47 부가가치세법상 과세표준에 포함되는 항목은?

① 용기 또는 포장의 회수를 보장하기 위해 받는 보증금
② 반환조건부 용기대금, 포장비용
③ 장기할부판매 또는 할부판매의 이자상당액
④ 재화 또는 용역 공급 후 그 공급가액에 대한 매출할인액

48 부가가치세법상 일반과세자의 부가가치세 과세표준은 얼마인가?

> ㉮ 매출액 : ₩30,000,000
> ㉯ 환입된 재화의 가액 : ₩2,500,000
> ㉰ 매출할인액 : ₩3,000,000
> ※ 위의 금액은 공급가액이며, 매출액 ㉮에는 ㉯와 ㉰의 금액이 포함됨.

① ₩24,500,000　　　　　　　　　　② ₩27,000,000
③ ₩27,500,000　　　　　　　　　　④ ₩30,000,000

49 부가가치세 과세표준에서 공제하지 않는 항목은?

① 매출에누리　　　② 대손금　　　③ 매출할인　　　④ 매출환입

50 다음 자료에 의하여 부가가치세법상 일반과세자의 부가가치세 과세표준은 얼마인가?

> • 매출액 : ₩10,000,000　　• 매출에누리액 : ₩500,000　　• 대손금액 : ₩2,000,000
> ※ 매출액은 관련 항목 금액을 차감하지 않은 총액임

① ₩9,500,000　　　　　　　　　　② ₩8,000,000
③ ₩6,000,000　　　　　　　　　　④ ₩8,500,000

51 부가가치세법상 매출세액에서 공제되는 매입세액은?

① 사업과 직접 관련이 없는 지출에 대한 매입세액
② 영업용을 제외한 소형승용자동차의 구입과 임차 및 유지에 관한 매입세액
③ 접대비 및 이와 유사한 비용의 지출에 관련된 매입세액
④ 세금계산서 공급시기가 속하는 과세기간이 끝난 후 20일 이내에 사업자등록을 한 경우

52 부가가치세법상 일정한 매입세액은 실제로 거래징수당한 경우에도 매출세액에서 공제하지 않는다. 이러한 매입세액 불공제 항목에 해당하지 않는 것은?

① 영업용 소형승용차의 구입관련 매입세액
② 접대비와 관련된 매입세액
③ 사업과 직접 관련이 없는 지출로서 법인세법상 업무무관비용에 대한 매입세액
④ 면세사업에 관련된 매입세액

53 다음 자료에서 부가가치세법상 공제 받을 수 있는 매입세액공제액은 얼마인가?

- 사업과 무관한 부가가치세 매입세액 ₩500,000
- 공장부지 및 택지의 조성 등에 관련된 부가가치세 매입세액 ₩200,000
- 종업원 사기 진작 야유회 개최와 관련한 매입세액 ₩300,000
- 거래처 체육대회 증정용 과세물품 부가가치세 매입세액 ₩400,000

① ₩300,000　　② ₩500,000　　③ ₩600,000　　④ ₩700,000

54 다음 (　　)안에 들어갈 말은 무엇인가?

부가가치세법상 사업자가 재화 또는 용역을 공급하고 세금계산서를 교부하지 아니한 경우 당해 재화 또는 용역을 공급받은 자는 관할세무서무장의 확인을 받아 (　　　　) 발행 세금계산서를 발행할 수 있다.

① 사업자　　② 매입자　　③ 중개인　　④ 매출자

55 부가가치세법상 의제매입세액공제 관련 설명이 옳지 않은 것은?

① 재화 또는 용역의 공급이 과세되는 경우이어야 한다.
② 증명하는 서류를 제출한 경우에만 적용한다.
③ 면세로 구입한 농·축·수·임산물이어야 한다.
④ 음식점을 경영하는 사업자 중 개인사업자 공제율은 3/103이다.

56 다음 중 부가가치세법상 의제매입세액 공제율로 틀린 것은? 【개정】

① 과세유흥장소의 음식점업 : 2/102
② 과세유흥장소 이외의 개인 음식점업(과세표준 5억 원) : 8/108
③ 과세유흥장소 이외의 법인 음식점업 : 6/106
④ 제조업 영위 개인사업자 : 2/102

57 다음 자료에 의하여 음식점업(과세유흥장소 아님)을 영위하는 일반과세자 홍길동 씨의 20×1년 제1기 부가가치세 확정신고 시 의제매입세액을 계산하면? 단, 의제매입세액공제한도는 없는 것으로 가정한다.

> (1) 신용카드매출전표를 수취한 면세 농산물의 매입가액 : ₩43,200,000
> (2) 영수증(농어민으로부터 직접 구입)을 수취한 농산물의 매입가액 : ₩2,160,000
> (3) 홍길동 씨의 연간 과세표준은 3억 원이므로 의제매입세액 공제율은 8/108을 적용한다.

① ₩3,200,000   ② ₩3,360,000
③ ₩3,600,000   ④ ₩3,760,000

58 부가가치세법상 전자세금계산서제도에 대한 설명으로 가장 잘못된 것은?

① 법인은 전자세금계산서 의무발급사업자이다.
② 납세자가 직접 국세청 홈텍스를 이용하여 부가가치세 확정신고를 하는 경우에는 해당 납부세액에서 1만 원을 공제하거나 환급세액에 가산한다. 단 예정신고 시에는 전자신고 세액공제가 없다.
③ 개인사업자는 직전 연도의 공급가액의 합계액이 3억 원(면세 공급가액을 포함한다.) 이상인 경우 전자세금계산서 의무발급사업자이다.
④ 전자세금계산서를 발급한 경우 발급일로부터 10일 이내 국세청장에게 전송하여야 한다.

59 다음은 전자세금계산서의 일부이다. 다음 중 부가가치세법상 필요적 기재사항이 아닌 것은?

전자세금계산서							승인번호	
공급자	사업자등록번호	①	종사업장 번호		공급받는자	사업자등록번호	②	종사업장 번호	
	상호(법인명)		성명(대표자)			상호(법인명)		성명(대표자)	
	사업장주소					사업장주소		③	
	업 태		종 목			업 태		종 목	
	E-mail					E-mail			
작성연월일	공급가액		세액		수정사유			
④								

60 부가가치세법상 (주)서울이 전자세금계산서를 발행하고자 할 때, 다음 내용에 추가적으로 반드시 있어야 하는 필요적 기재사항은?

> (주)서울(사업자등록번호 : 105-81-23456, 대표자 : 정서울)은 (주)부산에(사업자 등록번호 : 605-81-56789, 대표자 : 김부산)에게 갑제품 50개를 30,000,000원(부가 가치세 별도)에 공급하였다.

① 업태 및 종목   ② 품목 및 수량
③ 작성연월일   ④ 공급받는 자의 사업장 주소

61 다음 중 부가가치세법상 세금계산서 발급의무가 면제되는 경우에 해당되지 않는 항목은?

① 내국신용장 또는 구매확인서에 의하여 공급하는 재화
② 판매목적타사업장 반출을 제외한 간주공급
③ 부동산임대용역 중 간주임대료
④ 택시운송 사업자가 제공하는 용역

62 다음 중 부가가치세법상 (전자)세금계산서 교부의무가 면제되지 않을 수 있는 것은?

① 사업상 증여   ② 직매장 반출
③ 대가를 받지 아니한 용역의 공급   ④ 임대보증금에 대한 간주임대료

63 다음 중 부가가치세법상 수정세금계산서 발급요건에 해당하는 것을 모두 고른 것은?

> 가. 처음 공급한 재화가 환입된 경우
> 나. 필요적 기재사항 등이 착오로 잘못 적힌 경우
> 다. 착오로 전자세금계산서를 이중으로 발급한 경우
> 라. 계약의 해지 등에 따라 공급가액에 추가되거나 차감되는 금액이 발생한 경우

① 가, 나   ② 가, 다
③ 가, 나, 다   ④ 가, 나, 다, 라

64 (주)광화문상사는 제2기 예정신고 시 매출 ₩50,000,000(공급가액)을 신고 누락 하였다. 세금계산서는 주고 받았으나 매출처별 세금계산서합계표를 제출이 누락되었다. 제2기 확정신고 시 매출처별 세금계산서합계표를 제출하면서 수정신고 · 납부하려고 한다. 이 경우의 부가가치세법상 관련 가산세를 계산하면 얼마인가?

① ₩0   ② ₩250,000
③ ₩500,000   ④ ₩1,000,000

65 다음 (   )에 들어갈 숫자로 알맞은 것은? 【개정】

> 음식점업 등을 영위하는 일반과세자(개인)가 부가가치세가 과세되는 재화 등을 공급하고, 신용카드매출전표 등을 발급하거나 전자적결제수단에 의하여 결제받는 경우에 결제금액의 (   )%에 상당하는 금액을, 연간 1천만 원을 한도로 납부세액에서 공제한다.

① 0.5   ② 1   ③ 1.3   ④ 1.5

66 부가가치세법상 간이과세자에 대한 설명으로 옳은 것은? 【개정】

① 직전 1역년의 공급대가가 8,000만 원 미만인 법인사업자는 간이과세에 해당된다.
② 간이과세자도 상대방이 세금계산서를 요구해도 세금계산서를 발행할 수 없다.
③ 간이과세자는 간이과세를 포기하고 일반과세자로 과세유형의 변경이 불가능하다.
④ 간이과세가 적용되지 않은 다른 사업장을 보유하고 있는 사업자는 간이과세를 적용받을 수 없다.

67 부가가치세법상 간이과세가 적용되지 않는 업종을 고른 것은?

ㄱ. 소매업	ㄴ. 부동산매매업	ㄷ. 도매업	ㄹ. 음식점업

① ㄱ, ㄴ   ② ㄱ, ㄹ   ③ ㄴ, ㄷ   ④ ㄷ, ㄹ

68 간이과세자의 20×1년 과세기간 동안의 공급대가가 ₩22,000,000이고, 다른 매입은 없다. 부가가치율이 30%인 경우 납부하여야 할 부가가치세액은 얼마인가?

① ₩0   ② ₩220,000   ③ ₩660,000   ④ ₩2,200,000

69 부가가치세법상 일반과세자와 간이과세자의 차이점을 비교한 것이다. 잘못된 것은? 【개정】

번호	구 분	일반과세자	간이과세자
①	적용대상자	개인, 법인 모두	개인사업자에 한함
②	의제매입세액	업종제한 없음	음식점업, 제조업에 한함
③	과세기간	1, 2기	1, 2기
④	세금계산서	세금계산서 또는 영수증 발급	세금계산서 또는 영수증 발급

70 부가가치세법상 조기환급을 신청할 수 있는 경우가 아닌 것은?

① 사업용 기계장치를 신규로 취득하는 경우
② 영세율을 적용받는 경우
③ 경영악화로 인하여 긴급자금이 필요한 경우
④ 법원의 인가결정을 받은 회생계획을 이행 중인 경우

71 부가가치세법상 환급에 관한 설명으로 옳지 않은 것은?

① 일반환급의 경우 각 과세기간별로 그 확정신고기한 경과후 30일 이내에 환급한다.
② 조기환급은 조기환급기간별로 해당 조기환급신고기한 경과후 10일 이내에 환급한다.
③ 경정에 의하여 추가로 발생한 환급세액은 세무서장이 지체없이 환급하여야 한다.
④ 영세율이 적용되는 경우와 사업설비를 신설·취득·확장 또는 증축하는 경우 조기환급 대상이다.

72 사업자 정다니엘 씨는 사업과 관련된 지출을 하고 증빙을 수취하였다. 다음 중 매입세액공제가 불가능한 것은? 단, 모든 증빙은 형식상 요건은 충족한다.

① 세금계산서　　　　　　　　　② 사업용 신용카드 매출전표
③ 사업자용 지출증빙 현금영수증　④ 금전출납기 영수증

73 다음 ( )안에 알맞은 숫자는? 【개정】

> 재화와 용역의 공급일로부터 ( )년 경과한 날이 속하는 과세기간에 대한 확정신고기한까지 확정된 대손에 대해서만 세액공제 가능하다.

① 3　　　　　　　② 4　　　　　　　③ 5　　　　　　　④ 10

74 부가가치세법상 대손세액공제 공식으로 옳은 것은?

① 대손금액 × 10/110　　　　　② 매출액 × 10/100
③ 대손금액 × 10/100　　　　　④ 매출액 × 10/110

75 부가가치세법상 일반과세자로 영수증을 발급할 수 없는 자는?

① 가사서비스업
② 최종소비자에게 제공한 변호사 등의 인적용역
③ 미용업
④ 도매업

76 부가가치세법상 가산세율이 올바르게 연결된 것은?

① 사업자를 허위로 등록한 경우 : 0.5%
② 발급시기가 지난 후 해당 과세기간에 대한 확정신고 기한까지 세금계산서를 발급한 경우
　: 2%
③ 공급이 없음에도 가공으로 세금계산서를 발급한 경우 : 3%
④ 매입이 없음에도 가공으로 세금계산서를 발급받은 경우 : 2%

77 부가가치세법상 가산세율에 대한 내용 중 틀린 것은?

① 세금계산서 지연발급 : 1%
② 매출처별세금계산서합계표 지연제출 : 1%
③ 현금매출명세서 미제출 : 1%
④ 세금계산서 미발급 : 2%

78 부가가치세법상 부가가치세제도와 관련이 적은 것은?

① 전단계세액공제법　　　　　② 영세율적용
③ 원천징수제도　　　　　　　④ 면세제도

부가가치세 해답편

1. ②	2. ④	3. ①	4. ③	5. ④
6. ④	7. ③	8. ②	9. ②	10. ②
11. ③	12. ②	13. ③	14. ③	15. ③
16. ①	17. ②	18. ④	19. ①	20. ①
21. ②	22. ②	23. ②	24. ③	25. ②
26. ④	27. ②	28. ②	29. ①	30. ②
31. ②	32. ③	33. ②	34. ④	35. ③
36. ②	37. ①	38. ③	39. ①	40. ②
41. ①	42. ①	43. ④	44. ①	45. ②
46. ③	47. ①	48. ①	49. ②	50. ①
51. ①	52. ①	53. ①	54. ②	55. ①
56. ④	57. ③	58. ④	59. ③	60. ③
61. ①	62. ②	63. ④	64. ②	65. ③
66. ③	67. ③	68. ①	69. ③	70. ②
71. ①	72. ①	73. ④	74. ①	75. ④
76. ③	77. ②	78. ③		

< 해설 >

01 요한 : 부가가치세는 국세이며 간접세이다. 호동 : 부가가치세는 원칙적으로 모든 재화 · 용역의 소비행위에 대해 과세하는 일반 소비세이다. 따라서 특정 재화 · 용역의 소비행위에 과세하는 개 별소비세나 주세와 다르다.

02 보기4번은 전단계세액공제법에 대한 설명이다.

03 우리나라 부가가치세의 특징은 소비지국과세원칙이며, 간접세 이고, 일반소비세이다.

04 납세의무자는 사업자이고, 담세자는 최종소비자이다.

05 소비자는 담세자로서 납세의무가 없다.

06 납세의무는 영리 · 비영리 유무와 관계가 없다.

07 폐업자의 최종 과세기간은 과세기간 개시일부터 폐업일까지 이다.

08 신규사업자의 최초 과세기간은 사업개시일로부터 당해 과세기 간의 종료일까지이다.

09 폐업한 사업자의 부가가치세 확정신고기한은 폐업한 날이 속하 는 달의 말일로부터 25일까지이다.

10 보기2번 : 재화의 공급을 개시한 날이다.(부가가치세법시행령 제6조)

11 보기1번 : 개인사업자는 예정신고 대신 직전 과세기간의 납부세 액의 50%를 예정고지하여 징수한다. 보기2번 : 25일 이내이다. 보기4번 : 30만 원 미만인 경우이다.

12 하치장으로 신고된 장소는 사업장으로 보지 아니한다.

13 재화를 수입하는 경우 수입을 신고하는 세관의 소재지로 한다.

14 ㄱ. 건설업 (법인) : 법인의 등기부상 소재지
ㄹ. 외국법인 : 외국법인의 국내사업장

15 ·보기1번 : 부가가치세 신고는 각 사업장별로 하고, 주사업장에 서는 총괄납부만 할 수 있다.
·보기2번 : 사업자등록은 각 사업장별로 하여야 한다.
·보기4번 : 주사업장 총괄납부 신청은 총괄납부 하고자 하는 과 세기간 개시 20일 전에 신청하여야 한다.

16 개인의 경우 주사무소만 주사업장으로 지정할 수 있다.

17 사업자는 사업자등록의 신청을 사업장 관할 세무서장이 아닌 다 른 세무서장에게도 할 수 있다. 이 경우 사업장 관할 세무서장에 게 사업자등록을 신청한 것으로 본다.

18 ㄱ은 사업자등록 정정사유가 아니며, ㄹ은 폐업사유에 해당한다.

19 주민등록번호는 사업자등록증상에 표시되지 않는다.

20 일반과세자가 법정기한까지 사업자 등록을 신청하지 아니한 경 우에는 사업 개시일부터 등록을 신청한 날의 직전일까지의 공급 가액 합계액의 1%를 납부세액에 더하거나 환급세액에서 뺀 다.(부법 60조 1항 1호)

21 면세사업이란 부가가치세가 면제되는 재화 또는 용역을 공급하 는 사업을 말한다.

22 용역의 수입은 과세거래가 아니다.

23 특수관계 없는 자에게 용역의 무상공급은 용역의 공급으로 보지 아니하고, 국가 등에 무상으로 공급하는 재화는 면세대상이다.

24 폐업 시 잔존재화는 자기에게 공급하는 것으로 한다.

25 부가가치세법상 조세의 물납은 재화의 공급으로 보지 않는다.

26 사업자가 사업을 폐지하는 때에 잔존하는 재화는 자기에게 공급 하는 것으로 보기 때문에 재화의 공급으로 본다. 나머지 보기는 재화의 공급으로 보지 않는 것들이다.

27 재화의 공급시기의 원칙은 재화의 공급이 확정된 때이다.

28 재화와 용역의 공급시기가 폐업일 이후에 도래하는 경우는 그 폐업일이다.

29 도 · 소매업은 재화를 공급하는 사업에 해당한다.

30 고용관계에 따른 근로제공은 용역의 공급이 아니다.

31 상품권은 화폐대용증권으로서 부가가치세가 과세되는 재화에 해당하지 않는다.

32 무상견본품, 광고선전물 , 부수재화는 공급의제로 보지 않는다.

33 1번 : 제도는 매출세액을 '0(영)'으로 하기 때문에 완전면세제 도이다. 3번 : 완화는 면세제도이다. 4번 : 이 적용되는 경우에도 내국신용장, 구매확인서에 의한 공급 시에는 세금계산서 발행의 무가 있다.

34 국내에서 수출대행업자의 대행수수료와 항공기에 의한 국내 항 행용역은 영세율 적용대상이 아니다.

35 영세율 적용은 국가 간의 이중과세를 방지하고, 소비지국 과세 원칙을 실현하기 위한 제도이다.

36 면세제도는 세부담의 역진성을 완화하기 위한 제도이다.

37 면세는 최종소비자의 세부담을 경감하기 위한 제도이다.

38 • 보기1번 : 면세의 목적은 부가가치세의 역진성 완화에 있다.
  • 보기2번 : 주택과 이에 부수되는 토지의 임대용역은 면세대상이다.
  • 보기4번 : 부가가치세의 부담이 완전히 면제되는 제도는 영세율 제도이다.

39 생활필수 재화인 가공되지 아니한 식료품과 문화관련 용역인 박물관, 미술관의 입장은 면세적용 대상이다.

40 건물의 임대와 맛김, 조미멸치 같은 가공식료품은 과세적용대상이다.

41 조미한 양념육과 맥반석 구운 오징어 · 발효 숙성한 치즈나 요구르트는 과세대상이다.

42 • 영세율 – 소비지국과세원칙의 구현, 면세 – 역진성 완화목적이다.
  • 면세정도 : 영세율은 적용 단계뿐만 아니라 그 전단계의 부가가치도 면제되고, 면세는 면세단계의 부가가치만 면제되며, 그 전단계의 부가가치는 면제되지 않음.

43 납세의무와 세금계산서발행은 일반과세업자에게만 부과되는 의무이며 면세사업자는 매입세액을 공제받지 못하지만 영세율사업자는 공제받는다.

44 면세 포기를 신고한 사업자가 신고한 날부터 3년이 지난 후 부가가치세의 면제를 받으려면 면세적용신고서를 작성하여 다시 신청하여야 한다.

45 거래징수(부가가치세법 제15조)

46 공급받는 자에게 도달 전 파손된 가액은 포함하지 않는다.

47 나머지 보기는 모두 과세표준에 포함되지 않는 항목이다.

48 환입된 재화의 가액과 매출 할인액은 과세표준에서 차감항목이고, 장려금을 금전으로 받은 경우에는 과세표준에서 공제하지 아니한다. 과세표준 : 30,000,000원-2,500,000원-3,000,000원 = 24,500,000원

49 사업자가 재화 또는 용역을 공급받는 자에게 지급하는 장려금이나 이와 유사한 금액 및 대손금액은 과세표준에서 공제하지 아니한다.

50 매출에누리는 과세표준에서 차감항목이고, 대손금액은 과세표준에서 공제하지 않는 금액이다.
과세표준 = 10,000,000원 - 500,000원 = 9,500,000원이다.

51 사업등록을 신청하기 전에 교부받은 매입세액은 매출세액에서 공제하지 아니한다. 다만, 공급시기가 속하는 과세기간이 끝난 후 20일 이내에 사업등록을 한 경우는 공제가능하다.

52 영업용차량은 매입세액 공제이고, 비영업용 소형승용차는 불공제이다.

53 부가가치세법 제16조 매입자발행 세금계산서에 기재된 부가가치세액은 공제받을 수 있다.

54 거래처 직원에게 선물하기 위해 구입한 물품의 매입세액은 공제받을 수 없으나, 사업자가 자신의 직원에게 선물하기 위해 구입한 물품의 매입세액은 공제 받을 수 있다.

55 음식점을 경영하는 사업자 중 개인사업자 의제매입세율 공제율은 8/108(단, 과세표준 2억 원 이하인 경우에는 2021년 12월 31일까지 109분의 9를 적용)

56 제조업 영위 개인사업자 : 4/104(과자점 등은 6/106)

57 43,200,000 × (8/108) = 3,200,000 영수증(농어민으로부터 직접 구입)을 수취한 농산물의 매입가액은 의제매입세액공제 요건에 해당되지 않는다.

58 전자세금계산서를 발급한 경우 발급일의 다음 날까지 국세청장에게 전송하여야 한다.

59 공급 받는 자의 상호, 성명, 주소는 임의적 기재사항이다.(부가가치세법제32조)

60 부가가치세법상 작성연월일은 세금계산서의 필요적 기재 사항이다.

61 내국신용장 또는 구매확인서에 의하여 공급하는 재화의 경우 세금계산서를 발급해야 한다.

62 직매장 반출은 주사업장총괄납부 및 사업자단위과세 적용 사업자가 아닌 경우에는 전자세금계산서를 발행해야 한다.

63 보기 전부가 수정세금계산서발급요건에 해당된다.

64 50,000,000×0.5% = 250,000원

65 신용카드 결제금액의 1.3%에 상당하는 금액(연간 1,000만 원 한도)을 납부세액에서 공제한다. 다만 법인사업자는 제외한다.

66 • 보기1번 : 간이과세는 개인사업자를 대상으로 한다.
  • 보기2번 : 간이과세자도 세금계산서를 발행해야 한다. 단, 간이과세자 중 신규사업자, 직전연도 공급대가 합계액이 4,800만 원 미달하는 사업자, 소매업, 음식접업 등 주로 소비자에게 재화 · 용역을 공급하는 사업자의 경우에는 세금계산서 발급의무를 면제하며 대신 영수증을 발급해야 한다. 【개정】
  • 보기3번 : 간이과세자는 간이과세를 포기하고 일반과세자가 될 수 있다.

67 부동산매매업과 도매업은 간이과세의 배제 업종이다.

68 간이과세자의 해당 과세기간에 대한 공급대가의 합계액이 4,800만 원 미만이면 납부의무를 면제한다.

69 부가가치세법상 간이과세자 과세기간은 1기(1월 1일부터~12월 31일 까지)이다.

70 사업자의 경영악화로 인하여 긴급자금이 필요한 경우는 조기환급 대상이 아니므로 자금조달 계획을 수립해야 할 것이다.

71 조기환급은 15일 이내이다.

72 증빙서류 중 영수증은 매입세액이 공제되지 않는다.

73 대손세액공제는 재화와 용역의 공급일로부터 10년 경과한 날이 속하는 과세기간에 해당되어야 가능하다. 【개정】

74 대손세액공제액은 대손금액 × 10/110 이다.

75 도매업자는 세금계산서를 발급하여야 한다.

76 보기1번 : 사업자를 허위로 등록한 경우 : 1%, 2번 : 지연발급 1%, 4번 : 가공발급 및 수취 3%

77 매출처별세금계산서합계표 지연제출 : 0.3%

78 원천징수제도는 법인세 및 소득세와 관련이 있다.

Chapter 04 원천징수

1 소득세의 기본 개념

1 소득세(income tax)의 개념

소득세는 개인이 얻은 소득에 대하여 그 개인에게 부과되는 조세로써 국세이며 직접세이다. 본래 소득세는 법인소득세와 개인소득세로 나누어지는데 둘 다 소득을 과세대상으로 한다는 점에서는 동일하지만 법인소득세는 법인의 소득에 대해 과세되는 반면, 개인소득세는 개인의 소득에 대해 과세된다는 점이 다르다. 우리나라에서는 법인소득세를 단순히 '법인세'라 하고, 개인소득세만을 '소득세'라 부르고 있다.

2 소득세의 종류

소득세는 종합소득세, 퇴직소득세, 금융투자소득세 및 양도소득세로 구분하고, 원칙적으로 계속적·경상적으로 발생하는 소득을 과세대상으로 하며, 그 종류는 다음과 같다.

(1) 종합소득세

이자소득·배당소득·사업소득·근로소득·연금소득·기타소득을 합하여 계산한 세액을 종합소득세라고 한다.

① 이자소득 : 금융기관의 예금에 대한 이자(예금의 이자는 그 종류에 관계없이 이자소득으로 본다. 적금·부금·예탁금·상호저축은행의 신용부금에 대한 이자도 포함한다.), 채권 또는 증권의 이자와 할인액 등을 이자소득이라고 한다.

② 배당소득 : 투자자가 피투자회사인 내국법인·외국법인·법인 아닌 단체로부터 받는 이익이나 잉여금의 배당 또는 이익분배금을 배당소득이라고 한다.

③ 사업소득 : 제조업, 건설업, 도매 및 소매업, 부동산임대업 등과 같이 독립적 지위에서 수익을 얻을 목적으로 계속적·반복적으로 하는 사업활동에서 발생한 소득을 사업소득이라고 한다.

④ 근로소득 : 고용계약 또는 이와 유사한 계약에 의하여 근로를 제공하고 받는 봉급·급료·보수·세비·임금·상여·수당과 이와 유사한 성질의 급여를 근로소득이라고 한다.

⑤ 연금소득 : 사회보장제도하에 일정기간 동안 공적, 사적으로 연금기여금을 납부하고 노령·퇴직·장애·사망한 경우 본인 또는 유족에게 매년 일정액을 지급하는 연금을 수령하는 경우 이를 연금소득이라고 한다.

⑥ 기타소득 : 원작자의 원고료, 인세(印稅), 방송 출연료, 강연료, 복권 당첨금, 상금, 포상금, 변호사·공인회계사·세무사와 같은 전문직의 보수 등과 같이 이자·배당·사업·근로·연금·퇴직·양도소득 이외의 소득을 기타소득이라고 한다.

(2) **퇴직소득세** : 퇴직소득세란 퇴직으로 인하여 발생하는 소득과 국민연금법 또는 공무원연금법 등에 따라 지급받는 일시금에 대한 세액을 말한다.

(3) **금융투자소득세** : 자본시장법상 금융투자상품으로 원금손실 가능성이 있는 증권(채무·지분·수익·파생결합·증권예탁·투자계약증권)으로부터 실현(상환, 환매, 해지, 양도 등)된 모든 소득에 대한 세액을 말한다. 【2020. 12. 29. 개정, 2023. 1. 1. 시행】

(4) **양도소득세** : 양도소득세란 개인이 비사업 활동으로 보유하고 있던 토지, 건물 등의 부동산을 양도하여 얻은 소득에 대한 세액을 말한다. 단, 개인이 사업활동으로 보유하던 부동산을 양도하여 얻어진 소득은 사업소득으로써 그에 대한 세액은 종합소득세에 해당한다.

③ 소득세의 특징

　소득은 재산과는 달리 일정한 기간을 통하여 얻어진 경제적 순이익(총수입금액 – 필요경비)을 화폐총액으로 파악하는 개념이기 때문에, 조세의 지불능력을 나타내는 가장 적합한 지표로 생각되고 있다. 따라서 소득세는 재정정책상 합리적인 소득분배가 가능한 가장 이상적인 조세형태로써, 그 주요 특징은 다음과 같다.

(1) 소득세를 과세하는 인적단위를 과세단위라고 하는데, 과세단위에는 개인단위와 세대단위(= 소비단위, 부부단위, 가구단위)가 있으며, 우리나라는 개인단위주의를 원칙으로 한다. 단, 가족구성원 중 2인 이상이 공동사업장에 포함되어 있는 경우의 소득에 대해서는 세대단위 과세제도를 채택하고 있다.

(2) 소득세법은 소득의 종류에 관계없이 일정한 기간을 단위로 합산하여 과세하는 종합과세를 원칙으로 하고 예외적으로 분류과세, 분리과세를 사용하고 있다.

(3) 소득세법은 열거주의를 원칙으로 하되, 이자소득, 배당소득은 유형별 포괄주의를 채택하고 있다.

(4) 소득세는 생활하는 자연인에게 과세하는 것이기 때문에 부담능력에 따른 과세와 소득재분배기능이 강조된다. 따라서 현행 소득세법은 6% ~ 42%의 누진세율(기본세율)을 채택하고 있으며 부양가족 등의 생계비를 고려하여 소득공제방식의 인적공제제도를 두고 있다.

(5) 소득세는 신고납세제도를 채택하고 있으므로 납세의무자가 과세기간의 다음연도 5월 1일부터 5월 31일까지 확정신고를 하면 소득세의 납세의무가 확정된다.

(6) 소득세는 전 국민을 대상으로 하므로 납세의무자가 상당히 많아 징수비용이 과다하게 소요된다. 따라서 징수비용을 절약하고 세원의 탈루를 최소화하며, 세무행정의 편의를 도모하기 위하여 사업소득과 양도소득을 제외한 대부분의 소득에 대하여 현행 소득세법은 원천징수제도를 시행하고 있다.

> **세 무 충전소**
>
> 1. **종합과세** : 소득세 과세소득에는 이자소득 · 배당소득 · 사업소득 · 근로소득 · 연금소득 · 기타소득 · 퇴직소득 · 양도소득이 있는데 이 중 이자소득부터 기타소득까지는 합산하여 과세하는 방식을 말한다.
> 2. **분류과세** : 퇴직소득과 양도소득은 장기간에 걸쳐 발생한 소득이 일시에 실현되는 특징을 가지고 있다. 따라서 이를 다른 소득과 합산, 종합과세하여 누진세율을 적용한다면 그 실현되는 시점에 부당하게 세액이 급격히 증가되는 '결집효과'가 발생한다. 이러한 점을 고려하여 현행 소득세법은 이들 소득을 별도로 분류하여 과세하도록 하는 것을 말한다.
> 3. **분리과세** : 일용근로자의 소득과 복권당첨소득 등은 원천징수로 과세를 종결하여 별도의 신고가 필요하지 않는 것을 말한다.
> 4. **원천징수** : 회사가 종업원에게 급여를 지급할 때 급여에서 소득세와 지방소득세를 징수하여 차감한 잔액만을 지급하고 그 원천징수한 소득세는 관할 세무서에, 지방소득세는 지방자치단체에 납부하는데 이와 같이 특정한 소득을 지급할 때 소득을 지급하는 자가 세금을 징수하여 정부에 납부하는 것을 말한다.
> 5. **유형별포괄주의** : 세법에 과세대상을 정하는 방법에는 구체적으로 열거된 것(근로소득 · 연금소득 · 기타소득 · 퇴직소득 · 양도소득)만 과세하는 방식의 열거주의와 모든 소득을 과세하되 예외적으로 열거된 것만 과세대상에서 제외하는 방식의 포괄주의가 있는데 소득세법은 열거주의를 원칙으로 하되, 이자소득 · 배당소득 · 특정 사업소득은 유형별 포괄주의(열거된 것과 유사한 것이면 구체적으로 열거되지 않아도 과세하는 방식)를 채택하고 있다.

④ 납세의무자

소득세의 납세의무자는 과세소득을 얻은 개인이다. 소득세법상 개인은 거주자와 비거주자로 구분되는데 국내에 주소가 있거나 183일 이상 거소(居所)가 있는 자를 거주자라 하고, 거주자 이외의 개인을 비거주자라고 한다.

구 분	구별기준	납세의무
거 주 자	국내에 주소 또는 183일 이상 거소를 둔 자	전 세계 소득(무제한 납세의무자)
비거주자	거주자 이외의 개인	국내 원천 소득(제한 납세의무자)

> **세 무 충전소**
>
> 1. 주소 또는 183일 이상 거소로 거주자를 판정하므로 국적이나 영주권 취득은 판정기준이 아님
> 2. 재외동포의 국내 투자를 촉진시키기 위해 2018. 1. 1. 이후 개시되는 과세기간부터 거주자 판정기준을 2과세기간에 걸쳐 183일 이상에서 1과세기간 동안 183일 이상으로 변경하였다. [2018. 1. 1. 이후 시행]
> 3. 외국인 단기거주자란 해당 과세기간종료일 10년 전부터 국내에 주소나 거소를 둔 기간의 합계가 5년 이하인 외국인 거주자를 말한다.
> 4. 비거주자가 거주자로 되는 시기는
>   ① 국내에 주소를 둔 날
>   ② 국내에 주소를 가지거나 국내에 주소가 있는 것으로 보는 사유가 발생한 날
>   ③ 국내에 거소를 둔 기간이 183일이 되는 날로 한다.
> 5. 거주자가 비거주자로 되는 시기는
>   ① 거주자가 주소 또는 거소의 국외 이전을 위하여 출국하는 날의 다음 날
>   ② 국내에 주소가 없거나 국외에 주소가 있는 것으로 보는 사유가 발생한 날의 다음 날로 한다.

⑤ 과세기간

소득세의 과세기간은 1월 1일부터 12월 31일까지 1년으로 한다. 다만, 거주자가 사망한 경우에는 1월 1일부터 사망한 날까지로 하고, 거주자가 주소 또는 거소를 국외로 이전(=출국)하여 비거주자가 되는 경우의 과세기간은 1월 1일부터 출국한 날까지로 한다. 이와 같이 소득세의 과세기간은 개인이 임의로 설정하는 것을 허용하지 않으며 사업개시나 폐업한 경우에도 영향을 받지 않고 1월 1일부터 12월 31일까지로 한다.

⑥ 납세지

(1) 소득세의 납세지

소득세의 신고·납부 등을 위한 관할세무서를 정하는 기준이 되는 장소를 납세지라고 하는데, 본 서에서는 일반적인 소득세의 납세지와 원천징수하는 소득세의 납세지만을 살펴보기로 한다.

① 일반적인 소득세의 납세지

구 분	납 세 지
거 주 자	주소지. 다만, 주소지가 없는 경우에는 그 거소지로 한다.
비거주자	국내사업장의 소재지. 다만, 국내사업장이 둘 이상 있는 경우에는 주된 국내사업장의 소재지로 하고, 국내사업장이 없는 경우에는 국내원천소득이 발생하는 장소로 한다.

② 원천징수하는 소득세의 납세지

구 분	원천징수의무자	납 세 지
개인	거 주 자	주된 사업장 소재지. 다만, 주된 사업장 외의 사업장에서 원천징수를 하는 경우에는 그 사업장의 소재지, 사업장이 없는 경우에는 그 거주자의 주소지 또는 거소지로 한다.
	비거주자	주된 국내사업장 소재지. 다만, 주된 국내사업장 외의 국내사업장에서 원천징수를 하는 경우에는 그 국내사업장의 소재지, 국내사업장이 없는 경우에는 그 비거주자의 거류지(居留地) 또는 체류지로 한다.
법인	원칙	그 법인의 본점 또는 주사무소의 소재지
	지점, 영업소, 독립채산제 등에서 원천징수한 소득세	그 사업장의 소재지(국외 사업장 제외) 다만, 다음의 경우에는 본점 또는 주사무소의 소재지를 납세지로 할 수 있다. ㉠ 법인이 지점, 영업소 또는 그 밖의 사업장에서 지급하는 소득에 대한 원천징수세액을 본점 또는 주사무소에서 전자적 방법 등에 의하여 일괄계산하는 경우로서 본점 또는 주사무소의 관할 세무서장에게 신고한 경우 【2020.2.11. 개정】 ㉡ 부가가치세법에 따라 사업자단위로 등록한 경우
납세조합		납세조합의 소재지

(2) 납세지의 지정

국세청장 또는 관할 지방국세청장은 다음 각 호의 어느 하나에 해당하는 경우에는 납세지를 따로 지정할 수 있다.

① 사업소득이 있는 거주자가 사업장 소재지를 납세지로 신청한 경우

② 위 ① 외의 거주자 또는 비거주자로서 본래의 납세지가 납세의무자의 소득 상황으로 보아 부적당하거나 납세의무를 이행하기에 불편하다고 인정되는 경우

한편 납세지의 지정 사유가 소멸한 경우 국세청장 또는 관할 지방국세청장은 납세지의 지정을 취소하여야 한다. 이처럼 납세지의 지정이 취소된 경우에도 그 취소 전에 한 소득세에 관한 신고, 신청, 청구, 납부, 그 밖의 행위의 효력에는 영향을 미치지 아니한다.

(3) 납세지 변경신고

납세지가 변경된 경우에는 그 변경된 날부터 15일 이내에 변경 후의 납세지 관할 세무서장에게 신고하여야 한다. 다만, 부가가치세법에 따른 사업자등록 정정을 한 경우에는 납세지 변경신고를 한 것으로 본다. 여기서 주의할 점은 개인이 주소를 이전한 경우에는 납세지 변경신고를 하지 않아도 납세지는 자동 변경되므로 소득세의 납세지 변경신고는 의미가 없다.

② 원천징수의 개념 및 대상과 세율

① 원천징수의 기본 개념

(1) 원천징수의 개념

원천징수(withholding)란 소득자(납세의무자)가 자신의 세금을 직접 납부하지 아니하고 소득을 지급하는 자가 이를 지급하는 때에 세법의 규정에 의하여 세금을 징수하여 국가에 납부하는 제도를 말한다. 즉 소득을 지급하는 자가 그 소득에 대한 원천징수세액을 차감한 잔액만을 지급하고 그 원천징수세액을 국가에 납부하는 것이다. 이 경우 원천징수 적용 대상자(소득자)를 원천납세의무자라 하고, 원천징수한 세액을 납부할 의무가 있는 자(소득을 지급하는 자)를 원천징수의무자라 한다.

【 원친징수제도 】

(2) 원천징수제도의 유형

원천징수제도의 유형에는 원천징수를 하면 과세가 종결되는 완납적 원천징수와 원천징수를 해도 신고의무가 있는 예납적 원천징수로 구분된다.

구 분	내 용	대상소득
완납적 원천징수	원천징수로 과세가 종결되고 별도 정산을 하지 않음	분리과세소득
예납적 원천징수	원천징수한 경우에도 추후에 원천징수하기 전의 소득을 신고하고 원천징수한 세액은 기납부세액으로 차감함	종합과세소득

(3) 원천징수의 특징

① 원천징수대상 소득은 소득 지급 시마다 일정 세금을 원천징수를 통하여 납부하게 되므로 세금 부담을 경감시켜 주는 효과가 있다.

② 원천징수대상 소득의 경우 해당 연도 소득에 대해 원천징수를 통하여 조세 수입이 조기 확보됨으로써 조세 수입과 지출의 차이를 좁힐 수 있는 효과가 있다.

③ 원천징수를 통하여 징수되는 근로소득세 등은 관련 법률 개정 시 즉시 적용되어 시행하므로 신속한 개정 법률의 적용에 따른 효과를 극대화할 수 있다.

④ 원천징수의무자(소득을 지급하는 자)가 원천납세의무자(소득자)의 소득에 대해 신고 · 납부가 가능하도록 세액 계산 방법을 단순화하고, 신고 방법은 간편하게 하는 등 다양한 편의제도를 채택하고 있다.

⑤ 원천징수의무자를 통해 매월 급여 지급 시 원천징수함에 따라 과세관청의 추가적인 업무부담이 없고, 소득자는 세금납부에 대한 별도의 시간 및 경비가 필요하지 않을 뿐만 아니라 세금부과의 저항이 크지 않아 징세의 편의를 도모한다.

② 원천징수대상과 원천징수세율

(1) 금융소득(이자소득과 배당소득)

금융소득은 이자소득과 배당소득을 말한다.

(가) 이자소득의 범위

금융기관의 예금에 대한 이자를 이자소득이라 하고, 이자소득은 유형별 포괄주의에 따라 규정하고 있으며 이자소득의 구체적인 범위는 다음과 같다.

① 국내에서 받는 예금(적금 · 부금 · 예탁금 및 우편대체 포함)의 이자
② 국가나 지방자치단체가 발행한 채권 또는 증권의 이자와 할인액
③ 내국법인이 발행한 채권 또는 증권의 이자와 할인액
④ 「상호저축은행법」에 따른 신용계(信用契) 또는 신용부금으로 인한 이익
⑤ 외국법인의 국내지점 또는 국내영업소에서 발행한 채권 또는 증권의 이자와 할인액
⑥ 외국법인이 발행한 채권 또는 증권의 이자와 할인액
⑦ 국외에서 받는 예금의 이자
⑧ 채권 또는 증권의 환매조건부 매매차익
⑨ 저축성보험의 보험차익(단, 최초로 보험료를 납입한 날부터 만기일 또는 중도해지일까지의 기간이 10년 이상으로서 대통령령으로 정하는 요건을 갖춘 보험과 종신형 연금보험 제외)
⑩ 직장공제회 초과반환금
⑪ 비영업대금(非營業貸金)의 이익
⑫ 위의 ① ~ ⑪ 까지의 소득과 유사한 소득으로서 금전 사용에 따른 대가로서의 성격이 있는 것(유형별 포괄주의에 해당하는 이자를 말한다)
⑬ 이자소득을 발생시키는 거래 또는 행위와 결합된 경우 해당 파생상품의 거래 또는 행위로부터의 이익

세 무 충전소

1. **저축성보험의 보험차익** : 보험계약에 따라 만기 또는 보험의 계약기간 중에 받는 보험금 · 공제금 또는 계약기간 중도에 해당 보험계약이 해지됨에 따라 받는 환급금에서 납입보험료 또는 납입공제료를 뺀 금액을 말한다.

2. **직장공제회** : 민법 제32조 또는 그 밖의 법률에 의하여 설립된 공제회 · 공제조합으로서 직장이나 직종에 종사하는 근로자들의 생활안정, 복리증진 또는 상호부조 등을 목적으로 구성된 단체를 말한다.

3. **초과반환금** : 근로자가 퇴직하거나 탈퇴하여 그 규약에 따라 직장공제회로부터 받는 반환금에서 납입공제료를 뺀 금액(납입금 초과이익)과 초과반환금을 분할하여 지급하는 경우 그 지급하는 기간 동안 추가로 발생하는 이익(반환금 추가이익)을 말한다.

4. **비영업대금(非營業貸金)의 이익** : 금전 대여가 사업 활동이 아닌 개인(비영업, 非營業)이 타인에게 돈을 빌려주고 받는 이자를 말한다. 금전 대여가 사업활동인 경우는 금융업으로서의 사업소득으로 본다.

5. **유형별 포괄주의에 해당하는 이자** : 거주자가 보유하고 있던 채권을 일정기간 후에 반환받는다는 조건으로 증권회사 등에 대여하고 해당 채권의 차입자로부터 지급받는 해당 채권에서 발생하는 이자에 상당하는 금액은 유형별 포괄주의에 의한 이자로 인식하지만, 채권의 대여로 인한 대여료(사용료)로 받는 금품은 기타소득으로 본다.

6. **이자소득으로 보지 않는 소득** : 외상판매나 할부판매를 하고 현금판매가격보다 더 받는 금액은 사업소득으로 보고, 매매계약의 위약으로 손해배상금과 법정이자를 받는 금액은 기타소득으로 본다. 단, 교통사고 등 상해사고로 인한 피해로 받는 손해배상금과 법정이자와 공익신탁의 이익은 비과세로 본다.

(나) 배당소득의 범위

투자자가 피투자자인 내국법인 · 외국법인 · 법인 아닌 단체로부터 받는 이익이나 잉여금의 배당 또는 이익분배금을 배당소득이라고 하고, 배당소득은 유형별 포괄주의에 따라 규정하고 있으며 배당소득의 구체적인 범위는 다음과 같다.

① 내국법인으로부터 받는 이익이나 잉여금의 배당 또는 분배금(실제배당이라 한다)

② 법인으로 보는 단체로부터 받는 배당금 또는 분배금(실제배당이라 한다)

③ 의제배당(擬制配當)

④ 「법인세법」에 따라 배당으로 처분된 금액(인정배당이라 한다)

⑤ 국내 또는 국외에서 받는 대통령령으로 정하는 집합투자기구로부터의 이익과 파생결합증권 또는 파생결합사채로부터의 이익

⑥ 외국법인으로부터 받는 이익이나 잉여금의 배당 또는 분배금(실제배당이라 한다)

⑦ 「국제조세조정에 관한 법률」에 따라 배당받은 것으로 간주된 금액(간주배당이라 한다)

⑧ 출자공동사업자의 손익분배비율에 해당하는 금액(출자공동사업자의 배당소득이라 한다)

⑨ 위의 ① ~ ⑦ 까지의 소득과 유사한 소득으로서 수익분배의 성격이 있는 것(유형별 포괄주의에 해당하는 배당을 말한다)

⑩ 배당소득을 발생시키는 거래 또는 행위와 결합된 경우 해당 파생상품의 거래 또는 행위로부터의 이익

⑪ 법인과세 신탁재산(법인세법에 따라 내국법인으로 보는 신탁재산)으로부터 받는 배당금 또는 분배금 【2021. 1. 1. 부터 시행】

> **세 무 충전소**
>
> 1. **의제배당** : 다음 각 호의 금액을 말하며, 이를 해당 주주, 사원, 그 밖의 출자자에게 배당한 것으로 본다.
>   ① 주식의 소각이나 자본의 감소로 인하여 주주가 취득하는 금전, 그 밖의 재산의 가액(價額) 또는 퇴사 · 탈퇴나 출자의 감소로 인하여 사원이나 출자자가 취득하는 금전, 그 밖의 재산의 가액이 주주 · 사원이나 출자자가 그 주식 또는 출자를 취득하기 위하여 사용한 금액을 초과하는 금액
>   ② 법인의 잉여금의 전부 또는 일부를 자본 또는 출자의 금액에 전입함으로써 취득하는 주식 또는 출자의 가액. 다만, 자본준비금과 재평가적립금은 제외한다.
> 2. **유형별 포괄주의에 해당하는 배당** : 거주자가 보유하고 있던 주식을 일정기간 후에 반환받는다는 조건으로 증권회사 등에 대여하고 해당 주식의 차입자로부터 지급받는 해당 주식에서 발생하는 배당에 상당하는 금액은 유형별 포괄주의에 의한 배당소득으로 인식하지만, 주식의 대여로 인한 대여료(사용료)로 받는 금품은 기타소득으로 본다.
> 3. **Gross-up 제도** : 법인이 얻은 소득에 법인세를 과세한 후의 세후소득(당기순이익)을 주주에게 배당하면 다시 주주에게 소득세를 과세하게 된다. 이러한 배당소득에 대한 이중과세로 인하여 개인사업자보다 법인의 주주가 불리하므로 법인세를 주주가 부담한 것으로 보아 배당소득에 가산하여 종합소득산출세액을 계산한 후 세액공제를 하고 있는 것을 말한다. Gross-up을 하는 경우 주주의 배당소득 총수입금액에 배당가산액(Gross-up 금액 : 배당소득 중 2천만 원 초과액 × 11%)을 더하여 배당소득금액을 계산하고, 산출세액에서 배당가산액을 공제한다.

(다) 금융소득의 원천징수

거주자에게 금융소득인 이자소득과 배당소득을 지급하는 자는 지급하는 금액에 다음의 원천징수세율을 곱한 금액을 원천징수해야 한다.

대 상 소 득	원천징수세율
실지 명의가 확인되지 아니한 금융소득	42%
실명에 의하지 않고 거래한 금융자산에서 발생한 금융소득	90%
비영업대금의 이익과 출자공동사업자의 배당소득	25%
직장공제회 초과반환금	기본세율
그 밖의 금융소득	14%

> **세 무 충전소**
>
> 1. **무조건 분리과세대상 금융소득** : 비실명금융소득, 직장공제회 초과반환금, 법원보증금과 경락대금이자(비실명포함), 법인아닌 단체의 금융수익
> 2. **무조건 종합과세대상 금융소득** : 출자공동사업자의 배당소득, 국내에서 원천징수되지 않은 금융소득
> 3. **조건부 종합과세대상 금융소득** : 비영업대금의 이익, 고배당기업 주식의 배당소득
> 4. 조건부 종합과세대상 금융소득은 14%(비영업대금의 이익 25%, 배당기업 주식의 배당소득 9%)의 세율로 원천징수한 후 연간 금융소득 합계액이 2천만 원을 초과하면 종합과세하고, 2천만 원 이하이면 분리과세한다.
> 5. **비영업대금 이익의 단서 조항** : 단, 자금을 대출받으려는 차입자와 자금을 제공하려는 투자자를 온라인을 통하여 중개하는 자로서 '온라인투자연계금융업 및 이용자 보호에 관한 법률'에 따라 온라인투자연계금융업의 등록을 한 자를 통하여 지급받는 이자소득(적격 P2P 대출 이자소득)에 대해서는 100분의 14로 한다.

(2) 사업소득

(가) 사업소득의 범위

제조업, 건설업, 도매 및 소매업, 부동산임대업 등과 같이 독립적 지위에서 수익을 얻을 목적으로 계속적 · 반복적으로 하는 사업 활동에서 발생한 소득을 사업소득이라고 하고, 사업소득의 구체적인 범위는 다음과 같다.

① 농업(곡물 및 기타 식량작물 재배업은 제외) · 임업 및 어업에서 발생하는 소득

② 광업, 제조업, 건설업, 도매 및 소매업에서 발생하는 소득

③ 전기, 가스, 증기 및 수도, 하수 · 폐기물처리, 원료재생업에서 발생하는 소득

④ 운수 및 창고업, 숙박 및 음식점업, 정보통신업, 금융 및 보험업, 사업시설관리, 사업 지원 및 임대 서비스업에서 발생하는 소득

⑤ 부동산업에서 발생하는 소득. 다만, 지역권 · 지상권(지하 또는 공중에 설정된 권리를 포함)을 설정하거나 대여함으로써 발생하는 소득은 기타소득으로 본다.

⑥ 전문, 과학 및 기술서비스업(연구개발업은 제외)에서 발생하는 소득

⑦ 교육서비스업(유치원 · 학교 · 직업능력개발훈련시설 · 노인학교는 제외)에서 발생하는 소득

⑧ 보건업 및 사회복지서비스업(사회복지사업 · 장기요양사업은 제외)에서 발생하는 소득

⑨ 예술, 스포츠 및 여가 관련 서비스업에서 발생하는 소득

⑩ 협회 및 단체, 수리 및 기타 개인서비스업에서 발생하는 소득

⑪ 가구 내 고용활동에서 발생하는 소득

⑫ 복식부기의무자가 차량 및 운반구 등 사업용 유형고정자산을 양도함으로써 발생하는 소득(양도소득에 해당하는 경우는 제외)

⑬ 위의 ① ~ ⑫ 까지의 소득과 유사한 소득으로서 영리를 목적으로 자기의 계산과 책임 하에 계속적 · 반복적으로 행하는 활동을 통하여 얻는 소득

세 무 충전소

▶ 개인사업자의 고정자산 양도소득의 구분

구 분		복식부기 의무자	간편장부 대상자
유형고정자산	토지, 건물 등의 부동산	양도소득	양도소득
	그 밖의 사업용 유형고정자산	사업소득	비과세
무형고정자산		기타소득	기타소득

(나) 비과세 사업소득

① 식량작물재배업 외의 작물재배업에서 발생하는 소득으로서 해당 과세기간의 수입금액이 10억 원 이하인 것은 전액 비과세 하고, 10억 원을 초과하는 것은 '소득금액 × 10억 원/수입금액'을 비과세한다.

② 논·밭을 작물 생산에 이용하게 함으로써 발생하는 소득

③ 어로어업(연근해어업과 내수면어업에서 발생하는 소득)에서 발생하는 소득으로서 해당 과세기간의 소득금액의 합계액이 5천만 원 이하의 금액【2020. 2. 11. 신설】

④ 농·어민이 부업으로 하는 축산(소 50마리, 돼지 700마리 : 전액)·양어·고공품(웹 멍석) 제조·민박·음식물 판매·특산물 제조·전통차 제조 및 그 밖에 이와 유사한 활동에서 발생하는 소득으로서 3천만 원 이하의 금액

⑤ 전통주의 제조에서 발생하는 소득으로서 1,200만 원 이하의 금액

⑥ 조림기간 5년 이상인 임지(林地)의 임목(林木)의 벌채 또는 양도로 발생하는 소득으로서 연 600만원 이하의 금액. 단, 조림기간 5년 미만은 전액 과세

⑦ 1개의 소규모 주택임대소득(기준시가가 9억 원을 초과하는 주택 및 국외에 소재하는 주택의 임대소득은 제외)

(다) 사업소득의 과세 방법

사업소득은 종합소득이므로 종합과세하여 확정신고한다. 다만, 해당 과세기간에 주거용 건물 임대업에서 발생한 수입금액의 합계액이 2천만 원 이하인 자의 주택임대소득은 분리과세를 선택할 수 있고, 사업소득은 원천징수대상이 아니나, 다음의 소득은 원천징수한다.

① 국가·지방자치단체·지방자치단체조합·법인·개인사업자가 지급하는 부가가치세 면세대상인 의료보건용역과 인적용역은 수입금액의 3%(다만, 약사의 조제용역 중 의약품가격이 차지하는 비율에 상당하는 금액은 원천징수대상에서 제외)

② 과세유흥장소 등을 운영하는 사업자가 지급하는 봉사료로서 세금계산서 등에 공급가액과 구분 기재된 봉사료가 공급가액의 20%를 초과하고, 사업자가 봉사료를 자기의 수입금액으로 계상하지 않은 경우는 수입금액의 5%(다만, 봉사료의 소득구분이 사업활동이면 사업소득, 사업활동이 아니면 기타소득으로 본다.)

③ 납세조합에 가입한 농·축·수산물 판매업자 등의 법 소정 사업자는 매월분 사업소득에 대한 소득세(단, 납세조합세액공제는 산출세액의 5%)

▶ 단, 외국인 직업운동가가 한국표준산업분류에 따른 스포츠 클럽 운영업 중 프로스포츠구단과의 계약(계약기간이 3년 이하인 경우로 한정한다)에 따라 용역을 제공하고 받는 소득에 대해서는 100분의 20으로 한다.

▶ 간편장부대상자인 보험모집인, 방문판매인 및 음료배달원의 사업소득은 연말정산대상이다. 다만, 방문판매인과 음료배달원의 사업소득에 대해서는 원천징수의무자가 사업장 관할 세무서장에게 연말정산을 신청한 경우에 한하여 연말정산한다.

(3) 근로소득

근로소득은 고용계약에 의하여 근로를 제공하고 받는 대가를 말하며 근로소득의 구체적인 범위는 다음과 같다.

① 근로를 제공함으로써 받는 봉급·급료·보수·세비·임금·상여·수당과 이와 유사한 성질의 급여

② 법인의 주주총회·사원총회 또는 이에 준하는 의결기관의 결의에 따라 상여로 받는 소득

③ 법인세법에 따라 상여로 처분된 금액(인정상여)

④ 퇴직함으로써 받는 소득으로서 퇴직소득에 속하지 아니하는 소득

⑤ 종업원, 법인의 임원, 공무원, 대학의 교직원 또는 대학과 고용관계가 있는 학생이 지급받는 직무발명보상금(퇴직한 후에 지급받는 것은 제외)

세무 충전소

▶ 직무발명보상금의 소득 구분

구 분	소득구분	비과세 범위
– 재직 중인 자 – 대학과 고용관계가 있는 학생이 대학의 산학협력단으로부터 받은 직무발명보상금	근로소득	발명진흥법에 따른 직무발명보상금으로서 연 500만 원 이하의 금액은 비과세
– 퇴직한 자 – 대학의 학생이 소속 대학에 설치된 산학협력단으로부터 받은 직무발명보상금	기타소득	

(가) 근로소득으로 보는 것

① 기밀비(판공비 포함)·교제비 기타 이와 유사한 명목으로 받는 것으로서 업무를 위하여 사용된 것이 분명하지 아니한 급여

② 종업원이 받는 공로금·위로금·개업축하금·학자금·장학금(종업원의 자녀가 사용자로부터 받는 학자금·장학금을 포함한다) 기타 이와 유사한 성질의 급여

③ 근로수당·가족수당·전시수당·물가수당·출납수당·직무수당·급식수당·주택수당·피복수당·기술수당·보건수당·연구수당·벽지수당·해외근무수당·시간외근무수당·통근수당·개근수당·특별공로금 기타 이와 유사한 성질의 급여

④ 보험회사, 투자증권회사 등의 종업원이 받는 집금(集金)수당과 보험가입자의 모집, 증권매매의 권유 또는 저축을 권장하여 받는 대가, 그 밖에 이와 유사한 성질의 급여

⑤ 주택을 제공받음으로써 얻는 이익. 다만, 주주 또는 출자자가 아닌 임원(소액주주인 임원 포함)과 종업원(국가 또는 지방자치단체·비영리법인 또는 개인으로부터 근로소득을 지급받는 사람 포함)이 사택을 제공받는 경우는 제외한다.

⑥ 종업원이 주택(주택에 부수된 토지를 포함)의 구입·임차에 소요되는 자금을 저리 또는 무상으로 대여 받음으로써 얻는 이익

⑦ 여비의 명목으로 받는 연액 또는 월액의 급여

⑧ 종업원이 계약자이거나 종업원 또는 그 배우자 기타의 가족을 수익자로 하는 보험·신탁 또는 공제와 관련하여 사용자가 부담하는 보험료·신탁부금 또는 공제부금(단체순수보장성보험과 단체환급부보장성보험 중 사용자 부담한 보험료중 연 70만 원 이하의 금액 및 임직원의 고의(중과실 포함) 외의 업무상 행위로 인한 손해의 배상청구를 보험금의 지급사유로 하고 임직원을 피보험자로 하는 보험의 보험료 제외)

⑨ 손금에 산입되지 아니하고 지급받는 퇴직급여

⑩ 휴가비 기타 이와 유사한 성질의 급여

⑪ 계약기간 만료전 또는 만기에 종업원에게 귀속되는 단체환급부보장성보험의 환급금

⑫ 법인의 임원 또는 종업원이 당해 법인 또는 당해 법인과 특수관계에 있는 법인으로부터 부여받은 주식매수선택권을 근무하는 기간 중 행사함으로써 얻은 이익(주식매수선택권 행사 당시의 시가와 실제 매수가액과의 차액을 말하며, 주식에는 신주인수권을 포함) 단, 퇴직 후에 행사하여 얻은 이익은 기타소득으로 본다.

⑬ 사내 원고료와 강연료(업무와 관련없이 독립된 자격으로 사보 등에 원고를 게재하고 받는 대가는 기타소득)

⑭「공무원 수당 등에 관한 규정」,「지방공무원 수당 등에 관한 규정」,「검사의 보수에 관한 법률 시행령」, 대법원규칙, 헌법재판소규칙 등에 따라 공무원에게 지급되는 직급보조비

(나) 비과세 근로소득

① 법령·조례에 의한 위원회 등의 보수를 받지 아니하는 위원(학술원 및 예술원의 회원 포함) 등이 받는 수당

②「선원법」에 의하여 받는 식료

③ 일직료·숙직료 또는 여비로서 실비변상 정도의 금액(종업원의 소유차량을 종업원이 직접 운전하여 사용자의 업무수행에 이용하고 시내출장 등에 소요된 실제 여비를 받는 대신에 그 소요경비를 당해 사업체의 규칙 등에 의하여 정하여진 지급기준에 따라 받는 금액 중 월 20만 원 이내의 금액을 포함)

④ 법령·조례에 의하여 제복을 착용하여야 하는 자가 받는 제복·제모 및 제화

⑤ 병원·시험실·금융회사 등·공장·광산에서 근무하는 사람 또는 특수한 작업이나 역무에 종사하는 사람이 받는 작업복이나 그 직장에서만 착용하는 피복(被服)

⑥ 특수분야에 종사하는 군인이 받는 낙하산강하위험수당·수중파괴작업위험수당·잠수부위험수당·고전압위험수당·폭발물위험수당·항공수당·비무장지대근무수당·전방초소근무수당·함정근무수당 및 수륙양용궤도차량승무수당, 특수분야에 종사하는 경찰공무원이 받는 경찰특수전술업무수당과 경호공무원이 받는 경호수당

⑦「선원법」의 규정에 의한 선원이 받는 월 20만 원 이내의 승선수당

⑧ 광산근로자가 받는 입갱수당 및 발파수당

⑨ 연구보조비 또는 연구활동비 중 다음 중 어느 하나에 해당하는 자가 받는 월 20만 원 이내의 금액

    ㉮ 「유아교육법」, 「초·중등교육법」 및 「고등교육법」에 따른 학교 및 이에 준하는 학교(특별법에 따른 교육기관을 포함한다)의 교원

    ㉯ 「특정연구기관육성법」의 적용을 받는 연구기관, 정부출연연구기관, 지방자치단체출연연구원에서 연구활동에 직접 종사하는 자(대학교원에 준하는 자격을 가진 자에 한한다) 및 직접적으로 연구활동을 지원하는 자

    ㉰ 중소기업 또는 벤처기업의 기업부설연구소와 연구개발전담부서(중소기업 또는 벤처기업에 설치하는 것으로 한정한다)에서 연구활동에 직접 종사하는 자

⑩ 국가 또는 지방자치단체가 지급하는 다음 중 어느 하나에 해당하는 것

    ㉮ 보육교사의 처우개선을 위하여 지급하는 근무환경개선비

    ㉯ 사립유치원 수석교사·교사의 인건비

    ㉰ 전문과목별 전문의의 수급 균형을 유도하기 위하여 전공의(專攻醫)에게 지급하는 수련보조수당

⑪ 방송, 뉴스통신, 신문(일반일간신문, 특수일간신문 및 인터넷신문을 말하며, 해당 신문을 경영하는 기업이 직접 발행하는 잡지 등 정기간행물을 포함)을 경영하는 언론기업 및 방송채널사용사업에 종사하는 기자(해당 언론기업 및 방송채널사용사업에 상시 고용되어 취재활동을 하는 논설위원 및 만화가를 포함)가 취재활동과 관련하여 받는 취재수당 중 월 20만 원 이내의 금액. 이 경우 취재수당을 급여에 포함하여 받는 경우에는 월 20만 원에 상당하는 금액을 취재수당으로 본다.

⑫ 근로자가 벽지에 근무함으로 인하여 받는 월 20만 원 이내의 벽지수당

⑬ 근로자가 천재·지변 기타 재해로 인하여 받는 급여

⑭ 수도권 외의 지역으로 이전하는 공공기관의 소속 공무원이나 직원에게 한시적으로 지급하는 월 20만 원 이내의 이전지원금

⑮ 종교관련종사자가 소속 종교단체의 규약 또는 소속 종교단체의 의결기구의 의결·승인 등을 통하여 결정된 지급 기준에 따라 종교 활동을 위하여 통상적으로 사용할 목적으로 지급받은 금액 및 물품

⑯ 근로자가 사내급식 또는 이와 유사한 방법으로 제공받는 식사 기타 음식물과 식사 기타 음식물을 제공받지 아니하는 근로자가 받는 월 10만 원 이하의 식사대. 단, 식사와 식대를 동시에 제공하는 경우 식사는 비과세이고, 식대는 전액 과세한다.

⑰ 발명진흥법에 따른 직무발명보상금으로서 연 500만 원 이하의 금액

⑱ 근로자 본인이 받는 학교(외국에 있는 이와 유사한 교육기관을 포함)와 직업능력개발훈련시설의 입학금·수업료·수강료, 그 밖의 공납금 중 다음의 요건을 갖춘 학자금(해당 과세기간에 납입할 금액을 한도로 한다.)

㉮ 당해 근로자가 종사하는 사업체의 업무와 관련 있는 교육·훈련을 위하여 받는 것일 것

㉯ 당해 근로자가 종사하는 사업체의 규칙 등에 의하여 정하여진 지급기준에 따라 받는 것일 것

㉰ 교육·훈련기간이 6월 이상인 경우 교육·훈련 후 당해 교육기간을 초과하여 근무하지 아니하는 때에는 지급받은 금액을 반납할 것을 조건으로 하여 받는 것일 것. 단, 근로자 자녀의 학자금을 제공받은 금액은 근로소득으로 본다.

⑲ 근로자·선원 및 그 유족이 받는 요양보상금, 휴업보상금, 상병보상금(傷病補償金), 일시보 상금, 장해보상금, 유족보상금, 행방불명보상금, 소지품 유실보상금, 장의비 및 장제비

⑳ 수급권자가 받는 요양급여, 휴업급여, 장해급여, 간병급여, 유족급여, 유족특별급여, 장해특 별급여, 장의비 또는 근로의 제공으로 인한 부상·질병·사망과 관련하여 근로자나 그 유족 이 받는 배상·보상 또는 위자(慰藉)의 성질이 있는 급여

㉑ 실업급여, 육아휴직 급여, 육아기 근로시간 단축 급여, 출산전후휴가 급여 등, 전직지원금, 육아휴직수당

㉒ 요양비·요양급여·장해일시금·비공무상 장해일시금·비직무상 장해일시금·장애보상 금·사망조위금·사망보상금·유족일시금·퇴직유족일시금·유족연금일시금·퇴직유족 연금일시금·유족연금부가금·퇴직유족연금부가금·유족연금특별부가금·퇴직유족연금 특별부가금·순직유족보상금·직무상유족보상금·위험직무순직유족보상금·재해부조 금·재난부조금 또는 신체·정신상의 장해·질병으로 인한 휴직기간에 받는 급여

㉓ 근로자 또는 그 배우자의 출산이나 6세 이하(해당 과세기간 개시일을 기준으로 판단한다) 자녀의 보육과 관련하여 사용자로부터 받는 금액으로서 월 10만 원 이내의 금액

㉔ 월정액급여 210만 원 이하로서 총급여액이 3천만 원 이하인 생산직 근로자(일용근로자 포함) 가 받는 연장근로·휴일근로·야간근로로 인하여 통상적 임금에 가산하여 받는 수당(연간 240 만 원을 한도로 한다. 단, 광산근로자와 일용근로자는 전액 비과세) 【2020. 2. 11.개정】

㉕ 「국민건강보험법」, 「고용보험법」 또는 「노인장기요양보험법」에 따라 국가, 지방자치단체 또 는 사용자가 부담하는 보험료

㉖ 국외 또는 북한지역에서 근로를 제공(원양어업 선박 또는 국외 등을 항행하는 선박이나 항 공기에서 근로를 제공하는 것을 포함)하고 받는 보수 중 월 100만 원[원양어업 선박, 국외 등을 항행하는 선박 또는 국외등의 건설현장 등에서 근로(설계·감리업무를 포함한다)를 제공하고 받는 보수의 경우에는 월 300만 원] 이내의 금액

㉗ 기타 비과세 근로소득 : 복무 중인 병(兵)이 받는 급여, 법률에 따라 동원된 사람이 그 동원 직장에서 받는 급여, 외국정부(외국의 지방자치단체와 연방국가인 외국의 지방정부를 포함 다) 또는 국제기관에서 근무하는 자로서 대한민국 국민이 아닌 자받는 급여, 국가유공자 또 는 보훈보상대상자가 받는 보훈급여금·학습보조비, 「전직대통령 예우에 관한 법률」에 따라 받는 연금, 작전임무를 수행하기 위하여 외국에 주둔 중인 군인·군무원이 받는 급여, 종군 한 군인·군무원이 전사(전상으로 인한 사망을 포함)한 경우 그 전사한 날이 속하는 연도의 급여, 국군포로가 받는 보수 및 퇴직일시금, 교육기본법에 따라 받는 장학금 중 대학생이 근 로를 대가로 지급받는 장학금(대학에 재학하는 대학생에 한한다.)

(다) 근로소득 금액의 계산

근로소득금액은 근로소득 범위 내 소득금액의 합계액(비과세소득의 금액은 제외)에서 근로소득공제를 적용한 금액으로 한다.

① 근로소득공제

근로소득의 필요경비는 생계비와 구분이 곤란하므로 근로소득에 대한 실제 필요경비는 공제하지 않고 근로소득공제만 인정하고 있다.

㉮ 상용근로자 : 종전에는 근로소득공제 한도가 없었으나 2020. 1. 1. 이후 발생 소득부터 연 2천만 원을 한도로 한다. 【2020. 2. 11. 개정】

총 급 여 액	근 로 소 득 공 제
500만 원 이하	총급여액의 70%
500만 원 초과 1,500만 원 이하	350만 원 + (총급여액 − 500만 원) × 40%
1,500만 원 초과 4,500만 원 이하	750만 원 + (총급여액 − 1,500만 원) × 15%
4,500만 원 초과 1억 원 이하	1,200만 원 + (총급여액 − 4,500만 원) × 5%
1억 원 초과	1,475만 원 + (총급여액 − 1억 원) × 2%

㉯ 일용근로자 : 일용근로자는 근로소득공제로 일 15만 원을 공제한다.

▶ 상용근로소득과 일용근로소득 : 고용주에게 3개월(건설공사 종사자 1년, 하역작업 종사자는 기간 제한 없음) 미만 고용된 사람을 일용근로자라고 하며, 그 이외의 자를 상용근로자라고 한다. 상용근로소득은 종합과세대상이나, 일용근로소득은 분리과세대상이다.

(라) 근로소득의 원천징수

① 일반근로소득 원천징수

일반근로소득이란 일용근로자 외의 근로소득으로 근로자가 일정한 고용주에게 계속하여 고용되어 근로를 제공함으로써 지급받는 소득을 말하며, 근로계약상 근로제공에 대한 시간 또는 일수나 그 성과에 의하지 아니하고 월정액에 의하여 급여를 지급받는 경우에는 그 고용기간에 불구하고 일용근로자가 아닌 일반급여자의 근로소득으로 본다. 상용근로자에게 근로소득을 지급하는 자는 1월부터 12월까지 매월분 급여 지급 시 아래의 간이세액표에 의하여 원천징수하고, 다음 연도 2월 분 급여 지급 시 연말정산한다.

【 일반근로소득 간이세액표 】 ··· 【2021. 1. 1. 부터 시행】

과 세 표 준 구 간	세 율
1,200만 원 이하	6%
1,200만 원 초과 4,600만 원 이하	72만 원 + 1,200만 원 초과액 × 15%
4,600만 원 초과 8,800만 원 이하	582만 원 + 4,600만 원 초과액 × 24%
8,800만 원 초과 1억 5천만 원 이하	1,590만 원 + 8,800만 원 초과액 × 35%
1억 5천만 원 초과 3억 원 이하	3,760만 원 + 1억 5천만 원 초과액 × 38%
3억 원 초과 5억 원 이하	9,460만 원 + 3억 원 초과액 × 40%
5억 원 초과 10억 원 이하	1억 7,460만 원 + 5억 원 초과액 × 42%
10억 원 초과	3억 8,460만 원 + 10억 원 초과액 × 45%

세 무 충전소

▶ 실무에서는 계산의 편의를 위해 다음과 같은 속산세율표를 사용하기도 한다. [개정]

산출세액 = 과세표준 × 세율 − 누진공제금액

과세표준 구간	세 율	누진공제금액
1,200만 원 이하	6%	–
1,200만 원 초과 4,600만 원 이하	15%	108만 원
4,600만 원 초과 8,800만 원 이하	24%	522만 원
8,800만 원 초과 1억5천만 원 이하	35%	1,490만 원
1억5천만 원 초과 3억 원 이하	38%	1,940만 원
3억 원 초과 5억 원 이하	40%	2,540만 원
5억 원 초과 10억 원 이하	42%	3,540만 원
10억 원 초과	45%	6,540만 원

② 일용근로소득 원천징수

일용근로소득이란 건설공사 또는 하역작업 종사자, 근로계약에 따라 3월 이상 계속하여 고용되어 있지 아니하는 자로써 근로를 제공한 날 또는 시간에 따라 근로대가를 계산하여 받는 소득을 말하며, 일용근로자에게 일당에서 근로소득공제(일 15만 원)를 뺀 금액에 6%를 곱하여 계산한 산출세액에서 근로소득세액공제(55%)를 차감한 후의 세액을 원천징수한다.

【 예제 】 일당 20만 원의 일용근로소득에 대한 원천징수세액
$(200,000-150,000) \times 6\% = 3,000 \times (1-55\%) = 1,350$원

(마) 근로소득의 수입시기

근로소득의 수입시기는 다음과 같다.

No.	구 분	수 입 시 기
①	급여	근로를 제공한 날
②	잉여금처분에 의한 상여	당해 법인의 잉여금처분결의일
③	인정상여	해당 사업연도 중의 근로를 제공한 날
④	임원의 퇴직소득 한도초과액	지급받거나 지급받기로 한 날
⑤	주식매수선택권	주식매수선택권을 행사한 날

▶ 도급 기타 이와 유사한 계약에 의하여 급여를 받는 경우에 당해 과세기간의 과세표준 확정신고기간 개시일 전에 당해 급여가 확정되지 아니한 때에는 수입시기 규정에 불구하고 그 확정된 날에 수입한 것으로 본다. 다만, 그 확정된 날 전에 실제로 받은 금액은 그 받은 날로 한다.

(4) 연금소득

(가) 연금소득의 범위 : 사회보장제도하에 일정기간 동안 공적·사적으로 기여금을 납부하고 노령·퇴직·장애·사망한 경우 본인 또는 유족에게 매년 일정액을 지급하는 연금을 수령하는 경우 이를 연금소득이라고하고, 연금소득의 구체적인 범위는 다음과 같다.

① 공적연금 관련법에 따라 받는 각종 연금

② 공적연금소득을 지급하는 자가 연금소득의 일부 또는 전부를 지연하여 지급하면서 지연지급에 따른 이자를 함께 지급하는 경우 해당 이자

③ 사적연금소득 : 다음에 해당하는 금액을 연금계좌에서 연금형태 등으로 인출하는 경우의 그 연금인출액

㉮ 퇴직소득을 연금계좌에 입금하여 원천징수되지 아니한 퇴직소득(과세이연된 퇴직소득)

㉯ 세액공제를 받은 연금계좌 납입액

㉰ 연금계좌의 운용실적에 따라 증가된 금액

세 무 충전소

1. 공적연금소득을 연금형태로 수령하는 경우에는 연금소득으로 보나, 연금외수령하는 경우에는 퇴직소득으로 본다.

2. 사적연금소득을 연금형태로 수령하는 경우에는 연금소득으로 보나, 연금외수령하는 경우 위의 ㉮는 퇴직소득으로, ㉯와 ㉰는 기타소득으로 본다.

3. **비과세 연금소득**
   ① 공적연금 관련법에 따라 받는 유족연금, 장애연금, 장해연금, 상이연금(傷痍年金), 연계노령유족연금 또는 연계퇴직유족연금
   ② 「산업재해보상보험법」에 따라 받는 각종 연금
   ③ 「국군포로의 송환 및 대우 등에 관한 법률」에 따른 국군포로가 받는 연금

(나) 연금소득의 원천징수 : 국내에서 거주자나 비거주자에게 연금소득을 지급하는 자는 다음과 같이 소득세를 원천징수해야 한다.

구 분	납 세 지
공적연금소득	기본세율을 적용하지만 매월분의 공적연금소득에 대한 원천징수세율을 적용할 때에는 연금소득 간이세액표(소득세법 시행령 별표-3)의 해당란의 세액을 기준으로 원천징수한다. 그리고 다음 연도 1월분 연금소득을 지급하는 때 연말정산한다.
사적연금소득	① 이연퇴직소득 : 연금외수령 시 원천징수세율의 70%(단, 연금 실제 수령연차가 10년을 초과하면 60% 【2020. 2. 11. 개정】) ② 연금계좌 납입액이나 운용실적에 따라 증가된 금액의 연금소득은 아래 중 낮은 세율을 적용하여 원천징수한다. 　　㉠ 연금수령자의 나이에 따라 연금소득의 3%~5% 　　㉡ 사망 시까지의 종신계약에 따른 연금소득은 4% ▶ 사적연금소득은 연말정산을 하지 않는다.

(다) 연금소득의 확정신고

① **분리과세** : 공적연금은 종합과세대상이므로 분리과세대상이 없고, 사적연금 중 분리과세 대상은 다음과 같다.

구 분	납 세 지
무조건 분리과세	㉮ 이연퇴직소득을 연금수령하는 연금소득 ㉯ 의료 목적, 천재지변이나 그 밖에 부득이한 사유로 인출하는 연금소득
선택적 분리과세	㉰ 위 외의 사적연금소득의 합계액이 연 1천 200만 원 이하인 경우 그 연금소득 (거주자가 분리과세와 종합과세 중 선택 가능)

▶ 공적연금을 종합과세하는 것은 연금수령자의 담세력이 취약한 점을 감안하여 소득공제를 받을 수 있도록 하였다.

② **종합과세** : 분리과세대상이 아닌 연금소득은 종합과세대상이므로 확정신고를 해야 한다. 다만, 공적연금만 있는 자가 연말정산을 하는 경우에는 확정신고를 하지 아니할 수 있다.

(5) 기타소득

기타소득은 이자소득 · 배당소득 · 사업소득 · 근로소득 · 연금소득 · 퇴직소득 · 금융투자소득 및 양도소득 외의 소득으로서 기타소득으로 열거된 것을 말하며 기타소득과 다른 소득과 중복되는 경우에는 다른 소득으로 본다.

(가) 기타소득의 범위

① 상금, 현상금, 포상금, 보로금 또는 이에 준하는 금품
② 복권, 경품권, 그 밖의 추첨권에 당첨되어 받는 금품
③ 「사행행위 등 규제 및 처벌특례법」에서 규정하는 행위(적법여부 불문)에 참가하여 얻은 재산상의 이익
④ 승마투표권, 승자투표권, 소싸움경기투표권 및 체육진흥투표권의 구매자가 받는 환급금 (적법여부 불문)
⑤ 저작자 또는 실연자(實演者) · 음반제작자 · 방송사업자 외의 자가 저작권 또는 저작인접권의 양도 또는 사용의 대가로 받는 금품
⑥ 영화필름 · 라디오 · 텔레비전방송용 테이프 또는 필름 또는 이와 유사한 자산 또는 권리의 양도 · 대여 또는 사용의 대가로 받는 금품
⑦ 광업권 · 어업권 · 산업재산권 · 산업정보, 산업상 비밀, 상표권 · 영업권(점포 임차권을 포함), 토사석(土砂石)의 채취 허가에 따른 권리, 지하수의 개발 · 이용권, 그 밖에 이와 유사한 자산이나 권리를 양도하거나 대여하고 그 대가로 받는 금품. 다만, 영업권을 사업용 고정자산과 함께 양도한 경우에는 양도소득으로 본다.
⑧ 물품(유가증권 포함) 또는 장소를 일시적으로 대여하고 사용료로서 받는 금품(「전자상거래 등 소비자보호에 관한 법률」에 따라 통신판매중개자를 통하여 물품 또는 장소를 대여하고 500만 원 이하의 사용료로서 받은 금품)

⑨ 공익사업과 관련하여 지역권·지상권(지하 또는 공중에 설정된 권리 포함)을 설정하거나 대여함으로써 발생하는 소득

⑩ 계약의 위약 또는 해약으로 인하여 받는 소득으로서 위약금·배상금·부당이득 반환 시 지급받는 이자(법정이자 포함)

⑪ 실물의 습득 또는 매장물의 발견으로 인하여 보상금을 받거나 새로 소유권을 취득하는 경우 그 보상금 또는 자산

⑫ 소유자가 없는 물건의 점유로 소유권을 취득하는 자산

⑬ 거주자·비거주자 또는 법인의 특수관계인이 그 특수관계로 인하여 그 거주자·비거주자 또는 법인으로부터 받는 경제적 이익으로서 급여·배당 또는 증여로 보지 아니하는 금품

⑭ 슬롯머신(비디오게임 포함) 및 투전기(投錢機), 그 밖에 이와 유사한 기구를 이용하는 행위에 참가하여 받는 당첨금품·배당금품 또는 이에 준하는 금품

⑮ 문예·학술·미술·음악 또는 사진에 속하는 창작품(정기간행물에 게재하는 삽화 및 만화와 우리나라의 창작품 또는 고전을 외국어로 번역하거나 국역하는 것 포함)에 대한 원작자로서 받는 원고료·저작권사용료인 인세(印税)·미술·음악 또는 사진에 속하는 창작품에 대하여 받는 대가

⑯ 재산권에 관한 알선 수수료

⑰ 사례금

⑱ 소기업·소상공인 공제부금의 해지일시금

⑲ 인적용역(⑮ ~ ⑰ 규정을 적용받는 용역은 제외)을 일시적으로 제공하고 받는 대가
   ㉮ 고용관계 없이 다수인에게 강연을 하고 강연료 등 대가를 받는 용역
   ㉯ 라디오·텔레비전방송 등을 통하여 해설·계몽 또는 연기의 심사 등을 하고 보수 또는 이와 유사한 성질의 대가를 받는 용역
   ㉰ 변호사, 공인회계사, 세무사, 건축사, 측량사, 변리사, 그 밖에 전문적 지식 또는 특별한 기능을 가진 자가 그 지식 또는 기능을 활용하여 보수 또는 그 밖의 대가를 받고 제공하는 용역(대학에서 연구비를 관리하는 경우의 교수가 제공하는 연구용역 포함)
   ㉱ 그 밖에 고용관계 없이 수당 또는 이와 유사한 성질의 대가를 받고 제공하는 용역(**예** : 광고모델 출연료, 면접위원 수당, 공청회나 세미나 참석 대가)

⑳ 기타소득으로 처분된 소득

㉑ 연금외수령한 소득

㉒ 퇴직 전에 부여받은 주식매수선택권을 퇴직 후에 행사하거나 고용관계 없이 주식매수선택권을 부여받아 이를 행사함으로써 얻는 이익

㉓ 종업원 등 또는 대학의 교직원이 퇴직한 후에 지급받는 직무발명보상금

㉔ 뇌물, 알선수재 및 배임수재에 의하여 받는 금품

㉕ 종교관련 종사자로서의 활동과 관련하여 종교단체로부터 받은 소득. 단, 종교인 소득을 근로소득으로 원천징수하거나 과세표준확정신고를 한 경우에는 해당 소득을 근로소득으로 본다.【2020. 12. 29. 개정】

㉖ 「특정 금융거래정보의 보고 및 이용 등에 관한 법률」에 따른 가상자산(비트코인과 같은 암호화폐)을 양도하거나 대여함으로써 발생하는 소득 【2020. 12. 29. 개정】
㉗ 대통령령으로 정하는 서화(書畵)·골동품의 양도로 발생하는 소득(사업장을 갖추는 등 대통령령으로 정하는 경우에 발생하는 소득은 사업소득으로 본다.) 【2020. 12. 29. 개정】

(나) 비과세 기타소득

비과세 기타소득의 내용은 다음과 같다.

① 「국가유공자 등 예우 및 지원에 관한 법률」 또는 「보훈보상대상자 지원에 관한 법률」에 따라 받는 보훈급여금·학습보조비 및 「북한이탈주민의 보호 및 정착지원에 관한 법률」에 따라 받는 정착금·보로금(報勞金)과 그 밖의 금품
② 「국가보안법」에 따라 받는 상금과 보로금
③ 「상훈법」에 따른 훈장과 관련하여 받는 상금과 부상
④ 종업원, 법인의 임원, 공무원 또는 대학의 교직원이 퇴직한 후에 지급받는 직무발명보상금으로서 연 500만 원 이하의 금액
⑤ 「국군포로의 송환 및 대우 등에 관한 법률」에 따라 국군포로가 받는 위로지원금과 그 밖의 금품
⑥ 국가지정문화재로 지정된 서화·골동품의 양도로 발생하는 소득
⑦ 서화·골동품을 박물관 또는 미술관에 양도함으로써 발생하는 소득
⑧ 종교관련종사자가 받는 학자금, 식사 또는 식사대, 실비변상적 성질의 지급액, 그 배우자의 출산이나 6세 이하(해당 과세기간 개시일을 기준으로 판단한다) 자녀의 보육과 관련하여 종교단체로부터 받는 금액으로서 월 10만 원 이내의 금액, 사택을 제공받아 얻는 이익
⑨ 법령·조례에 따른 위원회 등의 보수를 받지 않는 위원(학술원 및 예술원의 회원 포함) 등이 받는 수당 【2020. 12. 29. 개정】

(다) 기타소득의 원천징수

국내에서 거주자나 비거주자에게 기타소득을 지급하는 자는 기타소득금액에서 필요경비를 차감한 금액을 기준으로 다음의 원천징수세율을 곱하여 계산한 소득세를 원천징수해야 한다.

내 용	원천징수세율
기타소득에 해당하는 유흥업소 등의 봉사료 수입금액	5%
복권당첨금, 승마투표권, 승자투표권, 소싸움경기투표권, 체육진흥투표권의 환급금, 슬롯머신 및 투전기 등의 당첨금품 등	20%(단, 소득금액이 3억 원을 초과하는 경우, 그 초과분은 30%)
세액공제를 받은 연금계좌납입액과 연금외 수령한 소득, 연금계좌의 운용실적에 따라 증가된 금액, 소기업·소상공인공제부금의 해지일시금	15%
그 밖의 기타소득	20%

세무 충전소

1. 원천징수대상에서 제외되는 기타소득(종합과세 대상이다)
   ① 위약금 · 배상금(단, 계약금이 위약금 · 배상금으로 대체되는 경우만 해당한다.)
   ② 뇌물, 알선수재 및 배임수재에 의하여 받은 금품

2. 기타소득금액은 기타소득 총수입금액에서 다음의 필요경비를 공제하여 계산한다.

내 용		필요경비
① 광업권 · 산업재산권 · 상표권 · 영업권 등을 양도하거나 대여하고 받는 금품		Max(총수입금액의 60% 또는 실제 필요경비)
② 지역권 · 지상권을 설정하거나 대여함으로써 발생하는 소득		
③ 창작품에 대한 원작자로서 받는 소득(원고료, 인세(印稅) 등)		
④ 인적용역(고용관계 없이 용역을 제공하고 받은 수당 또는 강연료, 방송출연료, 변호사 · 공인회계사 등 보수)을 일시적으로 제공하고 받는 기타소득		
⑤ 통신판매중개를 하는 자를 통하여 물품 또는 장소를 대여하고 연 500만 원 이하의 사용료로서 받은 금품		
⑥ 주택입주 지체상금		80% 또는 실제 필요경비
⑦ 공익법인이 주무관청의 승인을 받아 시상하는 상금과 부상 및 다수가 순위 경쟁하는 대회에서 입상자가 받는 상금과 부상		
⑧ 서화 및 골동품의 양도소득 【2020. 2. 11. 개정】	양도가액 1억 원 이하	90% 또는 실제 필요경비
	양도가액 1억 원 이상	[9천만 원+(양도가액−1억 원)]×80%(보유기간 10년 이상 90%) 또는 실제 필요경비
⑨ 승마투표권, 승자투표권, 소싸움경기투표권, 체육진흥투표권의 구매자가 받는 환급금		구입한 적중된 투표권의 단위투표금액
⑩ 슬롯머신 등의 당첨금품		당첨 당시에 슬롯머신 등에 투입한 금액
⑪ 가상자산소득【2020. 12. 29. 신설】		양도되는 가상자산의 실제 취득가액과 부대비용
⑫ 그 밖의 기타소득		실제 필요경비

3. 소득금액이 300만 원 이하이면서 원천징수된 기타소득은 분리과세 또는 종합과세를 선택할 수 있다. 다만, 뇌물, 알선수재 및 배임수재에 의하여 받는 금품은 제외

4. 기타소득의 과세최저한도는 건별로 5만 원 이하이다(다만, 슬롯머신 등의 당첨금품은 건별로 200만 원이하)

(6) 퇴직소득

(가) 퇴직소득의 범위

퇴직으로 인하여 발생하는 소득과 국민연금법 또는 공무원연금법 등에 따라 지급받는 일시금을 퇴직소득이라 하고, 퇴직소득의 구체적인 범위는 다음과 같다.

① 공적연금 관련법에 따라 받는 일시금

② 사용자 부담금을 기초로 하여 현실적인 퇴직을 원인으로 지급받는 소득

③ 공적연금 관련법에 따른 소득을 지급하는 자가 퇴직소득의 일부 또는 전부를 지연하여 지급하면서 지연지급에 대한 이자를 함께 지급하는 경우 해당 이자

④ 「과학기술인공제회법」에 따라 지급받는 과학기술발전장려금

⑤ 「건설근로자의 고용개선 등에 관한 법률」에 따라 지급받는 퇴직공제금

⑥ 종교관련종사자가 현실적인 퇴직을 원인으로 종교단체로부터 지급받는 소득

⑦ 소기업 · 소상공인 공제부금에서 발생하는 소득

세무 충전소

1. 임원의 퇴직급여를 퇴직급여규정에 정해진 임원의 퇴직급여를 과다하게 초과하는 퇴직급여는 근로소득으로 본다.
2. **퇴직 판정의 특례(퇴직으로 보지 않은 경우)**
   ① 종업원이 임원이 된 경우
   ② 합병 · 분할 등 조직변경, 사업양도, 직 · 간접으로 출자관계에 있는 법인으로의 전출 또는 동일한 사업자가 경영하는 다른 사업장으로의 전출이 이루어진 경우
   ③ 법인의 상근임원이 비상근임원이 된 경우
3. 계속 근로기간 중에 퇴직급여를 미리 지급받은 경우에는 그 지급받은 날에 퇴직한 것으로 본다.
4. 비과세 퇴직소득은 비과세 근로소득에 대한 규정을 준용한다.

(나) 퇴직소득의 원천징수

원천징수의무자가 퇴직소득을 지급할 때에는 그 퇴직소득 과세표준에 원천징수세율을 적용하여 계산한 소득세를 징수한다. 단, 거주자의 퇴직소득이 다음 중 어느 하나에 해당하는 경우에는 해당 퇴직소득에 대한 소득세를 연금외 수령하기 전까지 원천징수하지 아니한다. 이 경우 소득세가 이미 원천징수된 경우 해당 거주자는 원천징수세액에 대한 환급을 신청할 수 있다.

① 퇴직일 현재 연금계좌에 있거나 연금계좌로 지급되는 경우

② 퇴직하여 지급받은 날부터 60일 이내에 연금계좌에 입금되는 경우

(7) 양도소득

(가) 양도소득의 범위

개인이 비사업 활동으로 보유하고 있던 토지, 건물 등의 부동산을 양도하여 얻은 소득을 양도소득이라 하고, 양도소득의 구체적인 범위는 다음과 같다.

① 토지 또는 건물(건물에 부속된 시설물과 구축물을 포함)의 양도로 발생하는 소득

② 다음에 해당하는 부동산에 관한 권리의 양도로 발생하는 소득
   ㉮ 부동산을 취득할 수 있는 권리
   ㉯ 지상권과 전세권 : 등기불문
   ㉰ 등기된 부동산임차권

③ 다음에 해당하는 기타자산의 양도로 발생하는 소득
   ㉮ 사업용 고정자산과 함께 양도하는 영업권
   ㉯ 특정시설물 이용권·회원권
   ㉰ 과점주주가 그 법인의 주식 등의 100분의 50 이상을 해당 과점주주 외의 자에게
      양도하는 경우에 해당 주식
④ 파생상품 등의 거래 또는 행위로 발생하는 소득

▶ 비과세 양도소득
  ① 1세대 1주택의 양도로 발생하는 소득
  ② 파산선고의 처분으로 인하여 발생하는 소득
  ③ 농지의 교환과 분합으로 발생하는 소득(영농지원 목적)

---

(8) 원천징수 세액의 신고·납부

(가) 원천징수의무자는 원천징수한 소득세를 그 징수일이 속하는 달의 다음 달 10일까지 원천징수 관할 세무서, 한국은행 또는 체신관서에 납부해야 한다. 원천징수의무자는 원천징수한 세액을 소득유형별로 인원, 총지급액, 원천징수세액 등을 구분하여 신고해야 한다.

(나) 반기별 납부

    다음 중 어느 하나에 해당하는 원천징수의무자로서 관할세무서장으로부터 원천징수세액을 매 반기별로 납부할 수 있도록 승인을 받거나 국세청장이 정하는 바에 따라 지정을 받은 자는 원천징수세액을 그 징수일이 속하는 반기(半期)의 마지막 달의 다음 달 10일까지 납부할 수 있다.

① 직전 과세기간(신규로 사업을 개시한 사업자의 경우 신청일이 속하는 반기를 말한다.)의 상시고용인원이 20명 이하인 원천징수의무자(금융 및 보험업을 경영하는 자는 제외한다.) 직전 과세기간의 상시고용인원수는 직전 과세기간의 1월부터 12월까지의 매월 말일 현재의 상시고용인원의 평균인원수로 한다.

② 종교단체

(다) 원천징수세액의 납부

구 분	원천징수일	원천징수세액의 납부기한
일반적인 경우	소득 지급일	징수일 1. 1. ～ 6. 30. → 7. 10.
		징수일 7. 1. ～ 12. 31. → 다음 연도 1. 10.
반기별 납부 사업자	소득 지급일	징수일이 속하는 달의 다음 달 10일

세 무 충전소

1. 필요 서식인 원천징수이행상황신고서와 납부서는 국세청 홈페이지(http://www.nts.go.kr)에 접속하여 [국세정보]-[세무서식]에서 검색을 통해 다운로드하여 사용한다.

2. 전자신고는 신고방식에 따라 홈택스(http://www.hometax.go.kr)에서 직접 신고서를 작성하여 신고할 수 있고, 또는 사용하고 있는 회계프로그램을 국세청 변환프로그램으로 변환하여 신고할 수 있다.

3. 홈택스를 통한 세액의 납부는 금융결제원 인터넷 지로시스템을 이용하기 때문에 실납부자의 주민등록번호(사업자등록번호)로 발급된 인터넷 뱅킹용 공인인증서를 사용하여 납부할 수 있다. (납세자의 편의를 도모하기 위하여 세금납부 대행기관을 통한 신용카드 납부 서비스를 제공하고 있다. 2015. 1. 1. 이후부터 신용카드 납부한도는 폐지되었다.)

(9) 원천징수세액의 납세지

원천징수의무자		납 세 지
거주자		그 거주자의 주된 사업장 소재지. 다만, 주된 사업장 외의 사업장에서 원천징수를 하는 경우 그 사업장의 소재지, 사업장이 없는 경우에는 그 거주자의 주소지 또는 거소지
비거주자		그 비거주자의 주된 국내사업장 소재지. 다만, 주된 국내사업장 외의 국내사업장에서 원천징수를 하는 경우 그 국내사업장의 소재지, 국내사업장이 없는 경우에는 그 비거주자의 거류지 또는 체류지
법인	일반	당해 법인의 본점 또는 주사무소의 소재지
	본점일괄 납부승인	
	사업자단위 과세사업자	

(10) 원천징수의무를 불성실하게 이행하는 경우

(가) 원천징수 납부불성실가산세 : 원천징수의무자가 징수한 세액을 다음 달 10일까지 납부하지 아니하였거나 과소하게 납부한 때에는 원천징수 납부불성실가산세가 적용되는데 다음 중 적은 금액을 가산세로 부과한다.

① 가산세 = (미납부세액×3%)+(미납부세액×미납일수×0.03%)

② 한도액 = 미납부세액×10%

(나) 지급명세서 제출불성실가산세 : 원천징수의무자는 지급일이 속하는 다음 연도의 2월 말일(근로소득, 퇴직소득, 원천징수대상 사업소득, 기타소득 중 종교인소득, 봉사료는 다음 연도 3월 10일)까지 지급명세서를 제출하지 아니하거나 제출된 지급명세서가 불분명 또는 제출된 지급명세서에 기재된 지급금액이 사실과 다른 경우에 해당하는 때는 지급금액 총액의 1%를 가산세로 부과하고, 제출기한 경과 후 3개월 이내에 제출하는 경우에는 0.5% 가산세를 부과한다. 한편 사업자가 종업원을 채용하지 않고도 장부상 급여를 지급한 것으로 기재하여 지급명세서를 제출하였거나, 실제 급여 지급액보다 과다하게 기재하여 지급명세서를 제출한 경우에도 가산세를 부과한다.

세〈무〉충전소

1. 일용근로소득은 그 지급일이 속하는 분기의 마지막 달의 다음 달 10일까지 지급명세서를 제출하여야 하며, 근로소득간이지급명세서는 그 지급일이 속하는 반기의 마지막 달의 다음 달 10일까지 원천징수 관할세무서장, 지방국세청장 또는 국세청장에게 제출하여야 한다.

2. **적격증명서류불성실가산세** : 사업자(소규모 사업자와 소득금액이 추계되는 자 제외)가 재화 · 용역을 공급받고 건당 3만 원 초과 거래에 대하여 적격증명서류를 수취하지 않거나 사실과 다른 증명서류를 받은 경우에는 미수취금액과 사실과 다르게 받은 금액에 2%의 가산세를 부과한다. (**예** 간이영수증에 5만 원을 기록한 것)

3. **영수증수취명세서 미제출가산세** : 사업자(소규모사업자 및 소득금액이 추계되는 자는 제외)가 영수증 수취명세서를 과세표준 확정신고 기한까지 제출하지 아니하거나 제출한 영수증 수취명세서가 불분명하다고 인정되는 경우 지급금액의 1%에 해당하는 금액을 결정세액에 더한다.

4. **무기장가산세** : 복식부기의무자나 간편장부대상자가 장부를 기록하지 않거나 미달하여 기장한 경우 산출세액에 종합소득금액 중 기장누락소득금액이 차지하는 부분의 20%의 가산세를 부과한다.

③ 연말정산

① 연말정산의 개념

연말정산(年末精算)이란 매월 원천징수를 받는 근로소득자(특정사업소득, 연금소득, 퇴직소득 포함)에 대하여, 급여의 지급자인 원천징수의무자가 정확하게 계산된 연간 소득세액과 이미 원천징수한 세액을 비교하여 그동안 세금을 많이 징수했다면 차액을 되돌려주고 적게 징수한 세액은 더 걷는 제도를 말한다. 일반적으로 근로소득을 포함한 종합소득이 있는 거주자는 매년 1월 1일부터 12월 31일까지 발생한 소득을 다음 연도 5월 31일까지 개인별로 종합소득세 확정 신고를 해야 한다. 그러나 근로소득만 있는 거주자는 연말정산에 의해 근로소득에 대한 소득세를 납부한 경우 해당 근로소득에 대하여 종합소득세 과세표준 확정 신고를 아니할 수 있다.

② 연말정산의 대상

구 분	연말정산의 시기
근로소득	다음 연도 2월분의 근로소득 또는 퇴직자의 퇴직하는 달의 근로소득을 지급하는 때
특정사업소득(간편장부대상자인 보험모집인, 방문판매인, 음료배달원)	다음 연도 2월분의 사업소득을 지급하는 때 또는 거래 해약을 해지하는 달의 사업소득을 지급하는 때
연금소득	다음 연도 1월분의 연금소득을 지급하는 때
퇴직소득	퇴직소득을 지급하는 때

③ 근무지가 2 이상인 경우의 연말정산

2인 이상으로부터 근로소득을 받는 사람(일용근로자는 제외)이 해당 과세기간 종료일까지 주된 근무지와 종된 근무지를 정하고 종된 근무지의 원천징수의무자로부터 근로소득 원천징수영수증을 발급받아 해당 과세기간의 다음 연도 2월분의 근로소득을 받기 전에 주된 근무지의 원천징수의무자에게 제출하는 경우 주된 근무지의 원천징수의무자는 주된 근무지의 근로소득과 종된 근무지의 근로소득을 더한 금액에 대하여 연말정산을 하여 소득세를 원천징수한다. 근로소득 원천징수영수증을 발급하는 종된 근무지의 원천징수의무자는 해당 근무지에서 지급하는 해당 과세기간의 근로소득금액에 기본세율을 적용하여 계산한 종합소득산출세액에서 매월분의 급여 지급 시 원천징수한 세액을 공제한 금액을 원천징수한다.

④ 종합소득공제

종합소득공제에는 인적사항을 고려하는 인적공제와 특별한 비용 지출을 공제하는 연금보험료공제, 주택담보노후연금 이자비용공제, 특별소득공제로 구분한다.

(1) 인적공제

(가) 기본공제

거주자(자연인만 해당한다)에 대해서는 아래의 어느 하나에 해당하는 사람의 수에 1명당 연 150만 원을 곱하여 계산한 금액을 그 거주자의 해당 과세기간의 종합소득금액에서 공제한다.

구 분	대상자		나이 요건	소득 요건
본인 공제	해당 거주자 본인		–	–
배우자 공제	거주자의 배우자		–	연간 소득금액 합계액이 100만 원 이하인 자(총급여액 500만 원 이하의 근로소득만 있는 자 포함)
부양가족 공제	생계를 같이하는 부양가족	직계존속(계부·계모 포함)	60세 이상	
		직계비속(의붓자녀 포함), 동거입양자	20세 이하	
		형제자매	20세 이하 60세 이상	
		직계비속·입양자와 그 배우자가 모두 장애인인 경우 그 배우자	–	
		「국민기초생활 보장법」에 따른 수급권자	–	
		위탁아동(해당 과세기간에 6개월 이상 직접 양육한 위탁아동)	18세 미만 (보호기간 연장된 경우 20세 이하)	

▶ 직계존속의 범위 합리화 : 거주자의 직계존속이 사망한 경우에는 해당 직계존속의 사망일 전날을 기준으로 혼인(사실혼은 제외) 중에 있었음이 증명되는 사람 【2020.2.11. 개정】

(나) 추가공제

기본공제대상이 되는 사람이 아래의 어느 하나에 해당하는 경우에는 거주자의 해당 과세기간 종합소득금액에서 기본공제 외에 추가로 공제한다.

구 분	요 건		추가공제액
경로우대자 공제	70세 이상인 자		1인당 100만 원
장애인 공제	㉮ 장애인복지법에 따른 장애인		1인당 200만 원
	㉯ 국가유공자 등 예우 및 지원에 관한 법률에 의한 상이자 및 이와 유사한 사람으로서 근로능력이 없는 자		
	㉰ 위 ㉮ 및 ㉯ 외에 항시 치료를 요하는 중증환자		
부녀자 공제	여성근로자로서 종합소득금액이 3천만 원 이하	배우자가 없는 여성으로서 기본공제대상 부양가족이 있는 세대주	연 50만 원
		배우자가 있는 여성	
한부모 공제	배우자가 없는 거주자로서 기본공제 대상인 직계비속 또는 입양자가 있는 경우		연 100만 원

▶ 부녀자공제와 한부모 추가공제 모두 해당하는 경우에는 한부모 추가공제만 적용한다.

예제-1 근로소득자 홍길동 씨가 80세인 아버지(장애인)를 부양하는 경우 아버지에 대한 인적공제는 얼마인가?

◆ 풀이 ◆

⇒ 기본공제 150만 원 + 장애인공제 200만 원 + 경로우대자공제 100만 원 = 450만 원

예제-2 근로소득자 광화문 씨의 다음 자료로 20×2년도의 인적공제 합계금액은 얼마인가?

구 분	연 령	장애인 여부	비 고
본인	45세	–	총급여액 6천만 원
아내	42세	장애인	소득없음
자녀(직계비속)	8개월	–	해당 과세기간 중 출생
입양자	6세	장애인	해당 과세기간 중 입양
위탁아동	5세	–	양육기간 : 20×1. 2. 1. ~ 20×2. 5. 31.
아버지	72세	–	주거 형편상 별거
어머니	67세	–	
이모	65세	–	소득없음

◆ 풀이 ◆

1. **기본공제** : 7명×150만 원 = 1,050만 원(아버지와 어머니는 주거 형편상 별거해도 생계를 같이하는 것으로 보아 기본공제대상이며, 이모는 공제대상이 아니다.)

2. **추가공제** : 500만 원
   (1) 장애인공제 : 2명×200만 원 = 400만 원
   (2) 경로우대자공제 : 100만 원(아버지), 어머니는 70세 미만이므로 경로우대자공제대상이 아니다.

3. **인적공제합계** : 기본공제 1,050만 원 + 추가공제 500만 원 = 1,550만 원

세 무 충전소

1. **연말정산의 필요성** : 원천징수는 1년 내내 같은 금액의 급여가 지급된다는 전제 하에 세액을 산출하는데, 실제로는 초과근무·상여금·부양가족 등에 따라 변동이 있으며, 또한 각종 소득공제신고(본인공제·배우자공제·부양가족공제·장애인공제 등)는 다음 연도 2월분의 급여지급 전에 하므로, 연간 세액과 매월 급여지급 시 간이세액표에 따라 원천징수세액 사이에는 차액이 생기게 마련이므로 연말정산을 하게 되는 것이다.

2. 연말정산 때 공제받지 못한 항목에 대해선 다음해 5월 중(종합소득세 신고기간) 주소지 관할세무서에 원천징수영수증과 증빙서류를 지참한 뒤 추가 신고하면 환급받을 수 있다.

(2) 연금보험료공제

종합소득이 있는 거주자가 공적연금 관련법에 따른 기여금 또는 개인부담금을 납입한 경우에는 해당 과세기간의 종합소득금액에서 그 과세기간에 납입한 연금보험료를 공제한다. 단, 연금보험료공제를 모두 합한 금액이 종합소득금액을 초과하는 경우 그 초과하는 공제액은 없는 것으로 본다.

(3) 주택담보노후연금 이자비용공제

주택담보노후연금이란 기준시가가 9억 원 이하에 해당하는 주택을 가진 고령자(배우자 명의의 주택 포함)가 주택을 금융기관에 담보로 맡기고, 평생 동안 매월 연금을 받는 제도를 말하는 것으로 연금소득이 있는 거주자가 주택담보노후연금을 받은 경우에는 그 받은 연금에 대해서 해당 과세기간에 발생한 이자비용 상당액을 해당 과세기간 연금소득금액에서 공제한다. 이 경우 공제할 이자 상당액이 200만 원을 초과하는 경우에는 200만 원을 공제하고, 연금소득금액을 초과하는 경우 그 초과금액은 없는 것으로 한다. 단, 주택담보노후연금 이자비용공제는 해당 거주자가 신청한 경우에만 적용한다.

(4) 특별소득공제

특별소득공제에는 보험료공제와 주택자금공제가 있으며 근로소득금액에서 공제한다. 특별소득공제는 해당 거주자가 신청한 경우에 적용하며, 공제액이 그 거주자의 해당 과세기간의 종합소득금액을 초과하는 경우 그 초과하는 금액은 없는 것으로 한다.

① 보험료공제

근로소득이 있는 거주자(일용근로자는 제외)가 해당 과세기간에 국민건강보험법, 고용보험법 또는 노인장기요양보험법에 따라 근로자가 부담하는 보험료를 지급한 경우 그 금액을 해당 과세기간의 근로소득금액에서 공제한다.

② 주택자금공제

근로소득이 있는 거주자(일용근로자는 제외)는 주택자금공제를 받을 수 있다. 주택자금공제에는 주택청약종합저축 등에 대한 소득공제, 주택임차자금차입금 원리금상환액공제와 장기주택저당차입금 이자상환액공제가 있으며 근로소득금액에서 공제한다.

구 분	공제대상	공 제 액	
주택청약종합저축 등에 대한 소득공제	과세기간 종료일 현재 무주택 세대주로서 해당 과세기간 중 주택청약(종합)저축에 납입한 금액(연 240만 원을 한도로 하며 중도해지한 경우는 공제하지 아니한다.)	㉮ 주택청약종합저축 불입액의 40%	㉮ + ㉯ = 연 300만 원 한도
주택임차자금차입금 원리금상환액공제	과세기간 종료일 현재 무주택 세대주로서 국민주택규모의 주택(주거에 사용하는 오피스텔 포함)을 임차하기 위하여 주택임차자금 차입금의 원리금 상환액을 지급하는 경우	㉯ 주택임차자금 원리금상환액의 40%	
장기주택저당차입금 이자상환액공제	과세기간 종료일 현재 무주택 세대주거나 1주택을 보유한 세대의 세대주가 취득 당시 주택의 기준시가가 5억 원 이하인 주택을 취득하기 위하여 그 주택에 저당권을 설정하고 금융회사 등 또는 주택도시기금법에 따른 주택도시기금으로부터 차입한 장기주택저당차입금의 이자 상환액	이자상환액 100%	차입금 상환기간이 15년 이상인 경우 연 500만 원 한도

세 무 충전소

▶ 장기주택저당차입금이 다음 중 어느 하나에 해당하는 경우에는 연 500만 원 대신 그 해당 각 호의 금액을 공제한도로 한다.

1. 차입금의 상환기간이 15년 이상인 장기주택저당차입금의 이자를 고정금리 방식으로 지급하고, 그 차입금을 비거치식 분할상환 방식으로 상환하는 경우 : 1천 800만 원
2. 차입금의 상환기간이 15년 이상인 장기주택저당차입금의 이자를 고정금리로 지급하거나 그 차입금을 비거치식 분할상환으로 상환하는 경우 : 1천 500만 원
3. 차입금의 상환기간이 10년 이상인 장기주택저당차입금의 이자를 고정금리로 지급하거나 그 차입금을 비거치식 분할상환으로 상환하는 경우 : 300만 원

5 소득세법상 세액공제

세액공제란 세법의 규정에 의하여 정상적으로 산출한 세액에서 특정한 조세정책적 목적을 위해 세액을 공제하여 주는 제도를 말하는 것으로 소득세법상 세액공제에는 근로소득세액공제, 자녀세액공제, 연금계좌세액공제, 특별세액공제, 배당세액공제, 기장세액공제, 외국납부세액공제, 재해손실세액공제로 구분한다. 소득세법상 세액공제는 다음과 같은 특징을 가지고 있다.

(1) 동일한 소득에 대한 국제간 또는 세목간의 이중과세의 조정
(2) 근로소득자의 조세부담의 경감
(3) 사업자에 대한 조세 지원
(4) 근거과세를 통한 공평과세의 실현

(1) 근로소득세액공제

　근로소득은 사업자의 소득에 비하여 급여지급 시점에서 원천징수되므로 세원의 투명성이 보장되고 원천징수제도에 의해 확정신고 전에 소득세액을 조기에 납부하는 점을 감안하여 근로소득자의 조세부담을 경감하기 위해 근로소득공제제도를 두고 있으며 근로소득세액공제는 사업소득 등 다른 종합소득자에게는 허용하지 않고 근로소득이 있는 거주자(비거주자 제외)인 상용근로자 및 일용근로자 모두 근로소득세액공제의 대상이 된다. 근로소득세액공제는 다음과 같이 계산한다.

① 세액 공제액

산출세액	근로소득세액 공제액
130만 원 이하	산출세액의 55%
130만 원 초과	715,000 + (130만 원을 초과하는 금액의 30%)

▶ 일용근로자는 산출세액의 100분의 55에 해당하는 금액을 그 산출세액에서 공제한다. 일용근로자는 근로소득세액공제의 한도액이 없다.

② 한도액

총급여액	근로소득세액공제 한도
3,300만 원 이하	74만 원
3,300만 원 초과 7,000만 원 이하	74만 원 − [(총급여액 − 3,300만 원) × 8/1,000] 단, 최저 66만 원
7,000만 원 초과	66만 원 − [(총급여액 − 7,000만 원) × 1/2] 단, 최저 50만 원

③ 근로소득 이외에 종합과세되는 다른 소득이 있는 경우에는 근로소득산출세액을 계산한 후 그 금액이 130만 원 이하와 130만 원 초과의 경우로 구분하여 해당 공제율(55%, 30%)을 곱하여 계산한다.

$$근로소득 산출세액 = 종합소득 산출세액 × 근로소득금액/종합소득금액$$

(2) 자녀세액공제

① 공제대상 자녀수에 따른 공제세액

　종합소득이 있는 거주자의 기본공제대상자에 해당하는 자녀(입양자 및 위탁아동을 포함하며, 이하 "공제대상자녀"라 한다)로서 7세 이상의 사람은 다음의 구분에 따른 금액을 종합소득산출세액에서 공제한다. 【2020. 2. 11. 개정】

공제대상자녀	공제세액
1명인 경우	연 15만 원
2명인 경우	연 30만 원
3명 이상인 경우	연 30만 원 + (2명을 초과하는 1명당 연 30만 원)

세 무 충전소

1. 종전에는 7세 미만이라도 취학 아동은 자녀세액공제대상이었으나, 2019년 9월부터 지급하고 있는 아동수당과의 중복 적용을 배제하기 위하여 2020년부터 7세미만은 취학 여부에 관계없이 자녀세액공제대상에서 제외하였다. 【2020. 2. 11. 개정】
2. 손자와 손녀는 기본공제대상인 경우에도 자녀세액공제대상은 아니다.

② 출생하거나 입양신고한 공제대상자녀

해당 과세기간에 출산하거나 입양 신고한 공제대상자녀가 있는 경우 다음의 구분에 따른 금액을 종합소득산출세액에서 공제한다.

구 분	공제세액
출산하거나 입양 신고한 공제대상자녀가 첫째인 경우	**연 30만 원**
출산하거나 입양 신고한 공제대상자녀가 둘째인 경우	**연 50만 원**
출산하거나 입양 신고한 공제대상자녀가 셋째 이상인 경우	**연 70만 원**

(3) 연금계좌세액공제

종합소득이 있는 거주자가 연금계좌에 납입한 금액(과세가 이연된 퇴직소득과 다른 연금계좌에서 이체된 금액 제외)에 대하여 다음과 같이 계산한 연금계좌세액공제액을 종합소득 산출세액에서 공제한다. 연금계좌세액공제액이 종합소득 산출세액을 초과하는 경우 초과액은 없는 것으로 한다.

> [연금저축계좌납입액(400만 원 한도) + 퇴직연금납입액 : 연 700만 원 한도] × 12%

▶ 종합소득금액이 1억 원 초과(근로소득만 있는 경우에는 총급여액 1억 2천만 원 초과)인 거주자는 연금저축계좌납입액 한도액을 연 300만 원으로 하고, 종합소득금액이 4천만 원 이하(근로소득만 있는 경우에는 총급여액 5천 500만 원 이하)인 거주자는 공제율을 15%로 한다.

▶ 개인종합자산관리계좌(ISA)의 계약기간이 만료된 날로부터 60일 이내에 해당 계좌 잔액의 전부 또는 일부를 연금계좌로 납입한 경우 그 납입한 금액을 납입한 날이 속하는 과세기간의 연금계좌 납입액에 포함한다. 【2020. 2. 11. 개정】

(4) 특별세액공제

다음에 해당하는 특별세액공제는 해당 거주자(일용근로자 제외)가 신청한 경우에 적용한다.

특별 세액공제항목			공제율(액)	비 고
보장성보험료			12%	장애인 전용 보장성보험료의 경우 15%(연 100만 원 한도)
의료비			15% (난임시술비는 20%)	일반의료비−총급여액의 3%, 연 700만 원 한도, 의료비 지출대상자는 기본공제대상인 가족관계로 충분하고 나이 및 소득금액에 제한이 없다.(안경·렌즈 구입 연 50만 원 한도)
교육비			15%	본인·배우자·직계비속·입양자·위탁아동·형제자매에 지출한 교육비(장애인교육비는 전액 공제)
표준			13만 원	근로소득이 있는 거주자로서 특별소득공제, 특별세액공제, 월세세액공제를 신청하지 아니한 자
			12만 원	소득세법상 성실사업자로서 의료비세액공제, 교육비세액공제를 신청하지 아니한 사업자
			7만 원	근로소득이 없는 거주자로서 종합소득이 있는 자 (성실사업자 제외)
기부금	정치자금기부금	10만 원 이하	100/110	−
		10만 원 이상	15%	해당 금액이 3,000만 원을 초과하는 경우 그 초과분의 25%
	법정기부금		전액	한도 없음
	우리사주기부금		(기준소득금액 − 정치자금·법정기부금 공제액) × 30%	
	지정기부금		종교단체에 기부한 금액이 없는 경우 : (기준소득금액 − 정치자금·법정기부금·우리사주 공제 등) × 30%	

세 무 충전소

1. 일반의료비가 총급여액의 3%에 미달하는 경우의 특정의료비에 해당하는 자는 (가) 해당 거주자 (나) 과세기간종료일 현재 65세 이상인 자 (다) 장애인 (라) 중증질환자, 희귀난치성질환자 또는 결핵환자이다.

2. 교육비의 한도액은 본인은 한도가 없으나 부양가족은 교육비 한도가 있다.

공제대상 교육비	대상자 필요경비	
	본인	가족(가족 1명당 한도액)
대학원생(1학기 이상 교육과정)	전액공제대상	불공제
대학생	전액공제대상	900만 원 한도
평생교육시설(전공대학의 명칭을 사용할 수 있는 평생교육시설·원격대학·학위취득과정)	전액공제대상	900만 원 한도
국외유학생(유치원, 초·중·고·대학교)	전액공제대상	대학생은 900만 원, 그 외는 300만 원 한도
초등학생·중학생·고등학생	전액공제대상	300만 원 한도
초등학교 취학 전 아동	불공제(유치원은 공제)	300만 원 한도
근로자직업능력개발 훈련시설	전액공제대상	불공제
학자금대출 원리금 상환액	전액공제대상	불공제
장애인 특수교육비	전액공제대상	전액공제대상

3. 초·중·고 교육비에는 다음을 포함한다. 단, 학원수강료는 불공제
   ① 급식비 ② 교과서대금 ③ 방과후 학교의 수업료 및 특별활동비(도서구입비)
   ④ 교복구입비용(중·고등학생에 한하며 학생 1인당 연 50만 원 한도)
   ⑤ 학교에서 실시하는 현장체험학습비(중·고등학생에 한하며 학생 1인당 연 30만 원 한도)

4. 기준소득금액 = 종합소득금액 + 필요경비에 산입한 기부금 − 원천징수세율 적용 금융소득
   정치자금기부금공제액은 정치자금 중 10만 원 초과분을 말한다.

(5) 배당세액공제

법인이 얻은 소득에 법인세를 과세한 후의 세후소득(당기순이익)을 주주에게 배당하면 다시 주주에게 소득세를 과세하게 된다. 이러한 배당소득에 대한 이중과세는 과세형평에 위배되므로 먼저 배당소득에 대한 귀속법인세를 배당소득에 더하여 산출세액을 계산한 다음, 산출세액에서 귀속법인세를 세액공제한다.

(6) 기장세액공제

기장능력이 부족한 소규모 사업자인 간편장부대상자가 과세표준 확정신고를 할 때 복식부기에 따라 기장(記帳)하여 소득금액을 계산하여 확정신고 시 해당 장부에 의하여 계산한 사업소득금액이 종합소득금액에서 차지하는 비율을 종합소득 산출세액에 곱하여 계산한 금액의 20%에 해당하는 금액을 종합소득 산출세액에서 공제한다. 다만, 공제세액이 100만 원을 초과하는 경우에는 100만 원을 공제한다. 장부 및 증명서류를 확정신고종료일로부터 5년간 보관해야만 적용된다.

(7) 외국납부세액공제

거주자의 종합소득금액 또는 퇴직소득금액에 국외원천소득이 합산되어 있는 경우로서 그 국외원천소득에 대하여 외국소득세액을 납부하였거나 납부할 것이 있을 때에는 소득세의 이중과세를 방지하기 위해 외국납부세액공제를 적용받을 수 있으며, 외국정부에 납부하였거나 납부할 외국소득세액이 공제한도를 초과하는 경우 그 초과하는 금액은 해당 과세기간의 다음 과세기간부터 10년 이내에 끝나는 과세기간으로 이월하여 그 이월된 과세기간의 해당 과세기간의 공제한도 범위에서 공제받을 수 있다. 【2020. 12. 29 개정】

(8) 재해손실세액공제

사업자가 해당 과세기간에 천재지변이나 그 밖의 재해(이하 "재해"라 한다)로 인하여 사업용 자산총액의 20% 이상을 상실하여 납세가 곤란하다고 인정되는 경우에는 다음 각 호의 소득세액에 그 상실된 가액이 상실 전의 자산총액에서 차지하는 비율을 곱하여 계산한 금액(상실된 자산의 가액을 한도로 한다)을 그 세액에서 공제한다. 이 경우 자산의 가액에는 토지의 가액을 포함하지 아니한다.

① 재해 발생일 현재 부과되지 아니한 소득세와 부과된 소득세로서 미납된 소득세액(가산금을 포함한다)
② 재해 발생일이 속하는 과세기간의 소득에 대한 소득세액

세 무 충전소

1. 조세특례제한법상의 근로소득자에 대한 월세세액공제(서민의 주거비부담 경감 목적) : 과세기간 종료일 현재 주택을 소유하지 아니한 세대주(일정한 외국인 포함)로서 해당 과세기간의 총급여액이 7천만 원 이하인 근로소득이 있는 근로자(해당 과세기간에 종합소득과세표준을 계산할 때 합산하는 종합소득금액이 6천 만 원을 초과하는 사람은 제외)가 월세액을 지급하는 경우 그 금액의 10%[해당 과세기간의 총급여액이 5천 500만 원 이하인 근로소득이 있는 근로자(해당 과세기간에 종합소득과세표준을 계산할 때 합산하는 종합소득금액이 4천만 원을 초과하는 사람은 제외한다)의 경우에는 12%]에 해당하는 금액을 해당 과세기간의 종합소득산출세액에서 공제한다. 다만, 해당 월세액이 750만 원을 초과하는 경우 그 초과하는 금액은 없는 것으로 한다.

2. 조세특례제한법상 신용카드 등 사용금액 공제 : 근로소득이 있는 거주자(일용근로자 제외)가 법인 또는 개인사업자로부터 2022.12.31.까지 재화나 용역을 제공받고 신용카드, 직불카드, 현금영수증 등을 전통시장, 대중교통수단 이용, 도서·신문·공연·박물관·미술관 등 사용액은 근로소득 금액에서 공제한다.

예제 (주)파스칼에서 총무과장으로 근무 중인 거주자 홍길동의 20×1년 귀속 근로소득 연말정산 관련 자료이다. 근로소득 산출세액에서 공제되는 세액의 합계액은 얼마인가?

(1) 20×1년 귀속 근로소득금액은 31,300,000원이며, 근로소득 산출세액은 3,000,000원이다.
(2) 20×1년 중에 홍길동을 피보험자로 하는 생명보험의 보험료(보험료 세액공제 대상임) 지급액은 7,000,000원이다.
(3) 20×1년 중에 기본공제대상자인 자녀의 대학등록금(교육비 세액공제 대상임) 지출액은 8,000,000원이다.
(4) 기본공제대상자인 자녀는 4명이다.(7세 미만 자녀와 입양자는 없다.)
(5) 근로소득세액 공제액은 660,000원이다.

① 660,000원   ② 2,480,000원   ③ 2,760,000원
④ 2,880,000원   ⑤ 2,960,000원

◆ **풀이** ◆ 정답 ④

(1) 자녀세액공제 : 300,000 + (300,000×2) = 900,000원
(2) 특별세액공제 : 1,320,000원
　　① 보험료세액공제 : 1,000,000(연간 100만 원이 한도)×12% = 120,000원
　　② 교육비세액공제 : 8,000,000(연간 900만 원이 한도)×15% = 1,200,000원
(3) 근로소득세액공제 : 660,000원(문제에서 제시된 금액)
(4) 세액공제 합계 : 900,000+1,320,000+660,000 = 2,880,000원

⑥ 종합소득세액의 계산 절차

총급여액(급여액−비과세소득)에서 각종 소득공제(인적공제, 연금보험료공제, 주택담보 노후연금 이자비용공제, 특별소득공제 등) 액수를 차감한 금액이 과세표준이 된다. 여기에 기본세율(6%~42%)을 곱하면 산출세액이 나온다. 이 산출세액에 세액감면과 세액공제(근로소득세액공제, 자녀세액공제, 연금계좌세액공제, 특별세액공제 등)를 차감하면 결정세액이 되며 여기에 기납부세액과 가산세를 가감하면 종합소득차감납부세액이 결정된다.

(비과세소득 · 분리과세소득 제외)

① 이자소득 : 총수입금액	= 이자소득금액	
② 배당소득 : 총수입금액 + 배 당 가 산 액	= 배당소득금액	
③ 사업소득 : 총수입금액 − 필 요 경 비	= 사업소득금액	
④ 근로소득 : 총 급 여 액 − 근로소득공제	= 근로소득금액	
⑤ 연금소득 : 총 연 금 액 − 연금소득공제	= 연금소득금액	
⑥ 기타소득 : 총수입금액 − 필 요 경 비	= 기타소득금액	
계	종합소득금액	

종합소득금액
(−) 종합소득공제
───────────
종합소득과세표준
(×) 기본세율(6%~42%)
───────────
종합소득산출세액
(−) 세액감면 · 세액공제
───────────
종합소득결정세액
(+) 가산세
(−) 기납부세액
───────────
종합소득차감납부세액

세 무 충전소

1. 다음 각 호에 따른 소득의 금액은 종합소득과세표준을 계산할 때 합산하지 아니한다.
   ① 이자소득과 배당소득으로서 그 소득의 합계액이 2천만 원 이하이면서 원천징수된 소득
   ② 해당 과세기간에 총수입금액의 합계액이 2천만 원 이하인 자의 주택임대소득
   ③ 기타소득금액이 300만 원 이하이면서 원천징수된 소득
   ④ 복권 및 복권기금법에 따른 복권 당첨금
   ⑤ 퇴직소득을 연금수령하는 연금소득과 의료목적, 천재지변이나 그 밖에 부득이한 사유로 인출하는 연금소득 및 연금소득의 합계액이 연 1천200만 원 이하인 경우 그 연금소득
2. 이자소득과 배당소득은 필요경비를 공제하지 않으며 근로소득과 연금소득은 필요경비 대신 법으로 정한 근로소득공제와 연금소득공제를 공제한다. 사업소득과 기타소득은 실제 필요경비를 공제한다.
3. 배당소득은 이중과세를 조정하기 위해 배당가산액(Gross−up금액)을 총수입금액에 가산한다.

4 지급시기 의제

원천징수시기란 원천징수의무자가 원천징수대상이 되는 소득금액이나 수입금액을 지급하는 때를 말한다. 원천징수는 소득을 지급하는 시점에서 하는 것이 원칙이지만 원천징수의무자가 소득을 지급하지 않은 경우에도 이를 지급한 것으로 간주하여 원천징수를 하는 경우가 있는데, 이를 원천징수시기에 대한 특례(지급시기 의제)라고 한다. 원천징수시기에 대한특례는 다음과 같다.

구 분	종 류	원천징수시기 특례
이자소득	금융기관 등이 매출 또는 중개하는 기업어음 및 표지어음 등과 전자단기사채 등의 이자와 할인액	할인매출하는 날
	직장공제회 반환금을 분할하여 지급하는 경우 납입금 초과이익	납입금 초과이익을 원본에 전입하는 뜻의 특약에 따라 원본에 전입된 날
	그 밖의 이자소득	이자소득의 수입시기
배당소득	의제배당	총수입금액의 수입시기
	그 밖의 배당소득	배당소득의 수입시기
미지급소득	연말정산대상 사업소득, 근로소득, 퇴직소득	1월부터 11월분까지 : 12월 31일
		12월분 : 다음 연도 2월 말
	잉여금처분에 의한 배당, 상여와 퇴직소득	잉여금처분 결정일로부터 3월이 되는 날 단, 11월 1일부터 12월 31일의 기간 중 처분결정이 된 경우 : 다음 연도 2월 말
	동업기업에서 배분받는 이자소득과 배당소득으로서 동업기업의 과세기간 종료 후 3개월이 되는 날까지 미지급한 소득	해당 동업기업의 과세기간 종료 후 3개월이 되는 날
	출자공동사업자의 배당소득으로서 과세기간 종료 후 3개월이 되는 날까지 미지급한 소득	과세기간 종료 후 3개월이 되는 날
소득처분에 의한 소득	인정배당, 인정상여, 인정기타소득	법인의 신고 시 : 법인세 과세표준의 신고일 또는 수정신고일
		경정 시 : 소득금액변동통지서를 받은 날

영역별 객관식 문제

01 다음 중 소득세의 특징으로 볼 수 없는 것은? 【개정】

> ㄱ. 국세 중 내국세 및 직접세에 속한다.
> ㄴ. 소득세는 종합소득에 대하여 6% ~ 45%의 초과누진세율을 적용하는 조세이다.
> ㄷ. 1년을 초과하지 않는 범위 내에서 사업연도를 선택할 수 있다.
> ㄹ. 소득세는 개인단위과세주의를 취하고 있다.
> ㅁ. 소득세는 전단계세액공제법을 채택하고 있다.

① ㄱ, ㄴ, ㄷ   ② ㄴ, ㄷ, ㄹ   ③ ㄷ, ㄹ, ㅁ   ④ ㄷ, ㅁ

02 소득세법상 우리나라 소득세의 특징을 설명한 것이다. 올바르게 짝지어 진 것은?

> ㄱ. 간접세   ㄴ. 열거주의 과세방식
> ㄷ. 순자산증가설   ㄹ. 개인별과세제도

① ㄱ, ㄴ   ② ㄱ, ㄷ   ③ ㄴ, ㄹ   ④ ㄴ, ㄷ

03 다음 중 소득세법상 아래 (　　)에 알맞은 것은?

> "거주자"란 국내에 주소를 두거나 (　　) 이상의 거소(居所)를 둔 개인을 말한다.

① 100일   ② 150일   ③ 183일   ④ 365일

04 다음 중 소득세법상 거주자가 아닌 자는?

> 가. 국내에 주소를 둔 자
> 나. 주한 외교관과 그 외교관의 세대에 속하는 가족
> 다. 외국항행 승무원으로서 생계를 같이 하는 가족이 거주하는 장소 또는 그 승무원이 근무시간 이외의 기간 중 통상 체재하는 장소가 국외에 있는 경우
> 라. 국내에 거주하는 개인이 계속하여 183일 이상 국내에 거주할 것을 요하는 직업을 가진 경우
> 마. 내국법인이 100% 출자한 해외 현지법인에 파견된 임직원

① 가, 나, 다   ② 나, 다   ③ 다, 라   ④ 라, 마

05 소득세법상 거주기간의 계산에 대한 설명이다. 옳지 않은 것은?

① 국내에 거소를 둔 기간이 1과세기간에 걸쳐 183일 이상인 경우에는 국내에 거소를 둔 것으로 본다.
② 불법체류로 인하여 국내에 거소를 둔 기간은 거주기간의 계산에 포함되지 않는다.
③ 국내에 거소를 둔 기간은 입국하는 날의 다음날부터 출국하는 날까지로 한다.
④ 국내에 거소를 두고 있던 개인이 출국 후 다시 입국한 경우에 생계를 같이하는 가족의 거주지나 자산소재지 등에 비추어 그 출국목적이 명백하게 일시적인 것으로 인정되는 때에는 그 출국한 기간도 국내에 거소를 둔 기간으로 본다.

06 소득세법상 소득세의 과세기간에 관한 설명이다. 다음 중 옳지 않은 것은?

① 신규로 사업을 개시하여 사업소득이 발생한 거주자의 과세기간은 사업자등록일부터 12월 31일까지로 한다.
② 사업을 폐업한 경우 과세기간은 1월 1일부터 12월 31일까지로 한다.
③ 거주자가 출국으로 인하여 비거주자가 되는 경우 과세기간은 1월 1일부터 출국한 날까지다.
④ 거주자가 사망한 경우 과세기간은 1월 1일부터 사망한 날까지다.

07 우리나라 소득세법상 납세의무자에 대한 설명이다. 옳지 않은 것은?

① 거주자는 국내·외 원천소득 모두에 대하여 소득세 납세의무를 진다.
② 비거주자는 국내원천소득에 한하여 소득세 납세의무를 진다.
③ 현행 소득세법은 인별과세이기 때문에 공동사업합산과세 되는 경우는 없다.
④ 원천징수되는 소득으로서 종합소득과세표준에 합산되지 않는 소득이 있는 자는 그 원천징수되는 소득세에 대하여 납세의무를 진다.

08 소득세법상 원천징수하는 소득세의 납세지에 관한 설명이다. 옳지 않은 것은?

① 원천징수하는 자가 거주자인 경우 : 사업장이 있는 경우 그 거주자의 주소지 또는 거소지
② 원천징수하는 자가 비거주자인 경우 : 그 비거주자의 주된 국내사업장 소재지. 다만, 주된 국내사업장 외의 국내사업장에서 원천징수를 하는 경우 그 국내 사업장의 소재지, 국내사업장이 없는 경우에는 그 비거주자의 거류지 또는 체류지
③ 원천징수하는 자가 법인인 경우 : 그 법인의 본점 또는 주사무소의 소재지
④ 납세조합이 원천징수하는 소득세의 납세지 : 그 납세조합의 소재지

09 소득세법상 거주자의 소득구분에서 종합과세에 해당되지 않는 소득은?

① 이자소득
② 배당소득
③ 양도소득
④ 사업소득

10 소득세법상 분류과세하는 소득으로 짝지어진 것은?

① 이자소득, 배당소득
② 사업소득, 근로소득
③ 퇴직소득, 양도소득, 금융투자소득
④ 근로소득, 퇴직소득

11 소득세법상 필요경비가 인정되지 않는 것은?

① 양도소득
② 사업소득
③ 기타소득
④ 퇴직소득

12 소득세법상 이자소득에 대한 설명이다. 옳지 않은 것은?

① 직장공제회 초과반환금은 소득세법상 이자소득이다.
② 이자소득금액은 해당과세기간의 총 수입금액으로 하며 필요경비가 인정된다.
③ 은행에서 받은 보통예금 이자가 2천만 원을 초과하면 그 초과 부분은 종합과세 된다.
④ 신탁업법에 따른 공익신탁의 이익은 소득세법상 비과세 이자소득이다.

13 소득세법상 비과세 이자소득에 해당하는 것은?

① 단기저축성보험의 보험차익
② 신탁업법에 따른 공익신탁의 이익
③ 직장공제회 초과반환금
④ 환매조건부 채권 증권의 매매이익

14 소득세법상 유형별 포괄주의 방식으로 과세할 수 있는 소득으로만 짝지어진 것은?

① 이자소득, 사업소득
② 배당소득, 기타소득
③ 사업소득, 기타소득
④ 이자소득, 배당소득

15 소득세법상 금융소득 중 분리과세대상에 해당하는 것은?

① 비영업대금이익
② 직장공제회초과반환금
③ 국외에서 받은 이자소득
④ 출자공동사업자의 배당소득

16 다음 빈칸에 들어갈 알맞은 말을 고르시오.

> 이자소득과 배당소득으로서, 그 소득의 합계액이 (　　　　)이하이고, 원천징수된 것은 종합소득 과세표준에 포함하지 않는다.

① 1,000만 원　　　　② 2,000만 원　　　　③ 3,000만 원　　　　④ 4,000만 원

17 소득세법상 사업소득에 해당하지 아니하는 것은?

① 건설업에서 발생하는 소득
② 상가임대업에서 발생한 소득
③ 금융 및 보험업에서 발생하는 소득
④ 공익사업과 관련하여 지역권 · 지상권을 설정하거나 대여하고 받는 금품

18 소득세법상 사업소득의 원천징수에 대한 설명 중 옳지 않은 것은?

① 부가가치세 면세대상인 의료보건용역에 대한 원천징수세율은 수입금액의 3%이다.
② 부가가치세 면세대상인 인적용역에 대한 원천징수세율은 수입금액의 7%이다.
③ 부가가치세 면세대상인 봉사료에 대한 원천징수세율은 수입금액의 5%이다.
④ 사업소득의 원천징수는 예납적 원천징수이다.

19 소득세법에 의한 사업소득의 총수입금액을 계산하면 얼마인가?

> ㉠ 총매출액 : 6,000만 원　　㉡ 매출환입액 : 1,000만 원　　㉢ 매출에누리 : 600만 원
> ㉣ 예금이자 수입 : 200만 원　　㉤ 매출할인액 : 400만 원　　㉥ 매입할인액 : 500만 원
> ㉦ 지급한 보조금 : 80만 원　　㉧ 지급받은 장려금 : 200만 원

① 4,100만 원　　　　② 4,200만 원　　　　③ 4,480만 원　　　　④ 5,000만 원

20 소득세법상 사업소득금액 계산과 관련이 없는 것은?

① 거래상대방으로부터 받는 장려금
② 외상매입금이나 미지급금을 약정기일 전에 지급함으로써 받는 할인액
③ 거래의 위약 또는 해약을 원인으로 법원 판결에 의하여 받는 손해배상금에 대한 법정이자
④ 물품을 매입할 때 대금의 결제방법에 따라 에누리되는 금액

21 소득세법상 근로소득으로 과세되지 않는 것은?

① 근로를 제공함으로써 받는 봉급·급료·보수·세비·임금·상여·수당과 이와 유사한 성질의 급여
② 임원 아닌 종업원이 사택을 제공받음으로써 얻는 이익
③ 퇴직급여 중 법인세법상 임원퇴직급여 한도초과액
④ 법인의 종업원이 그 법인으로부터 부여받은 주식매수선택권을 그 법인 등에서 근무하는 기간 중 행사함으로써 얻은 이익

22 다음 중 소득세법상 비과세 근로소득에 해당하지 아니하는 것은?

> 가. 일직료, 숙직료 또는 여비로서 실비변상정도의 급여
> 나. 식사를 제공하며 지급하는 식대 10만 원
> 다. 근로자의 자녀에게 지급하는 장학금
> 라. 방송 기자의 취재수당 중 월 20만 원 이내의 금액

① 가, 나   ② 나, 다   ③ 다, 라   ④ 가, 라

23 소득세법상 근로소득의 수입시기에 대한 설명이다. 바르게 짝지어지지 않은 것은?

① 급여 : 근로를 제공한 날
② 인정상여 : 당해 법인의 결산확정일
③ 잉여금처분에 의한 상여 : 당해 법인의 잉여금처분결의일
④ 근로소득에 해당하는 퇴직위로금 : 지급받거나 지급받기로 한 날

24 총급여액이 4,000만 원인 경우, 아래 근로소득공제표를 참조하여 소득세법상 근로소득공제금액을 계산하면 얼마인가?

총급여액	근로소득공제액
500만 원 이하	총 급여액 × 70%
500만 원 초과 1,500만 원 이하	350만 원 + (500만 원 초과금액 × 40%)
1,500만 원 초과 4,500만 원 이하	750만 원 + (1,500만 원 초과금액 × 15%)
4,500만 원 초과 1억 원 이하	1,200만 원 + (4,500만 원 초과금액 × 5%)
1억 원 초과	1,475만 원 + (1억 원 초과금액 × 2%)

① ₩7,500,000   ② ₩8,000,000
③ ₩10,000,000   ④ ₩11,250,000

25 소득세법상 일용근로자의 세액계산에 대한 설명으로 옳은 것은?

① 근로소득공제액은 1일 ₩150,000이다.
② 원천징수세율은 8%를 적용한다.
③ 종합소득공제를 적용할 수 있다.
④ 근로소득세액공제는 산출세액의 45%를 차감한 금액으로 한다.

26 소득세법상 일용근로자에 대한 설명으로 옳지 않은 것은?

① 근로소득세액공제는 한도 없이 산출세액의 55%로 한다.
② 동일한 고용주에게 3개월 미만 고용되어 있는 자(건설공사는 1년 미만, 하역작업은 제한 없음)를 말한다.
③ 일용근로자는 원천징수로써 납세의무가 종결된다.
④ 종합소득공제는 인적공제 중 본인에 대한 기본공제만 적용한다.

27 20×1년도에 일용근로소득만 있는 거주자 정요한 씨에게 일당으로 ₩300,000을 지급 시 거주자 정요한 씨의 소득세법상 일일 근로소득의 원천징수 소득세는 얼마인가?

① ₩2,700 ② ₩4,050 ③ ₩5,400 ④ ₩6,200

28 다음 자료는 20×1년 5월 근로소득자 정씨의 급여명세서이다. 소득세법상 과세되는 급여는 얼마인가?

• 기본급 : ₩3,000,000	• 상여 : ₩1,500,000
• 식대(식사는 제공하지 않음) : ₩300,000	
• 자가운전보조금(아버지 명의차량을 정씨가 사용) : ₩200,000	

① ₩3,000,000 ② ₩4,500,000 ③ ₩4,800,000 ④ ₩5,000,000

29 다음은 거주자 홍길동의 급여명세서이다. 소득세법상 과세대상 근로소득의 합계는 얼마인가?

4월 급여명세서		
사원명	홍길동	비고
근무기간	20×1.04.01.~20×1.04.30.	
기본급	₩6,000,000	
상여금	₩2,000,000	법인의 주주총회에 따라 상여로 받은 금액
식사대	₩100,000	별도로 식사를 제공하지 않음
벽지근무수당	₩160,000	

① ₩6,000,000 ② ₩8,000,000 ③ ₩8,100,000 ④ ₩8,260,000

30 소득세법상 연금소득에 대한 설명으로 옳지 않은 것은?

① 연금소득에는 분리과세가 있다.
② 공적연금의 경우 매월 지급 시 간이세액표에 따라 원천징수하고 다음 연도 2월분 공적
연금소득 지급 시 연말정산 한다.
③ 공적연금소득 외의 소득이 없는 경우 확정신고를 생략할 수 있다.
④ 현행 소득세법은 수령연도 과세방식을 채택하고 있다.

31 소득세법상 연금소득에 해당하지 않는 것은?

① 국민연금법에 의하여 지급받는 반환일시금
② 공무원연금법에 의하여 지급받는 각종 연금
③ 국민연금법에 의하여 지급받는 각종 연금
④ 근로자퇴직급여 보장법에 따라 지급받는 연금

32 소득세법상 기타소득이 아닌 것은?

① 로또 등 복권당첨금
② 지역권 · 지상권을 설정 또는 대여하고 받는 금품
③ 계약의 해약에 따라 받는 위약금과 배상금
④ 교통사고로 인한 육체적 · 정신적 피해와 관련하여 받은 손해배상금

33 소득세법상 기타소득에 대한 설명 중 잘못된 것은?

① 광업권 등의 자산 또는 권리를 대여하는 경우에는 기타소득으로 과세된다.
② 저작자 외의 자가 저작권의 양도의 대가로 받는 금품은 총수입금액의 80%를 필요경비
로 인정한다.
③ 고용관계 없는 자가 다수인에게 강연을 하고 받는 강연료 등은 총수입금액의 60%를
필요경비로 인정한다.
④ 복권 등 추첨권에 의하여 받는 당첨금품은 기타소득으로 과세된다.

34 소득세법상의 기타소득 중 최소 60% 경비가 인정되는 것이 아닌 것은?

① 산업재산권의 양도소득
② 원작자가 받는 원고료와 인세(印稅)
③ 방송국에서 연예인 채용 심사를 하고 보수를 받는 대가
④ 서화 및 골동품의 양도소득

35 소득세법상 총수입금액의 80%를 필요경비로 인정받을 수 있는 것이 아닌 것은?

① 물품 매매 알선수수료
② 주택입주 지체상금
③ 보유기간 8년의 서화 및 골동품의 양도소득
④ 공익법인이 주무관청의 승인을 받아 시상하는 상금과 부상

36 소득세법상 원천징수를 하여야 하는 기타소득에 해당하는 것은?

① 뇌물
② 2억 원 즉석복권 당첨금
③ 계약의 위약으로 인해 위약금으로 대체되는 계약금
④ 알선수재 또는 배임수재에 따라 받은 금품

37 다음 중 소득세법상 납세의무자가 분리과세와 종합과세를 선택할 수 있는 것은?

> 가. 사적연금의 총 연금액이 연 1,200만 원 이하의 연금소득
> 나. 일당 10만 원 이하의 일용근로소득
> 다. 연간 2,000만 원 이하의 사업소득
> 라. 연간 300만 원 이하의 기타소득금액

① 가, 나   ② 가, 다
③ 가, 라   ④ 나, 다

38 다음 중 소득세법상 원천징수대상 사업소득 지급 시 소득세 원천징수 의무가 있는 자로 옳은 것을 모두 고른 것은?

> ㄱ. 법인사업자   ㄴ. 개인사업자   ㄷ. 국가 및 지방자치단체

① ㄱ   ② ㄱ, ㄴ
③ ㄱ, ㄷ   ④ ㄱ, ㄴ, ㄷ

39 개인사업을 하는 거주자 A씨는 타사업자로부터 비영업대금이익으로 ₩10,000,000을 지급받았다.이 때 거주자 A씨의 비영업대금이익에 대한 원천징수할 소득세는 얼마인가?

① ₩1,000,000   ② ₩1,400,000
③ ₩2,000,000   ④ ₩2,500,000

40 소득세법상 원천징수에 대한 설명으로 가장 옳지 않은 것은?

① 국내에서 거주자나 비거주자에게 이자소득을 지급하는 자는 그 거주자나 비거주자에 대한 소득세를 원천징수하여야 한다.

② 원천징수의무자는 원천징수한 소득세를 그 징수일이 속하는 달의 다음달 10일까지 관할 세무서, 한국은행 또는 체신관서에 납부하여야 한다.

③ 원천징수대상 사업소득(봉사료 제외)에 대해서는 100분의 3을 소득세로 원천징수 한다.

④ 일용근로자의 근로소득에 대해서는 기본세율을 적용하여 원천징수 한다.

41 다음 (   )안에 알맞은 금액은?

> 소득세법상 연금소득은 종합과세 하는 것이 원칙이지만, 사적연금소득의 합계액이 연 (   )원 이하인 경우 그 연금소득은 납세의무자의 선택에 따라 그 연금소득을 종합소득과세표준에 합산하지 않고 분리과세를 적용받을 수 있다.

① ₩8,000,000   ② ₩10,000,000   ③ ₩12,000,000   ④ ₩15,000,000

42 소득세법상 반드시 과세표준 확정신고를 하여야 하는 거주자는?

① 근로소득과 원고료로 받은 200만 원의 기타소득만 있는 자

② 분리과세 대상인 배당소득과 퇴직소득만 있는 자

③ 일용근로소득만 있는 자

④ 근로소득과 연말정산되는 사업소득만 있는 자

43 연말정산 대상 소득의 연말정산 시기로 잘못된 것은?

① 근로소득 : 다음 연도 2월분의 근로소득 또는 퇴직자의 퇴직하는 달의 근로소득을 지급 하는 때

② 특정사업소득 : 다음 연도 5월분의 사업소득을 지급하는 때

③ 연금소득 : 다음 연도 1월분의 연금소득을 지급하는 때

④ 퇴직소득 : 퇴직소득을 지급하는 때

44 소득세법상 인적공제 중 기본공제 1명당 공제금액은?

① ₩1,000,000   ② ₩1,200,000   ③ ₩1,500,000   ④ ₩2,000,000

45 소득세법상 종합소득공제 중 인적공제에 관한 설명 중 틀린 것은?

① 배우자 및 직계비속은 항상 생계를 같이하는 부양가족으로 본다.
② 직계비속이 해당 과세기간 중 20세가 된 경우에는 기본공제대상이 될 수 없다.
③ 한부모소득공제와 부녀자공제에 모두 해당되는 경우에는 한부모소득공제만 적용할 수 있다.
④ 해당 과세기간 중 장애가 치유되어 해당 과세기간에는 장애인이 아닌 경우에도 추가공제(장애인공제)를 적용받을 수 있다.

46 소득세법상 생계를 같이하는 부양가족에 대한 설명으로 옳지 않은 것은?

① 생계를 같이 하는 부양가족은 주민등록표의 동거가족으로서 해당 거주자의 주소 또는 거소에서 현실적으로 생계를 같이 하는 사람으로 한다.
② 직계비속·입양자의 경우에는 동거를 하지 않더라도 생계를 같이하는 부양가족으로 본다.
③ 거주자의 직계존속이 주거 형편에 따라 별거하고 있는 경우에는 생계를 같이하는 부양가족으로 보지 않는다.
④ 배우자가 근무상의 형편으로 본래의 주소 또는 거소에서 일시 퇴거한 경우에도 생계를 같이 하는 사람으로 본다.

47 소득세법상 기본공제 대상자에 대한 설명이다. 옳지 않은 것은?

① 부양가족이 장애인인 경우 나이 및 소득금액의 제한을 받지 않는다.
② 소득자 본인은 항상 기본공제대상이다.
③ 배우자는 거주자와 생계를 같이하지 아니하는 경우에도 공제기본요건을 충족하면 기본공제를 적용받을 수 있다.
④ 종합소득이 있는 거주자에 대해서는 기본공제 대상자에 해당하는 자의 수에 1명당 연 150만 원을 곱하여 계산한 금액을 종합소득금액에서 공제한다.

48 다음 (   )에 해당하는 금액은 얼마인가?

> 소득세법상 일정요건을 갖춘 해당 거주자가 배우자가 없는 여성으로서, 기본공제 대상 부양가족이 있는 세대주이거나 배우자가 있는 여성인 경우, 해당 과세기간 종합소득금액에서 기본공제 외에 연 50만 원의 부녀자추가공제를 적용받을 수 있다. 이 경우 이 부녀자추가공제를 적용 받을 수 있는거주자는 해당 과세기간에 종합소득과 세표준을 계산할 때 합산하는 종합소득금액이 (   )이하인 거주자로 한정한다.

① ₩10,000,000   ② ₩20,000,000   ③ ₩30,000,000   ④ ₩40,000,000

49 소득세법상 인적공제 중 추가공제 금액이 틀린 것은?

① 한부모공제 : 연 50만 원
② 경로우대자공제 : 1명당 연 100만 원
③ 부녀자공제 : 연 50만 원
④ 장애인공제 : 1명당 연 200만 원

50 다음 자료에 의하여 근로자 홍길동씨의 20×1년 인적공제 합계액을 구하면 얼마인가?

구분	연령	장애인 여부	비 고
본인	45세		총급여액 : ₩60,000,000
아내	38세		근로소득 총급여액 : ₩3,000,000
자녀	1세	장애인	해당 과세기간에 출생

① ₩4,000,000   ② ₩4,500,000
③ ₩5,500,000   ④ ₩6,500,000

51 다음 중 소득세법상 기본공제 대상자(본인의 소득공제 금액이 최대가 되도록 함)는 몇 명인가?

㉠ 본인 : 근로소득자
㉡ 배우자 : 근로소득금액이 ₩1,200,000 있음
㉢ 아들 : 만 23세 장애인이며 방송출연으로 사업소득금액 ₩900,000 있음
㉣ 딸 : 금년 만 20세 대학생, 소득이 없음
㉤ 누이 : 생계를 같이하며, 금년에 만 60세이며 소득이 없음

① 1명   ② 2명   ③ 3명   ④ 4명

52 소득세법상 세액공제와 그 적용대상자를 짝지은 것이다. 옳지 않은 것은?

① 기장세액공제 – 간편장부대상자
② 전자계산서 발급 세액공제 – 면세사업자 등
③ 재해손실세액공제 – 근로소득자
④ 외국납부세액공제 – 국외원천소득자

53 소득세법상 특별세액공제에 관한 설명으로 옳지 않은 것은?

① 미용 · 성형수술을 위한 비용 및 건강증진을 위한 의약품 구입비용은 의료비 세액공제의 공제대상이되지 않는다.

② 교육비 세액공제의 공제대상 교육비에는 초 · 중등교육법에 따른 학교에서 실시하는 방과후 학교 수업료는 포함되나 교재구입비는 포함되지 않는다.

③ 보험료 세액공제를 계산함에 있어 장애인전용보장성보험의 보험계약에 의하여 보험자에게 지급하는보험료의 합계액이 연 100만 원을 초과하는 경우에는 그 초과하는 금액은 없는 것으로 본다.

④ 기본공제대상인 직계존속(장애인)을 위한 법령에 정한 장애인특수교육비는 그 연령 또는 소득금액에관계없이 교육비 세액공제의 공제대상이 된다.

54 소득세법상 세액공제가 아닌 것은?

① 배당세액공제

② 기장세액공제

③ 재해손실세액공제

④ 성실사업자 등의 의료비 · 교육비 세액공제

55 소득세법상 세액공제 중 공제한도를 초과하는 공제액을 다음 과세기간 이후로 이월하여 공제 받을 수 있는 것은?

① 자녀세액공제

② 재해손실세액공제

③ 근로소득세액공제

④ 외국납부세액공제

56 소득세법상 거주자 홍길동 씨의 부양가족에 대한 교육비 중 교육비 세액 공제대상이 아닌 것은?

① 딸(6세)의 유치원비

② 여동생(19세)의 고등학교 수업료

③ 본인의 대학교 학비

④ 부친의(72세)의 대학원 학비

57 소득세법상 표준세액공제에 대한 설명으로 옳지 않은 것은?

① 근로소득이 없는 거주자에게는 적용되지 않는다.

② 최대 13만원까지 종합소득산출세액에서 공제할 수 있다.

③ 근로소득자는 특별소득공제, 특별세액공제, 월세세액공제를 신청하지 않은 경우에 적용한다.

④ 종합소득산출세액을 한도로 하여 적용한다.

58 다음 자료를 통해 소득세법상 보험료 세액공제액을 계산하면?

> - 본인의 보장성보험료 ₩500,000
> - 배우자의 장애인전용보장성보험료 ₩800,000
> - 배우자의 일반보장성보험료 ₩700,000
> - 배우자는 부양가족공제대상이며, 보험료는 모두 근로자 본인이 납부하였다.

① ₩216,000　　　　② ₩240,000　　　　③ ₩264,000　　　　④ ₩320,000

59 다음 소득 중 원천징수 세율이 가장 높은 것부터 순서대로 나열한 것을 고르면?

> (ㄱ) 비영업대금의 이익　　　　(ㄴ) 3억 원 이하의 복권 당첨소득
> (ㄷ) 원천징수대상 사업소득　　(ㄹ) 비상장법인으로 부터 받는 배당소득

① (ㄴ) – (ㄱ) – (ㄹ) – (ㄷ)　　　　② (ㄴ) – (ㄹ) – (ㄱ) – (ㄷ)
③ (ㄱ) – (ㄴ) – (ㄹ) – (ㄷ)　　　　④ (ㄱ) – (ㄷ) – (ㄹ) – (ㄴ)

60 소득세법상 원천징수세율이 잘못 짝지어진 것은?

① 비영업대금의 이익 : 25%　　　② 원천징수대상 사업소득 : 3%
③ 은행 예금이자 : 14%　　　　　④ 대통령령으로 정하는 봉사료 : 3%

61 20×1년에 고용관계 없이 강연하고 받은 특강료가 ₩1,000,000인 경우, 소득세 원천징수 세액은 얼마인가?

① ₩40,000　　　　② ₩60,000　　　　③ ₩70,000　　　　④ ₩80,000

62 소득세법상 지급명세서의 제출일로 잘못 짝지어진 것은?

① 일용근로자 지급명세서 : 그 지급일이 속하는 분기의 마지막 달의 다음 달 10일까지
② 근로소득 지급명세서 : 다음 연도 3월 10일까지
③ 기타소득 지급명세서 : 다음 연도 3월 말일까지
④ 폐업한 경우 : 폐업일이 속하는 달의 다음다음 달 말일까지

63 소득세법상 지급명세서 제출대상 소득이 아닌 것은?

① 이자소득   ② 배당소득
③ 양도소득   ④ 근로소득

64 소득세법상 종합소득세 확정신고(성실신고대상자 제외)는 언제 하여야 하는가?

① 다음연도 3월 31일까지   ② 다음연도 5월 1일부터 5월 31일까지
③ 다음연도 1월 25일까지   ④ 해당연도 12월 31일까지

65 종합소득세 확정신고를 하지 않아도 되는 거주자는 누구인가?(단, 제시된 소득 이외의 다른 소득은 없다)

① 복권에 당첨되어 세금을 공제하고 10억 원을 수령한 자
② 과세기간 중 다니던 회사를 퇴사하고 음식점을 개업하여 소득이 발생한 자
③ 보유 중인 상가에서 임대소득이 발생한 자
④ 개인사업을 영위하여 사업소득이 발생한 자

66 다음 자료에 의하여 종합소득세 자진납부세액을 구하면 얼마인가?

• 종합소득산출세액 : ₩40,000,000	• 세액감면 : ₩2,000,000
• 가산세 : ₩1,000,000	• 세액공제 : ₩1,000,000
• 중간예납세액 : ₩8,000,000	

① ₩30,000,000   ② ₩32,000,000
③ ₩37,000,000   ④ ₩38,000,000

67 소득세법상 거래 건당 ₩30,000 초과인 경우 증빙서류불비가산세(2%)가 적용되는 것은?

① 세금계산서   ② 신용카드매출전표
③ 계산서   ④ 간이영수증

68 소득세법상 가산세에 대한 설명 중 틀린 것은?

① 영수증수취명세서 미제출 가산세율은 2%이다.
② 복식부기의무자가 사업용계좌를 사용하지 않는 경우에는 가산세를 부담한다.
③ 납부할 세액을 납부하지 않은 경우에는 납부불성실 가산세를 부담한다.
④ 양도소득세는 예정신고를 하지 않으면 가산세가 부과된다.

69 20×1년 귀속 소득세 ₩1,000,000을 20×2년 7월 10일에 납부하는 경우, 납부불성실 가산세는 얼마인가?

① ₩11,700   ② ₩12,000
③ ₩10,000   ④ ₩12,300

70 소득세법상 아래 빈칸에 알맞은 것은?

> 원천징수의무자가 12월분의 근로소득을 다음 연도 2월 말일까지 지급하지 아니한 경우에는 그 근로소득을 (   )에 지급한 것으로 보아 소득세를 원천징수한다.

① 해당 연도 12월31일   ② 다음 연도 1월 말일
③ 다음 연도 2월 말일   ④ 다음 연도 3월 말일

Chapter Six

원천징수 해답편

1. ④	2. ③	3. ③	4. ②	5. ②
6. ①	7. ③	8. ①	9. ③	10. ③
11. ③	12. ②	13. ②	14. ④	15. ②
16. ②	17. ④	18. ②	19. ②	20. ③
21. ④	22. ②	23. ②	24. ②	25. ①
26. ④	27. ③	28. ②	29. ②	30. ②
31. ④	32. ③	33. ②	34. ④	35. ①
36. ②	37. ③	38. ④	39. ②	40. ④
41. ①	42. ④	43. ②	44. ③	45. ②
46. ②	47. ③	48. ③	49. ①	50. ②
51. ②	52. ③	53. ②	54. ①	55. ①
56. ④	57. ①	58. ②	59. ①	60. ④
61. ③	62. ③	63. ③	64. ②	65. ①
66. ①	67. ④	68. ①	69. ②	70. ③

<해설 >

01 소득세법의 과세기간은 1월 1일부터 12월 31일까지이며, 전단계세액공제법은 부가가치세의 특징이다.

02 소득세는 납세자와 담세자가 같은 직접세이고, 소득원천설에 입각하여 법에 열거되지 않은 것은 과세되지 아니한다.

03 183일 이상 거소를 둔 개인을 거주자라 한다.

04 나, 다는 비거주자다.

05 불법체류가 일시적이지 않으므로 국내에 거소를 둔 기간으로 포함한다.

06 소득세의 과세기간은 사업개시나 폐업에 의해 영향을 받지 않으며, 또한 과세기간을 임의로 설정하는 것은 허용되지 않는다.

07 공동사업에 관한 소득금액을 계산하는 경우에는 해당 공동사업자별로 납세의무를 진다.

08 원천징수하는 자가 거주자인 경우 : 그 거주자의 주된 사업장 소재지

09 양도소득은 분류과세이다.

10 퇴직소득, 금융투자소득 및 양도소득은 분류과세한다.

11 퇴직소득은 필요경비가 인정되지 않는다.

12 이자소득은 필요경비가 인정되지 않는다.

13 신탁업법에 따른 공익신탁의 이익은 비과세이다.

14 이자소득과 배당소득은 유형별 포괄주의 과세 방식을 일부 적용한다.

15 보기1번, 3번, 4번은 종합과세대상 금융소득이다.

16 이자소득과 배당소득으로서, 그 소득의 합계액이 2,000만 원이하이고, 원천징수된 것은 종합소득 과세표준에 포함하지 않는다.

17 4번은 기타소득이다.

18 부가가치세 면세대상인 인적용역에 대한 원천징수세율은 수입금액의 3%이다.

19 • (총매출액 − 매출환입액 − 매출에누리 − 매출할인액 + 지급받은 장려금)
   • 6,000만 원 − 1,000만 원 − 600만 원 − 400만 원 + 200만 원 = 4,200만 원

20 보기3번은 기타소득이다.

21 주택을 제공받음으로써 얻는 이익은 근로소득으로 본다. 다만, 주주 또는 출자자가 아닌 임원(소액주주인 임원 포함)과 종업원(국가 또는 지방자치단체 · 비영리법인 또는 개인으로부터 근로소득을 지급받는 사람 포함)이 사택을 제공받는 경우는 제외한다.

22 식사와 별도로 지급받는 월 10만 원 이하의 식대의 경우 식사는 비과세하고, 식대는 과세한다. 즉, 식사 제공없이 지급하는 식대의 경우 10만 원 비과세이다. 종업원이 받는 학자금은 비과세이지만, 근로자의 자녀에게 지급하는 장학금은 과세이다.

23 인정상여의 수입시기는 해당 사업연도 중 근로를 제공한 날이다.

24 7,500,000 + 25,000,000 × 15% = 11,250,000

25 일용근로자의 원천징수세율은 6%이며 종합소득공제를 적용하지 않고, 근로소득세액공제는 산출세액에서 55%를 차감한 금액으로 한다.

26 일용근로소득은 종합소득과세표준에 포함되지 아니하므로 종합소득공제를 적용받을 수 없다.

27 (300,000−150,000)×6%×(1−0.55)=4,050원

28 (기본급 300 + 상여 150 + 식대 10 + 종업원소유차량이 아닌 경우 보조금 20 = 480만원), 비과세소득은 식대 20만 원이다.

29 기본급+상여금 = 4,000,000원 (월 10만 원 이하의 식대와 월 20만 원 이내의 벽지근무수당은 비과세 근로소득이다)

30 이연퇴직소득을 연금수령 하는 등의 일정한 사유의 경우 분리과세한다.

31 국민연금법에 의하여 지급받는 반환일시금은 퇴직소득이다.

32 교통사고 등 상해사고로 인한 피해로 받는 손해배상금과 법정이자와 공익신탁의 이익은 비과세로 본다.

33 저작자 외의 자가 저작권의 양도의 대가로 받는 금품은 법정필요경비가 없이 실제필요경비로 인정한다.

34 서화 및 골동품의 양도소득 중 보유기간이 10년 미만은 80%, 10년 이상은 90%를 필요경비로 인정한다. 광업권 · 산업재산권 · 상표권 · 영업권 등을 양도하거나 대여하고 받는 금품과 지역권 · 지상권을 설정하거나 대여함으로써 발생하는 소득, 창작품에 대한 원작자로서 받는 소득(원고료, 인세(印稅) 등) 및 인적용역(강연료, 방송출연료, 변호사 보수 등)을 일시적으로 제공하고 받는 기타소득에 대해서는 60%에 상당하는 금액을 필요경비로 한다.

35 물품 매매 알선수수료는 실제 발생한 필요경비만 인정한다.

36 2억 원 즉석복권당첨금은 20% 원천징수 대상이다. 단, 당첨금이 3억 원을 초과하는 경우, 그 초과분은 30%이다.

37 '가, 라'는 선택적 분리과세 항목이다.

38 전부 원천징수 의무자에 포함된다.

39 비영업대금의 원천징수 세율은 25%이다.

40 근로소득에 대해서는 기본세율. 다만, 일용근로자의 근로소득에 대해서는 100분의 6으로 한다.

41 사적연금소득의 합계액이 연 1천200만 원 이하인 경우 그 연금소득은 거주자가 분리과세와 종합과세 중 선택할 수 있다.

42 원천징수되는 소득이라 하더라도 종합소득금액에 포함되는 둘 이상의 소득이 있는 경우에는 확정신고를 하여야 한다.

43 특정사업소득(간편장부대상자인 보험모집인, 방문판매인, 음료배달원)의 연말정산 시기는 다음 연도 2월분의 사업소득을 지급하는 때 또는 거래 해약을 해지하는 달의 사업소득을 지급하는 때이다.

44 소득세법상 인적공제 중 기본공제 1명당 공제금액은 150만 원이다.

45 부양가족 중 직계비속이 해당 과세기간 중 20세가 된 경우에는 기본공제대상이 될 수 있다.

46 직계존속이 주거 형편에 따라 별거하고 있는 경우에도 생계를 같이하는 부양가족으로 본다.

47 부양가족이 장애인인 경우 나이의 제한은 받지 아니하나 소득금액의 제한은 받는다.

48 해당 거주자가 과세기간의 종합소득금액이 3천만 원 이하로서 다음 중 어느 하나에 해당되는 경우
① 배우자가 있는 여성인 경우
② 배우자가 없는 여성으로서 기본공제대상 부양가족이 있는 세대주인 경우

49 배우자가 없고 기본공제대상 직계비속 또는 입양자가 있는 경우 100만 원 공제

50 ① 기본공제 : 1,500,000 × 3 = 4,500,000원
   – 아내의 근로소득은 총급여액 300만원에 근로소득기본공제 210만원을 차감하면 근로소득금액이 90만원이다. 따라서 아내의 소득금액은 100만원이하 이므로 기본공제 대상이다.
② 추가공제 : 2,000,000원(장애인 공제)
③ 인적공제 합계 : 4,500,000 + 2,000,000 = 6,500,000원

51 배우자는 연간 소득금액이 100만 원을 초과하기 때문에 기본공제 대상자가 아니며, 나머지 가족은 모두 공제대상이다.

52 재해손실세액공제는 사업소득자가 그 대상이다.

53 학교에 대한 급식비와 교과서대 방과 후 학교수강료 교재구입비는 교육비세액공제대상이다.

54 성실사업자 등의 의료비 · 교육비 세액공제는 조세특례제한법상 세액공제이다.

55 외국납부세액공제는 5년간 이월공제 가능하다.

56 직계존속의 교육비는 원칙적으로 세액공제대상이 아니다.

57 근로소득이 없는 거주자에게도 표준세액공제는 적용된다.

58 보험료 지급액이 본인의 보장성보험료+배우자의 일반보장성보험료 = 120만 원이지만 보험료공제 한도액은 연간 100만 원에 12%를 공제하고 장애인전용보장성보험료의 공제율은 15%이다. (1,000,000원×0.12 + 800,000원×0.15 = 240,000원)

59 • 비영업대금의 이익 : 25%   • 3억원 이하의 복권 당첨소득 : 20%
• 원천징수대상 사업소득 : 3%   • 배당소득 : 14%

60 대통령령으로 정하는 봉사료에 대해서는 100분의 5의 원천징수 세율을 적용한다.

61 1,000,000 × (1 – 60%) × 20% = 80,000원

62 기타소득 지급명세서 : 다음 연도 2월 말일

63 원천징수의무자는 원천징수 시 지급명세서를 정부에 제출해야 하는데, 양도소득은 원천징수대상 소득이 아니므로 지급명세서 제출의무가 없다.

64 해당연도의 소득금액은 해당소득의 과세표준을 해당연도의 다음 연도 5월 1일부터 5월 31일까지 납세지 관할세무서에 신고하여야 한다.

65 기타소득은 원칙적으로 종합소득과세표준에 합산하여 신고한다. 예외적으로 복권 당첨금 등 소득세법 시행령 21조에 열거된 소득은 무조건 분리과세가 적용된다.

66 40,000,000원 – 2,000,000원 – 1,000,000원 + 1,000,000원 – 8,000,000원 = 30,000,000원

67 간이영수증은 3만 원을 초과하면 안된다.

68 영수증수취명세서 미제출 가산세율은 1%이다.

69 • 20×1년 귀속 소득세 신고납부기한 20×2. 5. 31.이다.
• 미납일수 : 6월 1일부터 7월 10일까지 40일간, 1,000,000× 3/10,000×40 = 12,000원

70 다음 연도 2월 말일에 지급한 것으로 본다.